強欲資本主義の時代とその終焉

森岡孝二【著】

桜井書店

目　次

序章　現代とはどんな時代なのか

はじめに——二つの映画から

現代とはどんな時代なのだろうか。それはどこから来てどこに行こうとしているのだろうか。本書はそのことを一九八〇年代から今日までの日本と世界の資本主義の動きに即して考えることを課題にしている。
さきの設問にはいくつかの答え方ができるが、ひとつの暫定的な答えとして、現代とは、企業、それもグローバルに活動する巨大株式会社が、ほとんど社会的規制を受けずに利潤と権力をほしいままに追求してきた時代である、と言っておこう。これは筆者が用意した答えというより、映画『ザ・コーポレーション』のメッセージである。

二〇〇六年二月二五日、東京で「過労死・自死相談センター」の発会式があり、筆者はそこで「働きすぎの時代を超えて」という講演をした。ついでにその前夜、渋谷のアップリンクでこのドキュメンタリー映画を観た。実は毎日放送（大阪、MBS）のニュース番組・VOICE担当のディレクターから大阪で上映される前にコメントを聞きたいと言われるまでは、この映画の存在さえ知らなかった。

この作品は、ネットカタログによれば、二〇〇四年サンダンス映画祭で上映され観客賞を受賞したのをはじめ、二〇〇五年カナダ・アカデミー賞の最優秀ドキュメンタリーを含め、全世界の映画祭で二五の賞を受賞した。カナダで制作されたこの作品には、全編をとおしてマイケル・ムーア、ノーム・チョムスキー、ピーター・ドラッカーほか総勢四〇人ほどの証言や発言が出てくる。よくも協力が得られたものだと思う巨大会社のトップや投機業者へのインタビューもある。それらと現場に取材した映像がうまくかみあい、二時間二五分を飽きさせずに見せてくれる映画である。

タイトルの「コーポレーション」とは現代の典型的法人企業である株式会社のことである。この映画を観ると、「私たちの社会は企業に支配されている」（原作の邦訳副題）ことがよくわかる。映画の言うには、企業は一九七〇年代までは、政府や労働組合や各種の社会的プログラムによって規制されていた。しかし、現代では企業は、グローバリゼーションと公共領域の民営化によって、さまざまな束縛から解放され、暴走するようになった。

『ザ・コーポレーション』は多様な実例をあげて精神分析的な手法で企業を診察し、企業は普通の人間と比べて「自己中心的で共感に欠ける」「他人への思いやりがない」「人間関係を維持できない」「嘘をつく」「罪の意識がない」「社会規範や法律に従えない」などの特徴をもつことから、人間で言うなら、反社会性人格障害に冒されていると診断している。

この映画にはアメリカ系グローバル企業の事業活動とそれに対抗する現地の民衆の運動に関するさまざまなエピソードが出てくる。なかでもボリビアのコチャバンバにおける水道民営化に対する抗議運動の勝利の記録は感動的である。コチャバンバの公営水道は一九九〇年代末に世界銀行とベクトル社（水道会社を傘下に置くアメリカの大手建設会社）の主導で民営化され、貧しい住民たちは収入の二五％に及ぶ法外な水道料金を課された。住民は大規模な抗議行動に立ち上がり、戒厳令が発せられるまでの紛争になって、二〇〇〇年四月、ベクトル社が事業から撤退し、政府も抗議住民の要求をすべて受け入れた。近年、南米では親米的な新自由主義路線からの転換を目指す左派政権が次々と誕生してきたが、その背景には、こうした民衆運動がある。

ホンジュラスのスウェットショップ（搾取工場）の労働実態は悲惨である。そこではウォルマートで売られているキャシー・リー・ギフォードのブランド服が、少女を酷使してわずか数十セントの時給で作られていた。しかも製品のタグには「収益の一部を子どもたちに」と書かれていた。キャシーのハンドバッグは、中国で作られており、そこでは一日一一時間、週七日、月三〇日の労働が行われている。また、ナイキの現地契約工場におけるシャツの生産は、細かく分かれた各工程の各動作が一万分の一秒単位で測定され、シャツ一枚を六・六分で仕上げるように求められ、米国内では二二・九九ドルで売られている製品が、現地ではわずか八セント（〇・三五％）の人件費で生産されていた。(1)

他のエピソードでは、モンサントの遺伝子組み換え牛成長ホルモンの危険性を暴いたテレビのドキュメンタリーが会社からの圧力で放送差し止めになり、のちに内部告発に発展した事件が取り上げられている。他方で、インドにおける遺伝子組み換え植物に対する環境保護運動の勝利の闘いのエピソードもある。

とくに印象に残ったのは、教育と子どもを対象にした企業のマーケティングについての映像である。この映画では、テレビ時代のマーケティングは、子どもを生まれながらの消費者にすることで、子どもたちの欲望を歪め、健康をむしばみ、想像力を衰えさせ、自分本位の人間にして、民主主義の精神――協調と社会的連帯――を損なっているという。(2)

この映画でチョムスキーは、奴隷制を例に、個々の奴隷主がいくら善良でも制度の本質はかわらないと述べている。映画を貫いている主張もこれと同様であって、問題はあれこれの腐ったリンゴ（Bad Apple）、つまり個々の悪い企業ではなく、企業という制度そのものだというわけである。

映画には語り手として原作者のジョエル・ベイカン（ブリティシュ・コロンビア大学教授）がしばしば登場する。彼は導入部で、「企業とは制度（institution）である」（映画の字幕やパンフレットでは「機関」と訳されている）と述べている。制度であれば人間が変えることができる。映画の最後では膨張する企業の支配力に対する民衆の対抗戦略として、民主主義、公共性、社会正義、平等などの思想を再建する、労働組合の役割を高める、政治的民主主義を強化する（たとえば比例代表制）、しっかりした公共領域をつくりだす、各国が協力して国際機関に市場原理主義をやめさせる、といった課題が提起されている。

この映画で描かれたコーポレーションの時代は、アメリカや日本では株主資本主義と結びつき、また世界的に新自由主義の席捲とグローバル資本主義の暴走を許すことによって、資本主義を過去にもまして強欲な資本主義に変え、あえていうなら強欲資本主義による世界制覇をもたらした。

映画の話のついでに言えば、二〇〇九年一二月にマイケル・ムーア監督の『キャピタリズム――マネーは踊る』が公開された。全編に流れているのは、資本主義はなんでも金、金、金の合法化された「強欲のシステム」（greed system）であるというメッセージにほかならない。画面からはこの映画が強欲のシステムに抗い闘う労働者たちに対する「愛の物語」でもあることが伝わってくるが、原題の副題が「ラブストーリー」となっているのは、この映画が実は資本主義を「マネーを愛し利益を追い求める人々にマネーが集まる仕組み」として描いた「貨幣愛の物語」であることを示唆している。

ムーアによれば、資本主義はいつの時代にも強欲のシステムであったわけではない。アメリカでは、一九八〇年一一月、B級映画のスターであったレーガンが新自由主義の宣伝マンとして大統領に当選し、ウォール街がアメリカを乗っ取ってから、すべてがおかしくなった。それを機に富裕層への減税と金融の規制緩和が進み、アメリカは一%の最富裕層が底辺の九五%より多くの富を所有する社会になった。それから二〇〇〇年までのあいだに、株価は一四倍になったが、賃金は凍結され、経営トップは従業員の五〇〇倍の報酬を得るまでになった。そのあげくが二〇〇七年夏からの金融危機と、二〇〇八年九月のリーマン・ショックにつづく世界恐慌である。

ムーアのこの最新作もまた、資本主義の最近の三〇年がまさしく強欲資本主義の時代であったことを物語っている。

第一節　新自由主義とグローバリゼーション

サッチャーの新自由主義

筆者は、本書が対象とする一九八〇年代から今日までに、二週間の旅行も含めれば、三度の在外調査研究の経験をもった。一度目はサッチャー政権時代の八五年四月から八六年一月にかけてのロンドン留学、二度目は天安門事件に遭遇した八九年五月下旬から六月上旬にかけての北京旅行、三度目は二〇〇一年四月からWTCへのテロアタックのあった九・一一直後までのニューヨーク留学である。この四半世紀がどんな時代であったかを考えるために、三度の海外体験における見聞を語ることをお許しいただきたい。

イギリスのＬＳＥ（ロンドン・スクール・オブ・エコノミックス）に留学した当時、同大学には二〇〇四年に亡くなられた森嶋通夫教授がいて、彼が主催するセミナーで京都大学から留学していた橘木俊詔氏の日本の労働経済に関する報告を聴く機会があった。そのおり、森嶋氏は、「現代世界の三悪人」の名をあげて、「小さな政府」をスローガンに民営化と規制緩和を指向する新自由主義の害毒について語られた。その三人とはいうまでもなく、イギリスのマーガレット・サッチャー首相（一九七九年五月～一九九〇年一一月）、アメリカのロナルド・レーガン大統領（一九八一年一月～一九八九年一月）、日本の中曽根康弘首相（一九八二年一一月～一九八七年一一月）である。

新自由主義の政治的先導者であるサッチャーは、一九四七年にオックスフォード大学を卒業して、一九五九年に下院議員に当選し、一九七九年に総選挙で勝利した保守党の党首として首相に就任した。原子物理学者の大谷俊介氏によれば、同大学は卒業生が首相になったらただちに名誉博士を授与するのが慣わしであったが、サーチャーに対しては六年間保留した後、結局、博士号を授与しないことを決定した(3)。

サッチャーが森嶋氏を含むイギリスの大学人に嫌われたのは、彼女が「高等教育を破壊した」からであった。筆者のおぼろな記憶を補うためにさきの大谷氏の論説を借りるなら、首相の座に就いたサッチャーは、経済から教育にいたるすべての領域に「利潤」と「効率」を第一とする政策を掲げ、教育政策のなかに市場原理を導入した。そして、入学志願者の少ない大学や学科、あるいは産業界からのニーズに応えられない学問分野に対しては大幅に予算を削減し、さらには産学共同を推進し、大学と研究者に対して特許の開発や会社の設立を奨励し、産業界のニーズに応える研究計画に重点的に予算配分するという路線を採用した。

ちなみに二〇〇一年六月に、遠山敦子文科大臣が発表した「トップサーティ」（のちの「二一世紀COEプログラム」）を目玉にした大学の構造改革プラン（「遠山プラン」）は、周回遅れのサッチャー・プランである。それは法人化と競争原理の導入によって大学に民間企業の経営手法を持ち込み、大学を産業競争力の発信基地にしようとするものであった。それが日本の学術研究をいかに歪めてきたかは、大学人であればいまでは誰もが知っている。

サッチャー改革に話を戻せば、利潤と効率を第一とするその政策は、イギリスの公共部門の労働組合の解体攻撃でもあった。筆者が留学した当時、最大の争点になっていたのは、まだ国有であった石炭産業（一九九四年民営化）におけるストライキと、それに対するサッチャー政府の弾圧であった。一九八二年のフォークランド戦争の勝利で人気を回復したサッチャーは、フォークランド戦争に倍する経費を費やして、炭坑ストライキを押しつぶした。当地で私が見たニュース写真にあったスト中の炭坑労働者を騎馬警官隊が襲い蹴散らすシーンは、いまでも目に焼きついて離れない。

中国の天安門事件と市場経済化

海外での二度目の調査研究の機会は一九八九年にやってきた。当時の見聞については、筆者は私設のホームページの「単身遊学」の欄に次のように書いている（一部加筆訂正）。

中国に私の従姉妹がいる。彼女は中国科学院に勤める遺伝子生物学の研究者である（現在は退職）。彼女との前からの約束で、一九八五年のロンドン留学からの帰りには北京に立ち寄る予定でいた。そのために中国の学術機関から招待状をもらい、年が明けるとロンドンで中国への入国ビザもとった。しかしその直後に病気で帰国を繰り上げねばならなくなり、そのビザは使わずに終わった。

それから三年後、中国では「百花斉放・百家争鳴」という五〇年代のスローガンを唱えて言論の自由化を進めようとしていた胡耀邦の死と、ペレストロイカ（改革）のなかでグラスノスチ（情報公開）を進めていたゴルバチョフソ連共産党指導者の訪中を機に、民主化運動が盛り上がっていた。そのころ、筆者は以前の約束を果たすために北京に行く準備をしていた。ところが出発二日前の五月二〇日になって、突然、大規模なデモがつづく北京に戒厳令が布かれてしまった。

テレビも新聞も戒厳軍がすぐにも市内を制圧するかのように報ずるなかで、同僚は「こんな情勢で行くのは危ない」という。北京から日本に留学していた従姉妹の息子は通訳兼案内役を買って出て、「おじさん、歴史的な大事件に立ち会うチャンスですよ」と決行をうながす。北京に電話をかけると、まだ軍は動いておらず、市民生活は平静を保っているので安心して来るようにということである。結局、予定どおり五月二二日に大阪を発ち、上海に立ち寄ったあと、二四日の夕方北京に入った。

上海では百万人と報じられた大規模なデモに遭遇した。北京でははとんど連日、天安門広場に出かけた。広場中央の人民英雄記念碑の周りには無数のテントと大学名を記した旗の列。横断幕やステッカーからは「専制反対」「報道自由」「腐敗追及」などのスローガンが読み取れた。戒厳令後、日に日に人数は減っていたが、それでもまだ大勢の学生が座り込みに参加しているようだった。

五月三〇日、人民代表大会の開催を求めて座り込む学生たちによって、天安門と人民英雄記念碑の間のテント村に「民主の女神」が建てられた。翌日、純白のその像を間近に見物した。高さ十一メートル、費用一万元、美術系の学生が作って三台の三輪荷車で運び込んだと聞いた。

六月二日になると、軍の出動が近いことを告げるように、市内の大きなホテルには一斉に中国共産党をたたえる垂れ幕が掲げられた。天安門では軍当局のスピーカーが学生の放送をはるかに上回るボリュームで学生の行為を「暴動」よばわりしていた。

三日には、ついに戒厳部隊が動き始め、学生と市民の包囲を破って、地上と地下から天安門近くに姿を現した。筆者はこの日も天安門の近くに出向いて、「暴力反対、人民の血は水ではない」という字幕を掲げた学生・市民のデモを見たあと、宿舎に帰った。戦車と装甲車が広場を制圧したと聞いたのはその夜から四日未明にかけてであった。

前夜の噂が街を暗く包む四日朝、筆者は従姉妹らとともに、大通りを避け郊外の細い道を縫うようにして北京空港に急いだ。民主の像が再び建つことを念じながら。

このときから二〇年余りが経過した。中国では天安門事件の一〇年ほど前からすでに「改革開放」の名のもとで市場経済化が開始されていたが、天安門事件で一時止まった。しかし、鄧小平の一九九二年の南巡講話のあと、改革開放の勢いが増し、諸外国の中国投資が拡大したことと相まって、急激な市場経済化と経済成長が手を携えて進行した。

天安門事件が起きた一九八九年には東欧で一連の民主化革命が起こり、一九九一年には一九一七年以来七四年間続いたソ連邦と、共産党独裁によるソ連型社会主義体制が崩壊し、市場経済への移行が始まった。このプロセスは中国の市場経済への移行と連動して、市場経済の地球大の拡大をもたらし、すでに進行していたグローバリゼーションを加速させ、市場化・民営化を唱道する新自由主義の影響力を拡大させずにはおかなかった。他面から見れば、これらの諸地域の市場経済化は、世界的に勢いを増しつつあったグローバリゼーションと新自由主義が旧社会主義国の改革開放を促迫した結果であるとも言える。

一九九〇年代半ば以降の中国の経済成長はめざましく、二〇〇三年から二〇〇七年までは年率一〇%を超える成長がつづき、世界の工場としての地位を固めてきた。二〇〇九年版『通商白書』は、「ＩＭＦは二〇一〇年には中国が名目ＧＤＰで日本を抜くと予測するなど、日本の『世界第二位の経済大国』としての地位も残りわずかとなっている」(三四一ページ)と指摘している。財務省の貿易統計によって、二〇〇八年の日本の国別輸出入をみると、輸出は中国一二兆九四九九億円、アメリカ一四兆二一四三億円で対アメリカのほうが多いが、輸入は中国一四兆八三〇四億円、アメリカ八兆三九六億円で、中国からのほうが断然多い。日中関係は「政冷経熱」と言われるゆえんである。

アメリカの九・一一と世界の貧困

三度目の在外調査のために、筆者は二〇〇一年四月から半年間、ニューヨーク市に滞在した。着いた当時、アメリカの有権者は、前年の大統領選挙の開票騒ぎですっかり消耗し、二〇〇一年一月に信任されざる「当選者」としてホワイトハウスに入ったジョージ・ブッシュ大統領のもとで、ある種の政治的無関心状態にあった。その年の五月から八月にかけてマスメディアの関心を最も集めたのは、司法省刑務局でインターンをしていて、コンディット下院議員と不倫関係にあったと報じられた大学院生のシャンドラ・レヴィの失踪事件であった。そのことも、当時の政治的シラケ状態を物語っている。

しかし、こうした状況はマンハッタンのツインタワー（WTC）に対して航空機によるテロアタックがあった九月一一日を境に一変した。テロ攻撃があった直後から、ブッシュ大統領は「これは戦争である」、テロ組織とそれに協力する国家に対して、「必ず報復する」と宣言して、戦争体制に入った。マスコミ報道も圧倒的に報復戦争支持で、新聞には翌日から「報復」と「愛国心」を煽るような記事が目につくようになった。[4] それにともないブッシュの支持率も急上昇した。

このように九・一一を境に世論は急変したが、ブッシュの軍事強硬路線は大統領就任のときから一貫していた。それから四ヵ月近く経った、その年の五月半ばにニューヨークからボストンを訪れた。同地では『働きすぎのアメリカ人』（窓社、一九九三年）や『浪費するアメリカ人』（岩波書店、二〇〇〇年）の著者であるジュリエット・ショアに誘われて、ノーム・チョムスキーの講演会に参加する機会を得た。「ブッシュ政権の一〇〇日」と題されたその講演は、宇宙軍事化計画（ミサイル防衛構想）や、北米自由貿易協定（NAFTA）や、エネルギー政策や、地球温暖化防止に関する京都議定書からの離脱問題などを取り上げながら、ブッシュ政権の軍事強硬路線と反環境路線を批判したものであった。

環境問題に対しては「小さな政府」を唱えて市場と企業に任せておけばよいとしながら、軍事・外交問題に対してはあからさまな「強い国家」に訴えることは、ブッシュ流の新自由主義にとってはなんら矛盾ではなく、同じコインの表と裏にすぎない。

あまり深読みをすると誤るが、テロ後に報復戦争に打って出るというブッシュの対応は、かなりの程度用意されたシナリオにそった行動ではないかと思われる。

一九九三年にはWTCの地下で大規模な爆破テロ事件が起きた。この事件では、六人が死亡、一〇〇〇人以上が負傷した。一九九八年にはケニアとタンザニアの米大使館同時爆破テロが起きた。二〇〇〇年のイエメンの米駆逐艦爆破テロ事件では、二〇〇一年のWTCテロと同じくビンラディンが首謀者だと報道された。

そうした経緯を考えると、テロがいつどこで起きてもおかしくない状況にあったことは疑いない。その意味で予期されていたはずのテロが九・一一のようになることを許したのはCIAとFBIの大失態であったかもしれないが、テロ警報はすでに発せられていた。そのなかで、WTCとペンタゴンに同時テロがあり、三〇〇〇人を超える死者が出たのである。このテロの衝撃があまりに大きかったので、アメリカ政府はテロ報復あるいはテロ絶滅のために予期せざる戦争に突入したのではない。さきにも述べたように、ブッシュ政権にとっては、何かテロがあればそれを機に一挙に打って出る、つまり、軍事強硬路線をとるということは、既定の路線であったと考えるべきである。

二〇〇一年一〇月二日、アメリカは、イギリスその他の有志連合諸国とともに、アフガニスタンに対する侵攻を開始した。二〇〇二年一月二九日、ブッシュ大統領は、一般教書演説を行い、アフガニスタン戦争後も対テロ戦争を継続すると表明した。演説では米軍が活動している国としてフィリピン、ボスニア、ソマリアをあげ、北朝鮮とイランとイラクの三ヵ国をテロ支援の「悪の枢軸」として名指しで非難し、それらの国が「(テロ壊滅のために)行動しないなら、米国が行動する」と恫喝した。その目的は「テロ支援国家が大量破壊兵器を使って米国と同盟国を脅かすのを阻止する」ことにあるとされた。(5)

そして、二〇〇三年三月一九日、アメリカは、イラク戦争に突入した。イラクの正規軍はほどなく崩壊したが、戦争は泥沼状態となっていまもつづいている。アメリカが最大の口実にしたイラクが保有するという大量破壊兵器が発見できなかったことは、ブッシュ自身が認めたところである。なお、アフガニスタンにおける米軍の軍事活動も依然としてつづいており、二〇〇九年一〇月の米軍関係者の死者は五九人、同月末までの年間死者数は二八一人にのぼり、いずれも過去最悪となった。

ところで、新自由主義とグローバリゼーションを取り上げながら、九・一一からさらにはイラク戦争にまで論及するのは、それらが新自由主義とグローバリゼーションがつくりだした世界秩序と不可分の関係にあるからである。WTCへのテロアタックがあった二〇〇一年に出た国連『人間開発報告』（*Human Development Report*）によれば、一九九三年現在、「アメリカの総人口の一〇％にあたる最富裕層（約二五〇〇万人）が世界の総人口の四三％にあたる最貧困層（約二〇億人）より多くの所得を得ている」。今日ではBRICs《ブリックス》と呼ばれる新興諸国（ブラジル、ロシア、インド、中国）で急激な経済発展が起きているが、それでも富めるアメリカと貧しい途上国との間には絶望的な溝があり、その溝はしだいに大きくなっている。

チョムスキーが一貫して論じているように、アメリカは、グローバル経済のもとで、貧しい国々がますます貧しくなるような世界秩序を維持するために強大な軍事力を必要とし、政府と企業の利益次第では、国連も無視して軍事介入国家として振る舞ってきた。彼は『アメリカが本当に望んでいること』（益岡賢訳、現代企画社、一九九四年）で、ジョージ・ケナンが一九四八年に国務省政策立案者スタッフに向けて書いた政策研究計画の一節を引用している。筆者は、当時、極秘資料であった文書のこの一文ほど帝国主義国家アメリカの外交政策の中心目的をあけすけに語った言葉を知らない。

「我々の人口は世界の六・三％にすぎないが、世界の富の約半分を所有している。……こうした状況では、我々が羨みと憤慨の対象となることは避けられない。今後我々が本当にしなければならないことは、この均衡のとれない位置を維持できるような国際関係の様式を作り上げることである。そのためには感傷主義と夢想とは捨て、あらゆる面で、我々の国家目的に注意を集中しなければならない。……人権や生活水準の向上、民主化といった曖昧で非現実的な目標について語ることをやめなくてはならない。我々がはっきりと力によって問題に対処しなくてはならない日が来るのはそう遠いことではない。そのときに、理想主義のスローガンに邪魔されなければされないほど好ましいのだ。」（一四ページ）

ケナンの名誉のために付け加えておけば、イラク戦争が始まる前の二〇〇二年九月に、当時九八歳であった彼は、ブッシュ大統領を批判して、「戦争にはそれ自体のモメンタム（はずみ）があって、いったん始まると当初綿密に考えていたあらゆる意図からかけ離れてしまう。いま、ブッシュがしたがっているようにイラクに進入するとすれば、戦争をどこで始めるかは分かっている。しかし、どこで終わらせるかはけっして知りようがない」(6)、と述べた。

第二節　二〇〇八年世界恐慌とその衝撃

アメリカの金融危機と二〇〇八年恐慌

二〇〇八年秋、アメリカ経済は、一九二九年恐慌以来の深刻な恐慌に突入した。リーマン・ブラザーズ社が史上最大の倒産にいたった同年九月一五日の月曜日、ニューヨークのダウ平均株価は前週末から五〇四ドル安の一万九一七・五一ドルに下落した。その後、バンク・オブ・アメリカや、保険最大手ＡＩＧの経営危機など深刻化する金融危機に対して、連邦政府が提出した緊急経済安定化法案が下院で否決されるとダウは前日比七七七ドル安の大暴落を記録した。

この一〇年ほどのあいだにアメリカの株価が大幅に下がったのは二〇〇八年秋が初めてではない。二〇〇一年夏から秋にかけても、株価の大きな下落があり、九・一一でいったん閉鎖された市場が再開した九月一七日にはダウ平均が六八五ドルも下げるほどであった。

筆者は、さきに述べように、二〇〇一年四月から九・一一直後までニューヨークに滞在していた。当時のアメリカ経済を筆者のＨＰの「ニューヨーク通信」で振り返ってみると、その年の三月から四月にかけて、ダウは一万ドル台を割り込んだが、四月以降持ち直し、五月には前年九月の高い相場まで戻し、六月半ばまで好調を保っていた。

しかし、七月に入ると、大手情報通信機器メーカーで大幅減益が報じられ、半導体産業は過去最悪の状況になってきた。七月、八月のＣＮＮニュースには、「インテルＭＰＵが三七％値下げ、ＡＭＤとの競争激化」、「世界半導体販売、六月は前年同月比三〇％減」、「『ペンティアム４』五割値下げ？　米専門家が予測」、「米株式が続落、半導体値引き競争の激化を懸念」、といったネットバブル崩壊の深刻さを物語る見出しが目についた。

ＣＮＮの報道によれば、七月の全米の人員削減は前月比六五％増、前年比三倍超であった。削減人数は、二〇〇一年一月〜七月の累計で九八万人、うち一〇万人はハイテク業界で占められていた。

アメリカ経済の舵取りをする連邦準備制度理事会（ＦＲＢ）は、景気対策のために二〇〇一年一月から八月までに、日本のコールレート（金融機関同士の貸し借りの短期金利）にあたる政策金利のFF（フェデラルファンド）金利を、六％から三・五％へ七回も下げた。引き下げはその後もつづき、その年の一二月一一日には一・七五％という超低金利になった。これは自動車金融や住宅金融の低金利にも連動し、二〇〇三年以降の住宅バブルの高進とサブプライムローン（信用度の低い貧困層向け住宅ローン）の膨張を用意した。

二〇〇八年恐慌の引金となったのは、ブッシュ政権下でのサブプライムローンの焦付きの急増と住宅バブルの崩壊である。この貸付債権は、リスクを分散させるために小口証券化されて、多様な金融商品と組み合わされ、小さな自己資本で巨額の他人資本を動かす「レバレッジ」（てこ）の手法を多用して、金融機関をとおして世界的規模で投機的に取引され、結局は、金融システムの崩壊を招いた。(7)

サブプライムローンは、低所得層や移民などの経済的弱者に巧妙に高利で貸し付けて暴利を得てきた点で、「略奪的金融」と言われている。(8) サブプライムローンの延滞と焦付きが急激に増えた背景には、ローンで住宅を購入したが、最初の負担軽減期間が過ぎると急に高まる利払いや返済に稼ぎが追いつかず家を手放す世帯や、失業で収入が途絶えて破産状態に陥り、立ち退きや差し押さえにあう世帯が、大幅に増えたという事情がある。住宅価格が下がり、家の担保価値が落ちて、金利の低いローンへの借り換えが困難になったことも、事態を悪化させた。

アメリカにおける住宅バブルは株式バブルと連動してきた。株価は、図0-1に見るように、一九八〇年代後半から九〇年代前半にかけても、「ブラック・マンデー」といわれる八七年一〇月一九日の大暴落を除けば、おおむね上昇をつづけてきた。上昇はそれで終わらず、一九九四年末から一九九九年末にかけては、ダウ平均で三〇〇〇ドル台から一万一〇〇〇ドル台に跳ね上がり、明らかにバブルの様相を呈した。

図 0-1　ダウ平均株価の長期的推移（1987年10月～2009年10月）

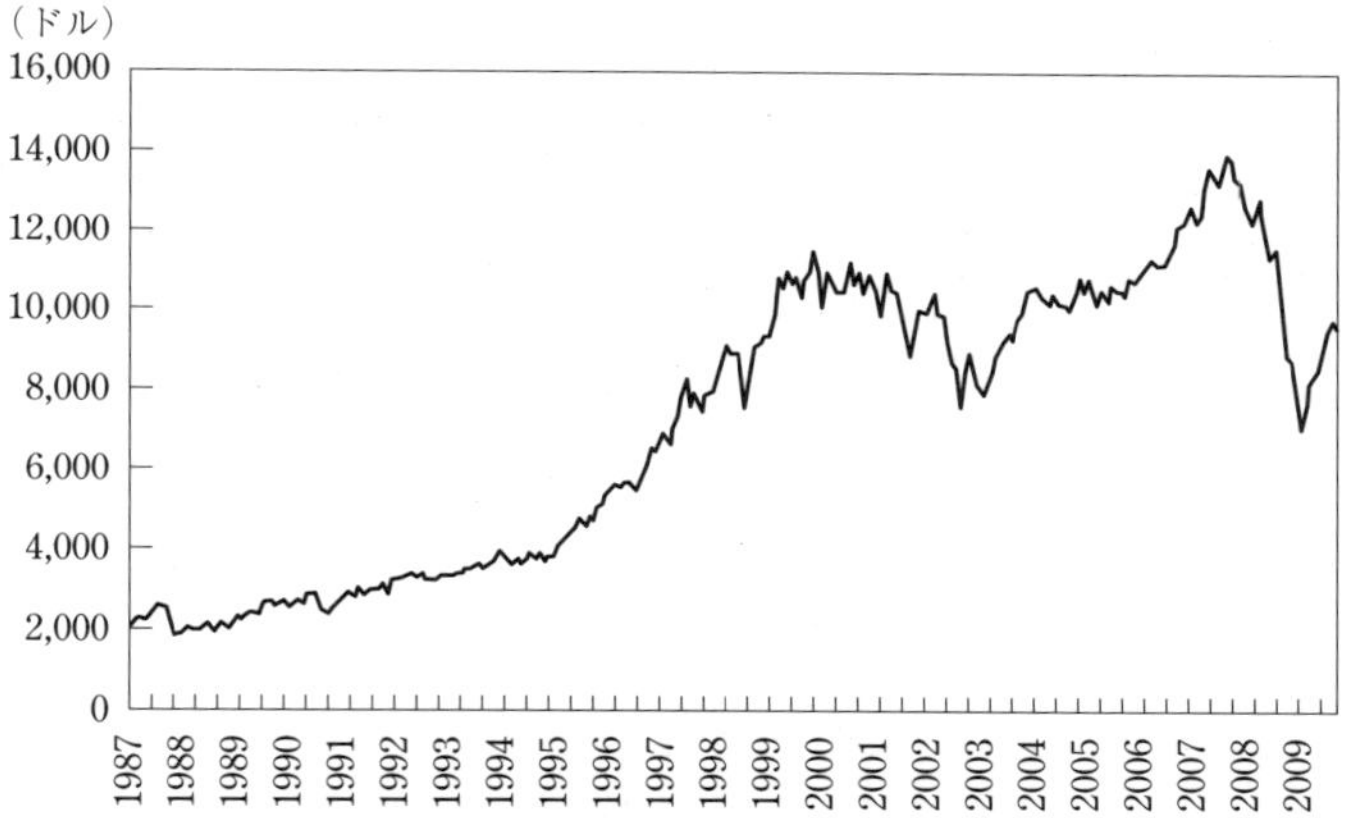

（出所）　Yahoo! Finance のダウ平均株価の長期月別データより作成。
（注）　株価は各月の初日の終値。

図 0-2　アメリカの住宅価格の長期的推移（2000年 1 ～ 3 月＝100）

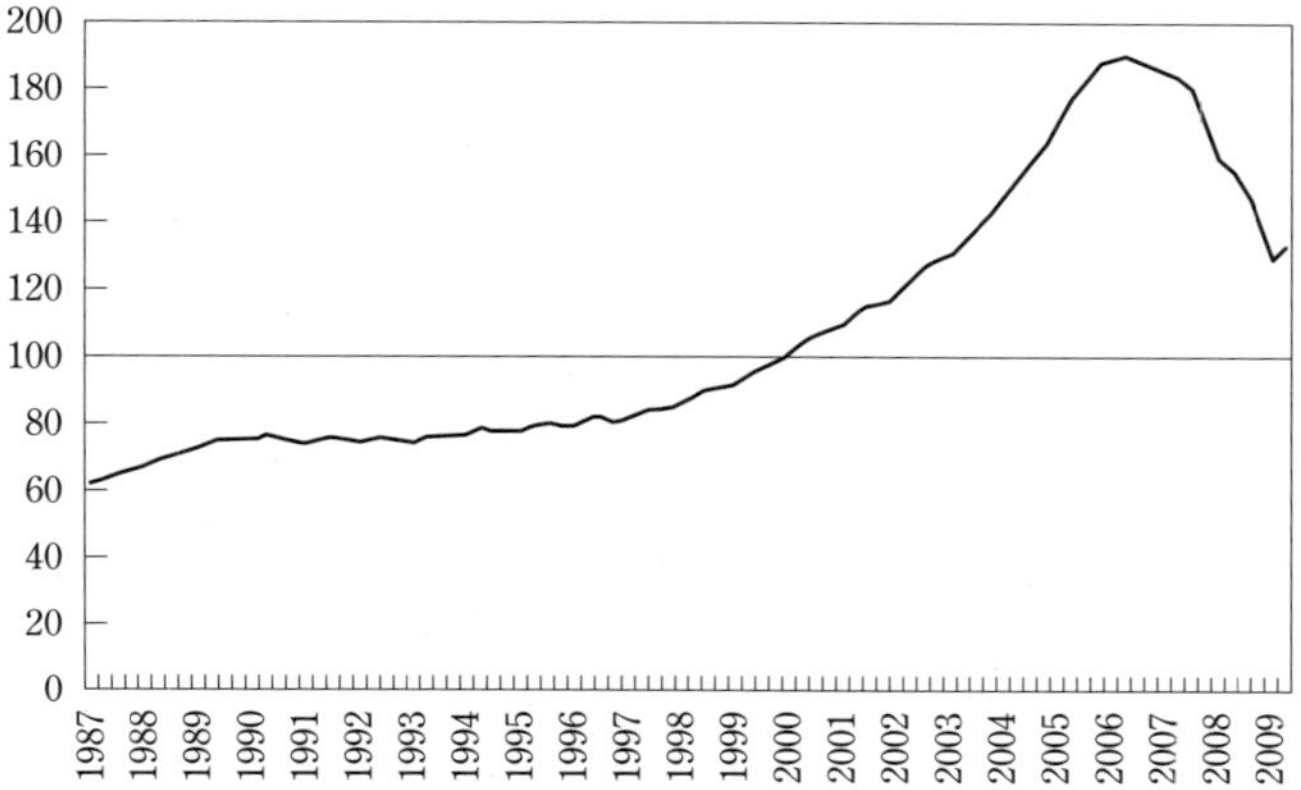

（出所）　S&P/Case-Shiller 住宅価格指数の四半期データより作成。
（注）　原資料は米センサス局の 1 戸建て住宅価格指数。

この株式バブルは、二〇〇〇年のネット関連株の暴落と、二〇〇一年の株価低落で崩壊するかに見えた。ところが、同じ頃から、図0-2に示したように、一九九〇年代末から進行してきた住宅バブルに火がついた。それに煽られるように株価も、二〇〇三年以降、第二次バブルともいうべき高騰を示し、二〇〇六年まで住宅バブルと株式バブルが同時進行した。しかし、二〇〇七年には住宅バブルの崩壊がはじまり、二〇〇八年には金融危機の深刻化とともに株式バブルも崩壊し、二〇〇八年恐慌へと突入したのである。

二〇〇八年恐慌の遠因をつくったのはブッシュ政権に先立つクリントン政権である。マサチューセッツ大学教授のロバート・ポーリンが著した『失墜するアメリカ経済』（佐藤良一・芳賀健一訳、日本経済評論社、二〇〇八年）は、民主党のクリントンから共和党のブッシュにいたる新自由主義政策を追跡して、アメリカを今日の破綻に導いたバブル経済は、金融の規制緩和を軸としたクリントンの新自由主義的な経済政策（クリントノミックス）によって準備されたことを明らかにしている。

振り返ると、アメリカ経済は、日本が長期不況に沈んだ一九九〇年代には空前の繁栄を謳歌していた。それを可能にした要因は、筆者の考えでは主に次の七つである。

(1) 経済のグローバル化のもとでの金融、情報、サービス分野における世界的優位性の確立。
(2) 衣服から情報機器にいたる生産基地の途上国移転による徹底した価格革命の推進。
(3) 中南米とアジアからの新移民の大量受け入れとコンティンジェント・ワーカー（非正規労働者）の増大による低賃金労働力の確保。
(4) 景気変動に即応した波状的なレイオフとリストラによる労働市場の流動化。
(5) 株式の高い個人保有比率を背景とした証券市場の活況と機関投資家によるリスク分散的な資金運用。

（6）株価上昇の資産効果と消費主義の浸透による旺盛な個人消費と消費需要の持続的な拡大。

（7）アメリカの経常収支（とりわけ貿易収支）の赤字で流出したドルが、黒字国の日本や中東産油国の対米投資（とりわけ国債購入）でアメリカに戻るドル環流システム。

一九九〇年代から二〇〇〇年代にかけての消費ブームを支えたのは、バブルで膨らんだ株式と住宅の資産価値であった。当然ながら、「資産効果」が大きいほど、バブルが崩壊したときの「逆資産効果」による消費の落ち込みも大きくなる。日本と比べて個人金融資産における株式比率がはるかに大きいアメリカではなおさらである。

二〇〇八年のバブル崩壊による信用の収縮につづく消費の落ち込みによって起きたのは、生産の大幅な落ち込みと設備投資の急激な減退であった。製造業でとくに深刻なのは自動車産業である。GM、フォード、クライスラーのビッグスリーは、軒並みかつてなく深刻な販売不振に陥り、GMの二〇〇八年一一月の国内販売台数は、前年同月比四七％減の一七万台であった。新車販売台数はその後さらに落ち込み、二〇〇九年一月には前年同月比で、GM五一％減、フォード四三％減、クライスラー五七％減になった。アメリカ市場のトヨタ、ホンダ、日産などの日本メーカーも三割台の落ち込みを記録した。政府の買い換え奨励策もあって同年八月の販売は大きく増えたが、奨励策の終了にともない九月は再び低下し、前年同月比でGMは四五％減、トヨタは一三％減となった。いまではGMは連邦政府が株式の六割を保有する「オバマの会社」になっており、アメリカの自動車会社は金融機関と同様に、政府の支援なしには存続できない事態に追い込まれている。

日本の二〇〇八年恐慌と非正規雇用者の大量解雇

アメリカ経済と同様に、日本経済も二〇〇八年秋から生産が急激に落ち込み、恐慌と呼ぶしかないような危機的状況に陥った。なかでも深刻なのは自動産業で、世界的な同時恐慌による輸出の減少と国内販売の急激な落ち込みのなかで、トヨタをはじめとする自動車メーカー各社の生産はかつてなく大幅に縮小した。日本自動車販売協会連合会（自販連）の発表によれば、二〇〇八年一一月の普通乗用車販売台数（新車）は、前年同月比三二・四％減で、一一月としては一九六八年の統計開始以来、最大の下落率となった。最も落ち込みが大きかったのは二〇〇九年二月の前年同月比四〇・七％減であった。販売不振と生産の落ち込みは、自動車にかぎらず、電機・電子製品にも拡がり、二〇〇九年三月現在、携帯電話、プラズマテレビ、デジタルカメラ、ノートパソコンの生産金額は前年同期比マイナス三〜四割と、大幅に落ちている。

日本経済は一九九〇年のバブル崩壊後、長期不況に突入し、鉱工業生産指数では一〇年以上にわたって本格的な回復をみないまま、のこぎり状に一九九三年、一九九八年、二〇〇二年の三つの谷を刻んできた。二〇〇二年から二〇〇七年にかけては、賃金は抑えられたまま大企業だけが潤う「戦後最長の景気拡大」があったものの、二〇〇七年の終わり頃には、すでに景気後退の兆候が現れていた。そこにやってきたのがアメリカ発の二〇〇八年恐慌である。

日本の一九九〇年代不況の最大の特徴は、バブル後遺症による金融危機にあったが、二〇〇八年恐慌の最大の特徴は、製造業における生産の拡大のあとの急激な落ち込みと、非正規労働者の激増のあとの雇用崩壊にある。一九九〇年代の金融危機と不況では、銀行・保険・証券など金融業界を中心にホワイトカラーの大規模なリストラがあったが、今回の恐慌では製造業のブルーカラーの大量解雇が先行している。

図０-３　日本の鉱工業生産の推移：付加価値生産額（2005年＝100）

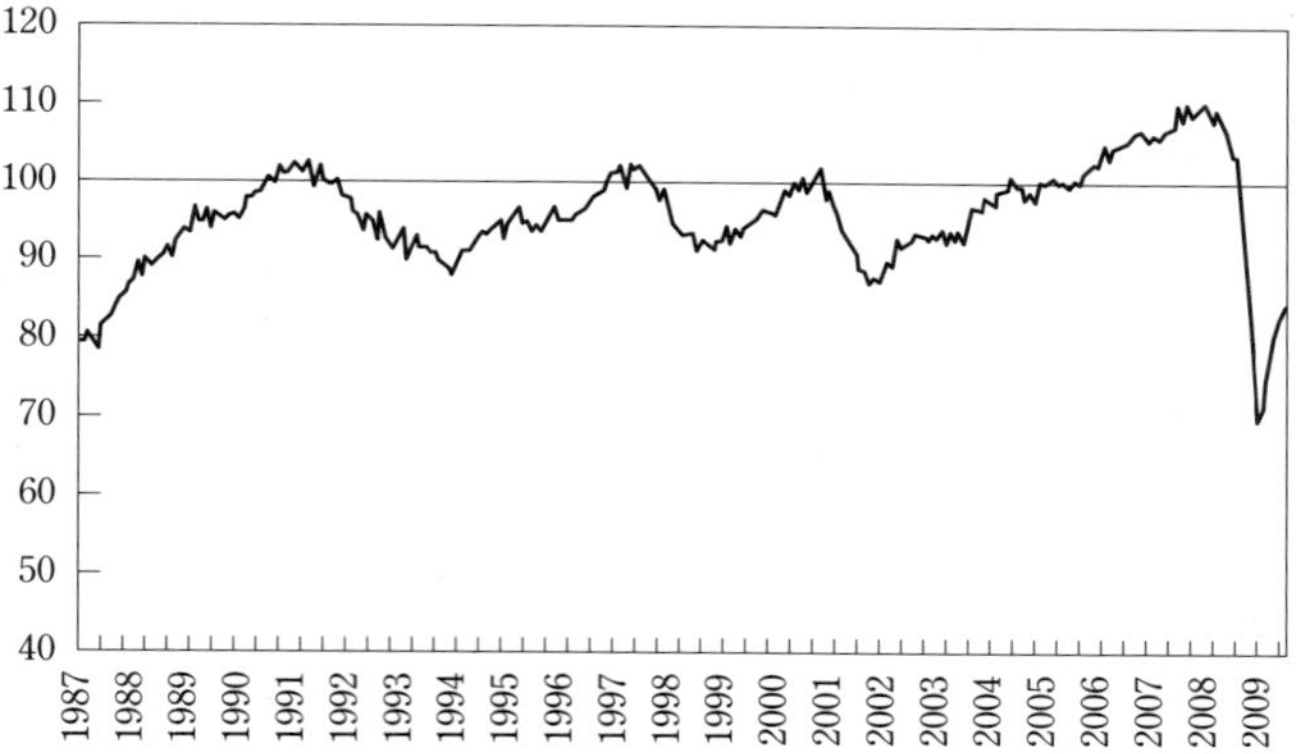

（出所）　経済産業省・鉱工業生産指数月次データより作成。

一九九〇年代後半以降、大企業を中心に正社員の絞り込みが進み、非正規労働者が急増したことはよく知られている。「労働力調査」でみれば、非正規労働者は一九九五年二月の一〇〇一万人（二一・五％）から二〇〇八年六〜九月の一七七九万人（三四・六％）に、ざっと七八〇万人増えている。二〇〇七年の「就業構造基本調査」によると、パート、アルバイト、派遣などの非正規雇用者の割合は、過去最高の三五・五％（男性二〇％、女性五五％）となり、二〇年前と比べ二倍近くに上昇した。

非正規のなかでも近年の増大が著しいのは派遣労働者で、厚生労働省の発表によれば、派遣会社の事業報告にもとづく派遣労働者の人数は、一九九七年度から二〇〇七年度の間に八六万人から三八一万人に増加している。

二〇〇八年恐慌の襲来とともに、製造業では大量の非正規労働者の解雇・雇い止め（派遣については契約打ち切り）が生じ、厚生労働省の集計では、二〇〇八年一〇月から二〇〇九年九月末までの雇用調整人数は、約二四万人にのぼる。うち五九％は派遣労働者であり、また派遣切りのほとんど（九七％）は製造業である。「労働力調査」の詳細集計によって、二〇〇八年一〇月から一二月の平均と、二〇〇九年一月から三月の平均を比較すると、雇用者数は全産業で約九九万人、そのうち非正規労働者が九七万人、派遣労働者は三〇万人減少している。

派遣の失業者の多くは、失職と同時に住居を喪失した者も少なくない。派遣を含む非正規労働者の大半は年収二〇〇万円未満のワーキングプアである。「就業構造基本調査」によれば、在学生を除く年収二〇〇万円未満の低賃金労働者層は、一九九七年の一三八三万人から二〇〇七年の一七〇七万人に増えた。二〇〇七年現在でみると、年収二〇〇万円未満の労働者は全労働者の三割を占め、さらにその八割は非正規労働者によって占められている。二〇〇八年恐慌による未曾有の雇用崩壊によって、非正規労働者の状態は二〇〇七年当時よりさらに悪化していることは疑いない。

第三節　新自由主義の終焉と世界の政治経済の転換

金融システムと雇用システムの破綻と転換

新自由主義の政策路線は、小泉内閣の「聖域なき構造改革」というスローガンに示されるように、政治経済の全分野をとらえてきた。なかでも、その影響が破壊的であったのは、金融機関と金融市場に最大限の自由を与える金融分野の規制緩和であった。それは金融取引の肥大化と投機化をもたらし、アメリカにおける二〇〇七年の住宅バブルの崩壊と二〇〇八年の株価の大暴落を引金に、ついには破局的な金融危機、さらには世界同時恐慌を招いた。

金融危機に際して、連邦政府は民間の銀行や企業の救済に乗り出さざるをえなくなった。このことは、経済への政府介入を否定してきた新自由主義の破局を意味している。(9) 二〇〇八年一一月には、アメリカの首都ワシントンで世界の二〇の国と地域の首脳が集まって世界金融危機の対策を話し合い、金融機関と金融市場に対する適切な規制・監督の実施を盛り込んだ宣言を採択した。これは金融における新自由主義の終焉を意味するものである。

二〇〇九年九月二四日〜二五日には、アメリカのピッツバーグで二〇ヵ国・地域の首脳会合、いわゆる金融サミットが開催され、金融規制の強化を盛り込んだ声明を採択して閉幕した。各国首脳は、景気刺激策と金融システムの安定化に引きつづき取り組むことで合意した。また、G8に代わって、途上国を加えたG20が国際経済問題を協議する最上位の会合と位置づけられ、定例化されることになった。

ピッツバーグ・サミットの首脳声明は言う。「我々は、危機から回復に至る重大な転換期のさなかに、無責任の時代から次に進み、二一世紀の世界経済のニーズに見合う一連の政策、規制及び改革を採択するために、会合する」。「我々は、破たんした規制体系を修復する措置を講じ、金融上の行き過ぎが世界経済を再び不安定化させるリスクを減少するため抜本的改革を実施し始めた」(10)。これは規制体系を破綻させて無責任な時代を生んだ新自由主義への訣別宣言である。

新自由主義の政策路線の影響が金融とならんで破壊的であったのは、雇用・労働分野である。アメリカの労働省が発表した二〇〇九年一〇月の雇用統計によると、失業者は一五七〇万人、失業率は一〇・二％に達している。二〇〇〇年一〇月の五五三万人、三・九％と比べるといかに深刻な水準にあるかがわかる。部門別では、建設業と製造業がとくに深刻である。

総務省「労働力調査」によると、二〇〇九年七月の日本の完全失業率（季節調整値）は五・七％で、過去最悪となった。また、完全失業者は三七六万人で、前年同月より一〇九万人増え、過去最大の増加幅となった。厚生労働省が発表した七月の有効求人倍率は〇・四二倍で三ヵ月連続で過去最低を更新した。

ＩＬＯはさきのＧ20ピッツバーグ・サミットに際して、現下の恐慌の影響で二〇〇九年の世界の失業者数は、二〇〇七年に比べ三九〇〇万人〜六一〇〇万人増え、総数で過去最大の二億一九〇〇万人から二億四一〇〇万人にのぼるだろうと発表した(11)。

新自由主義は市場個人主義の立場から、経済活動は市場における個人の自由な選択に任せるべきであって、労働市場に対しても国家は可能な限り介入するべきでないと考える。しかし、いまから見ると、新自由主義の三〇年間が雇用にもたらしたのは世界的な大量失業である。そして、そのことは失業者の救済と雇用の創出は政府の責任であることを世界の国々に承認することを迫っている。それゆえにピッツバーグ・サミットの首脳宣言は言う。

「すべての国は、雇用が迅速に回復することを確保するために行動しなければならない。我々は、人間らしい働きがいのある仕事（decent work）を支援し、雇用の保全を助け、雇用の増加を優先する回復計画の実施にコミットする。加えて、我々は失業者と最も失業の危機にさらされている人々に対して、所得、社会的保護及び訓練支援を引き続き提供する。我々は、今回の危機が国際的に認知された労働基準を無視し、または弱める口実にはならないことに合意する。世界的成長が幅広く利益となることを確保するため、我々は、ＩＬＯの労働における基本的原則および権利と整合的に政策を実施すべきである(12)」。

転換は経済だけでなく政治においても始まっている。その証左の一つは、二〇〇八年一一月のアメリカの大統領選挙におけるバラク・オバマの勝利と、二〇〇九年一月の大統領就任である。彼の当選はアメリカ史上初の黒人大統領の誕生という点でも特別な意味がある。民主党の勝利という点では、すでに二〇〇六年一一月のイラク戦争を最大の争点とする中間選挙で民主党が一二年ぶりに上下両院とも多数を占めたときから、転換が始まっていた。二〇〇七年一月の下院本会議で、民主党が提出した最低賃金を向こう二年間に一時間五・一五ドルから七・二五ドルに上げる法案が可決され、ブッシュ大統領の署名をへて同年五月に成立した。このことも、政治潮流の転換の兆候とみなすことができる。

日本では二〇〇九年八月三〇日の総選挙で民主党が圧勝し、民主、社民、国民新の三党連立政権が成立した。民主党の労働政策を「INDEX 2009」（マニフェストより詳細な政策集）で見てみると、焦眉の労働者派遣法の見直しでは登録型派遣の禁止や製造業派遣の禁止に曖昧さを残しているものの、財界言いなりの新自由主義路線を進めてきた自民党の労働政策に比べると、労働者の権利の保障と保護を謳っている。

日本の場合は、政治の流れの転換の兆しは、ワーキングプアの増大に社会的関心が集まった二〇〇六年頃から現れていた[13]。小泉首相が退陣し、安倍首相に交替した同年には、ホワイトカラーの大部分に対して労働時間の規制を除外し、残業ただ働きを強いる「ホワイトカラー・エグゼンプション」制度導入の是非が大きな議論になった。結局、二〇〇七年一月にいたって、同制度の関連法案は、労働界と世論の猛反対を受けて国会提出を見送られ、同年七月の参議院選挙で民主党が大勝したこともあって、立ち消えになった。これらのことも、日本における新自由主義の終焉の始まりを示唆している。

地球温暖化対策の国際的枠組みの構築を目指した気候変動サミットが二〇〇九年九月二二日、ニューヨークの国連本部で開催された。そこでは潘基文《パン・ギムン》事務総長、アメリカのオバマ大統領、中国の胡錦濤国家主席、日本の鳩山由紀夫首相らが演説し、事務総長は、温室効果ガスを二〇二〇年までに一九九〇年比二五%削減という日本の中期目標を高く評価し、各国にいっそうの削減努力を求めた。(14) ここにも世界の政治経済の転換の始まりを見て取ることができる。

おわりに

序章の最後に、本書の構成について簡単に述べておくと、全体を二つの部に分け、第一部「現代資本主義の全体像と時代相」には四つの章を配した。

第一章「現代資本主義論争によせて」では、一九九五年の経済理論学会全国大会における北原勇氏、伊藤誠氏、山田鋭夫氏の報告を手がかりに、三氏に共通する理論的・方法的問題点を検討し、ついで三氏の主張が分かれてくる理由を示すことをとおして、現代資本主義論をめぐる論争に参加する。

第二章「現代資本主義の現代性と多面性」では、歴史的実在としての資本主義の「いつ」をもって、また「なに」をもって現代資本主義とするかを検討し、現代資本主義の「現代性」と「多面性」を問う意味を述べ、現代資本主義の全体像を問うこととは資本主義の原理像の問い直しをも迫るものであることを明らかにする。

第三章「雇用関係の変容と市場個人主義」では、現代資本主義における労働市場の変化は、労働力の売り手としての労働者が、同時に消費者や投資家でもあることに深くかかわっていることを踏まえ、現代資本主義の諸変化が、雇用関係への市場個人主義の浸透に現実的基盤を与えてきたことを明らかにする。

第四章「株主資本主義と派遣切り」では、二〇〇二年から二〇〇七年にかけて株主重視の企業経営の流れが勢いを増し、株主配当が増えた反面で、人件費が切り下げられ、労働分配率が大きく下がったことを明らかにする。それとともに、製造業においては二〇〇八年恐慌による生産の落ち込みで乱暴な派遣切りが大規模に行われたことを確認する。

第二部「日本経済と雇用・労働」には以下の四つの章を置いた。

第五章「バブルの発生・崩壊と一九九〇年代不況」では、一九八〇年代の株価と地価の異常な上昇をともなったバブル景気と、バブル崩壊にともなう一九九〇年代の長期不況を取り上げて、バブルの発生・崩壊のメカニズムを検討するとともに、日本的経営システムの変容を金融システムの面から跡づける。

第六章「悪化する労働環境と企業の社会的責任」では、過労死とワーキングプアに象徴される近年における労働環境の悪化を、強まる働きすぎと増大する非正規労働者の実態に即して考察し、株価至上主義経営が強まるもとでのCSR（企業の社会的責任）とSRI（社会的責任投資）の流れに関連して、株式会社の社会的責任に説き及ぶ。

第七章「労務コンプライアンスとサービス残業」では、総務省「労働力調査」と厚生労働省「毎月勤労統計調査」によって一九八〇年代以降のサービス残業の推移を概観するとともに、サービス残業の手法と実態の把握を試み、あわせて、厚生労働省の労働基準行政がサービス残業の是正と解消にどのように取り組んできたかを振り返る。

第八章「非正規労働者の増大と貧困の拡大」では、「就業構造基本調査」などの労働統計にもとづいて、近年における非正規労働者の増大と所得階級別分布の変化を踏まえ、ブルーカラーと比較しながらホワイトカラーの貧困化の実態に迫る。それとともに、米英におけるワーキングプアの現状に関するいくつかのルポルタージュを紹介する。

最後に、第一部および第二部の締めくくりとして、終章「新しい経済社会のあり方を求めて」を置く。ここでは、二〇〇八年恐慌が強欲資本主義の時代の終焉を告げているという認識のもとに、ポスト新自由主義の時代の資本主義のゆくえと新しい経済社会のあり方を展望する。

注

（1）数字は原作の邦訳、ジョエル・ベイカン『ザ・コーポレーション——私たちの社会は企業に支配されている』酒井泰介訳、早川書房、二〇〇四年から。

（2）Juliet B. Schor, *Born to Buy: The Commercialized Child and the New Consumer Culture*, Scribner, 2004.

（3）大谷俊介「研究・教育のサッチャリズム」日本学術会議『学術の動向』二〇〇三年二月号。

（4）森岡孝二「アメリカにとっての二〇〇一年九月一一日」『経済科学通信』第九八号、二〇〇二年四月。

（5）『朝日新聞』二〇〇二年一月三〇日夕刊。

（6）Albert Eisele, "HILL PROFILE: George F. Kennan, At 98, veteran diplomat declares Congress must take lead on war with Iraq", *The Hill*, 25 September 2002.

（7）浜矩子『グローバル恐慌——金融暴走時代の果てに』岩波新書、二〇〇九年。

（8）鳥畑与一『略奪的金融の暴走——金融版新自由主義がもたらしたもの』学習の友社、二〇〇九年。

（9）二宮厚美『新自由主義の破局と決着——格差社会から二一世紀恐慌へ』新日本出版社、二〇〇九年。

（10）外務省による仮訳。http://www.mofa.go.jp/Mofaj/gaiko/g20/0909_seimei_ka.html より。

（11）ILO, "Despite continued rise in unemployment, measures taken by G20 governments will save up to 11 million jobs in

2009", 18 September 2009.

(12) 外務省、前掲訳。

(13) 五十嵐仁『労働再規制——反転の構図を読みとく』ちくま新書、二〇〇八年。

(14)「共同通信」二〇〇九年九月二二日、『朝日新聞』二〇〇九年九月二四日。

第一部　現代資本主義の全体像と時代相

第一章　現代資本主義論争によせて

はじめに

「戦後五〇年」の節目に開かれた経済理論学会第四三回全国大会（慶應大学、一九九五年）は、共通論題の一つに「現代資本主義分析の理論と方法」を掲げた。そこでは北原勇、伊藤誠、山田鋭夫の三氏が報告を行い、同時に互いの報告をコメントした。[1] このときの三氏の報告とコメント（『経済理論学会年報第三三集』青木書店、一九九六年に収録）をもとに、それぞれの報告タイトルを改め、内容を補正し、「討論」の部を追加して新たに単行本として編まれたのが、本章で検討する『現代資本主義をどう視るか』（青木書店、一九九七年）である。

単行本では、北原氏の報告は「二〇世紀末資本主義の現状と行方——新しい国家独占資本主義論の立場から」、伊藤氏の報告は「宇野理論と逆流仮説——経済学への時代の挑戦」、山田氏の報告は「フォーディズムの崩壊と新しい模索——現代資本主義へのレギュラシオン・アプローチ」と題されている。

この論争は上記大会の共通論題の報告と討論のときから大きな関心を集め、それを編集した単行本も広く読まれた。この論争が興味をよぶ背景には、近年、マルクス経済学の現代認識や資本主義観の問い直しを迫る新しい時代状況や理論課題がつぎつぎと現れてきたという事情がある。それにくわえて、この討論では分析枠組みと理論的アプローチを異にする現代資本主義論の有力な論客が顔をそろえたという事情も無視できない。

一般にある論争が人々の関心をよぶのは、共通点よりも相違点に対してである。とはいえ、三氏のあいだのこの論争に限っては、筆者は相違点よりもむしろ共通点のうちにより多く議論されるべき問題点があると思っている。三氏は「コメント」と「討論」の部でも互いの現代資本主義論について、それぞれ「国家介入」(北原)、「資本主義の逆流」(伊藤)、「レギュラシオン様式」(山田)を重視する立場から、互いの弱点を突くことに余念がない。にもかかわらず、北原氏が「はしがき」で述べているように、三氏は「一九七〇年代初頭以降の資本主義の危機と再編」に照明をあてている点で共通の問題意識を有している。こうした時期と課題の限定は、議論をなるべくかみ合うものにしようとする配慮による面ももちろんある。しかし、共通論題として設定された「現代資本主義分析の理論と方法」からいえば、こうした限定は狭すぎる。この共通論題の趣旨をくめば、現代資本主義論は最近の資本主義の全体構造を明らかにし、私たちが生きる時代の資本主義史における位置を見定めることを課題――少なくとも課題の一つ――としていると考えられる。とすれば、現代の資本主義をより広い視野から多面的にとらえるような経済学の枠組みが用意されなければならない。それは資本主義の一般理論の分解を避ける仕掛けを用意したうえでの現代資本主義論の多元化を意味する。

そこで以下では、まず三氏に共通する理論的・方法的問題点を検討し、次いで各自の主張が分かれてくる理由を示すという順序で、現代資本主義論をめぐる論争に参加することにしよう。(2)

第一節　資本主義の「いつ」と「なに」を論ずるか

「現代資本主義」という言葉はふつう資本主義の実在的歴史過程のある時期から現在までを指すものとして用いられている。その際の「現代」の起点は、人によって、また文脈によって、①二〇世紀初め（資本主義の独占段階への移行、帝国主義の成立）、②一九一〇年代後半（第一次世界大戦の終結とロシア革命）、③一九三〇年代（世界恐慌と管理通貨制への移行）、④一九四五年（第二次世界大戦の終結と冷戦の開始）、⑤一九七〇年代初め（ＩＭＦ体制の再編と石油危機）、⑥一九八〇年前後（新自由主義の台頭とグローバリゼーション）、⑦一九八〇年代末から九〇年代初め（旧ソ連・東欧における社会主義の崩壊）、などに求められる。

このようにいうと「現代」は二〇世紀資本主義か、二〇世紀のある時期以降の資本主義を指すといってよさそうである。だが、すべての論者がそうだというわけではない。たとえば、歴史家のＧ・バラクラフは、一九六四年に出た『現代史序説』のなかで、石炭と鉄の時代にかわり鉄鋼、電気、石油、化学製品の時代をもたらした第二次産業革命や、世界価格によって支配される世界市場の出現や、ヨーロッパにおける大衆民主主義の形成などを念頭におき、「今日の世界に現実に存在する諸問題がはじめてわれわれの目に見える形をとった時点」〔バラクラフ 一九七一、一五ページ〕、したがってまた「『現代史』を『近代史』から分かつ特徴的な展開の多くがはじめて明確に認められるようになった時点」〔同書、二一ページ〕を「一八九〇年前後」に見出している。

バラクラフにも例をみるように、「現代」はしばしば「近代」の後にくる時代として理解されている。しかし、それと同じ程度にしばしば「現代」と「近代」を区別することが意味をなさないときがある。たとえば、チャップリンが一九三〇年代のアメリカを舞台に作った『モダン・タイムス』（一九三六年）という映画がそうである。チャップリンが明確に意識していたかどうかは定かではないが、この映画は、テレビ監視のベルトコンベア工場と大恐慌下の失業者の群を映像化することによって、工場制度に始まる資本主義時代を描いたものと考えることもできる。

「現代」を「近代」と区別することに慣れてきた私たちは、マルクスの著作の日本語訳を読んで「近代」という言葉に出くわすと、「現代」と対比された「近代」と理解してしまいがちである。しかし、マルクスの著作に出てくる **"modern"** は、彼が眼前に見た現在までを指すという意味では、「現代（の）」という訳語をあてたほうが適切である。

いずれにせよ、マルクスの理論においては、資本主義は「現代」と「現代以前」という区別をもたない。というより、マルクスにおいては「現代」以前には資本主義は存在せず、「現代」以降にも資本主義は存在しない。マルクスは彼の眼前の社会を「現代ブルジョア社会」（"moderne bürgerliche Gesellschaft"）と呼んでいるが、この場合の「現代」も、資本主義のなかのある時代を指すのではなく、一六世紀に起点をもちマルクスの眼前により発展した姿を見せるようになった資本主義社会そのものを指している。

資本主義を教科書風に簡単に「私企業が労働者を雇用して利潤を目的に商品を生産し販売する経済システム」と定義するなら、アダム・スミスの時代のイギリスの経済も、今日の日本の経済も資本主義であると言ってさしつかえない。だが、このことは資本主義の時間的・空間的な不変性を意味するものではない。

マルクスは資本主義をそれ以前の経済システムと分かつ本質的特徴のひとつは「絶え間ない変化」にあることを教えている。彼によれば資本主義はその本性から、資本主義でありつづけるために常に変化しなければならないシステムであり、変化をつづけることによってやがて社会主義に移行せざるをえないシステムである。[3]

社会主義への移行についてのマルクスの認識は、今日から見れば資本主義の生命力についての判断の誤りを含んでいたと言いうる。たとえそうだとしても、マルクスの経済学の他の学派に対する優位性のひとつは、資本主義を「発展と移行」を含む「変化」において説明し、その変化の経済的動因を明らかにしたことにある。それと同時に、マルクスが資本主義システムとその変化を経済の次元だけでなく政治を含む社会システムの全体性において説明していることも、マルクスの経済学の優れた面として認めてよい。

しかし、こうしたマルクスの経済学の性格は、マルクスの後のマルクス経済学に、理論がそのリアリティを保持するためには「新しい資本主義」を分析して、そこから導かれる歴史的・理論的素材を取り入れて資本主義の理論を補正し豊富化するという課題を背負わせることになった。二〇世紀のマルクス経済学に大きな影響を与えたヒルファディングやレーニンが直面したのはまさにそうした課題であった。

ヒルファディングの『金融資本論』は、副題のとおり「最近の資本主義発展についての一研究」として一九〇九年に出版された。本書では彼は株式会社制度の発展が産業の集中と独占の形成を促す過程に照明をあて、銀行による株式会社の発起設立を媒介とした銀行資本と産業資本との関連の緊密化と、それにともなう資本の金融資本への転化を考察している。彼の理論が「金融資本」の概念や「創業者利得」の規定において重大な混乱と誤りをふくんでいることについては、筆者は別稿〔森岡 一九八七、一九九〇a、一九九〇

b」で詳しく述べたことがある。しかし、ここで言いたいのはそのことではなく、『金融資本論』では、株式会社や銀行やカルテルのことは論じられていても、『資本論』第一部でなされたような労働過程、労働市場、および労使関係の研究はなされていないことである。

これと同じようなことは一九一七年に出たレーニンの『帝国主義論』にもいうことができる。『帝国主義論』の基本的課題は「最初の世界帝国主義戦争の前夜」の「世界資本主義経済の総括的様相」を示し、カルテルやトラストの形成と支配においても、少数の列強による世界の領土的分割と再分割においても、二〇世紀の初頭に資本主義は独占的段階に移行したことを明らかにすることにあった。このなかでは『資本論』第一部が取り扱ったような資本の生産過程と蓄積過程の諸問題は、生産と資本の集積・集中の前提としてふまえられてはいるが、それ自体としては考察されていない。

『金融資本論』や『帝国主義論』の場合は、そうした空白は課題の限定の結果だと考えれば必ずしも理論的欠落だとはいえない。問題はむしろヒルファディングやレーニンの後継者たちによって二〇世紀の資本主義の分析が『金融資本論』や『帝国主義論』に倣ってなされるようになったときに生じた。『資本論』の論理に照らせば、労働過程の研究はマルクス経済学における資本主義分析の中心テーマのひとつだと考えられる。しかし、実際の研究史のうえでは、それにふさわしい位置を与えられずにきた。その理由については、『労働と独占資本』（一九七四年）を著して労働過程研究を甦らせたブレイヴァマンが説得的に述べている［森岡 一九八二、第一章］。彼によれば、マルクスの労働過程分析が並外れた徹底性と先見性をもっていて、後の者にはすべてがすでに言い尽くされているように思われたうえに、次のような時代の問題が労働過程の研究を遠ざけた。

「一方、マルクス主義の分析的研究の主要対象となったのは、今世紀の激動的諸事件、すなわち二つの世界大戦、ファシズム、戦争の余波と大恐慌のなかで資本主義経済が崩壊と再建をくりかえしたこと、そして、プロレタリア革命と民族革命、であった。独占、軍国主義、帝国主義、民族主義、資本主義体制の『危機』や『崩壊』の諸傾向、革命戦略、そして資本主義から社会主義への移行の諸問題が、こうした激動の時代の最前線を掌握し、保持することとなった。」〔ブレイヴァマン　一九七八、一〇ページ〕

こうした客観情勢がマルクス主義者を突き動かして、時代の問題の研究に向かわせたことを非難することはできない。しかし、現代資本主義分析のあり方からみると、こうした研究態度は予期せぬ視野狭窄をもたらした。帝国主義、戦争、資本主義体制の危機、社会主義への移行などに焦点を合わせて、資本主義の特定の時代を取り出し、その時代の資本主義分析が課題とすべき問題群を限定することは、その時代より前に出現した経済事象や、それらの問題群とは性質を異にする経済事象を考察しないことを意味する。いかなる研究も課題を限定しないことには始まらないが、現代資本主義の「現代」的特質を明らかにすることを課題とする場合には、課題の限定は現代の本質的特徴の多くを捨象するようなものであってはならない。

ここで三氏の論争にもどれば、北原氏は『現代資本主義をどう視るか』の「はしがき」で北原氏と伊藤氏と山田氏の「共通の問題意識あるいは視座」として、「第一に、戦後資本主義の高度成長は一九七〇年代初頭には終わり、その後は長期不況としての連続的な危機と再編の時期が続いている。この二つの時期の特質を対比的に明らかにし、前者から後者の時期への変転の必然性と意義を明確にすることが現代資本主義論としてとくに大切である」（四ページ、以下同書からの引用に限りページのみ記す）と述べている。

この場合、第二次大戦後の資本主義が「現代資本主義」とされ、それが高度成長をともなった一九七〇年代初頭までの時代と、それ以降のＩＭＦ体制の崩壊と石油危機を契機とする長期不況期の時代に区別されている。たしかに資本主義諸国は石油危機を引金に深刻な不況に突入し、とくにヨーロッパでは高い失業率が社会問題になった。八〇年代のアメリカでは経済停滞と産業衰退がしきりに議論された。しかし、一九七〇年代から九〇年代までの時期がずっと不況一色であったわけではない。日本経済は、七三〜七五年のオイル・ショック不況の後にも、他の先進資本主義諸国より高い成長率を維持した。八〇年代後半には、エクイティ・ファイナンスによる低コストでの資金調達を背景に、製造業の設備投資が大きく増加し、工業生産は短期間ながら六〇年代の高度成長時に匹敵するほどの勢いで拡大した。この時期にはまた不動産融資（土地取引）を中心に金融が膨張し、地価と株価の異常な上昇＝バブルの形成があったが、それは単に金融の暴走だけを意味するのではなく、所定外労働時間の異常な増大にも示されるように生産の過熱をともなっていたのである［森岡 一九九五］。その後、日本経済はバブルが崩壊し、九〇年代にはいると戦後最大最長といわれるほどの不況に見舞われたが、この九〇年代不況を七三〜七五年の不況と同じ要因によって説明することはできない。

世界経済では、八〇年代にはいって、韓国、台湾、香港、シンガポール等のアジアＮＩＥｓが急激な成長をとげ、九〇年代には成長の波が中国およびＡＳＥＡＮ諸国にも拡がり、とくに中国の地位が目立って高まってきた。また、アメリカにおいても、一九九〇年代にはいってからは、日本の一九八〇年代後半のバブル期を思わせるような好景気と株価上昇がつづいた。それにともない個人消費も拡大してきた。これらのことから見て、一九七〇年代初めから一九九〇年代までのアメリカ経済を長期不況だけでは説明できないことは明らかであろう。山田論文へのコメントのなかで、伊藤氏が「一九九〇年代にはいるとアメリカ産業の再生のきざしも示され、とくに高度情報技術をめぐるアメリカの国際的な先進性とあわせて、アメリカ経済は一方的に衰退しているとはいえない様相も認められるのではないか」（一三五～一三六ページ）と述べていることも、一九七〇年代の初めから九〇年代までを「長期不況」で括ることはできないことを示唆している。

マルクス経済学では、不況あるいは恐慌は景気循環の一局面ととらえられるので、三氏に共通する現代資本主義の時期区分は資本主義の循環的危機を重視する立場からなされているとも考えられる。しかし、七〇年代初めから九〇年代までをずっと「長期不況」あるいは「二〇世紀末不況」とみていることから判断すると、三氏は、循環的危機より長期の資本主義の構造的危機を想定していると解釈するべきであろう。いずれにせよ、一九七〇年代初頭から九〇年代までの時期に限定して、この時期の資本主義の危機と再編に問題を限定するような現代資本主義論では、景気循環や経済危機を超えて進行する資本主義の歴史的傾向はみえにくくなる。必ずしも網羅的ではないが、思いつくままにそうした傾向ないしトレンドの主要なものを以下にあげておこう。

資本主義の歴史的傾向

《資本主義時代の初めから現在までつづく傾向》

財・サービスの商品化と市場化

労働の賃労働化
家族の生産機能の喪失
農村から都市への人口移動
工場制度の発展
外国貿易と世界市場の発展
《一八世紀後半から一九世紀前半に一般化する傾向》
機械化と蒸気機関の発達
労働時間の延長
景気循環と恐慌の発生
大量失業の発生
労働組合運動の台頭
《一九世紀末から二〇世紀初めにかけて目に付くようになった傾向》
株式会社制度の発展
銀行制度の発展
大企業体制の確立
科学技術革命
労働過程の管理技法の発展
大衆民主主義の形成

帝国主義と他民族支配
社会主義運動の高揚
《一九二〇年代に前触れがあり、一九五〇年代以降に拡がった傾向》
交通・運輸革命（自動車、航空機）
家電製品などの耐久消費財革命
核家族化・都市化
実質賃金の上昇
労働時間の短縮
女性雇用の増大
消費社会化
《第二次大戦後に目につくようになった傾向》
国家の経済的役割の増大
福祉国家の形成と再編
少子化・高齢化
高等教育の大衆化
南北問題の出現
核兵器と恒久軍事経済
資源問題の深刻化

人口爆発

《一九八〇年代以降に目につくようになった傾向》

情報通信技術革命
経済活動のグローバリゼーション
旧社会主義圏の市場経済化
地域経済統合の進展
アジア工業化
地球環境問題の激化
第三次産業の肥大化
金融の自由化と投機化
新自由主義による規制緩和と民営化
労働市場の流動化・雇用形態の多様化
労働組合組織率の低下
市民的社会運動とＮＰＯ・ＮＧＯの成長
フェミニズムの世界的大波

これらの傾向のうちには各括りのなかでも歴史的起点が同じものもあれば、異なるものもある。時代的な区分は相対的・便宜的なもので、たとえば、労働時間の短縮や女性雇用の増大や国家の経済的役割の増大のように、萌芽的・部分的にはここに示した時期より前に始まったと考えられるものもある。しかし、そうした事象も含めて、現在にいたるトレンドとしてみれば、すべて現代の資本主義を形づくる要素として重なり合っている。そのことを念頭において、以下、三氏のそれぞれの「提起」の内容に立ち入り、そのなかで可能なかぎり主要な歴史的傾向の意味についても考えていくことにしよう。

第二節　北原勇氏の「二〇世紀末資本主義」の分析

北原氏によれば、二〇世紀末の今日、世界の資本主義は全体として「混沌」とした状況を呈し、米・欧・日などの先進資本主義経済は「おしなべて、深刻な停滞の只中」にある。この深刻な経済停滞は、一九七〇年代初頭における「『戦後ＩＭＦ体制』の崩壊」と一九七〇年代中葉の「世界的大不況」に端を発している。八〇年代にはレーガンなどの新自由主義的政策による経済活性化があり、八〇年代末から九〇年代初頭には「冷戦」構造の解体という条件変化があった。そこからいうと、二〇世紀末の経済停滞は七〇年代世界大不況がそのまま継続したものではないが、内的な基本傾向ないし基調としては、戦後五〇年の前半の「概して持続的な経済発展の時代」は、七〇年代初頭を境として、「頑固な経済停滞の時代」に転換してしまったというわけである（一七〜一八ページ）。

北原氏が七〇年代初頭から九〇年代までを「経済停滞の時代」として説明するのは、氏の唱える「独占資本主義の理論」によるところが大きい。北原氏によれば、現代資本主義も資本主義であるかぎり、「資本主義一般の法則」が貫徹しており、その分析のためには、マルクスが『資本論』で与えたような「資本主義の一般理論」が必要である（二三〜二四ページ）。しかし、一九世紀の末以来、資本主義は独占段階にはいった。この段階の資本主義の分析のためには、「独占の支配、および独占と競争の絡み合い」を特徴とする「独占資本主義固有の構造と動態の中に貫く法則性」を体系的に解明した「独占資本主義の理論」が欠かせない（二四〜二五ページ）。

北原氏が自らの「独占資本主義の理論」において最も重視している「法則性」のひとつは「独占資本主義固有の停滞化基調」である。氏はそれを「膨大かつ慢性的な資本過剰と労働力過剰の併存」（二五ページ）から説明している。北原氏は「停滞化基調」は「新産業形成や対外膨張」を契機に「間欠的な飛躍的発展」に交替することがあるともいう。その点を考慮に入れても、北原氏の理論では、二〇世紀資本主義は全体としては「発展」よりも「停滞」によって特徴づけられることになる。しかし、二〇世紀の資本主義に停滞の局面と繁栄の局面があるのは事実だとしても、山田氏がA・マディソン［一九九〇］を援用して指摘しているように、一九世紀後半や二〇世紀前半よりもはるかに高い成長を遂げた二〇世紀後半の資本主義を「停滞化基調」で説明することはできない[4]。

北原氏が独占資本主義に「停滞化基調」をみるときに実際の歴史過程として思い浮かべているのは、アメリカにおいて最も深刻に現れた一九三〇年代の大不況である。北原氏はこの一九三〇年代大不況に氏の独占資本主義論にいう「停滞化基調」の発現をみるとともに、独占資本主義の内部矛盾の激化による「危機」の発現をみる。そして、その「停滞化基調」と「危機」への対応から、第二次大戦後の資本主義における「経済過程内部への国家の大規模かつ恒常的な介入」（二六ページ）、言い換えれば、氏のいう「国家独占資本主義」の成立を説明する。

こうした説明では、戦後の高度成長の主要な原因は、「持続的経済成長の追求」を「最終的な政策」とする国家介入（二七ページ）の成功に求められることになる。だが、それでは高度成長を生んだ生産システム――作業組織、生産技術、労働市場、労使関係の一定の組み合わせ――を説明したことにはならない。北原論文が伊藤氏から「高度成長からその後の長期不況への転換の必然性が明確でない」（四二ページ）と批判され、山田氏から「高雇用政策、社会保障政策、成長持続政策などの政策分析がすべてであるかのような印象をうける」（四八ページ）と指摘されるのも無理からぬことである。

北原氏は現代資本主義分析の理論的武器として「三層理論体系」を構想している。それは、『資本論』を典拠とする「資本主義の一般理論」と、北原氏が自ら展開したと自負する「独占資本主義の理論」［北原 一九七七］と、いまだ十分に理論化されていない「国家独占資本主義論」［北原 一九九四］からなる。そして、この「三層理論体系」にもとづく「現代資本主義論」は、「理論」ではなく「現状分析」として位置づけられている。

この場合、「資本主義の一般理論」と「独占資本主義の理論」と「国家独占資本主義論」は、資本主義の歴史を一九世紀、二〇世紀前半、二〇世紀後半というように輪切りにして、それぞれの時代の資本主義に横並びに対応するような形で並列されているわけではない。三つの理論は、いずれも現代資本主義の全体構造の分析に必要な三層理論として、「資本主義の一般理論」を低層とし、「独占資本主義の理論」を中層とし、「国家独占資本主義論」を上層とする形で、重層的に積み重ねられている。とはいえ、そこで明らかにされる法則の「貫徹」と「変容」の度合いからいえば、「資本主義の一般理論」のレベルの法則は、競争が全面支配する一九世紀資本主義により十全に貫徹し、独占と競争が絡み合う二〇世紀資本主義では貫徹を妨げられるか、変容を迫られる。また「独占資本主義の理論」のレベルの法則（性）も、国家介入が大規模化し恒常化する第二次大戦後の国家独占資本主義では、同じく貫徹を妨げられるか、変容を迫られる。国家介入の政策論といえる「国家独占資本主義論」にしても、戦後の米ソの超軍事大国を頂点とする「冷戦」のそれと、「冷戦」相手の「ソ連社会主義体制」が崩壊した「ポスト冷戦下」のそれとでは大きく異なったものとなる。

このような段階論＝変容論に立つかぎり、資本主義の構造と運動の分析は、「資本主義の一般理論」＞「独占資本主義の理論」＞「国家独占資本主義論」＞「現代資本主義論」という順に先細りになっていき、全体性を失っていくということにならざるをえない〔森岡　一九八八 c〕。そうなると、現代資本主義の全体性は、積み重ねられ先細りしていく理論の限定された視野に押し込められ、それからはみ出る現象は切り捨てられる。その結果、「独占支配」や「国家介入」という限定された視野に映る現代だけが現代として分析されることになりかねない。

それだけではない。北原氏の理論では、「独占支配」という視野は「停滞化基調」という視野によってさらに限定され、「国家介入」という視野は「停滞」や「危機」への対応という視野によってさらに限定されている。そのため、そこから導かれる現状分析としての現代資本主義論は、独占色や国家色の強いものであるだけでなく、停滞色や危機色や混沌色の強いものとなる。

北原氏は独占資本主義や国家独占資本主義に「危機」をみながら、現代資本主義の現状には「混沌」をみている。その理由を知るには、氏の社会観＝体制観に眼を向けなければならない。北原氏は、「現在の経済停滞はなぜかくも混沌たる状況を続けているのか」と自らに問いかけ、それに答えるように、二つの側面、すなわち「先進資本主義国における体制側のとるべき政策が手詰まりに陥り混迷しているという側面」と「反体制側あるいは『変革主体』側においても、その理念が影響力を急速に失い組織も崩壊状況にあるといった側面」をあげている（一八ページ）。

ここでは北原氏は、資本主義社会の基本的対抗関係を「体制側」と「反体制側」との関係とみて、おそらくソ連社会主義の崩壊によってその理念が影響力を失ったことを念頭において、「反体制側」の「理念」（資本主義体制の変革をめざす社会主義の理念?）は影響力をなくし、その「組織」（労働者政党や労働組合?）は崩壊状況にあると言いたいのであろう。(5) また、同じ理由から、仮に「反体制側」に対抗的な力があるなら、「体制側」が手詰まり状況にある現在の事態は「危機の激化」を意味するが、「反体制側」に対抗的な力がなく、「反体制側」が現状打開の方向性を示せないもとでは、現在の事態は「『危機の激化』というより、まさに『混沌』としか言いようのない状況」（一八ページ）と考えているのであろう。

しかし、この「体制側」対「反体制側」という図式は、資本主義内部の実際の経済的・政治的・社会的対抗関係をほとんど説明していない。というより二つの言葉は曖昧すぎて概念としてはほとんど意味をなさない。もし、資本主義体制を維持しようとする勢力と、資本主義体制に反対してそれを変革しようとする勢力との対立関係を指しているとすれば、資本主義の内部に実在する社会的対立はそんな単純な観念的対立ではないといわなければならない。それを「資本家階級」対「労働者階級」という図式に置き換えたところで、現実の多元的な階級配置や社会運動はほとんど説明できない。

北原氏が現状を「混沌」として描きだすいまひとつの理由は、現に進行しつつあるトレンドが不透明でその方向性が読みとれない――と氏が考えている――ことにある。たとえば、氏が現代の「混沌」をさらに倍加する要因に数えている「ME化・情報革命の進展」もそうした不透明なトレンドのひとつとされている。

北原氏によれば、「ME化・情報革命の進展」は「新産業分野の創出とともに生産・流通・通信・消費の全面にわたって大変革を呼び起こし、したがって設備投資と消費需要の大波を惹起する可能性を持つ」とされながら、「その可能性がどのように現実化していくか、また雇用・失業にどう作用するかは、事態の性質上予測困難である」（一八〜一九ページ）。この場合、北原氏は「予測困難」であるがゆえに事態はいっそう「混沌」としたものになっていると言いたいのであろうが、現状に関しては「ME化・情報革命」は、その作用を予測することは難しいというより、労働市場の流動性を高め雇用形態の多様化を促して、雇用不安を強め失業を増やす方向に作用しているのではなかろうか。

北原氏は、「このME化・情報革命の進展は、より長期的には、資本と賃労働、独占と競争、国家と経済、国家と国家、人間と地球環境などのあり方に対し大きな変化をもたらす性質を持っていることに注目している必要がある」（一九ページ）とも言う。この場合、ME化・情報革命の長期的影響について北原氏が予測困難と考えているかどうかは判然としない。しかし、この問題についての多くの研究は次のような展望を示唆しているように思われる。

すなわち、現在進行しつつある情報処理手段を含む労働手段とコミュニケーション手段の革命的変化は、それだけで資本主義を超える経済社会システムをもたらすものではないが、世界の諸地域の時間的・空間的結びつきを強め、経済活動のグローバル化と情報通信のボーダレス化を進めるであろう。それはまた、情報が欲求を生む回路を多様化させるとともに、金融商品を含む商品の種類を多様化させて、消費の生産への規定性をつよめ、消費社会をいっそう成熟させるであろう。さらに新しい情報通信技術は、新しい知的・専門的職業を生みだす一方で、多くの部面で労働を単純化して、新しいタイプの不熟練労働者を大量に生みだすだろう。

消費社会の形成と確立に現代の重要な特徴のひとつをみる立場からは、「現代」の起点を一九七〇年代にではなく、一九二〇年代あるいは一九五〇年代にとることも可能である。一九二〇年代のアメリカでは、都市化と核家族化が進み、女性の労働市場への参入が拡がり、賃金の引き上げに支えられた労働者大衆の購買力が上昇し、自動車と家電製品の普及を中心に耐久消費財革命が起きた。しかし、そのアメリカにおいても、大衆購買力の形成と中産階級の自由な選択的消費を特徴とする「消費社会」――ガルブレイスの「ゆたかな社会」――が確立したのは一九五〇年代であった。今日では早くからアメリカを追ったヨーロッパ諸国や日本はもちろん、アジアの工業諸国にも消費社会が拡がっている。

消費社会への傾向は資本主義の本質に根ざしている［見田　一九九六］。商品生産が一般化し普遍的市場が形成されるまでに発達した社会では、他の人と同じであろうとする意識と、他の人とは違おうとする意識とが重なり合って、新しい財とサービスはもちろん、既存の財とサービスにも日々新たに意味付与がなされ、消費が自己目的化し（消費のための消費）、欲求が無限に多様化し、生産と市場が拡大する。この意味で「消費社会」とは資本主義のことにほかならない。

現代資本主義のこうした傾向は北原氏によっても十分に認識されているにちがいない。にもかかわらず、北原氏の現代資本主義論からそうした傾向が見えてこないのは、「資本主義の一般理論」「独占資本主義の理論」「国家独占資本主義論」という積み重ね方式の理論と方法が、「独占」と「国家介入」の視野に収ま

らない資本主義の現代的特徴を現代資本主義論の上に再現することを許さないからである。(6)

第三節　伊藤誠氏の「逆流仮説」の意味するもの

伊藤氏は、北原氏と同様に一九七〇年代初頭以降の資本主義に照明をあてながら、北原氏と異なって、資本主義市場経済の「原理的な問題」を重視するところから出発している。

伊藤氏は、「資本主義市場経済が、一九七三年を境に高度成長期に別れを告げ、大きな危機と再編の局面をむかえ、電子情報技術の高度化を促しつつ新たな変容を示してきている」としたうえで、「新自由主義が経済政策の支配的潮流となり、公企業の民営化、各種の規制の廃止による市場原理の再活性化が随所にもとめられている」ことに注目する（五三ページ）。そして、「個人主義的で競争的な市場原理」（七一ページ）あるいは「個人主義的な市場経済の競争原理」（七二ページ）の強まりを念頭におきながら、「現代はあらためて原理的な問題が問われる時代ともなっている」（五四ページ）といい、また「一九七三年以降の資本主義は、過去一世紀にわたる発展の方向を大きく逆流させている」（五六ページ）という〔伊藤 一九九〇〕。

伊藤氏のいう「原理的な問題」や「逆流」の意味を理解するには、簡単にでも宇野理論について見ておかねばならない。伊藤氏によれば、宇野弘蔵は、経済学の研究次元を原理論、段階論、現状分析にわけ、原理論としての『資本論』、段階論としての『帝国主義論』、現状分析としての日本資本主義論の体系的な関連を明確にしようとしていた〔宇野 一九六二、一九七一〕。こうした宇野三段階論によれば、一九世紀中葉までのイギリス社会では、資本家と賃金労働者と土地所有者からなる社会の三大階級編成において、原理論が想定する「純粋の資本主義社会」への資本主義の純化傾向が見られたが、一九世紀末以降は資本主義の純化傾向の「鈍化逆転」が生じたとされる。(7) そのために、帝国主義の段階では、ドイツのような典型国について、金融資本という新たに形成された支配的資本の運動やその経済政策を、原理論では考察されえない主導的産業の性質や、国家の役割や、世界市場編成の世界史的変化とあわせて考察することが段階論の課題となるという（五六～五八ページ）。

原理論と段階論がこのようなものであってみれば、それらを考察規準とする現状分析としての日本資本主義論では、当然にも、伊藤氏のいう「原理的な問題」は考察されえないことになる。それだけではない。宇野理論によれば、本来の資本主義の時代は第一次大戦のなかで起きたロシア革命で終わり「第一次大戦後の時代は、ロシア革命を画期とする社会主義への世界史的移行期に入り、もはや資本主義自体の発展段階論としては扱えなくなった」（五七ページ）とされる。この見地からも、現状分析としての日本資本主義論においては、資本主義の「原理的な問題」は取り扱えないことになる。

こうした宇野理論の自縛とそれを継承する宇野学派の呪縛から伊藤氏はどのように逃れようとしているのだろうか。氏によれば、「第一次大戦後の資本主義は、宇野が想定していたほど、社会主義への一方的な過渡期とはならず、螺旋的な資本主義の活力の再生やソ連型社会主義の解体も生じている」（六二ページ）。そのために現代資本主義についていては、「宇野の強調していた社会主義への過渡期に入ったとする規定は、冷戦解体後の現在、ひとまずはずして考察をすすめ」（六三ページ）ざるをえないことになる。このことは、現代資本主義について、「段階論の展開としてではなく、それとは次元の異なる現状分析としての考察」（六三ページ）をすすめることを意味する。しかし、それは「現状分析」とはいっても、宇野のいう「無限に複雑な個別的具体性」(五八ページ)を究明することを課題とするものではなく、「大恐慌をふくむ激動の両大戦間期」、「戦後の高度成長期」、「一九七三年以降の危機と再編の時期」のそれぞれの特徴的な時期について、「中間理論的総括」＝「総括的規定」を与えるものでなければならない(六二〜六四ページ)。

伊藤氏が北原氏や山田氏との論争において「現代資本主義論の理論と方法」を問題にするときには、いうまでもなくさきの三つの時期のうちの「一九七三年以降の危機と再編の時期」が対象にされている。この時期について伊藤氏が「原理的な問題」の重要性の増大をいい、そこから資本主義の原理論の重要性の増大と、分析規準のひとつとしての『資本論』の意義の増大をいうのは、次の三つの理由にもとづいている。筆者には伊藤氏が説明している理由は理解できない点があるが、なるべく氏自身の言葉を用いるなら、以下のようにいうことができる。

すなわち、戦後の高度成長期の資本主義のインフレ的危機の根底には、「『資本論』の一面に依拠し、宇野学派の恐慌論が強調してきた資本主義の原理的な限界による困難が生じていた」(六九ページ)。また、高度成長の終焉をもたらした一九七三年以降の経済危機は、資本主義経済が「労働力の商品化」や「天然資源の利用の方式」にかかわる「根源的で原理的な困難」を露呈したとみることができる。ここに『資本論』のような原理論の意義がふたたび重要性を増している理由のひとつがある。

次に、高度情報技術の導入にともなう資本主義経済の競争的再活性化は、「設備投資の重厚長大化」、「労働組合運動の成長」、「国家の経済的役割の増大」などを特徴としてきた資本主義のほぼ一世紀にわたる歴史的発展傾向を大きく逆流させて、「投資単位を軽薄短小化し、労働組合を弱体化し、さらに国家の経済的役割を縮減して、競争的な市場経済による資本主義経済の原理的相貌を再強化している」(七三ページ）。ここに資本主義の分析規準として『資本論』の意義があらためて増大しているいまひとつの理由がある。

さらに、資本主義諸国における市場経済の競争的再活性化は、人々の経済・社会生活の格差や困難を増大させるだけでなく、エコロジカルな危機を深化させて、人間と自然とへの荒廃作用を強めている。資本主義市場経済のこうした原理的作用を批判的に考察するためにも、『資本論』のような原理論の活用が必要になっている。

資本主義の分析規準としての『資本論』の意義をこのように強調するとき、伊藤氏は宇野三段階論の放棄宣言をしたのも同然にみえる。しかし、この場合も伊藤氏は宇野理論を放棄しているのではない。そのことは、株式会社の発展や独占への傾向や国家財政の膨張は「原理的な問題」とは見なさず、「個人主義的で競争的な市場原理」にかかわる問題のみを「原理的な問題」と見なしていることや、現代における資本主義の「原理的な問題」を「資本主義の歴史的発展傾向の逆流」の問題として考察していることに示されている。

伊藤氏が現代資本主義に「原理的な問題」を見て、現代資本主義を「逆流する資本主義」ととらえるのは、氏が宇野三段階論にしたがって、次のように考えているからである。すなわち、かつて資本主義の原理的な問題が重要性をもった時代があったが、その後は資本主義の発展とともに原理的な問題は後景に退き、最近になって資本主義発展の方向が逆転して「ふたたび」あるいは「あらためて」原理的問題の重要性が増してきた、と。

この点で、山田氏が「〔伊藤氏の〕『逆流仮説』と宇野方法論とは整合性がない」（八一ページ）と指摘しているのは正確ではない。伊藤氏のいう「原理的な問題」は宇野理論からみて原理的な問題なのであり、帝国主義段階における資本主義の純化傾向の「鈍化逆転」をいう宇野理論からみると、伊藤氏のいう「原理的な問題」の表出は、「逆流」というほかはないのである。

それにしても、伊藤氏の「逆流仮説」には原理的な認識の転倒がある。たとえば、戦後の日本における資本主義発展に即して考えてみよう。戦後の高度成長は、古い農村にみられたような地域や家族の共同体的生活関係を解体して、ほとんどあらゆる財とサービスを市場に組み込み、家事労働を除く大部分の労働を雇用労働に変える過程であった。また、商品として市場に出る財とサービスの種類を無限に多様化し、新商品、新サービス、新職種、新産業をことごとく企業の営業領域に組み入れていく過程であった。こうした過程は大量的・集中的には高度成長のなかで進行したが、そうした過程から表出した「現代」はまさに私たちの生きる「いま」を貫いている。伊藤氏は現代日本における（資本主義にとって原理的な）こうした商品市場と労働市場の普遍的成立にも、「資本主義発展方向の逆流」を見るのであろうか。また、現に私たちの眼前で進行しているように資本主義は、空気や水や鉱物や化石燃料を含む大量の天然資源を消費し、大量の産業廃棄物と有害物質を生みだすことによって、資本主義のみならず、人間社会の存続を危うくしている。伊藤氏は、環境の破壊が臨界点に達し、原理的には資本主義にはじめから存在していた環境という限界が人々の目に見えるようになってきた事態をとらえて、環境問題や資源問題の深刻化は資本主義の発展方向の逆流を意味するというのであろうか。

これらの問いには伊藤氏はおそらく「ノー」というであろうが、伊藤氏の「原理的な問題」に関する「逆流」の論理はそれらに「イエス」と答えているにひとしい。「原理的な問題」は――その顕在化が資本主義のかなり高い発展段階を前提する場合にも――資本主義にはじめから原理的には存在すると考えるべきである。それは現代の資本主義において表面化したからといってけっして逆流とはいえない。「原理的な問題」のひとつとして労働時間をとれば、イギリスではそれは一八世紀後半の産業革命の開始とともに突発的に延長され、機械制大工業が確立した一九世紀半ば以降はしだいに短縮してきた。しかし、最も大きなトレンドとして見た場合にそういえるだけであって、少し細かく見ればイギリスでも他の国々でも労働時間はジグザグの動きを示している。たとえば、一九七〇年代以降の二〇年間をとれば、労働時間はフランス、ドイツ、スウェーデンなどでは減少し、アメリカでは増大した。日本では一九八〇年代にとくに男性の労働時間（とくに所定外労働時間）が大きく増大した。一九九〇年代にはいってからは不況とパートタイム労働者の増大の影響で男女計の平均労働時間はかなり減少してきたが、フルタイム労働者、とりわけ男性正社員の労働時間は減るどころではない。この場合、アメリカや日本のある時期の労働時間について「逆流」をいうことはできるが、それは資本主義における労働時間の短縮の世界的トレンドに対する「逆流」であることを見ておかなければならない〔森岡 一九九五、ショア 一九九三〕。

伊藤氏が重視しているジェンダー問題にしても、原理的には資本主義にはじめから存在した問題であるが、女性の社会的地位は性差別が社会問題化していなかった時代のほうが現在よりはるかに低かった〔森田 一九九七〕。むしろ、近年では雇用労働と家事労働におけるジェンダー問題に関心が集まっているが、この問題の顕在化は雇用労働者のほとんど半数が女性によって占められるようになってきたという変化や、政治や教育の場における両性の平等の法的承認が進んできたという変化を背景に、人々の価値意識が人間の尊厳と個人の尊重を求める方向に変わってきたことに関係している。近年の日本で深刻な社会問題になってきた過労死でさえ、人々の平均寿命が短く職業生活の終わりがほとんど人生の終わりであったような時代、不衛生な作業環境と危険な機械と過重な労働とが労働災害や死亡事故を多発させていたような時代、あるいは社会が人間の命の尊さや健康や安全を顧慮することのあまりなかったような時代には、大きな社会問題にはなりえないことであった。

現代資本主義論が資本主義の原理的な問題に目を向けるときには、近代と現代を区別することなく、また、二〇世紀の諸時代を個々に区別することもなく、世界史的には数世紀前に始まり、現在、私たちの前により成熟した姿を見せている資本主義をまるごと問題にするほかはない。宇野理論にとらわれて「逆流仮説」を唱える伊藤氏でさえ、たとえば環境問題について、「近代資本主義の成立、発展の全体をつうずる根本的な限界をあらためて現代的に凝縮した形で露呈している」（七五ページ）というときには、近代の全歴史のうえに立つ現在の資本主義をまるごと問題にしているのである。

「原理的な問題」や「逆流」についての伊藤氏の所説は以上のように批判をまぬがれない。しかし、ジェンダーやエコロジーの問題を重視する伊藤氏の姿勢には筆者も同感するところがある。伊藤氏がME情報技術の高度化とその普及の作用について、①投資単位の軽薄短小化にともなう企業組織の弾力的な可動性・活動性の増大と競争的な変化、②消費生活とそれを支える市場経済における個人主義の強化、③工場とオフィスにおけるオートメーションの普及にともなう不熟練労働者の雇用形態の多様化と労働組合の組織率の低下、④情報技術による企業活動のいっそうのボーダレス化と国際的なメガ・コンピティションの進展（七一～七二ページ）などに注目していることも、新自由主義とその市場活性化政策の「物質的基礎」を考えるうえで示唆的である。

これらの点についても筆者は細部では異論をもっている。しかし、いまはそれに立ち入らず、ここでは伊藤氏の見解に対置する意味でも、伊藤氏や他の二人に学んで、筆者自身が現在の時点からみて重要と考えている一九七〇年代以降の資本主義の特徴的事象を箇条書き風に列挙しておこう。

(1)　世界的にＭＥ（マイクロエレクトロニクス）に基礎をおく情報システム革命が進展し、技術、投資、雇用、労働、生産、金融、流通、消費、産業構造などを変化させ、人々の経済社会生活にも大きな影響を与えてきた。

(2)　サッチャー（一九七九〜九〇年）、レーガン（一九八〇〜八八年）、中曽根（一九八三〜八八年）の後も、新自由主義の規制緩和・民営化路線が引き継がれ、ケインズ主義とともに福祉国家が攻撃され、労働市場の流動化と労働組合の弱体化がはかられてきた。

(3)　ベルリンの壁の崩壊（一九八九年一一月）とソ連の消滅（一九九一年一二月）につづく、社会主義圏の市場経済への移行は、旧ソ連・東欧型の社会システムが資本主義の代替モデルとはなりえないことを最後的に証明した。

(4)　韓国、台湾、香港、シンガポール等のアジアＮＩＥｓが急激な成長をとげ、最近では中国および東南アジア諸国にも成長の波が波及し、好・不況を問わず中国の動向が世界経済に大きな影響を及ぼすようになってきた。

(5)　世界的に経済の情報化・サービス化と雇用形態の多様化を背景に、雇用の女性化がかつてない規模で進み、性による雇用差別や賃金格差などを社会問題化させるとともに、雇用平等に向けての女性の運動の世界的な流れをつくりだした。

(6) 地球温暖化、オゾン層の破壊、酸性雨、熱帯雨林の破壊、生物種の減少、放射能汚染、大量廃棄物など、地球環境問題に対する関心がかつてなく高まり、環境保全型の経済システムの創出が世界的規模で議論されるようになった。

(7) とくに日本にかかわっては、この一〇年余りのあいだに経済大国化の裏でバブルの発生と崩壊があり、過労死や企業不祥事の多発とも関連して、労働と所有の両面で日本的経営の見直しが多方面から論議されるようになってきた。

第四節　山田鋭夫氏の「レギュラシオン・アプローチ」

山田氏は、「レギュラシオン的現代資本主義論」を唱えながら、紙幅の制約のためか、経済学者のあいだでは自明のことと考えているためか、レギュラシオン理論の要諦については簡単な概念図を与えているだけで意外なほど語っていない。そこでまずその点を補っておけば、レギュラシオン理論は、アグリエッタによるアメリカ資本主義の歴史的動態の批判的分析［アグリエッタ 一九八九］に始まり、ボワイエやリピエッツなどフランスの経済学者グループによって発展させられた。資本主義は資本と労働の対立とそれに起因する社会的矛盾を抱えているにもかかわらず、共倒れに終わらず存続してきたのはなぜか。資本主義のある時期には相対的に安定したかたちで成長がつづくのはなぜか。そして、しばらくつづいた成長の時期が危機と停滞の時期にとって代わられるのはなぜか。これらの「なぜ」に答えようと、新古典派理論における「均衡」概念を退けて、運動し変容する社会システムの再生産の原理、あるいは社会関係の矛盾と安定の原理を「レギュラシオン」（調整）という概念で表して、現代資本主義の変容と危機を考察したのがレギュラシオン理論である〔ボワイエ　一九九〇、若森　一九九六〕。

山田氏の議論は、現代資本主義論の規準的理論として主流的な位置を占めてきた国家独占資本主義論を拒否するところから始まる。氏によれば、国家独占資本主義論は、その前提に資本主義の「全般的危機論」や「崩壊論」や「停滞論」をもっている点で、誤った歴史的公式に立っている。この歴史観の背後にはまた、現代資本主義分析の方法論としての「三段階積み重ね論」がそうであるように、「自由競争」こそが資本主義の「正常」で「純粋」な姿であるという観念がある。こうした見方をするかぎり、「自由競争―独占資本主義―国家独占資本主義であれ（国独資論）、重商主義―自由主義―帝国主義であれ（宇野理論）、資本主義はその発展によって『段階的』に高次化し、そして現代はその最後の段階だという『段階史観』が出てくる」（一〇三ページ）。そこで山田氏は「独占段階的停滞論」や「段階的高次化論」を退けて、「成長と危機の交替」「発展様式の盛衰と交替」という見方を提示する。(8)

歴史観から分析枠組みに進めば、山田氏は、国家独占資本主義論などこれまでの資本主義分析の主要視点は、「ほぼ競争と国家のそれに固着されてきた」という。しかし「資本主義を資本主義たらしめている根本が労使関係にあることを想起すれば、労働の視点を欠くわけにはいかない」（一〇四ページ）。この労働視点は「賃労働関係」という言葉に置きなおされる。レギュラシオン理論は、賃労働関係とともに、貨幣形態、競争形態、国家形態、国際体制を「制度諸形態」として重視して、さらに具体的ないくつもの「制度」に分解されるそれらの「制度形態」から、「発展様式の盛衰と交替」という場合の「発展様式」の内実をなす「蓄積体制」と「調整様式」を説明する〔山田　一九九三、一九九四〕。

北原氏や伊藤氏と同様に山田氏が現代資本主義論で対象とする時期は主要には「一九七〇年代以降の長期不況期」であるが、この時期を分析するためにも、まずもって「一九五〇～六〇年代の高度成長期」が分析されていなければならない。レギュラシオン理論はこの高度成長期を「フォーディズム」という言葉でとらえ、「フォーディズム的成長」の要因とメカニズムを解明することに力を注いできた。山田氏の要約によれば、「レギュラシオン理論にいうフォーディズムとは……労働側による『テーラー主義』の受容と、経営側による『生産性インデックス賃金』（生産性の上昇に応じた賃金の引上げ――引用者）の提供という妥協によって媒介された大量生産―大量消費の蓄積体制のことである」（一〇五～一〇六ページ）。戦後の資本主義は、国家独占資本主義論では独占とか国家介入によって特徴づけられるが、レギュラシオン理論によるフォーディズム論では大量生産―大量消費の体制によって特徴づけられるというわけである。

ここでも説明を補えば、フォーディズムという言葉は、ヘンリー・フォードの会社によって開発された自動車の大量生産方式とそれに付随する高賃金の経営思想に由来している。グラムシの「アメリカニズムとフォード主義」〔グラムシ　一九六二〕という論考で知られるように、この言葉は一九二〇年代のヨーロッパでは産業のアメリカ化を象徴する言葉として用いられていた。S・クラークによれば、この言葉は、一九五〇年代から六〇年代にかけては使われなくなり、経済分析の焦点がマクロ経済的・政治的諸関係に移行したこともあって、「ケインズ主義」や「国家独占資本主義」という言葉が使われるようになった〔クラーク　一九九六、一〇ページ〕。フォーディズムという言葉が、今日もっているような意味において使われるようになったのは、アグリエッタが戦後アメリカに出現した資本主義の「レギュラシオン」の新段階を「フォーディズム」と名づけてからのことである。

フォーディズムは、労働編成原理としては、企画（管理）と実行（作業）のそれぞれにおける分業の徹底を特徴とするテーラー主義を取り入れている。労働側による「テーラー主義」の受容というのは、そうした労働編成原理を労働者（労働組合）の側が、賃金や消費の改善と引き替えに承認するということである。これが経営側による「生産性インデックス賃金」と組み合わされる。これによって生産性の上昇が実質賃金の上昇に跳ね返り、それが個人消費を刺激して、投資を活発化させるとともに、増大した消費と投資が大きな総需要を形成して、経済が成長していく。これがレギュラシオン理論のいう「フォーディズム的成長」のメカニズムである。

山田氏の議論の直接の焦点はフォーディズムの時代よりも、成長が危機に転じた結果やってきた「アフター・フォーディズム」の時代にある。とはいえ、レギュラシオン理論が世界的に大きな注目を集め、多数の支持者をもつようになったのは、戦後の世界的な繁栄期、日本で高度成長期といわれる時期の分析によってである。

戦後の一九五〇～六〇年代には米、欧、日ともに高率の経済成長がつづき、ある意味で「資本主義の黄金時代」〔マーグリン／ショア 一九九三〕を現出させた。この時期の経済成長が単なるブームを超えた経済の変化を意味するであろうことは、一九五〇年代の後半に出たストレイチーの『現代の資本主義』や、ガルブレイスの『ゆたかな社会』でもすでに気づかれていた。マルクス経済学者のあいだで現代資本主義をめぐる論争が開始されたのも一九五〇年代であった。長洲一二氏が海外のマルクス経済学者の論文を集めて一九五七年に編んだ『現代資本主義とマルクス経済学』（大月書店）は、そのなかに東ドイツの経済学者K・ツィーシャンクの「国家独占資本主義の若干の理論的諸問題によせて」という物議をかもす論文を含んでいたこともあって、現代資本主義論争が国家独占資本主義論争として展開されるきっかけのひとつともなった。また、一九五八年になると、雑誌『世界』誌上で、都留重人氏の論文「資本主義は変わったか」を討議資料に、ドッブやスウィージーらの英米のマルクス経済学者をまじえて現代資本主義のとらえ方をめぐる国際論争が組織された〔都留　一九五九〕。

この時期の現代資本主義論争でマルクス経済学に解明が求められたのは、後知恵でいえば、戦後におとずれた資本主義の高度成長のメカニズムであった。しかし、論争は国家介入による資本主義の諸矛盾の緩和と恐慌回避の可能性と、株式会社―独占―国家の連関に媒介された生産力の社会化説を二つの主要論点とする抽象論議に偏り、しかも、多くは「国家独占資本主義」をめぐる名辞論争に終わったので、高度成長のメカニズムの解明には必ずしも向かわなかった。戦後の資本主義の蓄積過程の具体的・事実的分析に十分に踏み込まなかったという点では、一九七〇年代に活発に議論された独占資本主義論も同様である〔高須賀　一九七八〕。

理論の転換は一九七〇年代にやってきた。一九七四年に出たブレイヴァマンの『労働と独占資本』は、テーラー主義の浸透と普遍的市場の確立に着目して二〇世紀アメリカの労働と消費を分析して、資本主義分析に新鮮な息吹を吹き込んだ〔森岡　一九八二、第一章〕。一九七六年にはアグリエッタが前出の著作でレギュラシオン概念を用い、テーラー主義にも注目して、賃労働関係と消費様式を軸にアメリカの戦後資本主義の蓄積体制を説明してみせた。二人がいうほどテーラー主義が成功したかは疑わしいが、レギュラシオン理論が今日のヨーロッパに見るような大きな影響力をもつようになったのは、労働と消費を置き忘れた国家独占資本主義論に比べて、よりリアルに戦後資本主義の賃労働関係と消費様式の変容を説明したからにほかならない。

レギュラシオン理論は、その理論からみて戦後資本主義の成長と繁栄の局面が終わり、危機と衰退の局面が始まったとき創始されたことによって、おもわぬ「成功」をかちえた。一九七三年の石油危機を境とする高度成長の終焉と経済危機の開始は誰の目にもはっきりしていたので、国家独占資本主義論から資本主義の危機の深まりを説く者を含めて、資本主義に批判的な経済学者や政治学者の一九七〇年代半ば以降の議論は、かつてのある時期と同じように、資本主義の危機についての大合唱となった。国家独占資本主義論から枝分かれして生まれたレギュラシオン理論は、こうした状況下で資本主義の成長から危機への転換に関心をよせる研究者を多数引き入れて、大きな学派を形成するまでになったのである。

しかし、それと同時に、当初のアグリエッタの理論的提起の求心力が弱まり、彼の提起から離れた理論的空間において、理論の定式化と図式化が重ねられてくるにつれて、レギュラシオン理論のいくつかの弱点も浮かび上がってきた。

第一に、この理論は資本主義の実在的歴史過程をいくつかの時期に区分し、最近のある時期の資本主義の発展様式について理論的規定を与えようとする点で、国家独占資本主義論と同じく、景気循環や経済危機を超えて進行する資本主義のトレンドを軽視しがちな傾向を有している。たとえば、株式会社制度がそうであって、山田氏の議論では、金融の重要性がいわれていても、近年の日本経済やアメリカ経済における資本蓄積が株式会社、したがって証券市場とどのように関係しているかについてはほとんど考慮されていない。

第二に、この理論は、国家独占資本主義論を拒否するだけでなく、資本主義の一般理論への志向も拒否して、一般理論と現状分析の中間理論として構想されているために、せっかく賃労働関係や消費様式に目を向けながら、その研究が伊藤氏のいう資本主義の「原理的な問題」の認識に何を付け加えるかは明らかでない。北原氏が山田理論に対して、「現状分析から、一般理論構築への努力の跡が読みとれない」と指摘し、「基礎理論なき経済分析に終始するおそれ」を感じているのもこの点にかかわっている（一二二ページ）。この理論が経済理論のしっかりとした基礎をもたないまま社会理論および政治理論へと拡張されようとしていることも経済学の原理的な問題への無関心を強めるおそれがある［ヒルシュ　一九九七、一三〜一四ページ］。

第三に、この理論は、それが理論として定型化されるほど、成長と危機に大きな影響を及ぼした歴史的事象でも、理論的図式に収まりにくければ、考察の外に追いやることになる。北原氏が随所で強調しているベトナム戦争、アメリカの軍事支出、冷戦構造がひとつの例であり、農村の潜在的過剰人口の吸収と農業での生産性の向上に支えられて、一九五〇〜七〇年の二〇年間に先進七ヵ国で賃金労働者総数が約六〇〇〇万人、六〇％も増加しえたという伊藤氏が指摘する事実がもうひとつの例である（一三三ページ）。また、ボワイエにしたがって山田氏が図示しているフォーディズムの「黄金の回路」（一〇六ページ）では、北原氏が指摘するように、新技術を体化した設備投資の役割が過小評価され、「投資が雇用増・所得増などを通じて消費増を促進するという関係が一切無視されている」（一二九ページ）。

第四に、この理論は、成長の危機への転換については、成長を生んだ発展様式から説明できる仕組みを備えているが、危機の後にやってくるであろう新しい発展様式については、過ぎ去った発展様式を説明した理論とは別の理論をもたなければならないことになり、二つの発展様式のあいだの理論的連続性は定かではない。伊藤氏が「レギュラシオン学派やそれによる山田説の方が、〔北原氏や大内力氏の国家独占資本主義論より〕歴史的な理論のモデル・チェンジ論で、その点での接近方法の特性としては意外にソ連型正統理論に近いところがある」（一三二ページ）と指摘しているのも、この点にかかわっている。ここで伊藤氏が念頭においているのは、競争的資本主義から独占資本主義、さらに国家独占資本主義へと理論モデルを歴史的に組み換える旧ソ連の『経済学教科書』の方法である。

レギュラシオン理論の真価は、この理論が「フォーディズムの衰退」と「アフター・フォーディズム」（フォーディズムの後の新しい発展様式への模索の時代）を分析するときに試される。山田氏は「あれほどに好循環の回路を快走していたフォーディズムは、どこでどうしてブレーキがかかったのか」（一〇九ページ）と自問する。これに対する山田氏の回答は、「フォーディズムの調整様式の根幹をなした『テーラー主義』と『インデックス賃金』がともども崩壊した」（一一〇～一一一ページ）ことに求められる。ここではテーラー主義は、労働者の疲労と疾病、労働意欲の減退をまねき、労働者の反抗を激発させ、生産性の上昇を可能にする労働編成原理ではもはやなくなったと考えられている。しかし、この主張はテーラー主義が成功したというもともとの主張が事実分析の裏づけを欠いていたのと同じ程度に、事実分析の裏づけを欠いている。「生産性インデックス賃金」についても、北原氏が突いているようにその実例は示されていない。

戦後の資本主義世界で政府政策の当局者によって「生産性インデックス賃金」の思想が最もはやく表明されたのはアメリカである。それが何を意味したかを語るにはアメリカの一九四六年雇用法のもとに設置された大統領経済諮問委員会の初代議長E・G・ノースの言に触れなければならない。彼はA・ハンセンが「完全雇用のための政府計画のマグナカルタ」と評した雇用法の目的を、「最高度の実質賃金の確保」であるとし、「すべての個人や組織が……生産性を測定するもっとも科学的な方法による決定を承認」［Nourse 1953, p. 484］するように求めて、次のように述べている［森岡 一九八二、第一一章］。

すなわち「〔独裁制による破局を避けるためには〕労働者と経営者は互いに相手を打負かせるほど強くなろうとするための闘争を放棄し、徒党的戦闘のかわりに、彼らがそこでは同伴者であるような、経済過程の集団的調整の方法を本気で採用することがぜひとも必要になってくる」［Nourse 1953, p. 481］。

ここには、経済過程の集団的調整の手段としての「生産性インデックス賃金」の思想がある。しかし、その内容は、生産性の上昇が実質賃金の上昇に跳ね返るという約束（妥協）を意味するというものではなく、高水準の雇用のもとでの労働者の賃上げ要求がインフレーションではなく、実質賃金の上昇をもたらすようにするためには、労働者は経営者と一体となって生産性の上昇に努めなければならず、したがってまた労働者の賃上げ要求は生産性の上昇の範囲内に抑制されなければならない、というものである。

戦後の資本主義において、「生産性インデックス賃金」が実際に存在したとすれば、それはレギュラシオン理論が想定するようなものではなく、むしろノースが説教しているようなものではなかろうか。労使双方の全国組織が国家の経済政策の決定や調整に参加するシステムとしてのネオ・コーポラティズムのありようがアメリカとヨーロッパとでは大きく異なっているとしても、この疑問は解消しない。

労働生産性の配当は、抽象的には利潤の増大、賃金の上昇、労働時間の短縮のいずれにも向けられる可能性をもっている。世界の奇跡といわれた成長を遂げながらいまなお長時間労働国である日本は、先進国のなかでは労働生産性の配当が労働時間の短縮に向けられる度合いがおそらく最も小さかった国にちがいない。山田氏は「アフター・フォーディズムと日本」に言及して、「トヨティズム日本の発展様式」を問題にし、現代日本の調整様式を「企業主義的レギュラシオン」と特徴づけている。この場合、物的資源配分、組織・制度、価値観の「あらゆる面からみて、日本社会が企業中心に編成されていること」（二一五ページ）が重視されているが、それがそうだということを検証するためには、日本において労働生産性の配当が、なにに向けられなにに向けられなかったかを実証的に明らかにする必要があるだろう（労働時間から見た日本的生産システムの特徴については森岡［一九九七］を参照されたい）。

おわりに

以上の考察から、「現代資本主義分析の理論と方法」に関して、暫定的にではあるが、次のような結論を導くことができる。

最初に資本主義の全体像を与えるものとしての資本主義の一般理論についてどう考えるかを述べなければならない。北原氏は、『資本論』で不完全ながら与えられている「資本主義の一般理論」と、自ら展開した「独占資本主義の理論」と、理論化が部分的にしかなされていない「国家独占資本主義論」とからなる「三層理論体系」を構想し、それらの積み重ねのうえに現状分析としての現代資本主義論をおいていた。伊藤氏は、「原理論」「段階論」「現状分析」という宇野三段階論を大枠では踏襲しながら、段階論の射程と現状分析のあり方に独自の視点を示し、第一次大戦後の資本主義の三つの特徴的な時期については、「現状分析」の次元でも、それぞれに「中間理論的・総括的規定」を与える必要があるという見解を表明していた。そして、最近の時期については、「原理的な問題」の重要性が増しているという理由で「原理論」としての『資本論』の読み直しを求めていた。山田氏は、『資本論』の理論には現代資本主義分析に生かせるものがあるとしながらも、資本主義の一般理論へのこだわりを捨て、北原氏の三層理論体系論も、伊藤氏の修正三段階論も拒否し、レギュラシオン・アプローチにしたがって、成長と危機の交替によって画される資本主義の一時代についての、「蓄積体制」と「調整様式」から構成される「発展様式」についての理論を現代資本主義論として提示していた。

　筆者は、本章における三氏の所論の検討と筆者自身のこれまでの試行錯誤から、資本主義の一般理論は、資本主義の全歴史の上に立ち、資本主義が生みだしてきたあらゆる経済関係を内包している現代資本主義の有機的総体性を再現するものでなければならないと考えている。『資本論』の論理はこのような一般理論の重要な一部をなしはするが、現代の一般理論をなにか『資本論』のような強固な体系をもったものと考える必要はない。私たちが経済学の基礎理論の教科書を個人あるいは集団で著わす場合に、その編成はできるだけ現代資本主義の有機的総体性を反映することが望ましい、という程度にゆるやかに考えればよい。一般理論はそれが完全なものとして構築されることが重要なのではなく――そんなことは不可能だ――、経済的諸現象の実証的研究と理論的研究のあいだに両面通行の橋を架けることが重要なのである。この場合、一般理論の役割は、動かしがたい概念を与えることではなく、現代資本主義の構造と運動の総体を資本主義の一般的原理の発展として理論的に写しだすことにある。(9) それなしには、実証分析であれ理論研究であれ、研究者が共通の言葉で語り、研究の成果を共有しあうことはできない。資本主義発展の特定の時代についての研究は、その時代の国内経済や国際関係にその時代特有の構造が持続的に見出せるかぎりでその構造に歴史的・理論的概括を与えることは可能である。しかし、そうした特定の時代の資本主義についての歴史的・理論的概括は、たとえそれを理論あるいは中間理論と呼ぶとしても、一般理論との関係では、歴史研究あるいは現状分析に属すると考えるべきである。この区別にしたがえば、北原氏も、伊藤氏も、山田氏も、現代資本主義論の名において資本主義の最近の一時代の現状分析を展開していることになる。筆者自身も現代資本主義とはそういうものだと思っている。

本章では三つのタイプの現代資本主義論を取り上げたが、複雑な資本主義の歴史的・理論的研究を発展させるためには、もっと多様なタイプの現代資本主義論があっていい。

ひとつのありうるアプローチは、労働過程の研究を踏まえた生産過程と蓄積過程の最新の諸形態を分析するようなタイプの現代資本主義論である。それと並んで、消費社会の成熟に着目して消費資本主義論を構築する試みや、生産と金融の両面からグローバル資本主義論を展開する試みも、有力なアプローチとなりうるだろう。いずれの場合も、重要なことは、多様な広がりをもつ現代資本主義の全体像を表象に思い浮かべて、特定のアプローチが届きうる射程の限定性を自覚し、それを唯一絶対の分析枠組みとしないことである。

注

（1）この大会の「一般討論」で筆者は報告者の三氏に対して、次のような質問をした。
「いま世界の経済学の諸潮流の中で現代資本主義なるものについて、われわれのようにこだわって議論している潮流が、他に存在するとは考えられません。これが現代資本主義だというように定型化して議論することは、あれこれの資本主義の重要な他の特徴を見失うか、軽視することになりはしないか。たとえば、労働過程の変化、労働市場の変化、消費資本主義、市場化、規制緩和、南北問題、ジェンダー問題、環境問題などが思い浮かびます。現代資本主義論にこだわることについて私はいくつかの反省すべき逆の障害を感じるようになっているが、報告者の中で現代資本主義にこだわって議論することがどうして必要なのか、こだわることが持っている経済学の理論研究および現状分析の反省点について考えるところがあれば、お聞かせいただければ幸いです。」

この質問に関連して、司会の一人の藤田暁男氏からは「一般討論」の最後に、現代資本主義論をめぐる議論において、「現代資本主義（論）という枠組みが妥当かどうか」を問うことの重要性を示唆する発言があったが、三氏からはなんのリプライもなかった。だからというわけではないが、本章は筆者がこの質問で言いたかったことを長い文章にしたものである。

（2）筆者はこれまで本章が取り扱う問題に関連して『独占資本主義の解明』（一九七九年、増補新版一九八七年）、『現代資本主義分析と独占理論』（一九八二年）、「構造転換分析と経済理論」（一九八七年）、「現代資本主義分析の諸前提」（一九八八年一月）、「いま、なぜ、労働過程研究か」（一九八八年七月）、「現代資本主義論の反省課題」（一九八八年一二月）、「ヒルファディング経済学の方法的特質と産業資本の概念」（一九九〇年一一月）などを発表してきた。これらにおいて筆者はマルクス経済学の伝統に学ぶとともに、独占資本主義論や国家独占資本主義論に関する通説の批判的検討を試みて、自らの研究をもたえず問い直してきた。当然にも、最近の論文に近づくほど、本章の見解に近づいているが、それでもなお本章に照らせば、筆者のこれまでの主張はある点では放棄され、ある点では修正されねばならない。その意味で本章で述べることは、筆者自身のこれまでの資本主義研究に対する理論的・方法的反省でもある。

（3）S・ボールズとR・エドワードの *Understanding Capitalism*［Bowles and Edwards 1993］の第一章は「変化」の視点から資本主義の歴史を巧みに素描している。

（4）ロン・スミスがマルクス主義の「危機論」についての考察のなかで、次のように述べていることは北原氏に対する批判としても妥当する。

「注意すべきことに資本主義の成長と危機とはこのシステムの相異なり相対立する特質ではなく、それらは同一の現象の部分をなしている。成長は危機を引き起こすが、危機は成長の必要条件である。成長と危機とは蓄積過程を構成する不可欠の部分であって、それらは単なる偶発的な変調ではない。」［Smith 1985, p.12］。

（5）　北原氏は討論の部で、冷戦の問題に関連して、「ソ連体制を正真正銘の社会主義だなんて思ってもみなかった。……あれは共産党主導の体制だったし、客観的にいうと遅れた辺境の地ロシアで行われた原蓄と急速な近代的工業化のための強権的体制だった」（一七九ページ）と述べている。また、北原氏は、ポスト・冷戦下の「世界大の国家独占資本主義」という自らの着想に対する山田氏の質問に答えて、「社会主義への展望の問題になると思いますが、私は世界的規模での体制変革、誤解をおそれずに言えば世界革命を考えているわけです」（二二五ページ）といい、世界大の社会主義化に期待をつないでいる。山田氏が「どうやってやるんですか」と聞くと「運動論としてはまた別です」といいながらも「労働もかなり移動して社会総労働の分業編成は世界大で進み、労働側がもっと本来の世界的に団結するという基盤ができつつあるという側面がある」（二二五〜二二六ページ）と答えている。

討論での山田氏の言を借りれば、この北原氏の話には「ついていけない」。一九一七年革命時のロシアは「遅れた辺境の地」であったのか。共産党独裁ではなく「共産党主導」であったのか。そうしたことは問わないとしても、社会主義への展望に関して「世界的規模での体制変革」「世界革命」を口にし、「まさに現在、本来の社会主義の物質的基礎が形成されつつある」（二二五ページ）という認識には驚かされる。討論の最後近くでは、「ソ連社会の崩壊という事実は、社会主義の理念や夢に決定的な打撃を与え、広汎な世界の人々の意識に非常に強く影響している」（二三七〜二三八ページ）とも述べている。こうした語り口から、筆者には北原氏はソ連における社会主義がいかなるものであったかを深く問い直すことなく、ソ連の存在にかすかにも「社会主義の理念や夢」をつないだソ連崩壊以前の意識でもって、資本主義体制とその変革について論じているように思われる。

伊藤氏の社会主義についての議論にも疑問がある。氏は同じく討論の部で、体制転換後のロシアで旧共産党が「人民の半分近い支持を取り戻しつつある」ことや、東欧の一部で「旧共産党系の社会主義政権」が「復活」していることや、中国が「社会主義市場経済の進路」をとっていることに触れて、「三つの違う路線に社会主義のモデルがいま分かれつつあり、それぞれに可能性があることを認めた上で、議論したほうがいいのではないでしょうか」（二二九〜

二三〇ページ）と述べている。このような「人民」史観にも筆者はついていけない。

山田氏は討論で伊藤氏から「山田さんはソ連については、国家資本主義説ですか」と問われて、「いや、私は何ともいえない、留保ですね」（一八〇ページ）と答えている。こう聞くと山田氏も、昨日まで存在したソ連の体制とそれにまつわる社会主義観の問い直しが資本主義像の問い直しにどのように通じているかを明確にしないまま現代資本主義について語っている点で、北原氏や伊藤氏と大同小異ではないかと思いたくなる。

筆者自身も本章では体制としての、また思想や運動としての社会主義の問い直しが資本主義理解にどのような意味をもつかについては明示的には語っていない。しかし、以前の拙稿と比べて本章の資本主義認識の変化はある程度まで筆者のなかでの社会主義の問い直しの結果であるといってもよい。野村正實氏は、ソ連崩壊より前に「福祉国家の危機と〝マルクス主義〟――私的覚書」［野村　一九八六］という文章を発表し、マルクス主義者がいだいてきた社会主義観が現代資本主義認識をどのように歪めてきたかを自己批判をこめて振り返っている。実在した社会主義は資本主義よりずっと不幸な体制であったことを十分に考えることもなく、マルクスやレーニンの言によって社会主義を語ってきた経済学者の一人として、筆者は野村氏がこの文章で示している自己への誠実に教えられた。

（6）　理論的視野から落ちていく問題は、北原氏が深く研究して得意とする領域でも生じている。たとえば、氏の『現代資本主義における所有と決定』［北原　一九八四］は、株式会社に焦点を合わせた現代資本主義論と考えられるが、株式会社制度を前提とした資本蓄積のことは国家独占資本主義論をベースとした現代資本主義論ではまったくといっていいほど顧慮されていない。

（7）　伊藤氏は「鈍化」と「逆転」を一括して「鈍化逆転」といっているが「鈍化」と「逆転」とは大きく意味が異なる。重田澄男氏が宇野経済学を批判した著作［重田　一九七五］で指摘しているように、宇野は自らが用いた「逆転」（「資本主義の純粋化傾向の逆転」）という言葉は「不適当」であるとして、それを「鈍化」という言葉に修正した［宇野・梅本　一九六六］。「鈍化」であれば、たとえ速度は緩やかでもやはり「純粋化」傾向は貫くことになるために、この修正は「『原理論』と『段階論』との分化の主張を根本から崩壊させるほどの重大な訂正」［佐藤　一九六七］であるという批判を招いた。にもかかわらず、伊藤氏は、あえて意味の異なる「鈍化」「逆転」を一つにして、「鈍化逆転」というからには、その理由あるいは論拠を積極的に示さなければならない。

（8）　山田氏がレギュラシオン理論にしたがって持ちだしている「交替史観」については少々コメントを要する。これはたしかにかつてのマルクス主義文献にあったような資本主義の「最後の段階」論や、「いよいよ危機」論や、その結果としての「体制崩壊」とは異なった見方である。しかし、資本主義の発展がどこに向かいどの段階にあるかという方向性と段階性を問わず、危機や崩壊にこめる意味を問わない次元では、「段階史観」と「交替史観」はさほど大きな違いがあるようには思われない。「交替史観」においても、資本主義は相変わらず危機を繰り返し、危機のあとにはいつも衰退と崩壊がまちうけている。「発展様式の盛衰と交替」を語るときの言語様式は意外に「段階史観」と共通しているという印象を受ける。

（9）　有井行夫氏は本章と同じく北原・伊藤・山田論争にコメントした論文［有井　一九九七］で、マルクスに拠りながら資本の有機的システムの総体性と資本のシステムの概念的把握としての『資本論』の現在性を論じている。氏の考察は表現に難解なところがあるもののなにかと示唆に富んでおり、とくに「一般理論と段階理論の非両立性」を厳しく批判している点や、資本主義の発展にともなう生産の社会的形態の成長や公共性の枠組みの形成を指摘している点には同意できる。

参考文献

M・アグリエッタ（一九八九）『資本主義のレギュラシオン理論――政治経済学の革新』（原題『資本主義の調整と危機――アメリカ合衆国の経験』一九七六年）若森章孝・山田鋭夫・大田一廣・海老塚明訳、大村書店

有井行夫（一九九七）「現代マルクス経済学の基礎づけ問題――一般理論と段階理論の非両立性」『経済理論学会年報第三四集』青木書店

伊藤誠（一九九〇）『逆流する資本主義――世界経済危機と日本』東洋経済新報社

伊藤誠（一九九五）『日本資本主義の岐路』青木書店

宇野弘蔵（一九六二）『経済学方法論』東京大学出版会

宇野弘蔵・梅本克己（一九六六）「《対談》社会科学と弁証法」『思想』第四九九号、一月

宇野弘蔵（一九七一）『経済政策論』弘文堂

大内力（一九七〇）『国家独占資本主義』東京大学出版会

J・K・ガルブレイス（一九五八）『ゆたかな社会』鈴木啓太郎訳、岩波書店（原書は一九五六年）

北原勇（一九七七）『独占資本主義の理論』有斐閣

北原勇（一九八四）『現代資本主義における所有と決定』岩波書店

北原勇（一九九四）「二〇世紀末の資本主義」『三田学会雑誌』第八七巻第二号、七月

S・クラーク（一九九六）「Fの付くものはどれもフォーディズムか」N・ギルバート／R・バローズ／A・ポラート編『フォーディズムとフレキシビリティ――イギリスの検証』丸山惠也監訳、新評論（原書は一九九二年）

A・グラムシ（一九六二）「アメリカニズムとフォード主義」『グラムシ選集』第三巻、山崎功監修、合同出版

佐藤金三郎（一九六七）「経済学における論理と歴史――『宇野理論』の一検討」『思想』第五二〇号、一〇月（佐藤金三郎『「資本論」と宇野経済学』新評論、一九六八年、所収）

J・ストレイチー（一九五八）『現代資本主義』関義彦・三宅正也訳、東洋経済新報社（原書は一九五八年）

重田澄男（一九七五）『マルクス経済学方法論』有斐閣

J・ショア（一九九三）『働きすぎのアメリカ人――予期せぬ余暇の減少』森岡孝二・成瀬龍夫・青木圭介・川人博訳、窓社

R. Smith（1985）"Crisis Theory", in Z. D. Baranski and J. R. Short（eds.）, *Developing Contemporary Marxism*, Macmiallan, London

高須賀義博編（一九七八）『独占資本主義論の展望』東洋経済新報社

長洲一二編（一九五七）『現代資本主義とマルクス経済学』大月書店

都留重人編（一九五九）『現代資本主義の再検討』岩波書店

E. G. Nourse,（1953）*Economics in the Public Service: Administrative Aspects of the Emloyment Act*, Harcourt Brace, New York

野村正實（一九八六）「福祉国家の危機と〝マルクス主義〟――私的覚書」『岡山大学経済学雑誌』第一八巻第一号（野村正實『熟練と分業』御茶の水書房、一九九三年、所収）
S. Bowles and R. Edwards (1993) *Understanding Capitalism*, Harper & Row Publishers, New York
G・バラクラフ（一九七一）『現代史序説』中村英勝・中村妙子訳、岩波書店
J・ヒルシュ（一九九七）『資本主義にオルタナティブはないのか？――レギュラシオン理論と批判的社会理論』木原滋哉・中村健吾訳、ミネルヴァ書房
H・ブレイヴァマン（一九七八）『労働と独占資本――二〇世紀における労働の衰退』富沢賢治訳、岩波書店（原書は一九七四年）
R・ボワイエ（一九九〇）『レギュラシオン理論』山田鋭夫訳、藤原書店
S・マーグリン／J・ショアー（一九九三）『資本主義の黄金時代――マルクスとケインズを超えて』磯谷明徳・植村博恭・海老塚明監訳、東洋経済新報社
A・マディソン（一九九〇）『二〇世紀の世界経済』金森久雄監訳、東洋経済新報社
見田宗介（一九九六）『現代社会の理論――情報化・消費化社会の現在と未来』岩波書店
森岡孝二（一九七九）『独占資本主義の解明――予備的研究』新評論（増補新版一九八六年）
森岡孝二（一九八二）『現代資本主義分析と独占理論』青木書店
森岡孝二（一九八七）「構造転換分析と経済理論」基礎経済科学研究所編『講座・構造転換』第四巻「経済学の新展開」青木書店
森岡孝二（一九八八ａ）「現代資本主義分析の諸前提」『経済』第二八五号、一月
森岡孝二（一九八八ｂ）「いま、なぜ、労働過程研究か」『経済科学通信』第五六号、七月
森岡孝二（一九八八ｃ）「現代資本主義論の反省課題」『経済科学通信』第五八号、一二月
森岡孝二（一九九〇ａ）「ヒルファディングの創業者利得論――拙論への批判にこたえて」『立命館経済学』第三九巻六号、三月

森岡孝二（一九九〇b）「ヒルファディング経済学の方法的特質と産業資本の概念」『唯物論と現代』第六号、一一月
森岡孝二（一九九五）『企業中心社会の時間構造——生活摩擦の経済学』青木書店
森岡孝二（一九九七）「日本的生産システムと作業長——ある工場技術者の過労死から」関西大学経済・政治研究所〈研究双書〉第一〇三冊『経済システムと価値意識』
森田成也（一九九七）『資本主義と性差別——ジェンダー的公正をめざして』青木書店
山田鋭夫（一九九三）『レギュラシオン理論——経済学の再生』講談社
山田鋭夫（一九九四）『二〇世紀資本主義——レギュラシオンで読む』有斐閣
若森章孝（一九九六）『レギュラシオンの政治経済学——二一世紀を拓く社会＝歴史認識』晃洋書房

第二章　現代資本主義の現代性と多面性

はじめに

現代資本主義論は、資本主義システムを発展と変化においてとらえ、今日の資本主義の全体像と歴史的位相に関心をもつ経済学の諸学派において、好んで議論されてきたテーマの一つである。帝国主義論や独占資本主義論や国家独占資本主義論と交錯しながら、それらとは区別された現代資本主義論が経済学の一分野として登場したのは、第二次大戦後の一九五〇年代後半であった[1]。その後、二〇世紀の終わりまで現代資本主義論が脚光を浴びた時期が何度かあったが、二一世紀に入ってここ数年、「新自由主義」、「グローバリゼーション」、「情報通信革命」などをキーワードに現代資本主義論が新たな高まりを見せている。

一定の時期区分のもとに、われわれが眼前に見る資本主義を「現代資本主義」として切り取り、その全体像を分析することは、われわれの生きる時代の歴史的認識のためにも、資本主義の一般的原理の豊富化のためにも必要な往復作業である。本章では現代資本主義論が直接の対象とする時期を一九八〇年前後から現在までとする視点から、この往復作業を実り多いものとするための若干の理論的・方法的課題について考える。

以下、第一節では、歴史的実在としての資本主義の「いつ」をもって、また「なに」をもって現代資本主義とするかを検討し、本章がなぜ現代資本主義の「現代性」と「多面性」を問うかを述べる。次に、第二節では、筆者が重視する現代資本主義の五つの側面に即して、それぞれが個別に、またそれらが全体としてひとつに絡み合って、現代資本主義の現代性と多面性をどのように示しているのかを解説する。

さらに、第三節では、『政経研究』第八六号（二〇〇六年六月）に掲載された井村喜代子氏の「現代資本主義の変質」論を紹介し、それが資本主義の現代性と多面性をどのようにとらえているのかを検討する。(2) 最後に、第四節では、情報化／消費社会化をキーワードに現代社会論を追究する見田宗介氏の所説を手がかりに、現代資本主義の全体像を問うこととは資本主義の原理像の問い直しをも迫るものであることを明らかにする。(3)

第一節　資本主義の発展・変化と現代資本主義

資本主義は一七世紀半ばのイギリスにおける商業革命の開始から数えれば三世紀半余り、一九世紀前半の産業革命の完了から数えても二世紀近くの歴史を有している。マルクスがつとに強調したように、資本主義システムの、それ以前の経済システムと異なる本質的特徴のひとつは「絶え間ない変化」である。絶えず変化する現実をあとから追いかける経済学にとっては、直前の数十年（およそ四半世紀から半世紀）程度の短いスパンの一時代を取り出して、それを現代という時空のなかで分析する必要が生ずる。数十年を単位とするのは、一九世紀から二〇世紀にかけての資本主義の発展は、科学技術、生産様式、産業構造、銀行・信用制度、交通通信、資本蓄積、社会政策、国家財政、世界市場、国際関係、政治思潮などの歴史的態様からみて、およそ二、三〇年から四、五〇年にわたって、同時代的共時性を有するとみなすことができるという歴史的経験にもとづいている。

この場合、資本主義時代の「いつ」をもって「現代」とするかは、資本主義発展の「なに」をもって「現代」とするかに依存している。言い換えれば、現代の起点や期間を確定するためには、当の現代資本主義分析の主要な対象とすべき諸現象・諸関係がなんであるかを限定しなければならない。しかし、そのことは、分析対象の限定の仕方いかんによっては、現代資本主義の全体像の分析にとって欠かせない重要性をもつ諸現象であっても、それを考察しないかまたは軽視することによって、現代資本主義の重要な特質を見失う恐れを含んでいる。その恐れは、「現代」より前に存在し「現代」にますます広く見られるようになってきた諸現象についても、「現代」とともに出現し、「現代」を新しい時代にしている諸現象についても生じうる。

たとえば、一九世紀の末から二つの世界大戦を挟む二〇世紀の半ばまでをとってみよう。この間、とくにマルクス経済学においては、帝国主義論の名のもとに独占、金融資本、恐慌、危機、失業、窮乏化、戦争、革命、植民地、民族独立などが主要なテーマとなってきた。しかし、この間に資本主義世界の盟主に躍り出たアメリカでは、一九二〇年代以降、次第に大量生産・大量消費の生産様式が一般化し、大衆的購買力が形成され、モータリゼーションが進み、家電製品の普及などの耐久消費財革命があり、核家族化や都市化と相まって消費主義が大衆的現象となり、消費社会が出現した。一九五〇年代後半に登場した現代資本主義論では、ケインズ政策、景気循環の変容、経済成長、生活水準の向上、豊かな社会などが大きな論議を呼んだ。もしそれ以前の資本主義論が、独占や金融資本や恐慌や戦争だけでなく、アメリカで一九二〇年代以降に出現した現代的諸現象の萌芽にもう少し注目していたなら、戦後の現代資本主義論はもっと実り多いものになった可能性がある。

最近の四半世紀についていえば、現代資本主義は国際的断面からみれば「グローバル資本主義」としての特徴を帯びるようになってきた。筆者もいくつかの拙稿において現代資本主義をグローバル資本主義と呼んできた。しかし、現代資本主義を、もっぱらグローバルな諸関係に焦点を合わせ、グローバル企業や国際金融を中心に分析することは、その視野に収まらない現代資本主義の重要な諸現象を見失うことになりかねず、ひいては現代資本主義の全体像の把握に重要な欠落を残す恐れがある。

筆者は、二〇〇五年八月に『働きすぎの時代』（岩波新書）を著わし、一九八〇年代以降、労働時間の標準化と短縮に向かう歴史的傾向が、多様化・分散化・個人化にとって代わられるとともに、世界的な規模で労働時間の短縮から延長への歴史的逆転が生じていることを明らかにした。そして、その背景と要因を、現代資本主義の四つの側面――①グローバル資本主義、②情報資本主義、③消費資本主義、④フリーター資本主義[4]――から論じた。なお、同書では紙幅の制約で、本来なら別に章を立てて論ずるべきであった⑤株主資本主義については①のなかで述べるしかなかった。

労働時間の逆流に対して最も早い時期に警告を発したのはジュリエット・ショアである。彼女によれば、アメリカにおける労働時間の増大は一九七〇年代にはじまる。新自由主義の最初の政治指導者であったマーガレット・サッチャーが政権の座に就いたのは一九七九年であった。七〇年代末における新自由主義の台頭には前史があって、七四年には経済思想における新自由主義および市場個人主義の先駆者であるフリードリヒ・ハイエクが、そして七六年には、新自由主義の経済政策の理論的支柱となったミルトン・フリードマンがノーベル経済学賞を受賞している。

これらの点を補っていえば、筆者は、一九七〇年代を前史とする八〇年代以降の現代資本主義をその現代性と多面性において考察するためには、この時代の支配的政策イデオロギーとしての新自由主義および市場個人主義の影響に留意しながら、これら五つの資本主義、したがってまた五つのキーワード――グローバリゼーション、情報通信革命、消費社会の成熟、労働の規制緩和、株価至上主義経営――を視野に入れなければならないと考えている。

あらかじめ注意を要することに、表題の「現代資本主義の現代性と多面性」にいう「多面性」は、よく言われる資本主義の「多様性」とは異なる。(5) 一般に多様性の概念は、たとえばアメリカ型、日本型、ドイツ型のような資本主義の型の国民的相違や、アングロサクソン型、ライン型といった資本主義類型のより大きな区別に関して用いられる。これに対して、多面性の概念は、今日の発達した資本主義の全体構造が以前にも増して重層性・多元性を有していることを表わしている。この場合、多面的な構造は、全体として一つに絡み合ってはいるが、同質の要素の組み合わせからなる単一の構造によっては説明できない。視覚的に言えば、現代資本主義の全体構造を垂直に切断して浮かびあがる断面図は、いくつもの色や模様を重ね合わせたものになるであろう。筆者が前出の拙著で、現代資本主義を分析するにあたって、グローバル資本主義、情報資本主義、消費資本主義などの多次元空間を想定したのは、それらが現代資本主義の現代性と多面性を同時に表現していると考えたからであった。

第二節　現代資本主義の多面的諸相

グローバリゼーション

グローバリゼーションについては、イデオロギーとしても歴史的現実としても語ることができる。ここでは歴史的現実に即して、グローバリゼーションを、さしあたり月並みに「世界の諸地域間の経済的結びつきが時間的・空間的に緊密化していくこと」と定義しておく[6]。このプロセスにおいては、国際資本市場を舞台とした国際的金融取引の膨張が決定的な重要性をもっているが、プロセスの原動力および駆動軸となっているのはグローバル企業による生産と販売の地球大の統合と分割の進展である。

グローバリゼーションは、情報通信技術の高度な発達に技術的基盤を置いている点で、以前の国際化とは区別される。また、それはすでにかなりの程度に工業化していた韓国、台湾、香港、シンガポール以外のアジア諸地域でも工業化が進みはじめ、中国が「世界の工場」といわれるまでに成長し、インドが中国の後を追いかけ、ブラジルで急激な経済発展が見られ、旧ソ連や東欧の旧社会主義圏が市場経済化してきた点で、資本主義の新たな世界的発展を意味している。

グローバリゼーションは、自由で豊かな世界をもたらすという宣伝とは反対に、世界中で富裕階級と貧困階級の格差を拡大している。中南米においてアメリカが押しつけた新自由主義に反対し、貧困の克服、医療・教育の向上に取り組む左翼政権が拡がっているのも、グローバリゼーションの影響とそのリアクションである。

グローバリゼーションが進むと、低価格競争が世界的に激化し、グローバル企業の進出先の合弁企業や契約工場で働く現地労働者の低賃金の影響を受けて、本国の雇用が不安定化し賃金が切り下げられる。最近の日本において、パート、アルバイトなどの直接雇用型の非正規雇用にとどまらず、派遣、請負などの間接雇用型の非正規雇用が拡がっているのもその一例である。生産過程だけでなく、事務労働でも業務の世界的な統合と分割が進み、ソフトウェア開発、コールセンター、会計、法務などのオフショア（海外業務委託）が拡がり、ブルーカラーに加えてホワイトカラーの雇用の輸出が深刻な問題になっている。

また、グローバリゼーションは、製造業の生産拠点の海外移転を促すことによって、本国の就業構造からみてもGDPの部門別構成からみても、金融、流通、サービス、情報、通信などのいわゆる第三次産業の比重を高める。それとともに、経済活動の世界的なスピード化と同時化をもたらして、二四時間経済を現実のものにする。また、そうした変化は、深夜営業と夜間人口の拡大、労働者の就業形態の多様化、消費者の需要構造の変化などと相まって、労働者のライフスタイルを多様化させ、労働時間の非標準化と個人化を促す。

ロナルド・ドーア氏が『働くということ――グローバル化と労働の新しい意味』（中公新書、二〇〇五年）で指摘しているように、グローバリゼーションはアメリカの学術・文化・思想の世界への浸透でもある。今日ではグローバルエリートは大部分がアメリカ経験をもち英語を話す。彼らはアメリカのビジネススクールなどを卒業し、世界各国のマスメディアや政府の委員会や審議会などで大きな発言力をもち、自国の世論形成に多大の影響力をもつ。こうしてアメリカの価値と文化が世界に浸透していくこともグローバリゼーションの一面として見ておく必要がある。

参考までに日本企業のグローバル化の現状を経済産業省の「二〇〇七年度 海外事業活動基本調査」によって見ると、現地法人数は一万六七三二社を数える。産業別では、製造業八三一八社（四九・七％）と非製造業八四一四社（五〇・三％）に二分されている。地域別には、アジアが九九六七社と全地域の六割を占め、なかでも、中国は四六六二社（二七・九％）と群を抜き、ベトナム、インドとともに増えつづけている。その一方、北米は二八二六社（一六・九％）、ヨーロッパは二四二三社（一四・五％）でまだ無視できないシェアを占めているが、いずれもわずかながら減小傾向にある。

二〇〇七年度の現地法人の従業者数は四七五万人に達する。産業別には製造業の雇用が全体の八割を占める。製造業の海外生産比率は、国内全法人企業ベースで過去最高の一九・一％（海外進出企業ベースでは三三・二％）を記録した。業種別では自動車を中心とする輸送機械の海外生産の伸びが著しく、二〇〇七年度では四二％に高まっている。情報通信機械は二〇〇五年度の三五％から二〇〇七年度の三二％に海外生産比率を下げている。

情報通信革命

さきにグローバリゼーションは情報通信技術（ＩＣＴ）の高度な発達に技術的基盤を置いていると述べたが、グローバリゼーションの進展と情報通信革命は、歴史的には一九八〇年前後からの同時進行のプロセスである。

今日の情報通信革命の初期段階がマイクロエレクトロニクス（ＭＥ）化という用語で語られるようになったのは一九八〇年前後であった。それは製造・流通・事務の全領域における労働手段の制御と情報処理の

ME化・自動化を技術的基盤としていた。一九九〇年代にはいると、コミュニケーション手段の発展と情報システムのネットワーク化によって情報技術の革新は通信技術の革新と一体となって進みはじめた。そして、九〇年代後半にはマイクロソフト社のウインドウズ95の登場を契機にパソコンによるインターネットの利用が劇的に普及するようになった。(7)

二〇〇九年版『情報通信白書』によれば、二〇〇八年末で、日本のインターネット利用人口（インターネットに接続可能なパソコンと携帯電話の利用人口）は九〇九一万人、人口普及率は七五・三％にのぼる。インターネット、衛星通信、光ファイバーなどの情報通信技術は、情報処理やコミュニケーションだけでなく、商品と資本の流れや人的交流を世界的な規模で劇的に変えてしまった。とくに金融の分野においては、国際取引にかかわる情報処理をネットワークに依存する度合いが高く、情報通信革命が金融商品や金融派生商品の多様化と、金融サービスの高度化および効率化を可能にしてきた。またそれがリスクヘッジとレバレッジの技法の発達とも相まって金融の投機的取引の膨張を促した。

くわえて、今日の情報通信技術の発展は、ほとんどあらゆる産業において、時間の節約を可能とすると同時に、時間ベースの競争を強め、仕事のスピードを速め、仕事量を増やしている。また、ラップトップ、携帯電話、Eメールなどの情報ツールは、職場と家庭あるいは仕事の時間と個人の時間の境界を曖昧にし、仕事がどこまでも追いかけてくる状態をつくりだしている。そればかりか、新しい情報通信技術は、新しい知的・専門的・技術的職業を生みだす一方で、多くの部面で労働を単純化して熟練を不要にし、正規雇用の多くを非正規雇用に置き換える手段を経営者に提供する。その結果、政治と政府が非正規雇用の拡大を規制しないかぎり、多くの労働者から従来の比較的安定した職が奪われ、雇用がますます不安定化していく。また新しい情報通信技術はネットショッピングやネット取引や電子決済手段の普及をとおして、消費や投資にも大きな影響を及ぼしていることも付言しておかねばならない。

消費社会の成熟

ジュリエット・ショアは、消費社会を「自由に選択しうる消費が金持ちや中流階級だけでなく、大衆的現象となった社会」(8)と定義している。彼女によれば大衆的現象としての消費主義は一九二〇年代のアメリカで始まった。いまではアメリカ一国にとどまらず、世界の多くの国と地域で消費主義が拡がり、それとともに消費社会が一般化した。

消費社会においては、人々は消費において、自己を他人と比べ、他人と張り合うことによって競争している。こうした消費主義の拡大は、大衆的な購買力の形成と、女性の労働市場への参加、したがって共稼ぎカップルの増加に社会経済的な基盤を置いている。多数の女性が労働市場に参入し、個人単位でも家族単位でも労働者の稼得能力が高まるにつれて、消費競争の参加者が増え、消費競争の場は狭い近隣社会からより広い職場社会や健康や美容や趣味の世界に拡がっていく。男女を問わず、中流階級の経済的に多少ともゆとりのある人々は、今日では他人に見える（見せる）自分の持ち物だけでなく、どこのレストランで食事をするか、休暇はどこに行くか、子どもをどの学校に通わせるかを競い合う。消費社会のこうした性質は、テレビを中心としたマスメディアと広告業によって強められている。ショアが言うように、私たちはいまでは実生活で知っている人々よりも、むしろテレビドラマに登場する人々を準拠集団にして、自らの願望を思い描く傾向がある。

このような競争的消費環境においては、人々は高水準の消費を追い求め、より多くの収入を得ようとして、あるいはより高い収入をもたらす地位に就こうと、より長くよりハードに働く傾向がある。消費の大きさは必ずしも現在所得の大きさに制約されない。必要であれば、将来所得をあてにローンを組むかカードで支払うこともできる。しかし、その場合も結局は借入の返済のために、まえ以上に働かなければならなくなる。ショアのいう「ワーク・アンド・スペンド・サイクル」がそれである。

このようなわけで、現代資本主義を語るには、現代における消費の競争的性質と、消費競争に内在する人間の欲望の不断の膨張の可能性を考慮に入れなければならない。

今日の消費社会のいまひとつの特徴は、宅配便やコンビニに象徴される、スピードや利便性を追求するサービス経済の発展である。ヤマト運輸が小口貨物の宅配システム「宅急便」を始めたのは一九七六年であるが、国土交通省の調査「宅配便等取扱実績」によると、二〇〇七年度の「ゆうパック」を除くトラック宅配便の取扱い個数は三二億三二四六万個になっている。日本においてコンビニ（コンビニエンス・ストアは和製英語）が出現したのは一九七〇年代半ばであるが、一九八〇年代後半以降の発展はめざましい。二〇〇七年の経済産業省「商業統計調査」によると、コンビニの店舗数（全国計）は、四万三六八四店を数える。そのうち三万六八〇八店（八四％）は終日営業である。

注意すべきことに、消費主義の浸透の度合いは国による相違が大きい。ショッピングに費やす時間がアメリカほど長い国はなく、自販機が日本ほど氾濫している国はない。営業時間の規制がほとんどない日本ではコンビニが隆盛を極めている。営業時間に厳しい規制があるドイツのような国では、終日営業のコンビニのような小売業態が発展する余地は小さい。

他方で、グローバリゼーションによる消費の変化からはどの国民も無縁でいることはできまい。いまではより良い商品やより安い商品をめぐって世界中で激しい競争が繰り広げられており、消費者は世界のどこにいても、どこからでも品質と価格において最も望ましい商品を購入することができる。また、情報通信革命の影響による多数の新商品・新サービスの登場と消費の多様化・高度化からも、どの国民も無縁でいることはできない。多くの国で多くの人々がパソコンや携帯電話を保有し、ネットをとおしてショッピングを行うようになったことも現代の消費社会の表れである。

グローバリゼーションにせよ、情報通信革命にせよ、消費社会の成熟にせよ、それらの背後にある労働の現実は悲惨である。アメリカや日本のスーパーで売られている安価な商品や高級ブランド品が、アジアや中南米やアフリカのスウェットショップ（搾取工場）において、信じがたいほどの低賃金の長時間労働で生産されていることはよく知られている。先進国においても、人々の日々の生活に不可欠な財とサービスを生みだしているのは、多くの場合、労働社会の底辺で劣悪な労働条件に苦しめられている労働者たちである。これらのことも現代の消費社会の重要な一面であることを見ておく必要がある。

雇用・労働の規制緩和

先進資本主義諸国では、一九八〇年代以降、「小さな政府」を標榜して福祉国家を敵視し、民営化、市場化、規制緩和を推奨する新自由主義の政策イデオロギーが猛威をふるうようになった。一九八〇年代末から九〇年代にかけての旧ソ連・東欧諸国における社会主義の崩壊とその後の市場経済への移行も新自由主義の勢いを強める契機となった。こうして一九七〇年代末以降、新自由主義が支配的政策イデオロギーになってきたが、これを経済思想と経済理論の面から根拠づける役割を担ってきたのが市場個人主義である。

市場個人主義は、雇用・労働分野に関しては、労働市場、労働供給、労働契約、労働時間などにおける国家による調整・介入・規制を原則的に否定する。(9) 市場個人主義によれば、雇用政策は労働者個人の利益を中心に考えるべきであり、働き方は労働市場における個人の自由な選択と自己決定に委ねられるべきである。労働需要側の要因を与件とすれば、労働者は、働くか働かないか、何時間働くかも、自己の所得・余暇選好を前提に、雇用主が提供する賃金率に応じて自由に選択し自己決定するものとされている。「市場頼み」で「個人任せ」のこの原理にしたがえば、種々の人材ビジネス――人材派遣事業、職業紹介事業、業務請負事業など――が全面的に自由化されることが望ましい。

経済界の要求にそったこうした考えが、政府にも受け入れられて、日本では一九八〇年代の半ば以降、雇用・労働分野の規制緩和がはかられ、労働市場の流動化が進められてきた。この過程では企業の雇用管理戦略も大きく変化し、若年フリーターだけでなく、中高年も含めて、パート、派遣、請負などの非正規雇用が大幅に増加してきた。その結果、雇用・就労形態が多様化し、低賃金労働者が増大し、労働所得格差が拡大してきた。

労働者派遣ビジネスの合法化は一九八五年の労働者派遣法の制定にはじまる。派遣ビジネスの起源は、藤本武『組頭制度の研究』(労働科学研究所、一九八四年)が明らかにしているように、商品としての労働力の売買に介入して中間搾取(ピンハネ)をすることによって利益を得ていた戦前の労働者供給事業にある。戦後の職業安定法は、戦前の強制労働、人身売買、中間搾取などの労働市場に寄生した悪徳行為を防止するために、労働者供給事業を営むことも、利用することも禁止した。

にもかかわらず、労働者供給事業は、社外工や業務請負のかたちで生き残り、一九六〇年代後半から八〇年代初めにかけて事務処理や情報処理などの分野で、派遣的形態の労働者供給を営む企業が次々と登場してきた。一九八五年の派遣法は、こうして既成事実化してきた労働者供給の違法状態を、「労働者派遣」として一定の規制のもとにおいて許可したものである。[10]

派遣労働は、それ以来何度かの改定を経て、拡大の一途をたどり、一九九九年には許可業務を限定明示するポジティブリスト方式から一部の禁止業務（港湾、建設、警備、医療、製造）以外の派遣を原則自由とするネガティブリスト方式に変わった。そして二〇〇三年の改定で、二〇〇四年から工場の製造現場の派遣も自由にできるようになった。厚生労働省は、派遣元事業主から提出された二〇〇七年度の「労働者派遣事業報告書」をもとに、派遣労働者の総数として三八四万人という数字を発表している。これは一〇年前と比べると四・五倍の増加である。

労働時間制度については、一九八七年の労基法改正で、時間規制の基準が一日から一週間に変わり、裁量労働制（みなし労働時間制）が導入され、変形労働時間制が拡大された。その後、裁量労働制は、従来の専門業務型が五業務から一九業務に拡大され、新たに企画業務型裁量労働制が導入された。最近では、結局は阻止されたとはいえ、大半のホワイトカラー労働者を対象に労働時間の規制を撤廃し、終わりなき労働を法認する「ホワイトカラー・エグゼンプション」制度の導入が政治日程にのぼった。[11]

この制度を推奨する市場個人主義者は次のように主張してきた。すなわち、現状の労働時間制度はかつての工場労働者の集団的で画一的な働き方を前提としたもので、現代の労働者の大半を占める個別的で自律的な働き方をするホワイトカラーには適合的でなく、成果主義賃金や年俸制の拡大によって、労働時間をもとに賃金の算定を行う合理性もなくなっている、と。しかし、たとえホワイトカラーに限ってであれ、労働者の集団性を否定して、もっぱら個別性を強調することは、労働組合の存在意義を否定し、賃金や労働時間の制度における国家の役割を否定し、労働者を労働組合も労働基準もない無保護な状態に連れもどすことに通じている。

株価至上主義経営

アメリカその他の発達した資本主義諸国の証券市場においては、一九八〇年代初め以降、個人投資家のシェアが低下し、年金基金、投資信託会社、生命保険会社などの機関投資家の株式保有比率が高まり、それらの機関株主が企業経営にますます大きな影響力をもつようになってきた。二〇〇三年版『通商白書』によれば、アメリカでは、一九八〇年には株式保有における個人（家計部門）のシェアは五八・六％、機関投資家（年金基金、投資信託、生命保険）のシェアは二四・八％であったが、二〇〇一年には個人のシェアが三九・五％に低下し、機関投資家＝機関株主のシェアが四五・五％に上昇し、両者のシェアが逆転した。

アメリカの一九八〇年代は「Ｍ＆Ａの一〇年」といわれほどに企業の合併・買収が多かった。この時期には日本をはじめとする諸外国との競争のなかで製造業の衰退が問題になり、金融、サービス、情報などのアメリカが比較優位をもつ産業の比重が高まっていったが、それと同時に、株価の上昇とリターンの増大を求める機関株主の圧力も増大していった。機関株主は投資の規模が大きくなり、株式の保有期間が長くなるほど、投資先企業のガバナンスへの関与を強めるようになり、株主主権論に立つ株価至上主義の経営を求めるようになった。

また、高利回りを謳い文句に投資家から集めた資金を、外国為替相場、利子率、株価などの変動を当て込んで、世界のあらゆる地域で投機的に運用する各種の投資ファンドが、株式投資をとおして投資先企業のガバナンスへの関与を強めるようになってきた。

有利な投資先を求めて世界を駆けめぐるアメリカ資本とそのマーケットにとって国境はないに等しく、投資先の企業も国も、多かれ少なかれ、金融制度と企業制度に関してはアメリカ資本の要求を受け入れざるをえなくされている。日本における近年の度重なる商法改正と新しい会社法の制定は一面ではその端的な現れと見ることができる。

近年の大企業における人員削減と賃金の切り下げをともなった雇用の変容も、株価至上主義の経営と無関係ではない。アメリカでは、退職後の生活に備えた貯蓄や年金も含め、個人金融資産の半分近くが直接・間接に株式のかたちで保有されている。そのために株価至上主義の影響は他の国以上に大きいが、アメリカに限らず日本でも、証券市場は、企業が人減らしをすればコスト削減効果から短期的には株価が上がるので、ダウンサイジングやリストラクチャリングを歓迎してきた。

経営不振に喘ぐ企業が、株価が上がることを見込んで大規模な雇用削減をともなうリストラ計画を発表することもめずらしくない。一九九〇年代には、好況に湧いたアメリカでも、長期不況に沈んだ日本でも、大企業は証券市場の圧力のもとに、競うように人減らしを進め、労働者の賃金や福利厚生の切り下げを進めてきた(12)。その結果、戦後の労使関係の特徴をなした温情主義的経営と長期雇用慣行は最後的にかなぐり捨てられた(13)。

以上、グローバリゼーション、情報通信革命、消費社会の成熟、雇用・労働の規制緩和、株価至上主義経営をキーワードに、現代資本主義の諸特徴を簡単に説明した。これらの五つをキーワードに選んだのは、すでに述べたように、それぞれが個別に、またそれらが全体としてひとつに絡み合って、現代資本主義の現代性と多面性を示していると考えるからである。

もちろん、政治経済学から見た現代資本主義のメルクマール（他の時代から区別する徴表）はこれらに尽きるものではない。次節で取り上げる金融の投機化も現代資本主義の重要なメルクマールとみなすことができる。とはいえ、株主資本主義と金融資本主義の結節点に成立するキーワードとして株価至上主義経営を取り上げた事情からいえば、金融の問題は考慮の外においたわけではない。

現代資本主義のメルクマールとしてここで触れなかった最も重要なキーワードは環境破壊あるいはエコロジー危機であろう。現代の環境問題は、エコシステムの危機を象徴する地球温暖化が世界の先進国と途上国における工業発展の規模とスピードに深くかかわっている点で、グローバリゼーションと不可分な関係にある。また、大量消費・大量廃棄の生産様式と浪費的なライフスタイルが環境悪化を招いている点で、消費社会の問題でもある。さらには、近年の資源・環境問題を複雑にしている石油価格や穀物価格の高騰問題は、株価至上主義経営と結びついた金融の投機化と無関係ではない。

こう考えれば、環境破壊が現代資本主義論にとっても重要問題であることが理解されるだろう。にもかかわらず、環境問題は資本主義の危機を超えたエコシステムの危機である点で、現代資本主義論の射程に収まらない深さと拡がりを有している。それでいながら、終章で論ずるように、私たちは、環境破壊に対するオルターナティブを提示することなしには、現代資本主義の改良や変革を構想することはできない。

第三節　現代資本主義の「変質」論とその狭隘性
――井村喜代子氏の所説をめぐって――

井村喜代子氏は多年にわたって日本経済論、恐慌論、現代資本主義論などの分野ですぐれた業績を精力的に発表してきた経済学者である。ここではそのうちの現代資本主義論、それも『政経研究』第八六号に掲載された「『現代資本主義の変質』とアメリカ主導の規制緩和・競争市場原理」という論文を取り上げる。同論文は現代資本主義の起点を第二次大戦後に求め、一九七〇年代を境に現代資本主義は行き詰まり「変質」したとして、その根拠を主要には、①金・ドル交換停止、ＩＭＦ体制崩壊と、②新自由主義による規制緩和・競争市場原理の二点に求め、②の普及・強要とその影響を、情報通信技術の発展および一九九〇年代以降の〝情報通信革命〟との関連を踏まえて、国際的金融取引の大規模化と、投機的金融活動の膨大化・恒常化の進行を中心に詳細に検討した労作である。

同論文は今日の金融危機を考えるうえで有益であるが、現代資本主義論として見ると、二つの見すごすことのできない問題を含んでいる。

第一の問題は、資本主義の歴史の「いつ」をもって現代資本主義の起点とするかである。井村氏は、同論文の注において、次のように言う。

「第二次世界大戦終了後、資本主義はきわめて大きな変化を遂げ新しい段階の資本主義＝現代資本主義となったが、筆者はこの現代資本主義は一九七〇年代において〝変質〟し、この〝変質〟によって大戦後の現代資本主義は異なる〝時期〟になったので、これをもって現代資本主義の時期区分（ただし現代資本主義内での時期区分）を行う必要があると考える。」[14]（傍点は井村氏による）

これとほぼ同じことを井村氏は別稿で次のように書いている。

「これら〔ＩＭＦ体制の崩壊と新自由主義の台頭など〕によって現代資本主義は変質を遂げ、大戦後とは異質の、これまた資本主義の歴史では経験しない〔したことのない〕新しい事態・新しい矛盾が展開し、二一世紀初頭の現在、不安定きわまりない状況にある。この根源は、七〇年代前半の現代資本主義の変質にある。」[15]（傍点は井村氏による）

これらを読んですぐに浮かび上がるのは次の疑問である。すなわち、かつて現代資本主義と呼んだ第二次大戦後のきわめて大きく変化した資本主義とは異質の、資本主義の歴史では経験したことのない新しい事態・新しい矛盾が展開しているということは、その新しい事態・新しい矛盾が出現した時期を起点とする新しい現代資本主義論の展開を要請しているのではないのか。

資本主義の現状分析の研究史を遡れば、第二次大戦終結前の半世紀はマルクス主義者のあいだで「帝国主義」の時代として語られてきた。しかし、帝国主義戦争であった第二次大戦の終了とともに、歴史的状況が一変し、一九五〇年代以降は、非マルクス主義者を含む広い範囲の研究者のあいだで「現代資本主義」の呼称が好んで用いられるようになった。ところが、こうして現代資本主義論が登場したときから数えても、すでに半世紀以上が経過している。この間には井村氏の言葉を借りれば、「資本主義の歴史では経験したことのない新しい事態・新しい矛盾」が出現した。このことを考えれば、現代資本主義論の歴史的射程を第二次大戦の終了から現在までとする想定はリアリティを失っていると言わざるをえない。そもそも戦後の現代資本主義論争に火種を投じたＪ・ストレイチーが一九五六年に著した *Contemporary Capitalism*（邦訳『現代の資本主義』）は、その当時の「同時代資本主義」を論じたものであった。第二次大戦の終了後の二〇～三〇年と比べてもはや同時代と呼べない現在をも「現代資本主義」としてひとくくりにとらえる発想は、同時代分析としての現状分析のリアリティを喪失させるものである。

第二の問題は、資本主義の現代的現象の「なに」をもって、「変質」前と「変質」後の資本主義を区分するかである。井村氏は、「変質」前の現代資本主義は、持続的成長と高雇用、国家の成長持続政策、アメリカの「大量生産型重化学工業技術」と「大量消費型生活様式」などを主要な特徴としていたと言う。そして、「変質」後の現代資本主義については、ＩＭＦ体制の崩壊にともなう持続的成長の終焉、経済停滞・大量失業の長期化、国際資本取引の肥大化と投機化、ドル・為替の不安定性の増大、新自由主義による金融中心の規制緩和と競争市場原理の普及・強要などを主要な特徴としていると言う。この場合、「変質」の前後を対比的にいえば、「変質」前の現代資本主義の特徴は主に資本主義の国内体制の安定性や成長持続性の面からとらえられ、「変質」後の現代資本主義の特徴は主に資本主義の国際体制の不安定性や投機性の面からとらえられている。これでは現代とはどういう時代なのか、現代資本主義とはどういう資本主義なのか、わからなくなりはしないだろうか。井村氏の言うように、「変質」前の資本主義も「変質」後の資本主義も「現代資本主義」というなら、その「現代資本主義」は、第二次大戦後の資本主義に通底する共通の時代相を表わすのではなく、単に第二次大戦後から現在までの期間を漠然と指すにすぎなくなる。この場合、井村氏の理解では、大戦後とは異質の、資本主義の歴史では経験したことのない新しい事態・新しい矛盾が展開し、資本主義の安定性と成長持続性が失われた「変質」後の資本主義も、資本主義の歴史的段階としては、戦後を起点とする現代資本主義のうちにあるとみなされているのである。

井村氏は「変質」前の現代資本主義については、「大量生産型重化学工業技術」を重視し、それと「大量消費型生活様式」の関連にふれ、技術の発展との関連において消費市場の拡大やいわゆる大衆消費社会の出現にも注目している。他方、「変質」後の現代資本主義については、情報通信技術を「国際的投機的金融活動」を活発化させた要因およびアメリカが技術的・経済的優位性を再構築した要因として重視している。このこと自体は批判されることではない。しかし、この場合も、井村氏は、情報通信技術を含む技術の発展が人々の労働生活や消費生活にどのような変化を生みだしているかについては、立ち入った考察をほとんどしていない。これは紙幅の制約もあろうが、より本質的には、肝心の資本主義論の領域設定が狭すぎて、本書がいうところの現代資本主義の多面性が労働や消費の面でとらえられていないことによるものと考えられる。

これと似たことは新自由主義についても言いうる。井村氏は新自由主義について、「その基本は国・公の役割の大幅縮小、社会保障・公的サービスの削減＝〝自助〟、労働者の権利縮小（雇用・労働面にも競争市場原理）と、規制緩和・競争市場原理による効率化（＝非効率的な企業・労働者の淘汰）を軸にして、資本主義の活性化をはかろうとすることにある」（カッコ内は井村氏）と説明している。

この説明自体は誤りではない。それどころか、雇用・労働面への簡単でも貴重な言及といえる。にもかかわらず惜しまれるのは、規制緩和の帰結をもっぱら金融分野において問題にする視点に制約されて、労働分野の規制緩和が労働市場と働き方をどのように変えたのか、また金融分野の規制緩和が雇用と労働の変容にどのような影響を与えたのか不問にされていることである。

また、井村氏の現代資本主義論の構成では、人々が新自由主義や市場個人主義を受容する現実的基盤を説明することにも困難をきたす。市場個人主義は思想史的には一八世紀のアダム・スミスやマンデヴィルから二〇世紀のF・ハイエクやM・フリードマンにいたる流れがある。しかし、一九八〇年代以降に市場個人主義が支配的政策イデオロギーとして大きな勢いを得てきたのは、思想家や政治家の影響力だけでは説明できない。説明の鍵はグローバル資本主義、情報資本主義、消費資本主義、フリーター資本主義、株主資本主義といった資本主義の諸変化が全体として絡み合って、市場個人主義の浸透に強固な現実的基盤を与えてきたことにある。

この点でとくに重要と思われるのは、グローバル化や情報化と相まって格段に進行した消費社会化の流れである。消費は労働に比してはるかに個人主義的である。規制緩和のイデオロギーの特徴のひとつは労働の集団性を否定して、消費の個人性を擁護することにある。

また、消費社会化に関連して見すごせないのは雇用の女性化の影響である。女性の多くが家長である男性に従属して働いていた時代と異なり、今日のように自由な労働者として働くようになると、賃金や雇用は個人を単位として考えるべきであり、働き方は労働市場における個人の自由な選択に委ねられるべきである、という市場個人主義の考え方が受け入れられやすくなる。しかし、井村氏の現代資本主義論においては、雇用の女性化や消費の個人化などにしかるべき位置が与えられていないために、それが市場個人主義といかなる関係にあるかは論じようもない。

いまいちど現代資本主義の起点と期間にもどれば、筆者はすでに述べたように一九七〇年代末から今日までの資本主義を現代資本主義として分析すべきだと考えている。その理由は現代資本主義の多面性を構成するグローバル資本主義、情報資本主義、消費資本主義、フリーター資本主義、株主資本主義のいずれもが一九七〇年代末以降に起点をもっているからである。

第四節　現代資本主義の全体像と資本主義の原理像

筆者は現代資本主義の特徴を説明する際に、しばしば情報資本主義および消費資本主義という言葉をもちいてきた。それと同一というわけではないが、社会学者の見田宗介氏は、現代社会の特徴を〈情報化／消費社会化〉をキーワードに説明している。

「〈情報化／消費化社会〉は、誤解されているように、〝純粋な資本主義〟からの逸脱とか変容ではなく、〈情報化／消費化社会〉こそが初めての純粋な資本主義である。」「マルクスはこの純粋な資本主義……を見ないで死んだ。そして資本主義の形成途上の形態、労働の抽象化された自由の形式のみを前提し、欲望の抽象化された自由の形式を未だ前提することのできない資本主義の形態を、このシステムの純粋な完成態と見てその理論のモデルを作った。[16]」

見田氏のこの指摘は、現代資本主義の全体像の分析と資本主義の原理像の再構成との往復作業について示唆に富んでいる。

ここでいう〈労働の抽象化された自由の形式〉の論理は、マルクスのいう「二重の意味で自由な」労働主体の創出の論理にほかならない。マルクスは『資本論』の「貨幣の資本への転化」論において、資本主義の前提をなす労働市場の成立の歴史的条件を、農奴制やギルドの共同体的な強制から解き放たれて自己の労働力を売ることができるという意味の自由と、自己の労働力を売る以外には生きていくすべがないほどに生産手段（労働対象と労働手段）から引き離されているという意味の自由の、「二重の意味で自由な」労働主体の大量的な創出に求めていた。見田氏はこの論理を消費社会における欲望の主体の論理に適用して、消費社会としての資本制システムの存立の前提は〈欲望の抽象化された自由な形式〉にあるが、それは、欲望主体が伝統的な共同体による欲望の限定と固定から解放され、かつ無限に多様な商品への依存という回路をとおして充足手段との直接の結合から解離されている点で、「二重の意味で自由な」欲望主体の大量的な創出をとおしてはじめて実現されるというのである。

しかし、労働の主体が所有する商品（労働力）の労働市場での販売にかかわる〈労働の抽象化された自由な形式〉と、欲望の主体が必要とする商品の消費財市場での購買にかかわる〈欲望の抽象化された自由な形式〉とは、資本主義の原理からみればもともと一体的である。

なぜなら、労働者が生産手段から切り離されて自己の労働力を商品として売るほかはない存在になることは、とりもなおさず労働者がそれによって得た賃金で生活に必要な商品を購入するほかはない存在、つまりは市場経済に適合した消費者になることにほかならないからである。

であれば、マルクスは〈労働の抽象化された自由の形式〉のみを見て、〈欲望の抽象化された自由な形式〉を見なかったのではない。マルクスは、双方とも「形成途上の形態」、「未成熟な形態」を見て、われわれが見ているようなそれらの「純粋な完成形態」を見ずに死んだのである。普遍的賃労働は普遍的市場を生みだし、普遍的市場は普遍的賃労働を生みだすと考えれば、マルクスは、普遍的賃労働と普遍的市場のいずれをも成熟した姿態では見なかったと言い換えてもよい。

この点については、H・ブレイヴァマン『労働と独占資本』（富沢賢治訳、岩波書店、一九七四年）が意図せざるかたちで重要な論点を提起していた。以下は拙著の『現代資本主義分析と独占理論』（青木書店、一九八二年）の序章に書いたことだが、目下の問題に深くかかわることなので、ここに再論しておこう。

ブレイヴァマン『労働と独占資本』は、マルクス『資本論』第一巻の精緻な研究をもとに、一九世紀末から一九七〇年代にいたるアメリカの工場労働、事務労働およびサービス労働を分析して、こう主張する。工程を細かに分割し職務を多数の単純な要素に分解して労働力を低廉化させる「バベッジ原理」こそは、労働力の商品としての売買を前提とする資本主義的労働過程の本質である。この原理は「科学的管理」と「科学技術革命」の時代にはあらゆる雇用領域でますます徹底され、精神労働＝構想機能と肉体労働＝実行機能の分離（および前者の資本による独占）の進展と相まって、労働の下位等級化を招来する、と。また、彼は、労働過程の外の家族や住民の生活諸関係の研究に進んで、こうも主張する。すなわち、個人や家族や社会が必要とするあらゆる財とサービスがあまねく商品として供給され、すべての消費が市場に従属するようになると、「普遍的市場の論理」からして、家庭や地域の共同生活様式はしだいに解体されていき、それまでの家事労働や地域の共同業務は資本のとりしきる工場や事務所や病院やスーパーやレストランの労働に転換されて、家事から切り離された女性たちが大量に賃金労働者となって資本のために利潤を生産するようになる、と。

P・スウィージーは同書に「序文」を寄せて、この書物を「独占資本主義時代に特徴的な特定の種類の技術変化が、労働の性質と労働者階級の構成（と分化）にもたらした諸帰結を系統的に探究する試み」と評している。はたしてそうであろうか。たしかに、歴史的時間としては、ブレイヴァマンが取り扱った技術と労働の諸変化は独占資本主義時代に属している。しかし、それにもかかわらず、彼の労作は原理的には独占資本主義に独自の技術と労働と市場の諸変化を考察したものではない。

第一に、ブレイヴァマンの著書の理論的構成要素のうちで本質的なものはほとんどが、個別資本に妥当することがそのまま総資本にも妥当するような、マルクスのいう「資本一般」の次元にかかわるものである。たとえ彼が考察した生産過程が独占資本主義時代のそれであり、また彼のいうように「生産過程の決定的発展が独占資本主義と正確に同じ時期に始まる」としても。

この点はブレイヴァマンのいう「普遍的市場の論理」についても言いうる。彼は「資本主義的生産様式が、個人、家族、および社会の要求の総体をとらえ、それを市場に従属させることによって資本の要求に奉仕するようにつくりかえるのは、独占時代になってからである」という。しかし、社会と個人のニーズのますます多くの部分を企業の規格に合ったものにつくりかえて市場に従属させることは、資本主義の一般的傾向である。それは「生産手段をますます労働から分離し、……労働を賃労働に転化させ、生産手段を資本に転化させること」が「資本主義的生産様式の不断の傾向であり発展法則である[17]」というのと同様である。

このように見てくると、〈情報化／消費化社会〉は、見田氏のいうように、すでに普遍的に存在した〈労働の抽象化された自由の形式〉にくわえて、新たに〈欲望の抽象化された自由な形式〉を普遍化させたので、資本主義はその完成形態としての「純粋な資本主義」になったのではなく、双方をともども成熟させたので、資本主義は「純粋な資本主義」になったということがわかる[18]。

おわりに

現代資本主義は、グローバリゼーションが進んだ二〇世紀の最後の二〇~三〇年間に「変質」あるいは「変容」したという理解は、現代資本主義論に広くいきわたっている。一例をあげれば、宇野学派の理論集団、SGCIMEの編集になる『マルクス経済学の現代的課題』の第Ⅱ集は『現代資本主義の変容と経済学』と題されている。[19] 二〇世紀末の資本主義を「グローバル資本主義」[20]ととらえ、現代資本主義の「変容」を問うこの問題の立て方はひとつの抜きがたい困難を内包しているように思われる。

宇野学派といえども資本主義の歴史的・段階的認識は必ずしも一様ではないが、宇野学派の定説的理解では、第一次大戦終了までの諸時代は、重商主義段階、自由主義段階、帝国主義段階に区分され、それ以降は現状分析の課題とされ、第二次大戦後はおしなべて現代資本主義としてとらえられてきた。[21] しかし、大戦後から現在までの資本主義をひとくくりにして現代資本主義としてとらえると、井村氏における現代資本主義の「変質」論と同様に、現代資本主義の全体像についての歴史的・理論的映像は、戦後の最初の三〇年前後と現在にいたる最近の三〇年前後のあいだで引き裂かれることになる。その困難を回避するために持ち出される最近の資本主義の呼称が「グローバル資本主義」である。

二〇世紀の最後の四半世紀に出現した一連の新しい特徴をもった資本主義の一時代を、「グローバル資本主義」と名づけることが問題だというのではない。むしろそれは有効であって、筆者もしばしばこの呼称を用いて現代資本主義の国際的断面を論じてきた。したがって、問題は名称ではなく、むしろ大戦後から現在までの資本主義をひとくくりにして現代資本主義ととらえ、それを二つの時期に分けて、現代資本主義の「変容」を問う方法にある。仮に戦後資本主義を現代資本主義Ⅰ、グローバル資本主義を現代資本主義Ⅱと呼ぶなら、現代資本主義はⅠからⅡに移行したと言えなくはない。とはいえ、その場合、論理的にはⅠは現代としての同時代性を失っている。そうだとすれば、結局はⅡをもって現代資本主義と見なさなければならないことになる。

これによって方法的困難のひとつは解消するとしても、いまひとつの問題が残っている。現代資本主義をグローバル資本主義ととらえるのはよいとして、現代資本主義がグローバル資本主義、情報資本主義、消費資本主義、フリーター資本主義、株主資本主義などの諸相を併せ持っていることを見ずに、グローバル資本主義の断面においてのみとらえると、現代資本主義の全体像は見失われる。言い換えれば、「戦後資本主義」とは区別された現代資本主義を「グローバル資本主義」と呼んだ途端に、その現代資本主義論は主要には資本主義のグローバルな諸関係を分析することを課題にすることになり、「グローバル資本主義」という問題構成に固執するほど、グローバル資本主義の位相や次元からだけではとらえられない現代資本主義の多面性を現代資本主義の全体像から遮蔽してしまうことになりかねない。それとともに、現代資本主義の全体像の分析と資本主義の一般理論の豊富化の往復作業も狭い枠のなかに閉じ込められてしまうだろう。

注

（1）当時の文献として以下のものがよく知られている。J・ストレイチー『現代の資本主義』関嘉彦・三宅正也訳、東

洋経済新報社、一九五八年（*Contemporary Capitalism*, Random House, New York, 1956）、長洲一二編『現代資本主義とマルクス経済学』大月書店、一九五七年、都留重人編『現代資本主義の再検討』岩波書店、一九五九年。

（２）　井村論文のフルタイトルは「『現代資本主義の変質』とアメリカ主導の規制緩和・競争市場原理」。本章の元になった拙稿は『政経研究』第八七号（二〇〇六年一一月）に同じ連載特集への寄稿として掲載された。

（３）　本章はこれまでに書いた以下の数編の拙稿を基礎にしており、本章の一部の叙述はこれらの拙稿の一部と重複するところがある。『現代資本主義分析と独占理論』（青木書店、一九八二年）序章、「現代資本主義分析の諸前提」（『経済』第二八五号、一九八八年一月）、「現代資本主義論の反省課題」（『経済科学通信』第五八号、一九八八年一二月）、「現代資本主義をどう視るか――北原・伊藤・山田論争によせて」（関西大学『経済論集』第四七巻第五号、一九九七年一二月、本書第一章）。

（４）　「フリーター資本主義」は筆者の造語である。拙著『働きすぎの時代』（岩波新書）では「若年フリーターに限らず非正規労働者が基幹労働力になるまでに増大した資本主義」（同書、一二二ページ）と定義したが、「雇用・労働分野の規制緩和によって労働市場の流動化と雇用・就労形態の多様化が進んだ資本主義」と言い換えてもよい。

（５）　現代資本主義の多様性をめぐる議論については、さしあたり小幡道昭「資本主義の多様性と原理論の一般性」（ＳＧＣＩＭＥ編『資本主義原理像の再構築』〈マルクス経済学の現代的課題〉第Ⅱ集〈現代資本主義の変容と経済学〉第一巻）、森岡真史「資本主義の多様性と経済理論」（『季刊 経済理論』第四二巻第三号、二〇〇五年一〇月）、山田鋭夫「現代資本主義の多様性と〝社会的〟調整」（『季刊 経済理論』第四三巻第一号、二〇〇六年四月）、若森章孝「資本主義の多様性と制度補完性――資本主義対資本主義の時代」（若森章孝・小池渺・森岡孝二『入門・政治経済学』ミネルヴァ書房、二〇〇七年）を参照。

（６）　Ｍ・Ｂ・スティーガー『グローバリゼーション』櫻井公人・櫻井純理・高嶋正晴訳、岩波書店、二〇〇五年。なお、グローバリゼーションの概念については、鶴田満彦『グローバル資本主義と日本経済』桜井書店、二〇〇九年をあわせて参照。

（７）　情報化の諸段階については、北村洋基『情報資本主義論』大月書店、二〇〇三年、第一章および同「情報資本主義とはどういう資本主義か」『経済科学通信』第一〇七号（二〇〇五年四月）を参照。
(8) J・B・ショア『浪費するアメリカ人――要らないものまでなぜ欲しがるか』森岡孝二監訳、岩波書店、二〇〇〇年、二七八ページ。
(9) 市場個人主義については、G・M・ホジソン『経済学とユートピア――社会経済システムの制度主義分析』若森章孝・小池渺・森岡孝二訳、ミネルヴァ書房、二〇〇四年、第三章を参照。
(10) 間接雇用としての労働者派遣と業務請負については、伍賀一道「間接雇用は雇用と働き方をどう変えたか――不安定就業の今日的断面」『季刊 経済理論』第四四巻第三号（二〇〇七年一〇月）を参照。
(11) 拙稿「ホワイトカラー・エグゼンプション制度の導入は何をもたらすか」関西大学経済・政治研究所〈研究双書〉第一四二冊『ビジネス・エシックスの諸相と課題』（二〇〇六年三月）を参照。
(12) 株式市場の要求と人員削減の関連について、二〇〇二年版『労働経済白書』は株主の影響力が高まった日本の近年の企業経営と人員削減の関連について次のように指摘している。「従来、我が国では、企業の人員削減は、多くの場合経営状況の悪化を反映して行われてきた。一方で、コーポレートガバナンスの変化や、企業を取り巻く様々な環境の変化を背景として、企業の雇用戦略に変化があれば、経営上の危機が表面化していない場合においても、戦略的に人員削減を行う場合もあると考えられる。……近年メインバンクの影響力が低下し、株主の影響力が高まってきているといわれている。この場合、株式市場における評価が重要になり、企業は長期的な安定よりもむしろ短期的利潤を追求することを余儀なくされるため、景気後退期において過剰雇用を削減する圧力が高まることとなると考えられる」。
(13) アメリカにおける株価至上主義経営のホワイトカラー労働者に対する影響については、J・A・フレイザー『窒息するオフィス 仕事に強迫されるアメリカ人』森岡孝二監訳、岩波書店、二〇〇三年。
(14) 井村喜代子「〝現代資本主義の変質〟とアメリカ主導の規制緩和・競争市場原理」『政経研究』第八六号（二〇〇六年五月）一五ページ。
(15) 井村喜代子「先進資本主義諸国の持続的成長とその破綻」北原勇・鶴田満彦・本間要一郎編『現代資本主義』（富

塚良三・服部文男・本間要一郎編『資本論体系』第一〇巻）有斐閣、二〇〇一年、第Ⅵ章「現代資本主義の展開」二四三ページ、併せて同書収録の井村喜代子「現代資本主義の変質と新しい事態・新しい矛盾の展開」を参照。

(16) 見田宗介『現代社会の理論——情報化・消費化社会の現在と未来』岩波新書、一九九六年、三一ページ。

(17) K・マルクス『資本論』第三巻（大月書店全集版、第二五巻b）一一三〇ページ。

(18) 廣直東「現代資本主義における欲望主体の原理」『季刊 経済理論』第四一巻第一号（二〇〇七年四月）は、資本主義一般の存立条件である〈二重の意味で自由な労働主体〉と消費社会において出現する〈二重の意味で自由な欲望主体〉との双方向的な規定関係を論じていて興味深いが、前者を歴史的・論理的に後者に先行するものとみなしている点で、見田宗介氏の思考枠を抜け出せていない。

(19) ＳＧＣＩＭＥ編〈マルクス経済学の現代的課題〉第Ⅱ集〈現代資本主義の変容と経済学〉第一巻『資本主義原理像の再構築』御茶の水書房、二〇〇三年。

(20) たとえば、小幡道昭「グローバル資本主義と原理論」、同右、序章、参照。

(21) この段階区分については、柴垣和夫「グローバル資本主義とは何か」『季刊 経済理論』第四三巻第二号（二〇〇六年七月）を参照。

第三章　雇用関係の変容と市場個人主義

はじめに

本章では、一九八〇年代から今日にいたるまでの雇用関係の変容を、この間の支配的政策イデオロギーであった市場個人主義との関係で考察する。キーワードは、労働市場、労働時間、二極分化、市場個人主義の四つである。

労働市場についていえば、一九八〇年代初めから、企業の雇用戦略のレベルでも、政府の雇用政策のレベルでも、市場環境の変化に即応的な労働市場の流動化が進められ、その結果、戦後資本主義を長らく特徴づけてきた比較的安定的な雇用慣行が崩壊し、仕事の世界に新たな「二極分化」が起こってきた。

労働の領域における二極分化は、なによりもまず正規雇用と非正規雇用への雇用の二極分化として現れている。必ずしも一律に正規は長時間、非正規は短時間というわけではないが、雇用形態のこの分化は長時間労働と短時間労働への労働時間の二極分化をともなっている。これに関連してとくに注目すべきは、一九八〇年代以降、多くの先進資本主義国で労働時間の短縮が鈍化するか止まり、またいくつかの国では増大に転じ、世界的な規模で労働時間の逆流が生じていることである。

現代資本主義における労働市場と労働時間のこうした変化の背景には、一九八〇年代以降世界的に強まってきた市場個人主義の政策イデオロギーの影響がある。それと同時に、前章で述べたグローバリゼーション、情報通信革命、消費社会の成熟、雇用・労働の規制緩和、株価至上主義経営の台頭といった現代資本主義の諸変化が、労働市場と雇用関係の領域への市場個人主義の浸透に強固な現実的基盤を与えてきたことも見すごせない。

株価至上主義経営は、株式保有における個人株主のシェアが低下し、機関株主のシェアが高まるなかで強まってきた傾向である。年金基金のような機関株主は、労働者および退職労働者の保有する個人金融資産を運用している点で、労働者を株式市場に間接的に引き込む役割を果たしている。また、個人株主のシェアが下がる一方で、株式形態で個人金融資産を運用する労働者の絶対数は増えつづけており、そのかぎりで今日では労働者の一部は少額株主でもある。

また、本章の第二節で触れるように、雇用の女性化と共働きの増大が進むにつれて、ますます多数の女性が労働の主体および消費の主体として登場してきたことも、現代資本主義の無視できない変化を表現している。

このように見てくると、労働市場や労働時間の変化については、企業戦略と政府政策の側面から考察するだけでは十分ではない。事柄は労働力の売り手としての労働者が、同時に消費者や投資家でもあることに深くかかわっている。誤解を恐れずに言えば、情報と金融を原動力とする現代のグローバル資本主義のもとで、労働者は、消費者として商品の高品質・低価格・高利便を追求し、株式その他の金融資産の保有者として証券投資からのリターンを追求するという社会関係に身をおいてきた。そして、そのことによって多かれ少なかれ市場個人主義を受容し、市場個人主義が促迫する雇用の不安定化と長時間労働に決定的に抵抗することなく順応してきた。

以上を仮説的な問題意識として、本章ではまず市場個人主義――いわゆる市場原理主義――をどう見るかを述べて、つぎに、世界的に時短の流れが終息し、新しい働きすぎの時代がはじまっていることを確認したうえで、雇用関係の市場個人主義的変容のインパクトを検討したいと思う。

第一節　市場・資本主義・市場個人主義

市場個人主義については、ジェフリー・M・ホジソン『経済学とユートピア』（若森章孝・小池渺・森岡孝二訳、ミネルヴァ書房、二〇〇四年）が参考になる。この本は資本主義システムを超えたよりよい未来に関するユートピア的言説の有用性を認めつつも、市場を否定し中央集権的な計画経済を志向してきた旧来の社会主義の原理と、純粋市場経済を志向する市場個人主義の原理を、ともに実行不可能なユートピアとして批判している。

ホジソンによれば、市場個人主義は、個人主義の立場から、市場、したがって契約と交換と私的所有に普遍的な信頼を置くイデオロギーである。市場個人主義者は、個人は自己の利害の最高の審判者であって、個人の権利と自由は公共的空間を最小化して市場の利用を最大化することによって最もよく保障されると考える。また、自由市場および自由競争が全経済活動を完全に支配するときに経済は最善の状態にあると主張する。

ホジソンが指摘しているように、市場個人主義は、経済運営における国家的調整・規制・介入を原則的に否定する。それは市場自体が社会制度であることを見ず、文化的・社会的・歴史的な背景を異にするさまざまなタイプの市場があることを見ようとしない。また、市場経済を支える種々の制度――法、慣習、商道徳、企業倫理など――の役割を見落とし、資本主義システムの内部における家族、企業、政府などの非市場的・制度的存在を著しく軽視している。さらにそれは、経済システムが機能するうえでの信頼や協同や社会的絆の機能を正当に考慮していない。

市場個人主義者でなくとも、資本主義は利潤動機によって動いていることを知っている。しかし、資本主義は利潤動機だけで動いているのではないことも事実である。それゆえにホジソンは言う。

「このシステムは現金の誘惑と個人の欲深さに依存している。しかし、もし貪欲と利己心の社会的文化が圧倒的なものになったら、それは市場システムが機能するのにも必要である義務および忠誠の絆を脅かす。もし社会的結合と信頼が極端に損なわれたら、そのシステムは、生産などの領域において、組織の一体性と長期性に必要な、持続性のある社会的絆を維持することができなくなるだろう。」〔ホジソン 二〇〇四、八一ページ〕

ホジソン自身は、資本主義を「市場と商品生産が労働市場と資本市場を包括するまでに普及した経済社会システム」〔同書、二〇四ページ〕と定義している。資本主義にとっては労働市場、したがって雇用関係こそが本質的であって、ホジソンが言うように「雇用関係のない企業は、たとえ資本主義企業にみられるその他の属性（階層性、支配、搾取、疎外、商品生産、等々）があっても、資本主義企業ではない」〔同書、二〇五ページ〕と考えるべきである。

ホジソンが述べているのではないが、市場個人主義は、資本主義の本質的な関係をなす労働市場および雇用関係に適用されると、労働力をまるで一般の商品であるかのように取り扱い、労働者の保護と労働条件の改善のために獲得されてきた労働分野における種々の規制の緩和と撤廃を求める主張として立ち現われる。

よく知られているように、ＩＬＯ憲章は、その前文において、「一日及び一週の最長労働時間の設定を含む労働時間の規制、労働力供給の調整、失業の防止、妥当な生活賃金の支給、雇用から生ずる疾病・疾患・負傷に対する労働者の保護、児童・年少者・婦人の保護、老年及び廃疾に対する給付、自国以外の国において使用される場合における労働者の利益の保護、同一価値の労働に対する同一報酬の原則の承認、職業的及び技術的教育の組織並びに他の措置」によって、労働条件を改善すると宣明している。ここに示されているのは一九世紀以来の資本主義の歴史的経験と多年にわたる労働運動によって獲得されてきた労働者の権利と保護の一覧表である。

またＩＬＯ憲章の付属文書として採択された「フィラデルフィア宣言」（一九四四年）は、ここに述べられている労働者のあらゆる権利と保護の基礎にある第一の根本原則として「労働は商品でない」という原則を掲げている。

しかし、市場個人主義者はこの原則を攻撃する。たとえば、日本における代表的な労働市場の規制緩和論者である八代尚宏氏は、「労働は商品でない」「労働市場の規制は労働者の尊厳を守るために必要」という労働分野における保護と規制の思想を取り上げ、そうした思想はかつての工場労働者の集団的で画一的な働き方を前提としたもので、現代の労働者の大部分を占める多様な技能とニーズをもつホワイトカラーには適合的ではない、と述べている〔八代 一九九九〕。彼は内閣府の総合規制改革会議（二〇〇一年四月～二〇〇四年三月）やその後続の規制改革・民間開放推進会議（二〇〇四年四月～二〇〇七年一月）の委員を務め、さらには経済財政諮問会議の労働市場改革専門調査会の会長に就任するなど、労働政策の策定にも影響力をもってきた。

八代氏の主張に従えば、雇用政策は労働者個人の利益を中心に考えるべきであり、働き方は労働市場における個人の自由な意思決定に委ねられるべきである。また、こうした考え方からは、多様な形態の人材ビジネス――人材派遣事業、労働者供給事業、職業紹介事業、業務請負事業など――が大幅に規制緩和され、労働時間の規制はできるだけ撤廃されることが望ましい。

実際、八代氏は第一回総合規制改革会議（二〇〇一年五月一一日）に自ら提出した配布資料「総合規制改革会議の進め方について（メモ）」のなかで、雇用・労働分野を「もっとも改革が遅れている」分野ととらえ、有期労働契約の拡大を求めるとともに、職業紹介事業、労働者募集事業、労働者派遣事業などの人材ビジネスの大幅な規制緩和と自由化を提起している。(1)

いまひとり、八代氏とともに労働経済学者として総合規制改革会議の委員に加わってきたのは清家篤氏である。彼は同会議の雇用・労働作業部会の「第三年次基本方針」（二〇〇三年五月六日）のなかで、次のようにホワイトカラーに対する労働時間規制の適用除外制度の導入を唱えている。

「労働基準法は工場における定型労働に従事する労働者を念頭に置き、そうした労働者の安全や労働条件担保を目指して作られたものである。ところが、現行法ではそうした当初念頭においたものとは異なる非定型労働等に従事する労働者にも同じように適用しているため無理が出てきている。……真に労働基準法によって守らねばならない労働者への適用をきちんとするためにも、もともとその適用がなじまない非定型労働等に従事する労働者は適用除外（エグゼンプト）とするのが労働者の利益になる。こうした観点からホワイトカラー・エグゼンプション制度を導入すべきである。」

人材ビジネスの自由化にせよ、ホワイトカラー・エグゼンプションにせよ、市場個人主義に立つ雇用・労働分野の規制緩和論は、緩和・撤廃すべきだとされる規制が、歴史的にいかなる事情によって、いかなる経過で獲得されてきたかについてはほとんど問題にしていない。したがってまたそうした議論は、資本主義の過去に存在し、現在も消滅してはいない強制労働、中間搾取、人権侵害、労働市場への暴力団の介入、使用者責任の回避などの悪習についてはほとんど語っていない。

第二節　時短の時代から働きすぎの時代へ

二〇〇三年一二月初め、東京大学においてＩＬＯ主催の「グローバル化と労働の未来」に関するシンポジウムが開催され、ロナルド・ドーア氏が「グローバル化する世界における労働の新しい形態と意味」［Dore 2004］をテーマに主報告を行った。

そのなかでドーア氏は、市場個人主義の台頭と労働力の二極化に関連して、多くの先進資本主義国の製造業では、一九八〇年代の前半にそれまでの緩やかながら確実な時短の流れが逆転し、労働時間が長くなりはじめたと指摘している。ドーア氏が統計的典拠としているのは、サミュエル・ボールズとパク・ヨンジン［Bowles and Park 2001］が、アメリカ、カナダ、ベルギー、フランス、ドイツ、イタリア、オランダ、

図3-1　製造業の年間労働時間の動き

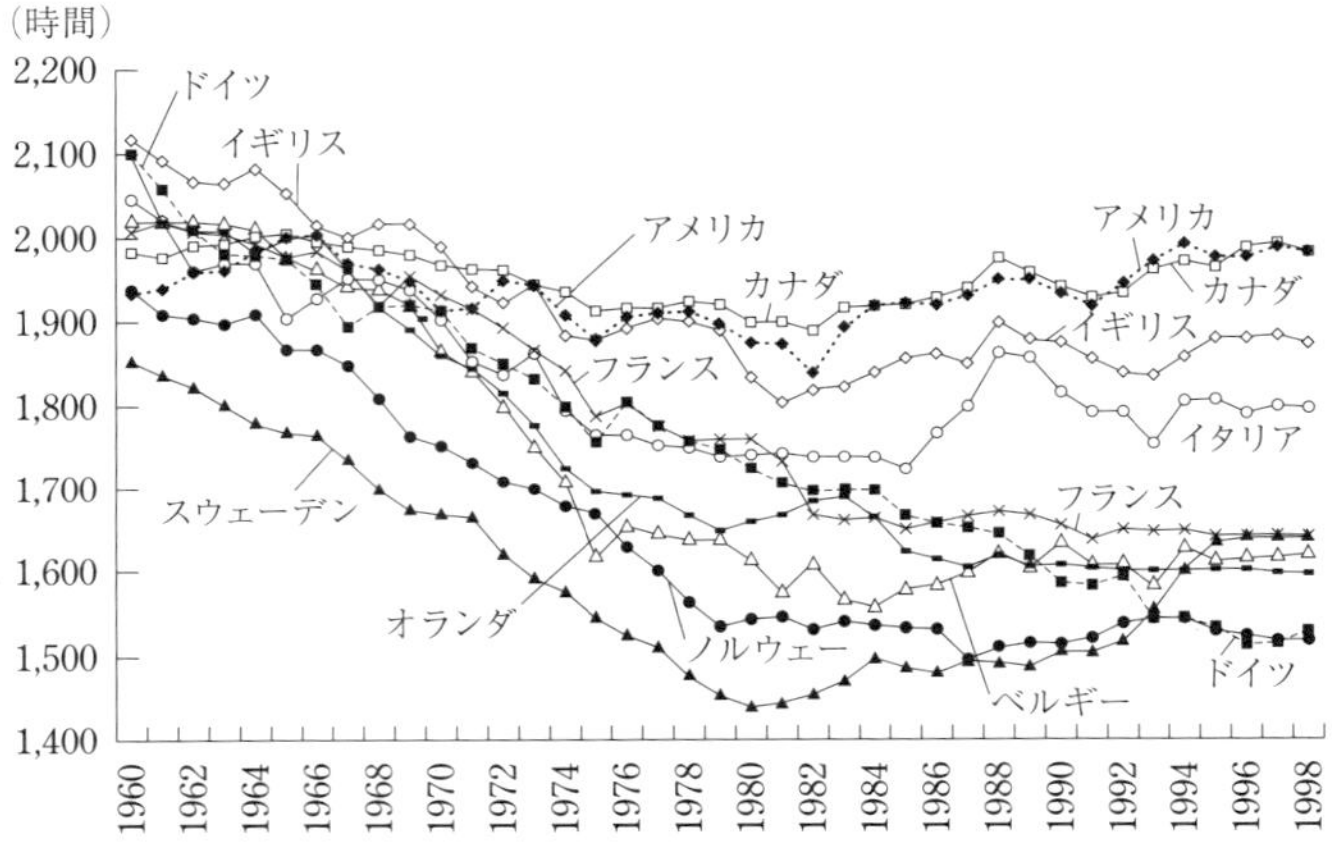

(出所)　Bowles and Park [2001]

スウェーデン、ノルウェー、イギリスの一〇ヵ国について、「所得の不平等度」が大きいほど労働時間が長いことを検証した際に用いた図3-1である。[2]

この図で見るかぎり、転換点は、イギリスでは一九八二年、アメリカとカナダでは一九八三年、イタリアでは一九八五年、ノルウェーとスウェーデンでは一九八八年、ドイツではずっと遅れて一九九六年にやってきた。先進諸国の労働時間が一九八〇年代以降、増加に転じてきたことはエバンズらのOECD報告[Evans, Lippoldt and Mariana 2001]でも指摘されている。

日本では金融自由化と土地取引の規制緩和が引金となり一九八〇年代後半にバブルが発生し、生産と金融が過熱して、長時間過密労働と過労死が社会問題化した。その後、長期不況とパートタイム労働者の急増の影響で労働時間は統計上減少に向かい、労働運動においても、政府政策においても時短はほとんど取り上げられなくなってきている。だからといって、日本人の働きすぎの問題が解消したわけではない。それどころか、最近では、年収が二〇〇万円にも満たない多様な形態の非正規労働者が増える一方で、三〇代男性正社員を中心に週六〇時間を超える超長時間労働者が再び増大し、雇用形態の二極分化と重なった労働時間の二極分化が新たなかたちで進行している。

総務省「就業構造基本調査」によって労働時間の分布を「正規の職員・従業員」について見ると、週六〇時間以上の超長時間労働者は、一九九七年から二〇〇七年のあいだに、男性では三〇二万人（一一・四％）から四三二万人（一八・五％）に、また女性では三八万人（三・三％）から七九万人（七・七％）に増大している。他方、「パート・アルバイト」のうちの週三五時間未満の短時間労働者は、同じ期間に、男性では七五万人（五〇・六％）から一三二万人（五六・三％）に、また女性では四七四万人（六八・一％）から六四〇万人（七三・一％）に増大しており、男女とも労働時間の長短二極分化が進行していることがわかる。

アメリカはどうか。一九九九年九月、ＩＬＯニュースは「工業国でもっとも長時間働くのはアメリカ人、次に長いのは日本人」［ILO 1999］と報じて波紋を投じた。日本の異常に長いサービス残業を考慮に入れれば、先進国で労働時間が最も長いのはいまなお日本人であるが、アメリカ人がいまや日本人に次いで働きすぎになっていることも否定できない。

日本については他の章で再三取り上げているので、ここではアメリカについて少し詳しく見ておこう。

アメリカの労働時間が長くなってきたことにいち早く警鐘を鳴らしたのは、ジュリエット・ショアの『働きすぎのアメリカ人――予期せぬ余暇の減少』［ショア 一九九三］である。彼女はこの本で Current Population Survey の三月調査を利用して、アメリカ人の年労働時間は一九六九年代末年から一九八七年までの約二〇年間に一六三時間、約四週、つまり一ヵ月分長くなったことを明らかにした［同書、四八～五四ページ］。

ショアの提起はアメリカで半世紀前に途絶えた働きすぎと時短をめぐる国民的論議を再燃させ、経済学や社会学においていまもつづく労働時間論争を巻き起こした［森岡 二〇〇四］。ショアの考察とその後の論争を踏まえるとき、アメリカにおける労働時間の増大の特徴として浮かび上がるのは次の諸点である。

(1) 労働時間の増大は週労働時間より年労働週の増加に起因する。

(2) ブルーカラーよりもホワイトカラー、わけても専門的・管理的・技術的職業従事者の働きすぎが強まっている。

(3) 性別では労働時間の増大は、日本と違って男性より女性において著しく、その背景には既婚女性のフルタイム就労の著しい高まりがある。

(4) その結果、家庭と職場の「タイム・デバイド」が深刻になり、シングルマザー世帯をはじめとして、子育ての困難が増加している。

(5) 雇用形態の多様化と相まって、短時間労働と長時間労働への二極分化が進んでいる。

(6) 中産階級の上層では働きすぎと浪費の悪循環ともいうべき「ワーク・アンド・スペンド・サイクル」が見られる。

アメリカの働きすぎの実態に関する研究で注目されるいまひとつの著作は、J・A・ジェイコブスとK・ガーソン『タイム・デバイド――労働、家族、ジェンダー不平等』［Jacobs and Gerson 2004a］である。同書に示されている表3-1によれば、一九七〇年から二〇〇〇年の間に男女とも週平均労働時間には大

表3-1　アメリカの職業別・学歴別・人種別労働時間　（単位：時間）

	男性			女性		
	週平均労働時間	30時間未満	50時間以上	週平均労働時間	30時間未満	50時間以上
全労働者						
1970年	43.5	4.5	21.0	37.0	15.5	5.2
2000年	43.1	8.6	26.5	37.1	19.6	11.3
2000年の社会集団別労働時間						
職業						
管理的・専門的職業	45.6	5.8	37.2	39.4	14.8	17.1
その他	41.8	10.0	21.3	35.7	22.4	8.0
学歴						
高校以下	38.8	15.2	13.5	34.5	24.9	5.3
高校卒	42.6	7.1	21.5	36.7	18.7	8.0
大学相当	42.2	11.1	24.8	36.0	22.5	9.3
大学卒	46.0	5.3	38.8	39.5	15.6	19.5
人種						
白人	43.6	8.5	29.2	36.8	21.1	12.1
黒人	41.5	9.6	19.3	38.2	13.8	10.1
ヒスパニック	41.2	8.2	17.0	36.9	17.0	6.6
アジア系アメリカ人	41.5	9.6	21.7	37.6	18.0	12.0

（出所）　Current Population Survey［2001］, Jacobs and Gerson［2004a, p.34］
（注）　週労働時間はCPS調査時における最近1週間の労働時間を示す。

きな変化はなかった。しかし、週三〇時間未満の短時間労働者と週五〇時間以上の長時間労働者については、それぞれ目立った変化があった。一九七〇年から二〇〇〇年の間に、週三〇時間未満の労働者は男性では四・五％から八・六％に、女性では一五・五％から一九・六％にそれぞれ増加した。他方、週五〇時間以上の労働者も、男性では二一・〇％から二六・五％に、女性では五・二％から一一・三％にそれぞれ増加した。これによってアメリカでもいわば労働時間の二極分化が進行したことを確認することができる。

労働時間の増大とそれにともなう働きすぎの深刻化は、夫婦の合計労働時間に顕著に表れている。前出の

表3-2　アメリカの18歳から64歳までの夫婦週合計労働時間（単位：時間，％）

	平均合計労働時間	合計70時間未満の割合	合計100時間以上の割合	夫の労働時間	妻の労働時間
1970年					
全夫婦	52.5	63.4	3.1	38.9	33.6
共働き（35.9％）	78.0	24.9	8.7	44.1	33.9
夫のみ就業（51.4％）	44.4	96.0	0.0	44.4	0.0
妻のみ就業（4.6％）	35.5	99.6	0.0	0.0	35.5
夫婦とも無業（8.2％）	0.0	0.0	0.0	0.0	0.0
2000年					
全夫婦	63.1	53.7	9.3	41.5	26.4
共働き（59.6％）	81.6	18.9	14.5	45.0	36.6
夫のみ就業（26.0％）	44.9	95.2	0.0	44.9	0.0
妻のみ就業（7.1％）	37.2	97.9	0.0	0.0	37.2
夫婦とも無業（7.2％）	0.0	0.0	0.0	0.0	0.0

（出所）　Current Population Survey［2001］, Epstein and Kalleberg, eds.［2004, p. 30］
（注）　合計労働時間は非農業部門の夫婦の収入労働時間であって，家事労働は含まない。

ジェイコブスとガーソンの共著『タイム・デバイド』は夫婦労働時間の分析を主題にして興味深い。その要点を確認するには、同じく二〇〇四年に出たC・Y・エプスタインとA・L・カルバーグ編『時間のために闘う』［Epstein and Kalleberg, eds. 2004］のなかの『タイム・デバイド』の著者たちの論文［Jacobs and Gerson 2004b］から引用した表3-2が参考になる。

注目すべきことには、一九七〇年から二〇〇〇年のあいだに、共働きは全夫婦（一八歳～六四歳）の三六％から六〇％に増大した。その結果、夫婦の平均合計労働時間は同じ期間に五二・五時間から六三時間に増大した。変化がとくに著しいのは合計労働時間が一〇〇時間を超える夫婦であって、その割合は同じ期間に夫婦全体では三・一％から九・三％に、共働き夫婦では八・七％から一四・五％に増大した。

ここから『タイム・デバイド』の著者たちは、労働と家族生活のあいだ、働きすぎと不完全就業のあいだ、男性と女性のあいだ、子持ちと子どものいない労働者のあいだの「タイム・デバイド」を問題にしている。たとえば、子育て中の母親と父親は、仕事にも子育てにも困難をかかえる。子育てに多くの時間を割かなければならない女性は、そうでない男性（や女性）とのあいだに仕事のうえで不平等を強いられる。多くの女性（および男性）は可能であれば、週三〇〜四〇時間の労働で、職場外の時間を確保して豊かで充実した生活を送りたいと思っている。こうした生活は週五〇時間、六〇時間があたりまえになっているような働き方ではできそうにない。

さきにアメリカ人の働きすぎは、総じて中産階級のホワイトカラーに属する専門的・技術的職業従事者、大学卒業者および白人に著しいと述べた、実際、今日、アメリカのホワイトカラーにとって、オフィスはまるで途上国にあるグローバル企業支配下のスウェットショップ（搾取工場）のようになっている。そのことを明らかにしたのが、ジル・A・フレイザーの『窒息するオフィス　仕事に強迫されるアメリカ人』［フレイザー　二〇〇三、原題は *White-Collar Sweatshop*］である。

この本に出てくる例では、インテルに勤める二人の小学生の父親であるシングルの男性は、子どもに朝食を食べさせて七時頃には出勤し、いったん五時に帰り、夕食後子どもたちを寝かせるとオフィスに戻って夜中の一時頃まで働く。金融業界では新入社員に家に帰って寝ることができない場合にそなえて、着替え一式と歯ブラシを職場に置いておくよう指導している企業もある。

問題は労働時間の長さだけではない。レイオフで人員削減が絶えず行われるなかで、仕事量が増え、ジョブストレスが強まって、肉体的・精神的な健康障害が深刻になり、心臓発作、ストレス死、自殺などが拡がってきている。

『ニュー・インターナショナリスト』誌の二〇〇二年三月号には、ニューヨークを拠点にするジャーナリストのマシュウ・ライスが“American karoshi”というタイトルで寄稿している。そのなかには二〇〇一年九月一一日に、ワールドトレードセンターのツインタワーの北棟から命からがら抜け出したリーマン・ブラザーズ社の女性の話が出ている。彼女は最初の旅客機が激突した後、そのビルの八八階から駆け下りているあいだに、場内放送で従業員は仕事に戻るようにというアナウンスを聞いたというのである。

働きすぎはイギリスでも深刻である。貿易産業省（DTI）が中心となって行われた二〇〇二年の労働時間調査によれば、調査対象労働者の六人に一人（一六％）、女性では八人に一人（一三％）が週六〇時間以上働いている。労働者の四分の三（七五％）は残業をしていながら、残業手当や代替休暇を与えられているのは三分の一（三六％）にすぎない。男性の五人に一人（一九％）はストレスのために医者に通っている。

これは五〇六人の雇用労働者に対する電話インタビューによる調査で、これをもって全体の傾向とするにはサンプル数が少なすぎる。それにしてもこれはにわかには信じられないほどの猛烈な働き方である。これでは過労死が出ても不思議ではない。イギリスの労災職業病専門誌の *Hazards* は、二〇〇三年夏季号で、“Drop dead”というタイトルのもとに karoshi 特集を組み、過労死した労働者のケースをいくつかあげ、さきの貿易産業省の調査結果を引いて、「労働時間が極端に長い人々の数が急激に増加し、数百万人のイギリス労働者が過労死ライン（karoshi zone）に入りつつある」と指摘している。

「調査対象労働者の六人に一人が週六〇時間以上働いている」という数字はまるで日本のことのように思われる。「労働力調査」によれば、日本では上記のDTI調査と同じ二〇〇二年には、全労働者の約八人に一人、週三五時間以上の労働者の約六人に一人が週六〇時間以上働いていた。ここに見るのは「イギリス産業のジャパナイゼーション」［Oliver and Wilkinson 1992］の帰結である。

第三節　雇用形態の多様化と雇用の不安定化

先進諸国では、近年、労働分野の規制緩和が推進されるなかで、雇用形態の多様化――雇用といえない形態まで含めれば就労形態の多様化――が進んできた。

雇用関係の市場個人主義的変容は、雇用期限に定めのない正規労働者の絞り込みと雇用期限の定められた非正規労働者の増大に表れている。アメリカでコンティンジェント・ワーカーと呼ばれる非正規労働者は、直接雇用（パートタイム労働者、アルバイト、契約社員など）、派遣労働者（常用型と登録型）、インディペンデント・コントラクター（個人請負の形態をとった労務提供）の三タイプに分けることができる。これらの非正規労働者の大多数は、一部の例外を除けば、雇用が不確実・不安定で、賃金が著しく低く、付加給付がほとんどない［仲野 二〇〇〇］。今日では日米ともに非正規労働者は全労働者の約三分の一前後に達している。

フルタイムの正規労働者の雇用もかつてのように安定的なものではなくなっている。彼ら／彼女らは、しばしば労働能力や技能や知識の個人的所有者とみなされ、成果主義に象徴されるように、賃金も昇進も個人の業績を重視して評価・決定されるようになってきた。

非正規雇用においては、いわゆる「仕事の個人化」――「企業化」ならぬ「個業化」――は、インディペンデント・コントラクターの形態をとっている。アメリカではこの形態の就業者は、二〇〇五年現在で一〇三〇万人（全労働力の七・四％）を数える［Current Population Survey 2005］。

インディペンデント・コントラクターは、自己の専門能力を活かした自由な働き方としてもてはやされている面がある。労働者の側にもこの契約形態を好む傾向がなくはなく、仲野組子氏が一九九五年のCPS調査から紹介しているところでは、その理由は主に「仕事の管理権の享受」と「スケジュールの弾力性」にあるようである。ここにはインディペンデント・コントラクターとして働く人々が抱く、企業に縛られずに自立して働きたいという思いが反映している〔仲野 二〇〇〇、一三七ページ〕。しかし、実態からみると、個人請負のかたちをとっていても、労働基準の遵守義務や付加給付の支給や最低賃金の保障などの雇用主責任から逃れるための、請負契約の形態をとった偽装雇用であることが多い。

市場個人主義は、人々の働き方は労働市場における個人の自由な意思決定に委ねられるべきであり、仕事は可能なかぎり個人化すべきであると考える。このような立場からは、パート、派遣、個人請負などの非正規雇用の増大は、景気変動や受注量の増減や仕事量の時間的集中などに対応した雇用量のフレキシブルな調整を可能にするものとして歓迎されるだけではない。それはまた、多様化するライフスタイルに対応した働き方の選択肢を増やすものとして推奨される。労働時間が長すぎて職場と家庭のタイム・デバイドに悩むフルタイム労働者は、パートタイムを選択しさえすればよいのである。

しかし、パートタイム労働者に待ち受けているのは、正規雇用に比べてはるかに低い賃金であり、基本的なニーズを満たすにはあまりに低すぎる所得である。二〇〇七年の「就業構造基本調査」によると、年収二〇〇万円未満の労働者は一七〇七万人（在学者を除く）を数えるが、その八割（七九・六％）は非正規労働者、さらに非正規の六割（五八・六％）はパートタイム労働者である。アメリカでは二〇〇七年現在、連邦政府の定義で三七二八万人（総人口の一二・五％）の貧困人口がいるが、その約七割は、日々の労働によって社会に不可欠な財・サービスを供給しながら、低すぎる所得ゆえに豊かさから取り残されているワーキングプアの人々である。(3)

雇用形態の多様化は、家族形態の多様化や、家族の就労形態の多様化と強い関連がある。この点でとくに注目されるのは、雇用の女性化の影響である。アメリカでは、女性の労働力率は一九七〇年には約四六％台であったが、二〇〇〇年には七一％になっている。上昇幅は小さな子どもを抱えた妻が多い二五歳から三四歳までの年齢階級が最も大きく、二五歳から五四歳までの年齢階級の労働力率は、男性（一六歳以上の全年齢）全体の労働力率の平均に匹敵するまでになっている［森岡 二〇〇四、二〇八ページ］。

女性雇用におけるアメリカの特徴は、既婚者のフルタイム雇用率が高い点にある。アメリカでは、女性のパートタイム比率は、一九八〇年代半ば以降、低下さえしている。これはそうしたアメリカについてとくにいえることであるが、女性が家長である男性に従属した家族成員として働いていた時代や、いわゆる専業主婦として家事労働に専念していた時代と異なり、今日のように広く賃金労働者として働くようになると、労働政策における家族的配慮が弱まり、労働政策は労働者個人を単位として考えるべきであり、働き方は労働市場における個人の自由な意思決定に委ねられるべきである、という市場個人主義の考え方が現実的基盤を獲得するようになる。

労働力の女性化や共働きの増大と労働時間の多様化・個人化の関連を問題にして注目すべき指摘をしているのはＪ・Ｃ・メッセンジャーである。彼は『先進工業諸国における労働時間と労働者の選好』の「序論」において、次のように述べている。少し長くなるが、本節のまとめにかえて引用しておこう。

「ほとんどの産業社会においては、過去二、三十年間に、労働時間の漸進的標準化に向かう歴史的傾向が、労働時間の多様化・分散化・個人化にとって代わられた。このことはこの期間全体にわたる多くの原因による圧力の産物である。第一に、世帯構造および人口構造の大きな変化、および、とくに労働力の女性化の進展、それに関連した男性一人の片稼ぎ世帯から共稼ぎ世帯への移行は、労働時間のパターンと世帯構成に関して新たな必要と新たな課題をつくりだしてきた。〔第二に、〕グローバリゼーションの進行とその結果としての競争の激化、情報技術と通信技術の連動的な発展、および〝二四時間経済〟における財とサービスに関する消費者需要の新しいパターンは、生産方法と作業組織に重大な影響を与えてきた。」〔Messenger 2004, p.2〕

第四節　日本における労働の規制緩和と市場個人主義

日本における雇用・労働分野の規制緩和は一九八五年の労働者派遣法の制定にはじまる。これによって、職業安定法で禁止されてきた労働者供給が一六業種で許可された。対象業務は「専門的な知識、技術、経験を必要とする業務」とされたが、実際に許可された業務のうちには、建築建物清掃、受付・案内・駐車場管理、ファイリング、事務用機器操作など、ほとんど特別の熟練や技能を必要としない単純労働業務が含まれていた。

労働時間にかかわる規制緩和は、労働者派遣法の制定から二年を経た一九八七年の労働基準法の改定によって踏み出された。この改定によって、労働時間の上限に関する規定が「一日八時間、一週四八時間」から「一週四〇時間、一日八時間」に変わった。この改定で週四〇時間労働制に移行したことを無条件に評価することはできない。もともとは一日の労働時間の上限が八時間と定められて、そのうえで一週の労働時間の上限が四八時間と定められていたが、改定後は一週の労働時間の規定が優先され、一日は一週四〇時間の割り振りの基準に落とされた。そのねらいは、一日八時間の規制を緩和し、変形労働時間制を拡大することにあった。

変形労働時間制は、週平均四〇時間以内の範囲で、割増賃金を支払うこともなく、業務の繁閑や特殊性に応じて、特定の日や週や月に法定労働時間を超えて労働させることができる制度である。労働基準法制定時に四週単位の変形労働時間制が存在していたが、八七年の労働基準法改定によって新たに一週間単位、一ヵ月単位および三ヵ月単位の変形労働時間制が導入され、一九九二年の労働基準法の改定では、さらに一年単位の変形労働時間制が導入された。

一九八七年の労働基準法改定においていまひとつ注目すべきは、事業場外みなし労働時間制と裁量労働制が導入されたことである。いずれも、実際に働いた時間と関係なく、労使であらかじめ決めた時間数を労働したものとみなして、その時間を基準にして賃金を支払う制度である。また、この改定では、必ず労働しなければならないコアタイム以外は出退勤の時間を定めないフレックスタイム制が導入された。

女性の残業時間規制の撤廃も労働時間の規制緩和のひとつとみなすことができる。一九四七年に制定された日本の労働基準法は、一八歳以上の女性の残業を一日二時間、一週六時間、一年一五〇時間に制限していた。また、女性の深夜業をわずかな例外を除き原則禁止としていた。これらの規制は一九九七年の男女雇用機会均等法の改定にともない、一九九九年四月から撤廃されることになった。女性にのみ残業時間の規制を認めることは女性差別にあたると考えると、この撤廃は正当であるように見える。しかし、従前の労働基準法の不備は、女性の残業時間のみを規制して、男性の残業時間には上限を設けていなかった点にあった。女性にとって有害であることは、男性にとっても有害である。この観点から言えば、男女の別を問わず、一日の時間外労働（残業時間）の上限をヨーロッパ並みに二時間に制限して、男女平等を達成する道こそ選択されるべきであった。

労働時間規制の基準を一日単位から一週間単位に転換する規制緩和は、「週四〇時間制」というオブラートに包んで行われた。それと同じように、女性にあった残業の上限規制の撤廃は、「男女雇用機会均等」というオブラートに包んで行われた。最近では市場個人主義的な労働改革の総仕上げとしてホワイトカラー労働者に対する労働時間規制の適用制度（ホワイトカラー・エグゼンプション）の導入が試みられた。それは、結局、労働界と世論の総反発によって阻止されたが、その制度の設計者たちが持ち出したオブラートは「多様な働き方」のもとで「自律的な働き方」を可能にするという謳い文句であった。

以上にみた一九八〇年代後半以降の労働時間の規制緩和は、労働時間の「多様化・分散化・個人化」を助長してきた。それはまた、雇用の柔軟化・間接化・外部化の流れと相まって、労働市場の流動化を促してきた。この点で参考になるのは、労働者派遣法の成立と同じ年に出版された経済企画庁総合計画局編『二一世紀のサラリーマン社会――激動する日本の労働市場』（東洋経済新報社、一九八五年）である。

経済企画庁が社会開発研究所に委託してまとめたこの報告書（原題は「二〇〇〇年に向けて激動する労働市場」）は、労働市場を終身雇用と年功賃金に守られてきた正社員の集合としての「内部労働市場」と、パート、アルバイト、派遣、日雇い、臨時などの非正規労働者の集合としての「外部労働市場」とに分け、近年では賃金の低い「外部労働市場」が急速に膨らむことによって、賃金の高い「内部労働市場」とのあいだで「二極分化」が進行していると述べている。

そう言いつつも、能天気なことに、この報告書は、「現在の低賃金層の主力をなす女子パートタイマー、高齢者、定職につかない若年層の三つのグループは、それぞれ夫の所得、年金、親の所得という核になる所得を持っており、大部分は働かなくとも生活に困らないが、働く時間があり、少しでも生活が豊かになればということで就業している」（同書、三ページ）と言う。低賃金の非正規労働者層を「大部分は働かなくとも生活に困らない」という感覚にはあきれるが、「現在六人に一人（に）しか過ぎない外部労働市場（非正規労働者）が西暦二〇〇〇年には三人に一人になる」という予想はいまから見れば誤りではなかった。

報告書によれば、「内部労働市場」は、勤続年数の長期化や高齢化が賃金コストの負担増をもたらすために、年功序列制が維持できなくなり、おのずと崩壊する矛盾を抱えている。また、ＭＥ（マイクロエレクトロニクス）化の進展にともなう仕事のマニュアル化・単純化によって、「内部労働市場」の労働者は少なからず「外部労働市場」の労働者に置き換えられる可能性がある。それゆえに報告書は、「急速に拡大していく（外部労働市場の）低賃金労働層が内部労働市場の賃金を巻き込んでこれを引き下げてしまう、あるいは今まで内部労働市場でまかなわれていた仕事が外部労働市場の労働者によって代替されてしまう」（同書、二二ページ）という。そこから労働市場の再編の方向として打ち出されているのが「個人主義」と「能力主義」にほかならない。曰く、「日本的雇用慣行の全面崩壊をくいとめ、年功序列制の崩壊に対応し、なおかつ労働者の自主性を生かす具体的な方法は、現在の雇用慣行に個人主義と能力主義を取り入れることである」（同書、一二三五ページ）。

ここには一九八〇年代半ばにすでに政府の政策文書において労働市場の市場個人主義的再編が企図され

ていたことが示されている。ただし、個人主義の導入の経路としては、この報告書では、「労働時間の短縮」と「会社人間から脱却」が言われているほかは、特段の政策提起はされていない。

一九九五年には日本経営者団体連盟（日経連）の『新時代の「日本的経営」――挑戦すべき方向とその具体策』と題された報告書が発表された。これは「個人の主体性の確立」や「個性重視の能力開発」を掲げ、「内部労働市場」の雇用管理に個人主義と能力主義を取り入れることによって、正社員を大幅に絞り込むとともに、雇用の非正規化と間接化を推し進めて「外部労働市場」の拡大をはかる戦略を打ち出したものである。その後、政府の労働政策も、経済界の雇用管理戦略にそって、個人主義と能力主義を強める方向で展開された。その表われは、たとえば一九九八年の『労働白書』にも見ることができる。

同白書は、「中長期的に見た働き方と生活の変化」を主題に、就業形態の多様化の変化を考察するなかで、「働き方の個別化」と「個人の自律性の重視」の流れが強まっているという。同白書の第Ⅱ部「中長期的にみた働き方と生活の変化」の第二章「働き方の中長期的変化」では、ここ二〇年のあいだに、雇用・就業形態が多様化し、正規雇用者比率が低下し、非正規雇用者比率が上昇してきたことを確認し、「通常の労働者の働き方も、採用から退職に至るまでの職業生涯や賃金・労働時間等の労働条件の面で大きく変化し、個別化、多様化が進展している」ことが強調されている。

この白書が「情報化、サービス化、知的価値の拡大、国際化、変化のスピードの増大などにより仕事の進め方自体も変化し、従来の集団的な仕事の進め方から個人の能力発揮を中心に据えた仕事の進め方に変化していく」という見通しのもとに、結論として、「集団的な人事管理、年功的賃金、協調的な仕事の進め方などの働き方自体については、労働者の個別性、自律性を重視し、多様な選択肢のある仕組みに変えていくことが重要になる。これには企業だけではなく労働者もこれまでと違う自覚と努力が要求されることになろう」（同書、二七四ページ）と述べられている。これが市場個人主義の労働改革論でなくてなんであろう。

一九四九年に発表された第一回『労働白書』から数えて六〇回目になる二〇〇八年『労働経済白書』（二〇〇〇年まで『労働白書』、二〇〇一年から『労働経済白書』と改題）は、メインテーマに「働く人の意識と雇用管理の動向」を取り上げた。

同白書は各種の意識調査や実態調査の分析をもとに、個人別目標設定による仕事の達成度の評価にもとづく成果主義的賃金管理の導入が、男性中高年層の意識と齟齬をきたし、勤続年数がより長い層ほど仕事に対する意欲を低下させていることや、会社に対する忠誠心や帰属心を低下させていることを問題にし、「長期雇用慣行が持つ雇用安定機能や人材育成機能を有効に発揮させていくためにも、中高年層の意欲の向上に取り組むことが大切である」（二四八ページ）と強調している。

これを額面通りに受け取れば、厚生労働省は労働者の個人別処遇を強めるこれまでの路線を見直そうとしているかに見える。しかし、白書は、「集団主義的な労働関係が個別化していくのは、労働者の意識からみて、今後も継続していく歴史的な動きであると考えられ、今までの日本型雇用慣行の利点を活かしつつ、新しい時代にふさわしい雇用慣行を構築していくことが課題である」として、従来の市場個人主義的な労働市場改革に後戻りする（二〇一ページ）。これは二〇〇九年夏の総選挙によって歴史的な政権交代があったとはいえ、容易には変わらないだろう。

おわりに

以上に、現代における雇用と労働の変容を、市場個人主義の政策イデオロギーの影響を念頭におきながら、おもに労働時間の二極分化と雇用形態の多様化の両面で見てきた。それとともに、市場個人主義を労働者が受容する現実的基盤にも注目してきた。

できれば、市場個人主義の現実的基盤に関連して、グローバル資本主義、情報資本主義、消費資本主義、あるいは株主資本主義についてそれぞれ論及するべきであったが、前章で詳しく述べたところなので、ここでは割愛した。これらの現代資本主義の諸特徴に関連して、言いたかったことのひとつは、人々は、①情報と金融を原動力とするグローバル資本主義のもとで、②消費者として個人消費を競い、商品の高品質・低価格・高利便を追求するとともに、③株式その他の金融資産の保有者として証券投資からのリターンを期待する一方、④労働者としてはストレスの多い長時間労働か不安定な低賃金労働かを迫られるようになってきた、ということである。

かつて労働条件の維持・改善のために大きな役割を果たしてきた労働組合が、最近の二〇年のあいだに組織率と交渉力を著しく低下させてきた理由も、本章で述べてきた雇用形態の多様化をはじめとする経済の構造変化と無関係ではない。

北欧諸国では今日でも働く人々の八割以上が労働組合に加入しているが、他の先進諸国では高くて二割台であり、日本やアメリカの組織率はすでに一割台に下がっている。とはいえ、労働市場の変化に対応した次世代型の労働組合の模索や労働者の新たな組織化の試みも行われている。

アメリカの労働市場制度を研究したオスターマンらの『ワーキング・イン・アメリカ』は、新しい働き方を検討するなかで、市場個人主義に替えて、「尊厳の源としての仕事」「生活賃金」「機会の多様性と均等性」「団結あるいは社会的な結束」「発言と参加」という五つの価値を提唱している。そこに込められているのは、労働者は単なる商品として扱われるべきではなく、労働政策は個人の利益よりも全労働者の共通の利益を達成することに焦点を当てるべきだという思想である。市場個人主義は正規労働者の個人別評価にもとづく競争（成果主義）と非正規労働者の市場環境の変化に応じた使い捨てを推奨するが、こうした雇用管理は、雇用を不安定にするだけでなく、長期的には労働の協業性や労働者相互の絆を損ない、職場の士気をくじき生産性を低下させる点で、決定的な限界を有している。

「ニューヨークタイムズ」の労働問題担当記者スティーブン・グリーンハウスが著した『大搾取！』（曽田和子訳、文藝春秋社、二〇〇九年）によれば、アメリカの職場は、労働組合が力をなくし、レイオフが繰返され、締めつけが強まり、恐怖による支配が広がり、まるで一九世紀に戻ったようだという。そうなったのは、グローバリゼーションと株主資本主義のもとで雇用が破壊され、派遣や契約社員や個人請負などの非正規労働者が増加し、「お前の代わりはいくらでもいる」と怒鳴られて、恐怖に怯えながら働く時代がやってきたからである。それでもなお「労働組合はアメリカにあるほかのどんな組織や制度より、低賃金労働者の生活を向上させ、不平等を減らすために貢献している」（同書、三一〇ページ）。また、小規模で弱い流れながらも、ストライキをかまえた労働者の闘いが拡がり、勝利している事例も増えている。

日本では、ここ二～三年は労働組合の組織率の低下に歯止めがかかり、これまで正社員クラブと言われてきた労働組合が非正規労働者のあいだにも拡がりはじめたことが注目される。個人消費の拡大が景気回復の決め手である現在、正規労働者と非正規労働者が手をつないで攻勢に転ずるなら、雇用の再建と賃金の回復を中心とする労働組合による生活防衛の闘いにも新しい展望が切り開かれるだろう。

注

（1）雇用・労働分野の規制緩和はいまに始まったことではない。労働者派遣法の制定（一九八五年）によって、職業安定法（一九四七年制定）が禁じていた労働者供給事業が一部合法化された。その後、再三の緩和を挟んで、今日では製造現場への直接派遣も解禁されるまでになっている。法定労働時間にいたっては、規制緩和以前に、そもそも労働基準法の制定時（一九四七年）から時間外労働の規制を欠き、同法第三六条に定める時間外労働協定を労使で結ぶことを前提に、ほとんど無制限の時間外・休日労働を認めてきた。

（2）ドーア氏が援用しているボールズとパクの論文は、二〇〇一年一〇月二五日付のサンタフェ研究所のウェブにある。しかし、マサチューセッツ大学のウェッブに掲載されたその後の版では、当初用いられていたアメリカ労働統計局（BLS）の労働時間のデータがOECDのデータに入れ替えられている。筆者がパク氏に確かめたところでは、この変更はデータの包括性を考慮した結果であって、立論に修正をもたらすものではないとのことである。

（3）連邦政府は二〇〇三年においては、貧困を大人一人と子ども二人の家族で年収一万八三九二ドル以下と定義している。デイビッド・シプラーによれば、貧困ラインのこの定義は一九五五年の生活パターンをもとにしており、過去半世紀のライフスタイルの劇的変化をほとんどみていない。五五年当時は、平均的な家族は収入の三分の一を食費に充てていたが、今日では六分の一しか食費に充てていない［シプラー 二〇〇七、一四〜一五ページ］。

参考文献

P・オスターマンほか（二〇〇四）『ワーキング・イン・アメリカ』伊藤健市・中川誠士・堀龍二訳、ミネルヴァ書房

D・シプラー（二〇〇七）『ワーキング・プアー――アメリカの下層社会』森岡孝二・川人博・肥田美佐子訳、岩波書店

J・ショア（一九九三）『働きすぎのアメリカ人――予期せぬ余暇の減少』森岡孝二・成瀬龍夫・青木圭介・川人博訳、岩波書店

J・ショア（二〇〇〇）『浪費するアメリカ人――なぜ要らないものまで欲しがるか』森岡孝二監訳、岩波書店

S・グリーンハウス（二〇〇九）『大搾取！』曽田和子訳、文藝春秋

J・フレイザー（二〇〇三）『窒息するオフィス　仕事に強迫されるアメリカ人』森岡孝二監訳、岩波書店

G・ホジソン（二〇〇四）『経済学とユートピア――社会経済システムの制度主義分析』若森章孝・小池渺・森岡孝二訳、ミネルヴァ書房

森岡孝二（二〇〇四）「過労死・過労自殺をめぐる日米比較」『労働の科学』六月

仲野組子（二〇〇〇）『アメリカにおける非正規雇用――リストラ先進国の労働実態』桜井書店

R・ライシュ（二〇〇二）『勝者の代償――ニューエコノミーの深淵と未来』清家篤訳、東洋経済新報社

八代尚宏（一九九九）『雇用改革の時代』中央公論社

Bowles, Samuel and Yongin Park（2001）“Emulation, Inequality and Work Hours: Was Thorstein Veblen Right?”, Amherst U. Mass Working Paper.

Current Population Survey（2001）“Contingent and Alternative Employment Arrangements,” Table 5.

Dore, Ronald（2004）*New Forms and Meanings of Work in an Increasingly Globalized World*, ILO.

DTI（2002）“UK Workers Struggle to Balance and Quality of Life as Long Hours and Stress Take Hold”.

Epstein, Cynthia Fuchs and Arne L. Kalleberg eds.（2004）*Fighting for Time: Shifting Boundaries of Work and Social Life*, Russell Sage Foundation, New York.

Evans, John M., Douglas C. Lippoldt and Pascal Marianna（2001）“Trends in Working Hours in OECD Countries”, Labour Market and Social Policy: Occasional Papers No. 45.

Hazards（2003）“Drop Dead”. http://www.hazards.org/workedtodeath/workedtodeath2.htm

ILO（1999）“Americans work longest hours among industrialized countries, Japanese second longest”, ILO News 6 September.

Jacobs, Jerry A. and Kathleen Gerson（2004a）*The Time Divide: Work, Family, and Gender Inequality*, Harvard University Press, Cambridge, Massachusetts.

Jacobs, Jerry A. and Kathleen Gerson（2004b）“Understanding Changes in American Working Time: A Synthesis”, in Epstein and Kalleberg eds., 2004.

Morioka, Koji（2004）“Work Till You Drop,” *New Labor Forum*, Vol. 13, March.

Messenger Jon C.（2004）*Working Time and Workers' Preferences in Industrialized Countries: Finding the Balance*, Routledge, London and New York.

Oliver, Nick and Barry Wilkinson（1992）*The Japanization of British Industry: New Development in the 1990s*, Oxford: Blackwell.

Reiss, Matthew（2002）“American Karoshi,” *New Internationalist*, March.

Shipler, David K.（2004）*The Working Poor: Invisible in America*, New York, Random House Inc.

第四章　株主資本主義と派遣切り

はじめに

ここ四半世紀のあいだに、世界の株式市場では、年金基金、投資信託会社、生命保険会社などの機関投資家のシェアが高まり、それらの機関株主が企業経営に大きな影響力をもつようになってきた。また、経済活動のグローバル化と金融のボーダレス化にともない、高利回りを謳い文句に投資家から集めた資金を投機的に運用するヘッジファンドやアクティビストファンドなどの投資ファンドが、投資先企業のガバナンスへの関与を強めるようになってきた。

株式市場にこうした変化が生じるにつれて、企業経営において、ステークホルダー——従業員、経営者、株主、顧客、消費者、取引業者、地域住民など企業の利害関係者——のなかで、とりわけ株主の利益を優先する動きが強まってきた。また、取締役に対する業績連動報酬の導入やストックオプションと呼ばれる株式報酬の付与が拡がってきたことも、経営陣と株主の利害関係の一体化を強め、株価重視経営を促す誘因になった。本章では、とくに現代のアメリカや日本で強まった株式市場と企業経営のこうした変化を「株主資本主義」と呼ぶことにする。

株主資本主義は、配当の増加や株価の上昇を意図して、企業に対してコスト削減による利潤の増大を求める。そのためにリストラや、賃金の切り下げや、労働時間の延長などを促す傾向がある。実際、近年の株式市場は、コスト削減効果による短期的な業績回復や増益を見込んで大規模なリストラを歓迎してきた。その圧力を受けて、大企業は、アメリカでも日本でも、競うように人減らしを進め、賃金や福利厚生の切り下げを進める一方、配当や内部留保や役員報酬を増やしてきた。近年の日本の大企業における正社員の絞り込みと非正規労働者の増大も、株主資本主義の台頭と無関係ではない。

以下、本章では近年の日本において株主資本主義がどのように台頭してきたか、またそれが雇用と労働の変容にどのような影響を与えているかを考察する。その際、二〇〇二年から二〇〇七年にかけての景気拡大過程において、労働分配率が低下してきた理由を問うとともに、二〇〇八年秋以降の恐慌で生じた製造業における派遣切りを中心とする非正規労働者の大量の解雇・雇い止めが何を意味しているかを明らかにしたい。

第一節　株主資本主義とコーポレート・ガバナンス

日本経済がバブル崩壊後の長期不況から脱出できず、金融機関の破綻が相次いだのは一九九七年から九八年にかけてであった。そのなかで発足した小渕内閣のもとに設けられた経済戦略会議は、一九九九年に「日本経済再生への戦略」を発表した。最近、「懺悔」と「転向」の書『資本主義はなぜ自壊したか——「日本」再生への提言』（集英社インターナショナル、二〇〇八年）を著わした中谷巌氏は、のちに小泉内閣のブレーンとなった竹中平蔵氏とともに、同会議のメンバーであった。

中谷氏も認めるように、この「再生戦略」の提言の骨格は、「小泉構造改革にそのまま盛りこまれている」（同書、二一ページ）。それは、金融システムと雇用システムの両面で危機に瀕した日本的経営システムの立て直しのモデルを、「株主利益重視の経営」を進めてきたアメリカに見出し、従来の「過度な規制・保護をベースとした行き過ぎた平等社会に決別し、個々人の自己責任と自助努力をベース」としたアメリカ型の格差社会に転換することを求めていた。

株主資本主義宣言

これに先立ち、一九九四年に経済界と学界の共同運営組織として「日本コーポレート・ガバナンス・フォーラム」が発足した。一九九五年五月から二〇〇一年一二月まで同フォーラムの共同理事長を務めたオリックス会長の宮内義彦氏は、同フォーラムの発足時に、記者会見で「米国のように短期に見るのではなく、中長期で株主にメリットがあるような株主資本主義をめざす」と述べている（『日本経済新聞』一九九四年四月二四日）。

この言は、宮内氏が旗振りをしてきた日本の株主資本主義が本家の米国と異なることを意味するものではない。宮内氏は、『経営論』（東洋経済新報社、二〇〇一年）のはじめに「日本の企業経営に求められているのは、一言でいえば『アメリカに向かって走れ』ということではないでしょうか」と提起し、おわりに「これからの企業は株式市場に評価される『株主資本主義の勝者』を目指さなければなりません。そのための企業の経営改革が必要です」と言明している。これはアメリカに範をとった「株主資本主義宣言」である。

宮内氏によれば、コーポレート・ガバナンス（企業統治）の役割は、「経営者が何か不都合なこと、違法なことをしないように防止・監視すること」ではない。株主資本主義においては、経営者は「株主の利益を最大化することを目的に」企業経営に当たらなければならない（同書、一三四〜一三五ページ）。その意味で企業経営が株主の要求にかなっているかどうかを判断し監督するのがコーポレート・ガバナンスである。

このようなガバナンスは、人員削減と賃金の切り下げによってコスト削減をはかろうとする。宮内氏はそのことをつぎのようにあけすけに語っている。

「あまり働かない従業員や過剰となった人々まで雇用し続けることも、株主資本主義ではあり得ないことです。そうした従業員がいないほうが人件費や経費が減り、その分だけ利益が増えます。ですから株価にもよい影響を与えます。つまり、そうした従業員を雇い続ければ、株主は実質的に損をすることになります。」（同書、七二ページ）

宮内氏は民間経済人の一員としてこうした考えを述べているだけではない。小泉内閣のもとで内閣府の「総合規制改革会議」とその後続の「規制改革・民間開放推進会議」の議長を務め、政府の政策形成過程においても株主資本主義が求める雇用・労働分野の規制緩和の旗振り役を演じてきたのも宮内氏である。

外国人株主のシェア増大

こうしたことよりさらに重要なことは、近年の日本における株主資本主義の台頭は、国内の株式市場における海外機関株主を中心とする外国人株主のシェアの急激な拡大によって後押しされてきたことである。

図 4-1　外国人株式保有比率の推移（1990～2007年度）

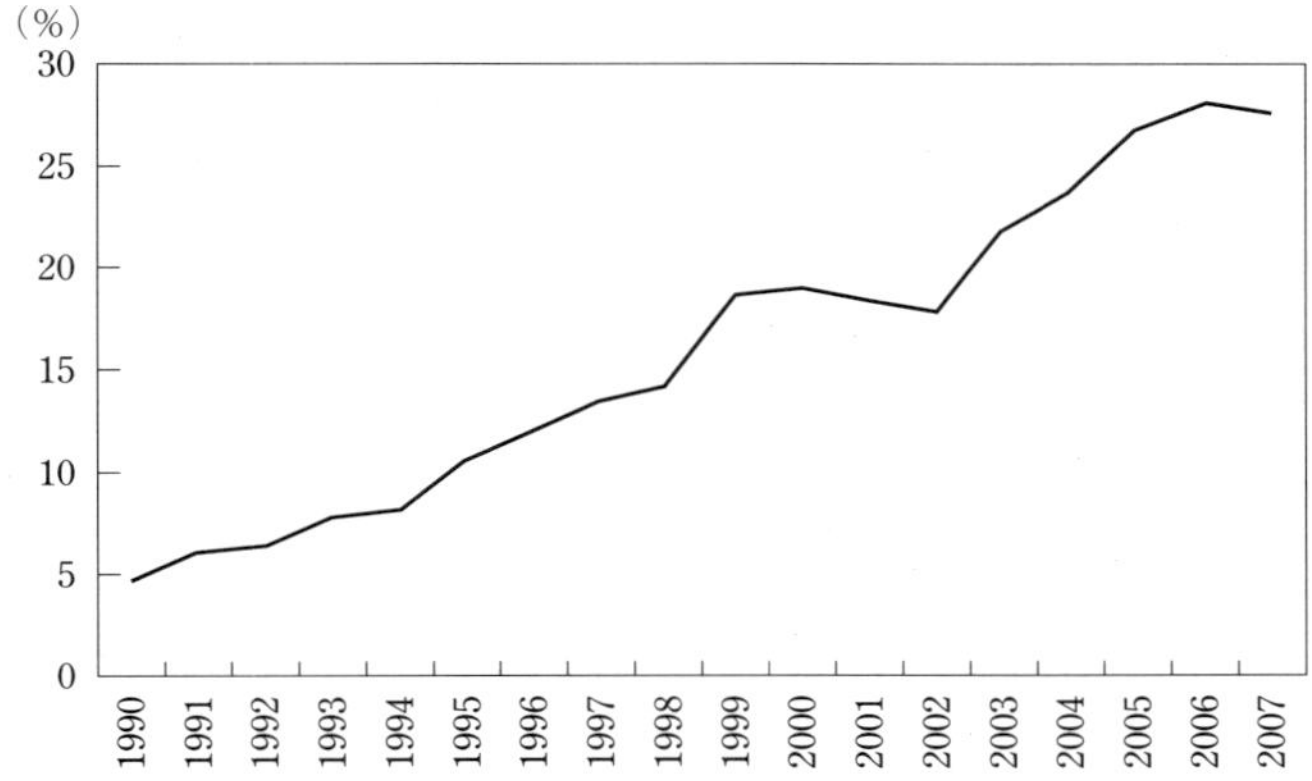

（出所）　東京証券取引所ほか「平成19年度株式分布状況調査結果」。
（注）　国内全証券取引所の全上場会社ベースの株式保有金額比率。

図４-１に示したように、日本企業における外国人の株式所有比率は、一九八〇年代後半には五％にも満たなかったが、九〇年代以降急激に高まり、最近では二〇％を超え、三〇％に近づくまでになってきた(1)。

株式売買のシェアでみると、最近では外国人投資家の売買は売買総額の六割を超えている。東京証券取引所の発表によれば、二〇〇八年の同取引所第一部の株式取引総額（証券会社の自己売買を除く）は七三五兆二〇〇五億円で、このうち四七六兆五八三〇億円（六四・八％）は外国人投資家による売買であった。

二〇〇八年は、売り（二四九兆八三六四億ドル）が買い（二四六兆一二九〇億円）を三兆七〇八五億円超過し、ＩＴバブルの崩壊があった二〇〇〇年以来八年ぶりに外国人投資家の売り越しになった。これは、二〇〇八年九月のリーマン・ショックで出資者からの解約が相次いだ投資ファンドなどが売り急いだためだといわれている。

一般に株主は、株式の売買を通じて企業経営に影響を及ぼすだけでなく、議決権行使を通じて株主総会の意思決定に関与する。これにくわえて、大きな機関株主は、大量の株式保有を盾に、投資先企業に対して要求を示し、配当の引き上げや、経営の改善や、ガバナンスの改革を求める。

機関投資家の投資戦略

筆者は、一九九九年四月～五月のいわゆるゴールデンウイークに、株主オンブズマンの一員として七人の弁護士とともにアメリカのコーポレート・ガバナンスの実情を把握するために、カリフォルニア州を訪れた。その折に州都のサクラメントにあるアメリカ最大の年金基金の一つといわれるカルパース（CalPERS カルフォルニア州退職公務員年金基金）本部で日本担当者と懇談した。

そのときに受けた説明によれば、カルパースの同年一月末時点の運用資産は一五三三億ドル（一ドル一二〇円換算で一八兆三九六〇億円）にのぼり、対日投資額は約四〇億ドル（約四八〇〇億円）で、外国投資額の三分の一を占めていた。その説明でもいわれたが、カルパースは機関投資家として、年金基金の運用に関して受託者責任を負っている。そのために、投資先企業に対して自ら定めたコーポレート・ガバナンス原則にもとづいて議決権行使をすることによって意思表示をするだけでなく、特定企業には書面や話し合いでガバナンスや経営の改善・改革項目を具体的に提示して回答を求める。この場合、リターン（利益率）だけではなく、株主に対するアカウンタビリティ（説明責任）や、ディスクロージャー（情報開示）や、ＣＳＲ（企業の社会的責任）などをも考慮して投資判断をするという。

しかし、カルパースのようにＣＳＲを重視する年金基金を含め、おそらく機関投資家が最も重視しているのは、ＲＯＥ（株主資本利益率）などで示される企業の収益性であろう。日本最大の機関投資家である企業年金連合会（旧厚生年金基金連合会）もこの例外ではない。同連合会はその「コーポレート・ガバナンス原則」において、「企業の目的は長期間にわたり株主価値の最大化を図ることにある」、「ＲＯＥは一〇％以上であることが望ましい」と明記している。

株主利益最大化を求める投資ファンド

ヘッジファンドやアクティビストファンドなどの投資ファンドの場合は、株主利益の最大化を求めるという点でもっと露骨である。そうしたファンドの一つと目されているのは、二〇〇七年の株主総会シーズンに多数の日本企業に増配要求を突きつけて話題を呼んだスティール・パートナーズというアメリカの投資ファンドである。

同年六月二一日の『日本経済新聞』（関西版）の記事によると、同ファンドが株式の五％以上を保有している日本企業は二九社を数え、そのうち一五社は関西企業であった。また同ファンドは、二九社のうち二四社で筆頭株主の位置を占めている。三精輸送機やアデランスでは当時の保有比率は二四・六％にも達する。

また、同年六月二九日の同紙の記事によれば、スティール・パートナーズは、同ファンドが筆頭株主であるブラザー工業、因幡電機産業、ＴＴＫ、江崎グリコ、電気興業、フクダ電子などで増配を求める株主提案を行っている。こうした株主提案は、議決権行使株数の過半数（特別決議は三分の二）以上の賛成を得て可決されることはめったにないが、たいていは会社側の増配提案が出され、それが承認されることに

よって、なんらかの成果をあげている。(2)

海外投資ファンドはアメリカ系だけではない。上場企業の発行済み株式総数に占める保有株式数の割合が五％を超える株主は、金融庁（事務は財務省財務局）に大量保有報告書を提出しなければならない。ネット上の「大量保有報告書速報」で二〇〇八年一月以降の記録を見ると、たとえば、イギリスの投資ファンド、シルチェスター・インターナショナル・インベスターズは、三〇社を超える日本企業で五％～一八％の株式を保有している。その際の大量保有報告書の増配要求などの記載事項を見ても、保有目的は、可能なかぎり高い配当と株価、したがって可能なかぎり大きなキャピタルゲインの実現にあることがわかる。株主として議決権を行使するのも、投資のリターンを大きくするための手段である。

村上ファンドとライブドア

投資ファンドのなかには特定の企業を標的にして、株主提案や株式買収で脅しをかけ、株価をつり上げて株式を発行会社や関係企業に高値で買い取らせるグリーンメーラーさながらのファンドもある。その典型の一つは村上世彰氏が率いていた村上ファンドである。

村上ファンドの有力な後ろ盾となってきたのは、オリックス会長の宮内義彦氏である。(3) 宮内氏は、すでに述べたように、小泉政権のもとで、株主資本主義の旗手として、金融と労働の規制緩和の推進役を果たすとともに、リース、不動産、保険、証券などを傘下に持つ企業のトップとして自己の事業を拡大してきた。それればかりか投資家として村上ファンドと提携して株式の投機的な売買から大きな利益を得てきたのである。

村上ファンドが仕掛けた濡れ手に粟の株式取引としては阪神電鉄株の事例がよく知られている。同ファンドが阪神電鉄の四分の一を超える株式を取得したと発表したのは二〇〇五年九月二七日であった。村上ファンドがM&Aをしかけ、買い占めを進めていた同年九月二二日と二六日の二日間だけでも阪神電鉄株の取引高は一億三五四一万株に達している。その結果、同年九月初めまで四〇〇円台であった阪神の株価は、九月二八日には一〇四五円（終値）にまで暴騰した。

村上ファンドによる阪神電鉄株の買い占めはその後もつづき、二〇〇六年五月二日には、同社の発行済み株式の四五％を超えるまでなった。それをもとに同ファンドは、阪神電鉄の株主総会に向け、取締役九人の選任を求める株主提案を行った。しかし、経営を引き受ける意志などなく、役員選任の株主提案は買い占めた株式を高値で売り抜けるための演出にすぎなかった。事実、五月二九日、阪急ホールディングスが阪神電鉄の株を設定価格九三〇円でTOBすることを発表すると、村上ファンドは保有するすべての阪神電鉄株の売却に動き、六月一九日、TOBに応じた。TOBの成立で収束した村上ファンドが仕掛けたM&A騒動は、結局は村上ファンドが標的企業の株を安く買って、関係企業に高く売り付けるグリーンメーラーでしかなかったことを白日のもとに曝した。

二〇〇六年六月五日、東京地検特捜部は、村上ファンドがニッポン放送株の売買をめぐりインサイダー取引をした疑いが強まったとして、証券取引法違反の疑いで村上世彰氏を逮捕した。それは村上氏が、ライブドアの堀江貴文氏から同放送株に関する未公表情報を入手し株を買ったという容疑である。

さかのぼって、ライブドアがニッポン放送株の三五％を取得したと発表したことからライブドアとフジテレビの株式争奪戦が表面化したのは二〇〇五年二月八日であった。このときライブドアは、のちにその

図4-2　外国人持株比率と実質賃金ギャップ

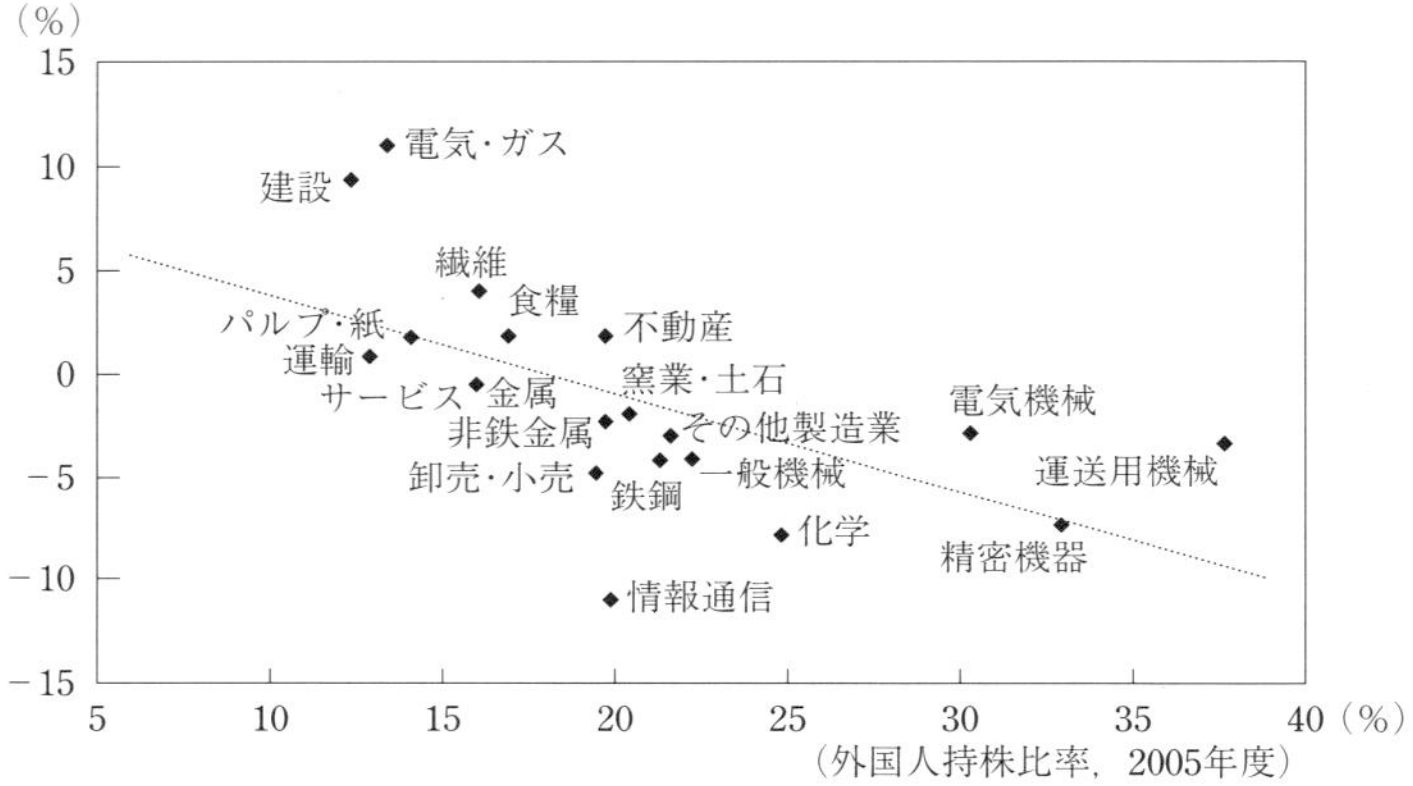

（出所）　2008年版『通商白書』，日本銀行「近年の我が国の輸出入動向と企業行動」2007年。
（注）　実質賃金ギャップ（%）は2004年第1四半期〜2006年第4四半期の平均。

破綻が二〇〇八年世界恐慌の引金となったアメリカのリーマン・ブラザーズ社から約八〇〇億円の資金を調達している。

それからほぼ一年後の二〇〇六年一月二三日、東京地検特捜部は、証券取引法違反容疑でライブドアの堀江社長ら幹部四名の逮捕に踏み切った。この事件は東京証券取引所の時間外取引を利用した株式の買い占めや、粉飾決算と抱き合わせの株式分割と株式交換を手法とする錬金術で大きな議論を呼んだ。

『通商白書』の示唆するもの

村上ファンドのような日本版投資ファンドの存在も無視できないが、近年の日本における株主資本主義で最も大きな影響力をもったのは、本節のはじめに述べた海外機関投資家を主力とする外国人株主である。そこで前出の図4-1に、二〇〇八年版『通商白書』から転載した図4-2を重ね合わせて、同白書のつぎの記述を読んでいただきたい。

「我が国の外国人株主保有比率が急激に上昇しているが、一般により高い配当性向を好む傾向があると言われる外国人株主の参入が、企業の配当行動の変化を通じて我が国の賃金に影響を与えている。実際に、各業種の実質賃金ギャップと外国人持株比率の関係を見ると、外国人株主保有比率の高い業種ほど賃金ギャップのマイナス幅が大きくなる傾向が見られ、資本のグローバル化が国内の賃金を抑制していることもうかがえる。」（一六九〜一七〇ページ）

こう述べることによって二〇〇八年版『通商白書』は、近年の日本企業における外国人持株比率の上昇は国内賃金の抑制を招いていると指摘しているだけではない。同白書はまた、最近における労働分配率の背景には株主資本主義の台頭があることを示唆しているといえよう。[4]

第二節　「戦後最長の景気拡大」と労働分配率の低下

さきに『通商白書』にふれたが、近年の政府白書は、株主資本主義のもとでの企業経営が人件費の抑制と配当の増大をもたらし、労働分配率の低下を招いていることを繰り返し指摘してきた。早いところでは二〇〇二年版『労働経済白書』はつぎのようにいう。

「従来、我が国では、企業の人員削減は、多くの場合経営状況の悪化を反映して行われてきた。一方で、コーポレート・ガバナンスの変化や、企業を取り巻く様々な環境の変化を背景として、企業の雇用戦略に変化があれば、経営上の危機が表面化していない場合においても、戦略的に人員削減を行う場合もあると考えられる。」（一四〇ページ）

これにつづく箇所では、「現段階では、企業のコーポレート・ガバナンスや雇用戦略の変化が、直接的な人員削減増加の大きな要因になったという明白なデータはない」と断りつつも、阿部正浩氏の研究「企業ガバナンス構造と雇用削減意思決定」（中村二朗・中村恵編著『日本経済の構造調整と労働市場』日本評論社、一九九九年）を参照して、「個別の企業についてみると、コーポレート・ガバナンスの違いが雇用戦略に影響を与えているとの研究成果もあり、将来的には、コーポレート・ガバナンスの変化が雇用情勢に影響を与えるようになることは十分考えられる」（一四五ページ）と指摘している。

それから五年後の二〇〇七年版『労働経済白書』は、労働分配率の低下に言及して、非正規労働者の増大にともなう雇用者報酬の削減が配当金、内部留保、役員賞与の増大と対照をなしていることを認め、つぎのように述べている。

「二〇〇二年以降、労働分配率は低下傾向にあるが、……〔これは〕所得水準の相対的に低い非正規雇用者の割合が高まったことが、雇用者報酬の削減効果を持ったことによるものと考えられる。」（一八八ページ）「二〇〇一年以降、特に、〔製造業の〕大企業において、配当金が大きく増加している。また、内部留保、役員賞与の増加もみられる。輸出主導の需要拡大の下で、企業が生み出す付加価値も増大しているが、大企業においては、利益の拡大と企業の資産価値の維持・拡大が志向され、賃金の支払いに向かう部分はあまり大きくない。」（二五ページ）

ここで言われているのは、二〇〇二年以降の労働分配率の低下は雇用の非正規化によるところが大きく、とくに製造業の大企業においては、拡大した利益はより多く配当金に回って、賃金にはあまり回らなかったということである。

国税庁「法人企業統計調査」の時系列データから配当金の推移を見ると、上場企業の配当金は二〇〇一年度（〇二年三月期末）から二〇〇六年度（〇七年三月期末）まで大幅な上昇をつづけた。その上昇幅は、全産業（金融保険業を除く）より製造業全規模のほうが大きく、さらに製造業全規模より資本金規模一〇億円以上の製造業大企業のほうが大きい。

図4-3　法人企業の支払配当の推移（2002～2007年度）

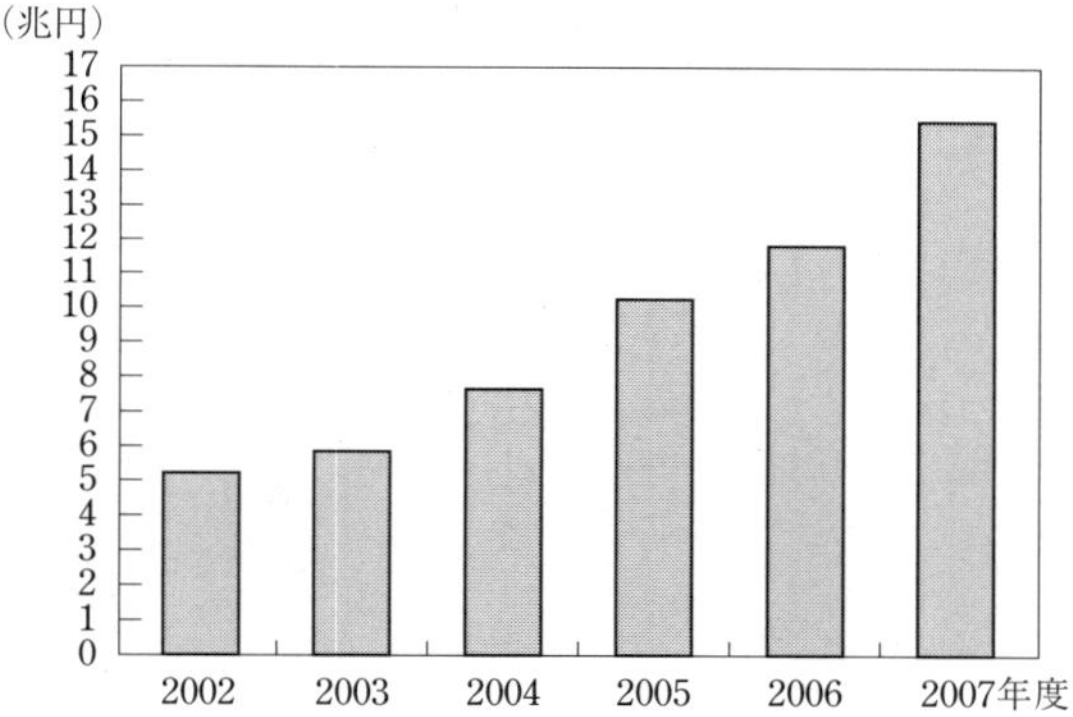

（出所）　国税庁「税務統計から見た法人企業の実態」各年版。

国税庁「税務統計から見た法人企業の実態」でみると、図4-3に示したように、全法人企業の支払配当総額は二〇〇二年度から二〇〇七年度まで増加しつづけ、この間に五兆一七四六億円から一五兆四〇三二億円へ約三倍になっている。配当が二〇〇七年度まで増えつづけたのは上場企業に限った場合も同様であって、『日本経済新聞』によると、「上場企業は二〇〇八年三月期まで六期連続の増益で五期連続の最高益を達成した。この過程で増配が相次ぎ、上場企業の配当総額（集計対象二三〇六社）は〇八年三月期に六兆円を超えた」（二〇〇九年五月六日）。ただし、二〇〇九年三月期決算における配当は、二〇〇八年秋以降の恐慌の影響で、二〇〇二年度以降ではじめて落ち込むことが見込まれている。

図4-4　大企業における内部留保（利益剰余金）の推移

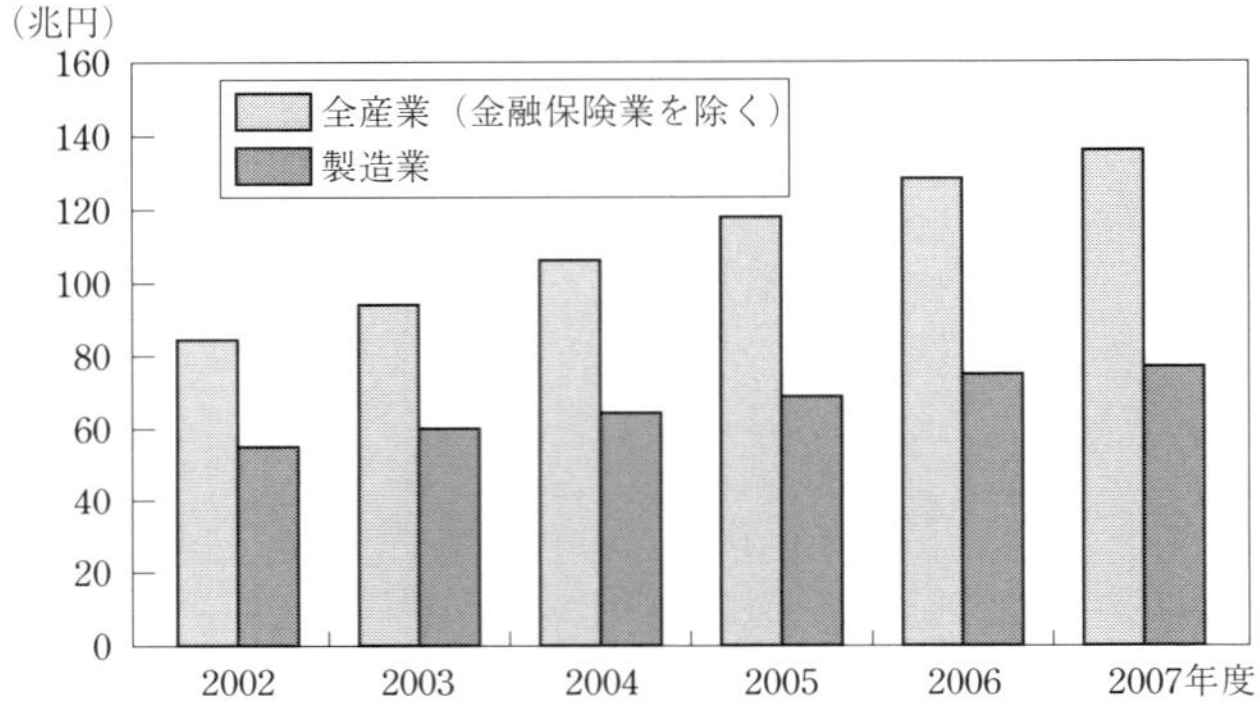

（出所）　財務省「法人企業統計調査」時系列データ。

対照をなす「付加価値」の分配

ところで、労働分配率は付加価値に対する人件費の割合である。付加価値は人件費（賃金と福利厚生費）と利潤とに分かれ、利潤は利子や賃料を別とすれば、配当、内部留保、役員報酬などに分かれる。付加価値を一定とすれば、人件費と利潤は逆相関の関係にあるために、配当も内部留保も役員報酬も増えるという状況では、人件費はいやおうなく抑制され減少せざるをえない。付加価値が増加する場合にも、配当、内部留保、役員報酬がそれ以上の割合で増加するなら、人件費は削減されることになる。

二〇〇二年から二〇〇七年の「戦後最長の景気拡大過程」で生じたのも、まさしくそのような事態であった。この間に配当が大幅に増えたことについてはすでに述べた。内部留保は「法人企業統計」では利益剰余金と企業内に蓄えられた各種の引当金や準備金の合計とされているが、内部留保の最大部分をなすのは利益剰余金である。図4-4に示したように、大企業（資本金一〇億円以上）の利益剰余金は、二〇〇二年度から二〇〇七年度の間に、全産業（金融保険業を除く）では、八四兆六五七八億円から一三五兆六七〇四億円に、また製造業では五五兆九七三億円から七

図 4-5　製造業大企業における1人当たりの役員報酬と従業員給与
（1990～2005年度）

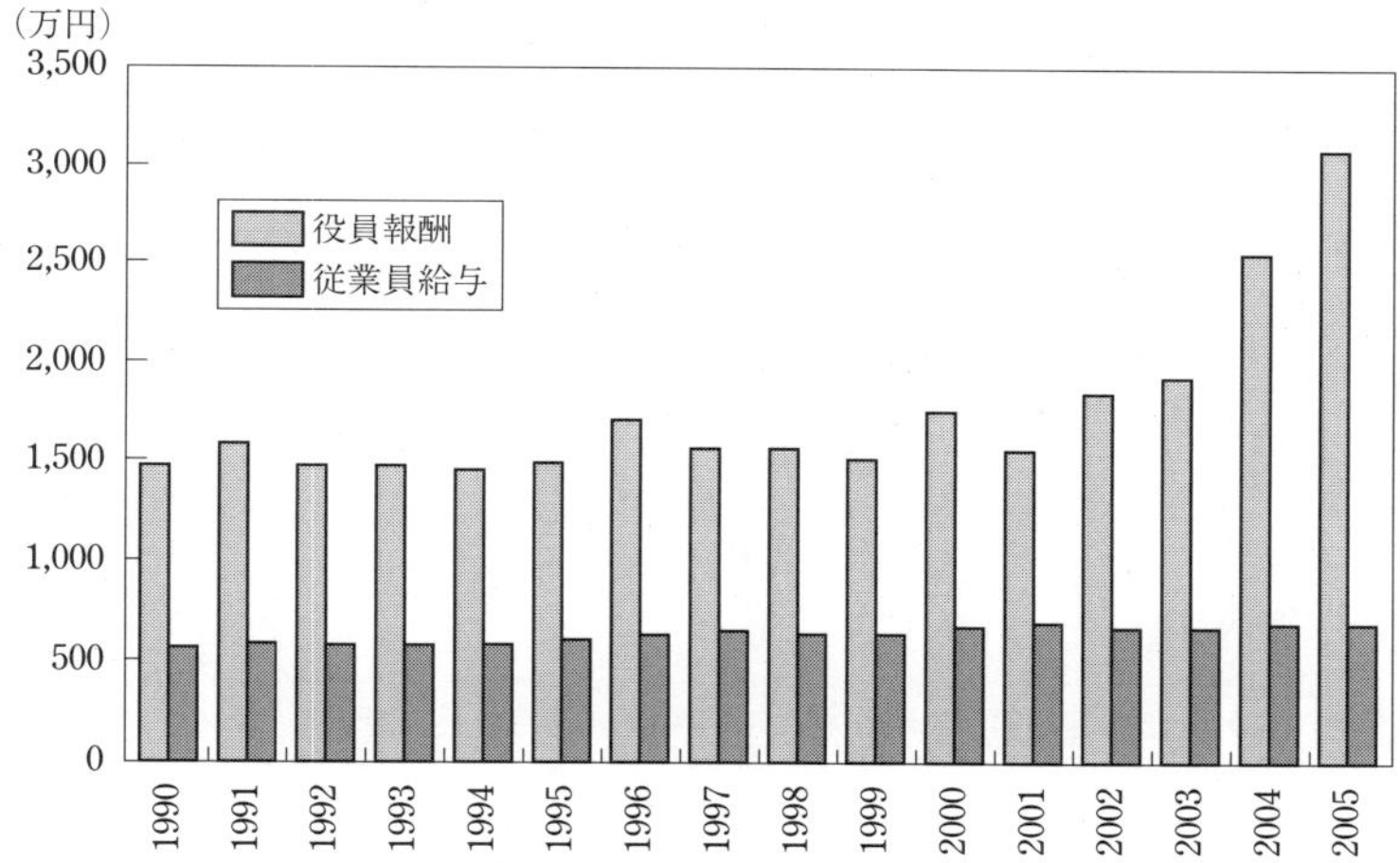

（出所）図 4-4 に同じ。
（注）役員報酬は役員賞与を含み，従業員給与は従業員賞与を含む。

六兆三六四〇億円に増えた。

役員報酬はどうか。二〇〇七年版『経済財政白書』は「二〇〇二年以降、大企業の企業収益が回復する中で、配当や役員報酬が増加する一方で、従業員給与が横ばいとなっている」（二〇ページ）と指摘し、図4-5とほぼ同じ図を示している。これに先だってロナルド・ドーア氏は『誰のための会社にするか』（岩波新書、二〇〇六年）のなかで、一九八〇年代後半と二〇〇〇年代前半の従業員一人当たりの賃金・給与と取締役の報酬・賞与および配当の増減を比較し、一九八〇年代後半とは対照的に、二〇〇〇年代前半には従業員の賃金・給与が抑え込まれ、取締役の報酬・賞与および配当が大きく増えたことを明らかにしていた（一五二ページ）。

労働分配率の顕著な低下

結局、二〇〇二年から二〇〇七年の景気拡大

図4-6　労働分配率の推移（1990～2007年度）

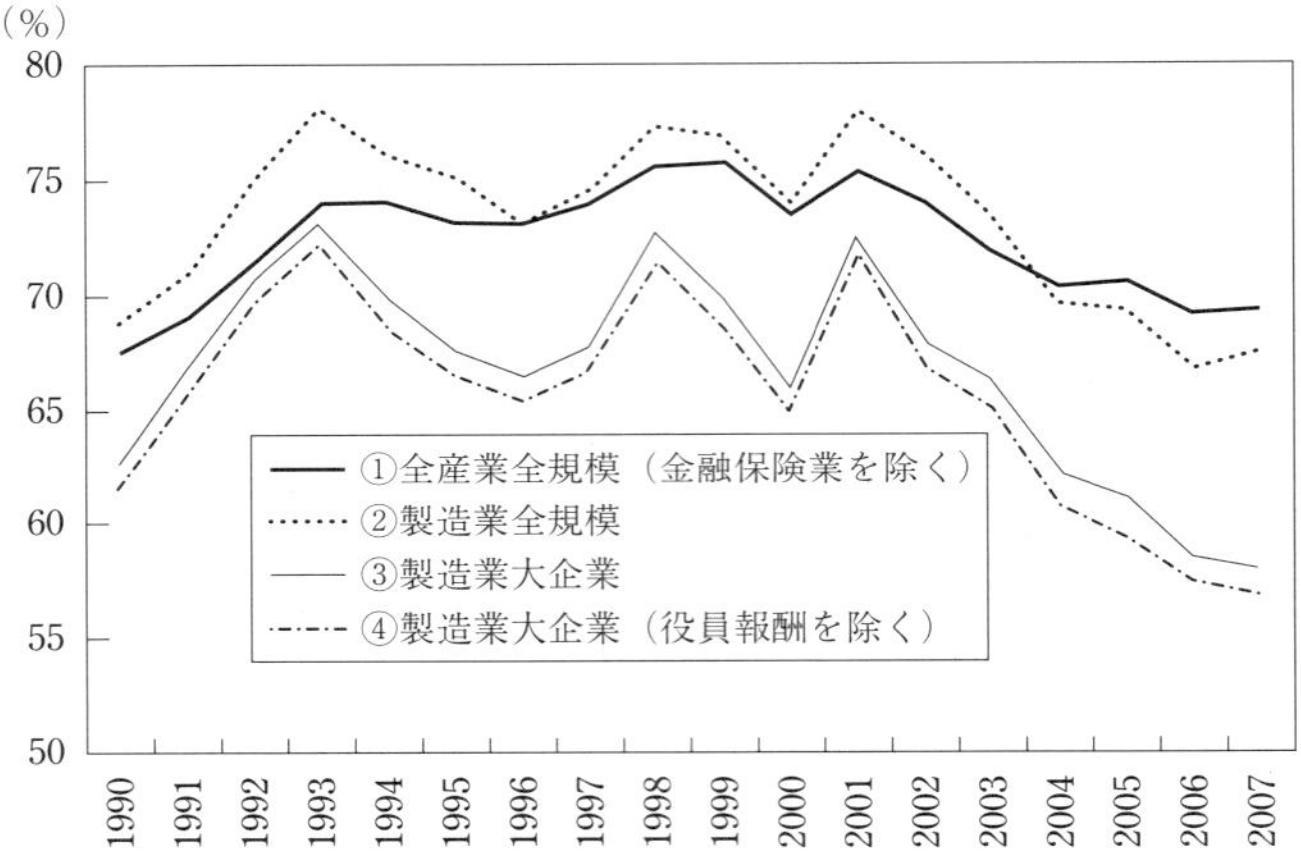

（出所）　図4-4に同じ。
（注1）　労働分配率＝人件費÷付加価値×100（%）
（注2）　①②③は人件費＝役員報酬＋従業員給与＋福利厚生費で，また④は役員報酬を除き，人件費＝従業員給与＋福利厚生費で労働分配率を求めた。

過程においては、配当、内部留保および役員報酬が増大した結果、労働分配率は顕著に低下した。二〇〇八年版『労働経済白書』は、この期間に労働分配率の低下がとりわけ大きかったのは製造業であることに関して、「主要産業の労働分配率の動きをみると、今回の景気回復過程では、製造業の低下が大きく、その水準は、高度経済成長が終焉した一九七〇年代以降では、最も低い水準にまで低下している」（二一七ページ）と指摘している。

図4-6に示されているように、労働分配率は二〇〇一年度から二〇〇六年度まで低下しつづけた。低下幅は、全産業（金融保険業を除く）より製造業全規模のほうが大きく、さらに製造業全規模より資本金規模一〇億円以上の製造業大企業のほうが大きい。

『労働経済白書』が労働分配率の低下をいうときの付加価値に対比される人件費には、従業

図4-7　耐久消費財生産の推移：付加価値額（2005年＝100）

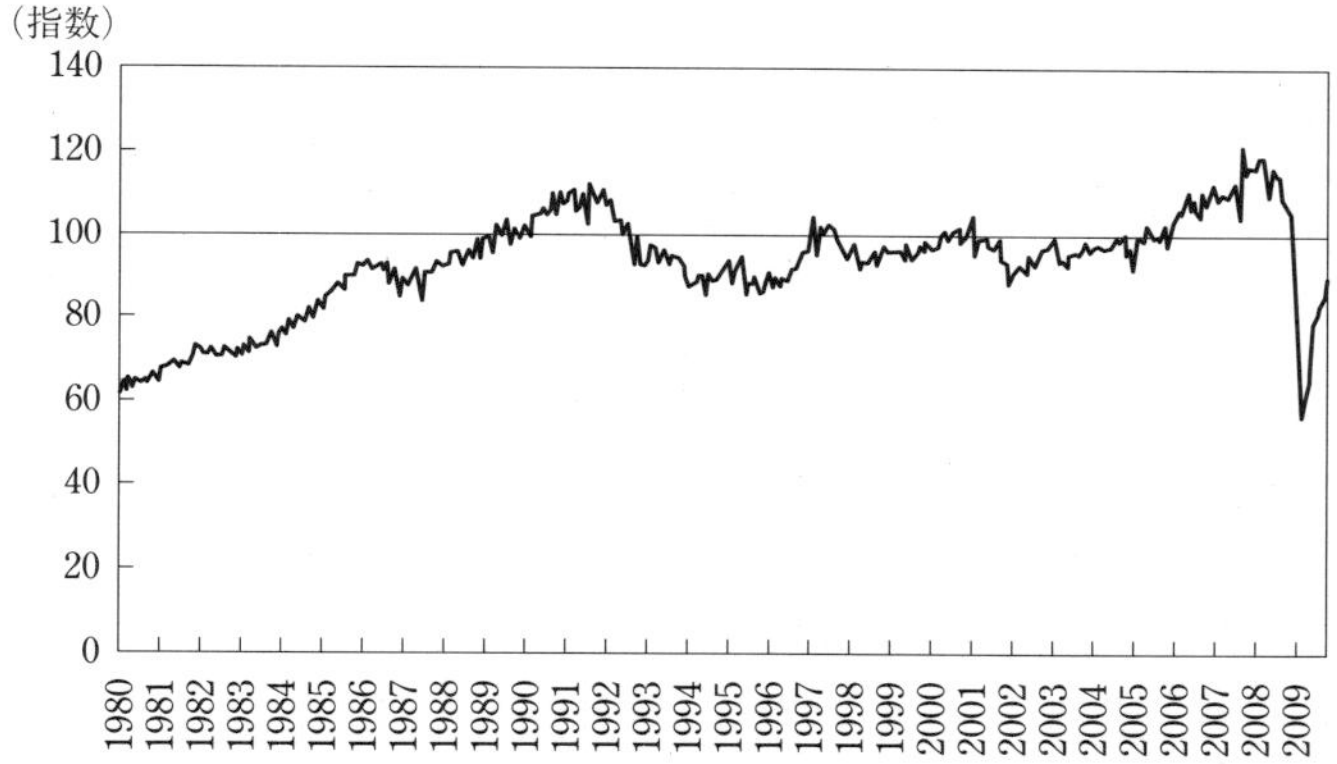

（出所）　経済産業省・鉱工業生産指数月次データより作成。

員給与と福利厚生費のほかに役員報酬が含まれている。しかし、役員報酬は本来なら配当と同様に利益処分のうちに含めるべきであって、人件費に含めるべきではない。図4-6の④は役員報酬を除いて求めた労働分配率である。それでみれば、労働分配率の低下幅は当然のことながら役員報酬を人件費に含めた場合よりもさらに大きくなる。

付言すれば、近年における従業員一人当たりの福利厚生費は平均給与（賞与を含む）より低下率が大きい。前出の「法人企業統計調査」の全産業・全規模（金融業を除く）のデータによれば、二〇〇二年を一〇〇としたときの二〇〇七年の平均給与は九六であるのに対して、福利厚生費は七六である。

第三節　二〇〇八年恐慌における製造業の生産の落ち込みと派遣切り

日本経済は、図4-7に示したように、一九九〇年のバブル崩壊ののち長期不況に突入し、耐久消費財生産指数で

表4-1　最近の新車（普通乗用車）販売台数の推移

（単位：台，％）

	当月（A）	前年（B）	A/B
2008年9月	120,339	133,001	90.5
10月	87,675	111,660	78.5
11月	81,061	119,870	67.6
12月	73,050	102,172	71.5
2009年1月	63,247	98,096	64.5
2月	76,380	128,782	59.3
3月	116,191	187,411	62.0
4月	57,714	90,703	63.6
1～4月累計	313,532	504,992	62.1

（出所）日本自動車販売協会連合会ホームページ。

は一〇年以上にわたって本格的な回復をみないまま、のこぎり状に一九九三年、一九九八年、二〇〇二年の三つの谷を刻んできた。二〇〇二年から二〇〇七年にかけては、賃金は抑えられたまま大企業だけが潤う景気拡大があったものの、二〇〇七年の終わり頃には、すでに景気後退の兆候が現れていた。そこに追い打ちをかけたのが二〇〇八年秋以降の、アメリカ発の世界恐慌であって、製造業の生産は崖を転落するように一気に谷底に沈み、二〇〇九年春にかけて一〇〇万人近くの非正規労働者が解雇・雇い止めにされるという事態に立ちいたった[5]。

落ち込む自動車・電機・電子産業

製造業のなかでもとりわけ深刻なのは自動車産業で、輸出の大幅な減少と国内販売の急激な落ち込みのなかで、トヨタをはじめとする自動車メーカー各社の生産はかつてなく大幅に縮小した。

日本自動車販売協会連合会（自販連）の発表によれば、二〇〇八年一一月の新車販売台数（普通乗用車）は、前年同月比六七・六％で、一一月としては一九六八年の統計開始以来、最大の下落率となった。また、台数でも一九六九年一一月以来、三九年ぶりの低水準に落ち込んだ。新車販売の不振は二〇〇九年に入っても止まらず、一月から四月の累計では前年同期比で六二・一％にとどまっている（表4－1）。

表4-2　最近の主要電機・電子製品生産の落ち込み幅（例示）　（単位：%）

携帯電話	プラズマテレビ	液晶テレビ	デジタルカメラ	ノートパソコン
－38.6	－31.5	－17.7	－41.3	－34.5

（出所）経済産業省「機械統計・主要製品統計表」。
（注）2007年12月から2008年2月までの3ヵ月と比較した2008年12月から2009年2月までの3ヵ月間の生産金額の減少幅。

販売不振と生産の落ち込みの深刻さでは、電機・電子産業も自動車産業に劣らない。経済産業省の主要工業製品の生産・販売統計で二〇〇八年一二月から二〇〇九年二月までの推移をみれば、多くの製品が大きな落ち込みを見せており、表4-2に例示したように、携帯電話やデジタルカメラのように四割前後もの減少が起きている製品もある。

ソニーのテレビ事業は、二〇〇九年三月期で一五〇〇億～一八〇〇億円程度の営業赤字が見込まれ、連結営業損益が二六〇〇億円の赤字予想になったのはそれが主な原因だと伝えられている（「ロイター」二〇〇九年四月二四日）。エレクトロニクス部門の事業不振で二〇〇五年度から二〇〇七年度までの中期経営計画において全世界で一万人規模の人員削減をしたはずのソニーは、二〇〇八年世界恐慌に直面して、二〇〇九年度末までに、国内外一六万人の正規社員の五%に当たる八〇〇〇人（非正規労働者を含めると一万六〇〇〇人）の人員削減を行うと発表した（『朝日新聞』二〇〇八年一二月一〇日）。

このソニーのリストラには、世界に五七ある製造拠点を一割減らす、国内三～四ヵ所の拠点を統廃合する計画も含まれている。リストラの規模においてこれと並ぶのはパナソニックである。報道によれば、同社は二〇〇九年三月期連結決算の純損益の予想が三八〇〇億円の損失に落ち込んだことを受けて、二〇〇九年度末までに国内外約一万五〇〇〇人を削減し、合わせて二七拠点を閉鎖する（『朝日新聞』二

図４−８　非正規雇用の増大（1990〜2008年）

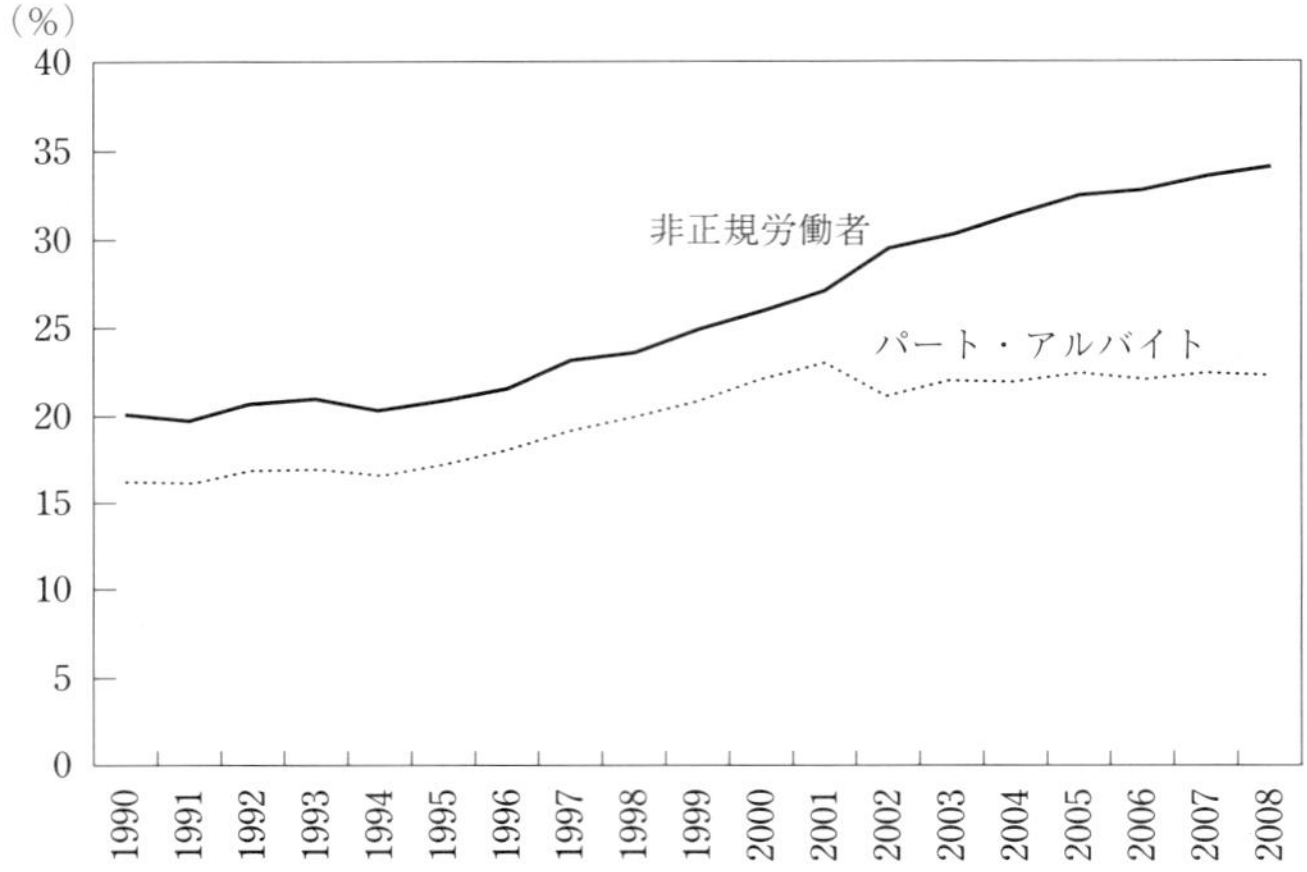

（出所）　2001年以前は「労働力特別調査」，2002年以降は「労働力調査詳細集計」。

〇〇九年二月五日）。

乗用車産業や電機・電子などの消費財産業における生産の縮小と設備投資の減退は、鉄鋼業などの生産財産業にも波及し、生産、消費、雇用の負のスパイラルが製造業全体を襲うようになった。

急増した非正規雇用

恐慌にともなう製造業の急激かつ大幅な販売不振と生産の落ち込みで雇用に何が生じたかを述べるためにも、まず確認しておくべきはバブル崩壊で長期不況に突入した一九九〇年代以降の正規雇用の絞り込みと非正規雇用の増大である。

総務省「労働力調査」によれば、非正規労働者は、一九九〇年の八八一万人（二〇・二％）から二〇〇八年の一七六〇万人（三四・一％）に増大した。性別では、同じ期間に男性は二三五万人（八・八％）から五五九万人（一九・二％）に、女性は六四六万人（三八・一％）から一二〇二万人（五三・六％）に

図4-9　派遣労働者の増大（1998〜2007年度）

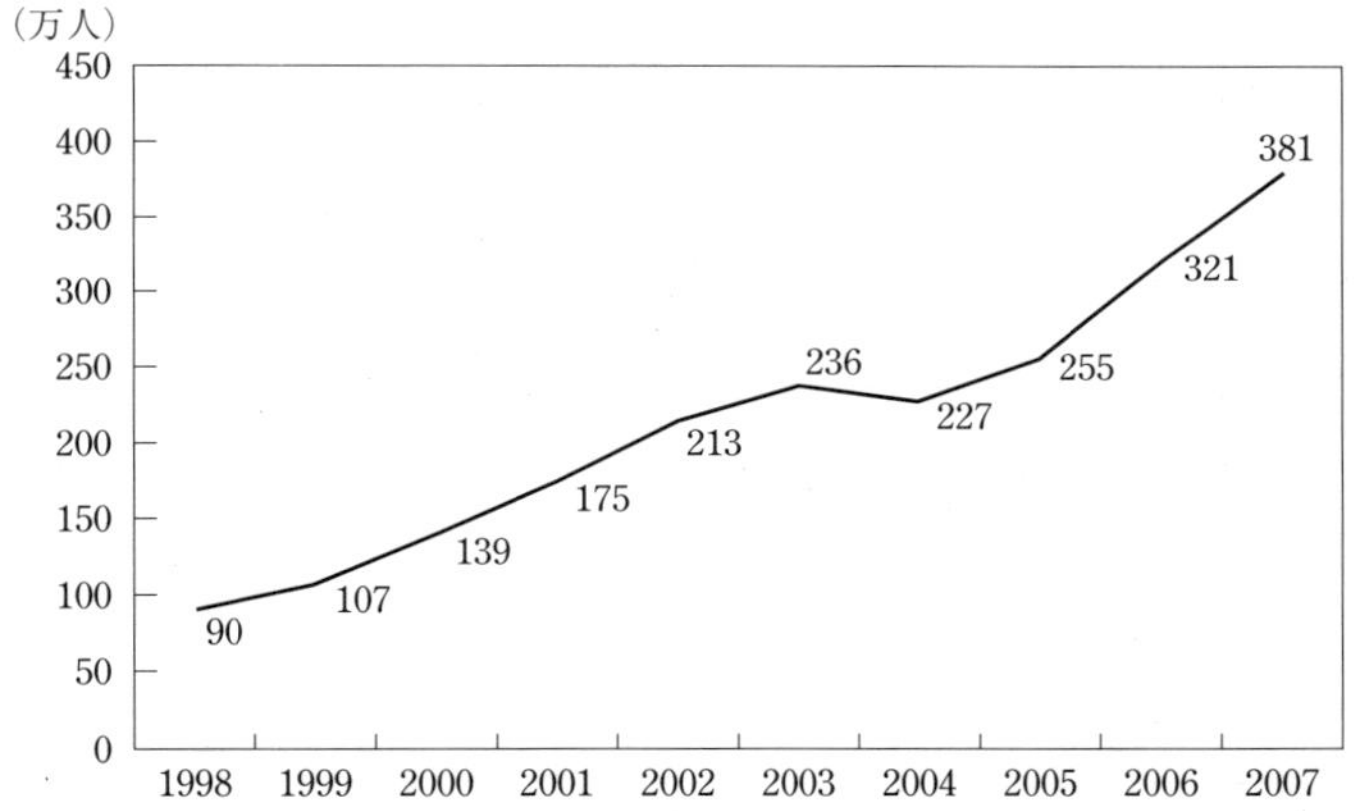

（出所）厚生労働省「労働者派遣事業報告の集計結果」。

なった。女性の非正規労働者は全体の半数を超えており、絶対数でも女性の増大が目立つ。とはいえ、この間の非正規労働者の増加率は男性二・四倍、女性一・九倍で男性のほうが高い。一五〜二四歳の若年労働者に限れば、二〇〇八年の男性の非正規比率は四四・四％で女性（四八・三％）と大差はない。

図4-8に「労働力調査」から一九九〇年以降の非正規労働者の増大を示した。二〇〇二年以降、非正規労働者全体とパート・アルバイトの増加率が乖離しているのは、同年からの調査項目の変更の影響もあるが、派遣労働者の急増を反映したものと考えられる。

整備された統計とはいえないが、派遣会社が厚生労働省に届け出た事業報告の集計によれば、派遣労働者は、図4-9に示したように、一九九八年度の九〇万人から二〇〇七年度の三八一万人に増えている。九年間でなんと四・二倍の増加である。そのうち製造業の派遣労働者は、同集計で人数が示されている二〇〇五年度から二〇〇七年度では、七万人から四七万人に増

表4-3　製造業における派遣労働者の急増　（単位：人，%）

	2002年	2007年	07/02
製造業	195,700	580,600	3.0
一般機械器具製造業	15,600	61,900	4.0
電気機械器具製造業	25,700	59,300	2.3
情報通信機械器具製造業	12,900	41,100	3.2
電子部品・デバイス製造業	23,800	72,600	3.1
輸送用機械器具製造業	25,600	87,900	3.4

（出所）「就業構造基本調査」各年版。

加した。

製造業の現場作業への派遣が解禁されたのは前述のように二〇〇四年からであるが、五年ごとに実施される総務省「就業構造基本調査」でみると、表4-3のとおり、二〇〇二年調査において、すでに二〇万人に近い派遣労働者が製造業で働いていた。それが二〇〇七年調査では、五八万人と約三倍に増えている。

製造業への派遣であっても現場作業とは限らず、事務や情報処理業務の派遣もありうる。そこで現場作業に該当すると考えられる「製造・制作作業者」をみると、表4-4のとおり、同じく二〇〇二年から二〇〇七年のあいだに一五万人から四九万人に増加している。

使い捨てられる派遣労働者

注目すべきは、製造業における派遣労働者のこのような増大は、同じ期間に製造業の正社員が八〇〇万人から七四四万人に絞り込まれ、非正規労働者を含む従業員総数も一一一九万人から一〇九一万人に減少しているなかで生じていることである。この間に急増した派遣労働者が恐慌の襲来とともに乱暴に使い捨てにされたことはよく知られているが、何万人、何十万人が職を失ったかは詳《つまび》らかにはされていない。正確にはほど遠いものの、厚労省の二〇〇九年四月の発表によれば、二〇〇八年一〇月から二〇〇九年六月までに解雇または雇い止めにされたか、される予定の派遣労働者などの有期契約の非正規労働者は全国で三二五三事業所、二〇万七〇〇〇人（三月までに実施された人数は一九万五〇〇〇人）にのぼる。就業形態別にみると、「派遣」が一三万二〇〇〇人（六三・九％）、「契約（期間工等）」が四万四〇〇〇人（二一・三％）、「請負」が一万四〇〇〇人（七・八％）となっている。製造業界の派遣・請負会社でつくる日本生産技能労務協会と日本製造アウトソーシング協会のまとめながら、製造現場の派遣・請負は約一〇〇万人、そのうち二〇〇九年三月までに四〇万人が職を失うという推計もある（『朝日新聞』二〇〇九年一月二八日）。

「労働力調査」の月次データによると、表4-5に示したように、二〇〇八年八月から二〇〇九年三月までの製造業における雇用の減少は、一般常雇二六万人、臨時雇および日雇三七万人、計六三万人（一〇月以降に限れば四三万人）である。これは少なくはないが、驚くほど多いともいえない。なぜなら、二〇〇二年から二〇〇七年の景気拡大期でも、製造業の雇用者数は小刻みにしばしば大きく変動しており、二〇〇四年八月から二〇〇五年三月にかけては六〇万人以上減少しているからである。

表4-4　製造・制作作業の派遣労働者　（単位：人，％）

	2002年		2007年	
製造・制作作業者	148,000	100.0	488,800	100.0
男性	87,800	59.3	294,500	60.2
女性	60,200	40.7	194,400	39.8

（出所）2007年「就業構造基本調査」。

見えにくい派遣切りの実態

この数字には間接雇用の非正規労働者である派遣労働者は含まれていない。

表4-5　2008年8月以降の製造業における雇用者数の増減　（単位：万人，％）

	一般常雇			臨時雇・日雇		
	男女（％）	男性（％）	女性（％）	男女（％）	男性（％）	女性（％）
2008年8月	920(100)	656(100)	264(100)	104(100)	57(100)	47(100)
9月	909(99)	642(98)	267(101)	103(99)	60(105)	42(89)
10月	907(99)	652(99)	255(97)	97(93)	52(91)	45(96)
11月	926(101)	662(101)	264(100)	82(79)	37(65)	46(98)
12月	931(101)	664(101)	267(101)	80(77)	35(61)	44(94)
2009年1月	908(99)	662(101)	246(93)	81(78)	31(54)	50(106)
2月	891(97)	647(99)	244(92)	76(73)	32(56)	44(94)
3月	894(97)	652(99)	242(92)	67(64)	28(49)	40(85)
増減	−26(−3)	−4(−1)	−22(−8)	−37(−36)	−29(−51)	−7(−15)

（出所）「労働力調査」月次データ。
（注）一般常雇は，1年を超えるまたは雇用期間を定めない契約で雇われている者で「役員」以外の者。臨時雇は，1ヵ月以上1年以内の期間を定めて雇われている者，日雇は。日々または1ヵ月未満の契約で雇われている者。

本章を書くなかで気づいたことだが、「労働力調査」では、製造業で働く派遣労働者の人数を知ることができない。同調査はその事情を「労働者派遣事業所の派遣社員については、派遣元事業所の産業について分類しており、派遣先の産業にかかわらず派遣元産業である『サービス業』の中の『職業紹介・労働者派遣業』に分類している。なお、派遣先の産業については調査していない」と解説している。

これは、派遣労働者はどの産業で働いていようとも、派遣会社に「雇用」されており、したがって派遣業という産業で働いているという建前にしたがったものである。これは形式のうえでは妥当な統計的取り扱いであるように見える。しかし、二〇〇七年時点で四〇万人～五〇万人の派遣労働者が製造業の現場作業に従事していて、それが二〇〇八年秋以降二〇万人～三〇万人の規模で契約を切られたという状況を考えると、重大な統計的欠落といわなければならない。これでは製造業の就業人口は正確にとらえようがない。企業の労働力利用においては、派遣労働者は、人事部ではなく、製造部、資材部、調達部などが管理するといわれている。会計上は、通常、固定費である人件費としてではなく、原材料や部品と同様に変動費として計上される。そうした面でも派遣労働者の存在は見えにくい。

「労働力調査」にもどって、「サービス業」の「職業紹介・労働者派遣業」の雇用者数の増減をみると、最近のピークである二〇〇八年八月の一二六万人から二〇〇九年三月の九六万人に三〇万人減少している。また、比較の対象と期間は異なるが、同調査の詳細集計でみれば、二〇〇八年一〇～一二月と二〇〇九年一～三月のあいだに、派遣労働者はやはり三〇万人減少している。

しかし、いずれのデータにも派遣先の産業は示されておらず、製造作業に従事する派遣労働者数は知りえない。他方、二〇〇九年四月の厚労省発表では、二〇〇八年一〇月以降の製造業における派遣・請負などの解雇・雇い止め人数は、約一九万人（うち製造業派遣は一二万人）であった（ほとんどは三月までの実施分）。二〇〇七年までの製造業派遣の急増と二〇〇八年秋以降の製造業の生産の落ち込みの大きさに比べると、この人数はあまりに少なく、実際はこれよりかなり多い可能性がある。

おわりに

『日本労働研究雑誌』（二〇〇七年二・三月号）に依頼されて、P・トインビー『ハードワーク――低賃金で働くということ』（椋田直子訳、東洋経済新報社、二〇〇五年）と、B・エーレンライク『ニッケル・アンド・ダイムド――アメリカ下流社会の現実』（曽田和子訳、東洋経済新報社、二〇〇六年）のダブル書評をした（本書

第八章第三節、参照）。それに書いたことだが、ワーキングプアの低賃金労働者に共通しているのは、その存在がインビジブル、つまり見えないということである。この点は *Invisible in America*（『アメリカの見えない人々』）という副題をもつD・K・シプラーの『ワーキング・プア――アメリカの下層社会』（森岡孝二・川人博・肥田美佐子訳、岩波書店、二〇〇七年）でも同様であって、著者は「この人々が見えるようになるのに本書が役立つことを望んでいる」（同書、一八ページ）と書いている。

二〇〇八年一二月三一日から一月五日まで東京日比谷公園内に「年越し派遣村」が開設された。それはマスメディアに大きく報道され、二〇〇八年恐慌で突然放り出された派遣労働者の様子を一瞬ビジブルにした点で、人々の意識を変えるほどのインパクトを与えた（宇都宮健児・湯浅誠編『派遣村――何が問われているか』岩波書店、二〇〇九年）。しかし、それが一九九〇年代末から加速化したアメリカ発の株主資本主義の所産であることはあまり知られていない。

国税庁「税務統計からみた民間給与の実態」（二〇〇八年版）によれば、年間給与額二〇〇万円未満の給与所得者は一〇三二万人を数える。しばしばこれをもとに年収二〇〇万未満のワーキングプアは一〇〇〇万人を超えると語られることがある。しかし、既出の「就業構造基本調査」では年収二〇〇万未満の労働者（在学者を除く）は、一九九七年調査において一三八三万人にのぼり、二〇〇七年調査では、一七〇七万人（全雇用者の三一％）に増えている。そのうち一三五九万人（八〇％）は非正規労働者である。

貧困の拡大に歯止めをかけ、ワーキングプアを解消するためには、以下の課題に取り組むことが急がれる。

(1)　労働者供給事業を禁止していた職業安定法の当初の趣旨にたちもどって、労働者派遣制度を抜本的に見直す。

(2) パート、アルバイト、契約社員（期間工）、派遣などの非正規労働者の乱暴な解雇を規制する。

(3) 非正規労働者の低賃金による生活の困窮を改善するために、最低賃金を全国どこでも速やかに一〇〇〇円に引き上げる。

(4) 失業給付を受けられない失業者をなくし、生活保護、雇用保険、職業訓練、再就職支援などの制度を抜本的に整備・拡充する。

(5) 介護・医療・保育などの社会保障分野および農業・環境関連産業に公費を投入して、新しい雇用を大量に創出する。

以上、要するに株主資本主義に閂《かんぬき》をかけ、これらの社会政策を政治の責任において速やかに実現しなければ、わたしたちは次回の「就業構造基本調査」の結果に恐れおののくことになるであろう。

注

(1) こうした外国人株式保有比率の上昇の背景には、バブル崩壊後の長期不況と金融危機のなかで、銀行による保有株式の売却が進み、株式持ち合いを解消する動きが強まったという事情がある。大和総研によると、市場全体に占める持ち合い株の比率を金額ベースでみると、一九九一年度の二七・七％から二〇〇四年度は八・〇％にまで低下した。また、株数ベースでは、同じ期間に二三・六％から五・五％まで低下した（伊藤正晴「持ち合いの解消続くが反転の兆しも」大和総研レポート、二〇〇五年一二月一四日）。ただし、最近では、敵対的買収を回避するために、事業法人による株式持ち合いは再び強化されつつあるといわれている。

(2) 投資ファンドによる株主提案が成立した例がないわけではない。たとえば、二〇〇九年五月二八日に開催されたアデランスの株主総会ではスティール・パートナーズが提案した取締役選任案が可決された（『朝日新聞』二〇〇九年五月二九日）。

（3）　松村勝弘氏は、信用論研究学会の二〇〇七年度大会報告で、宮内義彦氏の別働隊として活動を始めたのが村上世彰氏であったとして、「昭栄にTOB、広がるか？　株主資本主義――オリックス全面支援」という見出しの『日経産業新聞』二〇〇〇年一月二五日号の記事を引用している（松村「日本におけるコーポレート・ガバナンス論流行の問題点」『信用論研究』第二六号、二〇〇八年一二月）。同じ記事によると村上氏は一九八三年に通産省に入り、株式交換、M&A（企業の合併・買収）の法制業務を担当し、一九九九年八月に退官し投資ファンド（M&AC）を旗揚げしたという。

（4）　実質賃金ギャップは、実質賃金上昇率と中立的賃金上昇率の差に等しい。中立的賃金上昇率は、労働分配率を一定に保つような賃金上昇率である。したがって、実質賃金ギャップがマイナスであることは、労働分配率が低下することと同義である（『二〇〇八年版　通商白書』一六九ページ）。

（5）　「労働力調査」の詳細集計で二〇〇八年一〇月～一二月の平均と、二〇〇九年一月～三月の平均を比較すると、雇用者総数（役員を除く）は九九万人減少し、そのうち九七万人は非正規雇用者、三〇万人は派遣労働者が占めている。しかし、この場合も減少した派遣労働者の三〇万人の派遣先の産業別構成は不明である。

第二部　日本経済と雇用・労働

第五章　バブルの発生・崩壊と一九九〇年代不況

はじめに

日本経済は一九八〇年代から九〇年代にかけて、株価と地価の異常な上昇をともなったバブル景気と、その崩壊にともなう戦後最長の不況を経験した。

一九八〇年代後半のバブルが異常な経済現象であったことは、それが企業の経済活動と人々の経済生活に重大な混乱をもたらすほどの資産価格の急激で大幅な上昇であっただけでなく、その後遺症にほかならない不良債権問題が金融危機を招いて不況を長期化させると同時に深刻化させたことから明らかである。

一九九〇年代不況は、高度成長期を含め戦後何度かあった景気循環の一局面としての循環性の不況にとどまるものではない。一九八〇年代半ばまでに生じた不況は、最も大きかったオイル・ショック不況を含め、長くて二〜三年のうちに終わり、その後、新たな成長が開始された。しかし、一九九〇年代不況はこれと異なり、九〇代に入ってバブルが崩壊するとともに急激に落ち込んだ生産は、九四年から九六年にかけてゆるやかな拡大に向かったが、本格的回復を見ないまま、九七年三月以降再び大きく落ち込み、その後は需要の減少が生産の縮小と物価の下落を同時にともなって悪循環的に進行するデフレ・スパイラルの様相を呈した。

本章の課題はバブルと不況の原因を両者の関連を踏まえて考察することにあるが、その際、あらかじめ指摘をしておきたいのは、この間に日本の経営システムのあり方を問い直す議論が二波にわたってかつてない規模で展開されたことである。

第一の波は、一九八〇年代後半に起こった日本の「豊かさ」をめぐる議論である。この時期には、日本的経営の成功がいわれ、日本がいよいよ経済大国、というより企業大国となり、経済生活はもとより、社会生活においても企業の影響力がかつてなく大きくなった。それとともに、日本人の働きすぎと過労死が社会問題となり、生活の豊かさを実現するための労働時間の短縮が国民的課題となった。こうした問題状況を反映して、経済企画庁をはじめとする政府機関の文書にも、この時期には「企業中心社会」の「個人生活優先社会」への転換を謳うものが現れた。

第二の波は、一九九〇年代に入って噴出した日本的経営の変容と破綻をめぐる議論である。経営システムは、企業間関係を別とすれば、雇用関係と所有関係の二側面をもつが、雇用関係に関しては、なりよりも大量失業の発生が、「低い失業率」と「終身雇用」とに象徴される日本的経営の綻《ほころ》びを告げており、所有関係に関しては、相次ぐ企業不祥事の発生がコーポレート・ガバナンスの面での日本的経営の機能不全を告げている。

一九八〇年代のバブルと一九九〇年代の不況は繁栄と衰退の対照性において、戦後の日本人の経済生活において前例をみない経験であった。以下では、この点に留意しながら、第一次オイル・ショック以降の日本経済の成長の軌跡を振り返り、とくに一九八〇年代と一九九〇年代の二つの時代について、バブルと不況に焦点を合わせて考察していこう。

第一節　バブル発生の環境と要因

バブルの定義

『経済白書』が一九八〇年代後半の日本経済についてバブルの発生を認めたのは、九〇年代に入りバブルの崩壊が露わになってからである。一九九一年の『経済白書』は、一九八〇年代後半の「現実の地価」の「理論地価」からの乖離を指摘して、「『バブル』の要因が含まれていたことを示唆していると考えられる」（二六〇ページ）と、遠回りの言い方ながらも地価についてはバブルの発生を認めている。しかし、株価についてはなおもバブルという言葉の使用を慎重に避けていた。一九九二年の『経済白書』になると、序論で株価と地価について「いわゆる『バブル』の発生と崩壊が起こり、その過程で金融・証券不祥事も発生した」ことを認めたが、本論ではその立ち入った分析は行っていない。ようやく一九九三年にいたって、『経済白書』は「バブルの発生・崩壊と日本経済」を正面から取り上げ、不良債権についての分析に致命的な甘さを残しながらも、バブル経済のバランス・シートの全面的な考察を試みた。[1]

一九九三年の『経済白書』にかぎらず、経済企画庁（二〇〇一年に内閣府に統合）の文書においては、「バブル」とは「経済的な基礎条件では説明できない資産価格の変動」あるいは「資産価格がファンダメンタルズから大幅にかい離して上昇すること」とされている。しかし、このように資産価格の現実値がファンダメンタルズ（経済の基礎条件）によって導かれる理論値から乖離しているかどうかで判断するかぎり、株価や地価の大幅な上昇があっても、それが企業収益や、金融的収益（配当、地代、キャピタルゲインなど）や、長期金利の動きなどを反映していると考えられる場合はバブルではないことになる。そればかりか、経済企画庁五〇年史である『戦後日本経済の軌跡』（経済企画庁、一九九七年）が言うように、「バブル要因とは経済的な基礎条件では説明できない資産価格の変動であるから定義によって経済的要因によっては説明できない」（三五二ページ）ことにさえなる。定義的に正確であろうとして生ずるこのような曖昧さを避けるために、筆者は本章では、「バブル」いう言葉を日本の現実に即してより常識的に、金融環境の変化を背景とした銀行の常軌を逸した融資拡大と投機の肥大化によって引き起こされた「企業の経済活動と人々の経済生活に重大な混乱をもたらすほどの資産価格の急激で大幅な上昇」という意味で使うことにしたい(2)。

株価と地価の動き

一九八〇年代後半の日本では、まさしくバブルというほかはないような資産価格の異常な上昇があった。バブル経済は、一般企業での財テクブームにみられるように、金融的収益を重視した投機的な資産運用への傾斜や、銀行その他の金融機関によるずさんな不動産担保融資の膨張をともない、のちに明るみに出た数々の企業不祥事が物語るように金融的節度や市場規律における深刻なモラルハザードを引き起こし、不良債権の累積をとおして金融危機を招来した。こうしたバブル後遺症にはのちに立ち返るとして、ここではまず実際の株価と地価の動きを確認しておこう。

図5-1に示されているように、株価は、一九八二年一〇月から上昇をつづけ、日経平均株価でいえば、八四年一月に一万円台にのせ、G5プラザ合意の三ヵ月後の八五年一二月には一万三〇〇〇円台をつけた。

図5-1　株価，地価の動きとその背景

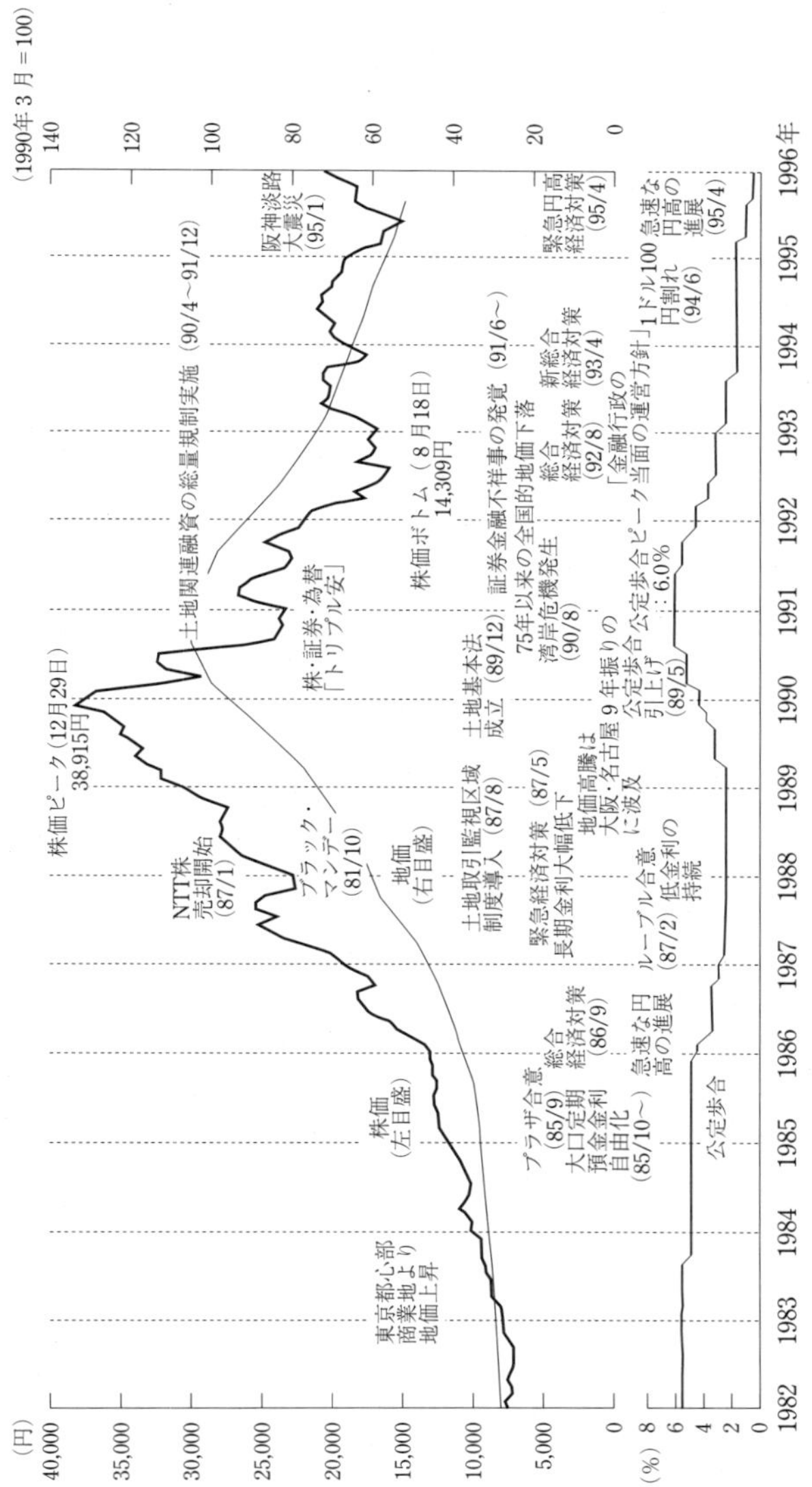

（出所）経済企画庁編［1997］。

一九八七年一月には二万円台、八月には二万六〇〇〇円台に上げたが、一〇月一九日のアメリカ市場での株価急落、いわゆるブラック・マンデーの影響を受けて日本の株価も大きく下げて、この年の年末には二万一〇〇〇円まで落ちた。しかし、その後は再び上昇に転じ、八八年一二月には三万円台にのせ、八九年一二月二九日には史上最高値の三万八九一五円をつけた。八五年一二月と比べれば約三倍の値上がりである。株式取引高の動きを東証一部の一日平均売買高でみると、八〇年代前半は三億株台であったのが、八六年七億株、八八年一〇億株と急増している。しかし、九〇年代に入って株価が急落してからは、売買高も急減し、株価が一万四〇〇〇円台に割り込んだ九二年には二・六億株にまで落ち込んだ。

地価は、一九八三年頃より東京都心部を中心に上昇しはじめた。その後、地域的には、東京圏→大阪圏→名古屋圏→地方圏、用途別では商業地→住宅地の順に波及していった。『土地白書』で東京圏の地価の動きを八三年を一〇〇としてみれば、住宅地では、八六年までは一〇七・一の上昇にとどまっていたが、八七年一三〇・一、八八年二一九・三と暴騰し、ピークの九一年には二五〇・二まで上昇した。都区部に限ればピークは八八年の三〇〇・五で、九一年には二八六・九に下がっている。商業地では、八六年にすでに一二七・二（対前年比一四・一ポイント高）と暴騰がはじまり、八七年一八六・六、八八年には三〇三・八と跳ね上がって、ピークの九一年には三四一・三になった〔国土庁　一九九五〕。都区部に限れば、八八年に三四〇・七とピークに近づいている。地価のこのような急激な上昇があった結果、八五年末には一〇〇四兆円であった土地資産総額は、九〇年末には二・四倍の二三八九兆円になった〔経済企画庁　一九九三〕。

一九八〇代後半にバブル的な現象があったのは日本だけではない。この時期には、アメリカ、フランス、イギリスなどG５諸国でも株価の大幅な上昇が起きた。そのほか、北欧、韓国、台湾などにおいても株価

図5–2　バブル発生のメカニズム

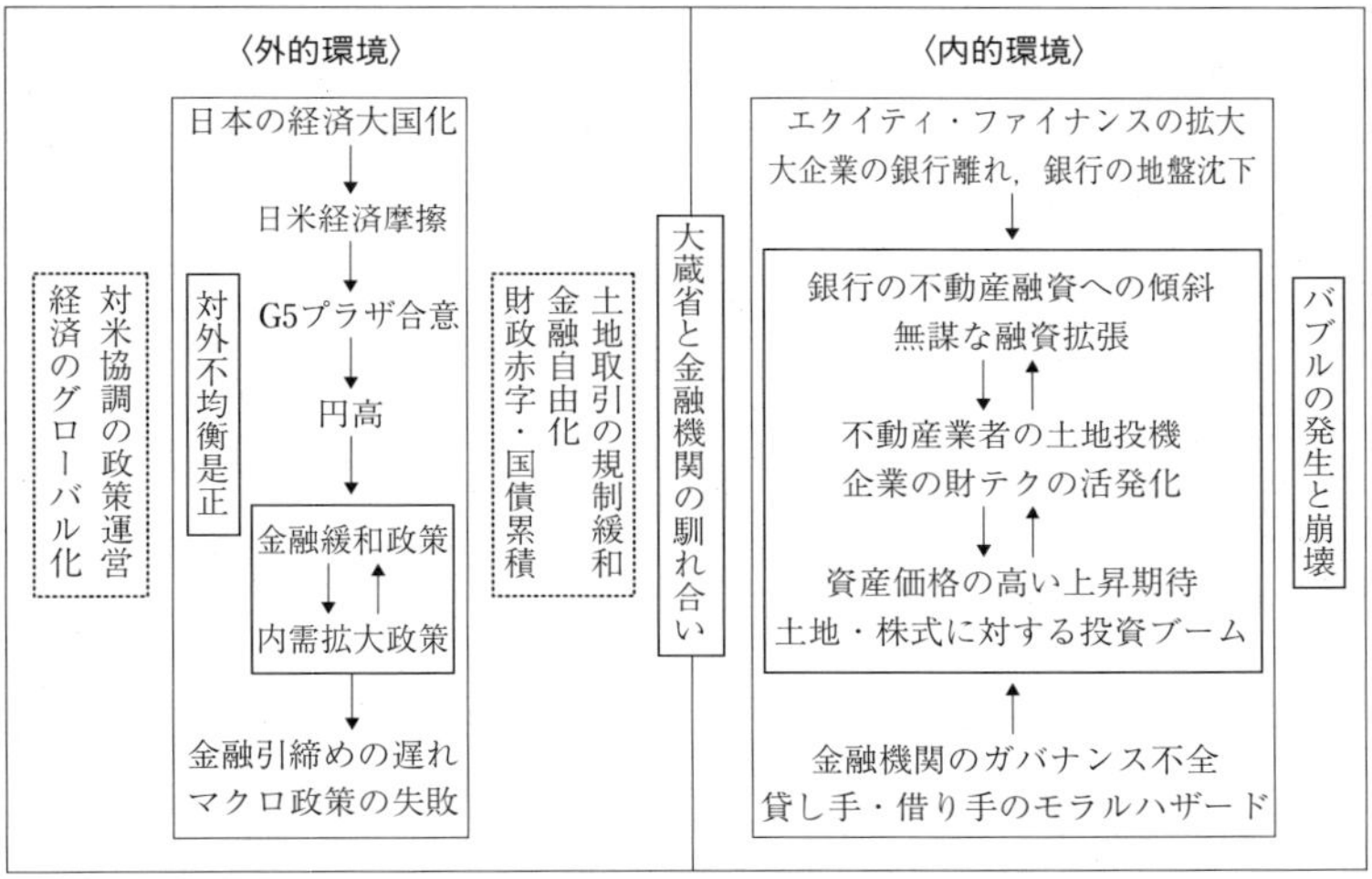

の同様の上昇があった。地価の上昇は、日本のほかは韓国、台湾、スウェーデンでとくに大きかった。いくつかの国にプラザ合意後の同時期に地価と株価の目立った上昇があった背景には、一九八五年～八六年にドルと金利と石油の相場が相前後して下がり、世界的に各国が共通して金融緩和に向かったという事情があると考えられる。そのことは以下の分析でも留意しなければならないことである。とはいえ、日本は、株価の上昇が地価の上昇と強く連動していたこと、株価も地価も上昇の幅が大きくその反動としての下落の幅も大きかったこと、不良債権問題などバブル後遺症の治癒が長引いていることや、バブルのあとにやってきた不況がきわめて長期化していることなどから、他の国々とはバブルの深刻さの度合いを異にしている。

　日本のバブルには、他の国と共通する要因も含め、いくつかの原因が複合していると考えられる。詳しい説明はあとにして、主要な要因だけを示すために作成したのが、図5-2「バブル発生のメカニズム」である。図の左側に〈外的環境〉とあるのは、グローバリゼーションやG5プラザ合意などの国際的環境だけにかぎらず、金融緩和政策や内需拡大政策などを含め、バブルの促進因子あるいは危険因子となった外的要因を指している。これに対し、図の右の〈内的環境〉は、バブルに走りバブルに侵食された当事者としての銀行と企業のそれぞれの行動と相互作用を指している。この説明図にしたがえば、回り道のようでも、バブル発生の環境は日本の経済大国化と日米経済摩擦から説き起こさなければならない。

日本の経済大国化と日米経済摩擦

戦後の日本経済は一九五五年から六〇年代末まで、何度かの景気循環を挟みながら、世界的に例を見ないほどの高度成長をつづけてきた。しかし、七〇年代に入ると国際的に二つの大きな環境変化に見まわれた。

ひとつはニクソン・ショックと呼ばれた国際通貨危機である。一九七一年八月一五日、アメリカ政府によって、金・ドル交換停止を軸とするドル防衛策が発表され、世界経済に大きな衝撃が走った。これによって旧来のIMF体制が崩壊し、四九年から長らく維持されてきた一ドル三六〇円の固定レート制は、スミソニアン合意で円切り上げがあったあと、七三年二月、変動レート制に移行した。

もうひとつは一九七三年一〇月の第四次中東戦争が引金になって起こった第一次オイル・ショックである。アラブ産油国がイスラエルへの対抗戦略として石油の生産削減と輸出停止を決定した結果、原油価格は一年間に四倍になった。日本の産業構造は輸入原油の上に築かれていたので、原油価格の突然の高騰は、従前からのインフレーションに油を注ぐとともに、国際収支構造を攪乱し、工業生産の低下、設備投資の減退、利潤率の低落をもたらした。鉱工業生産指数でみると、生産は一九七三年一一月から七五年三月までにマイナス二〇・四％の落ち込みを示した。

第一次オイル・ショック時のインフレーションは、物価問題が時局の最大の問題になるほどに激しいものであった。このときのインフレは、変動相場制への移行に際し日本銀行がドルの買い支えに注ぎ込んだ円資金が過剰流動性を生んでいたことや、田中内閣の日本列島改造計画によってインフレ誘発的な政策がとられていたことにくわえて、石油関連製品の売り惜しみや便乗値上げがあったことによって増幅された面がある。その結果、七四年の物価上昇率は、卸売物価で三一・六％、消費者物価で二四・四％に達した。「狂乱物価」と形容された異常な物価上昇を前に、消費者からは厳しい企業批判の声が起こった。また、これを大きな経験として地域生活協同組合の発展に示されるように、消費者運動が拡がった。

第一次オイル・ショックののち、日本の産業界は、「省資源・省エネルギー」のスローガンのもとに、エネルギー節約技術の開発を進め、石油消費の削減をはかった。電力生産においては石油による火力発電の原子力発電への転換が進んだ。原子力発電の全電力生産に対する割合は、七五年には五・三％であったが、八五年には二三・七％に増加した。エネルギー節約技術の進歩や、原子力と天然ガスの比重の増大から、原油輸入量は七五年の二億六三〇〇万キロリットルから八五年には一億九六〇〇万キロリットルに減少した。

第一次オイル・ショック後に原料価格の高騰や人件費の上昇に直面した産業界は、コスト削減と競争力の回復・強化のために、「減量経営」を推進した。製造業では、下請けを含む生産工程へのNC（数値制御）工作機械や産業ロボットの導入がはかられるとともに、男性の時間外労働（残業）の延長と、女性のパートタイム労働者の雇用増が目立つようになった。それと同時に、ジャスト・イン・タイムのトヨタ・システムに代表されるように、製造業の加工組立ラインを中心に生産方法と作業組織の革新がはかられた。一九八〇年代になると生産技術と情報処理技術のＭＥ（マイクロエレクトロニクス）化が本格的に進展し始めた。

一九七五年～八五年のあいだに日本の製造業の付加価値でみた労働生産性は六七・三％上昇した。同じ期間にアメリカは二八・六％、西ドイツは三一・二％の上昇にとどまった［日本生産性本部 一九九二］。一九八〇年代の半ばには、日本企業は、自動車、電機・電子機械、その他のハイテク産業（軍事、航空宇宙およびソフト産業を除く）において技術的に世界レベルに達し、日本製品は生産効率や労働コストだけでなく品質管理でも国際的な競争優位を示すようになった。

これらの結果によって、世界経済における日本の相対的地位はかつてなく高まった。世界市場に占める日本の輸出シェアは、一九七五年の六・八％から八五年の九・八％に拡大した。国別にみれば、日本の最も主要な輸出市場はアメリカである。七五年から八五年の間に、日本の対米輸出は一一一億ドルから六六七億ドルに増えた。その結果、日本の総輸出における対米輸出比率は二〇％から三七・二％に上昇した。しかし、日本の総輸入に占めるアメリカからの輸入の割合は、この間に一七％から二一％になったにすぎない。日本のアメリカ市場への輸出の急激な伸びにともなって、八〇年代初めには、日本の経常収支の黒字、とりわけ対米貿易黒字が大きく膨らんだ。それとともに日米間の貿易摩擦が強まり、輸出による市場拡大が引き起こす摩擦を回避するために、自動車メーカーを中心に日本企業が直接投資をとおしてアメリカに進出し現地生産をする動きが拡がった。また、この時期には、日米金利差とアメリカの財政赤字による国債（連邦財務省証券）の増発を背景に、日本からアメリカへの証券投資も急増した。こうして、八〇年代の半ばになると、日本は世界最大の債権国家になった。他方、アメリカは国際収支（経常収支）と国家財政の「双子の赤字」を抱えて、世界最大の債務国になった［関下　一九八九、坂井　一九九一、松村　一九九三］。

このように日本は、変動レート制への移行にともなう困難や、二度のオイル・ショックを乗り越えて、一九八〇年代の半ばまでに自他ともに認める経済大国となった。と同時に、日本がアメリカに対して国際収支の大きな不均衡をかかえ、もっぱらドルで保有する外貨準備や海外資産が増えつづけた結果、日本は円・ドルレートの変動にますます過敏にならざるをえなくなった。日本は輸出競争力を維持するためには過度の円高を防がねばならず、対外ドル資産を維持するためには過度のドル安を防がねばならない、というディレンマのなかで世界経済の変化に適応することが求められるようになったのである。

くわえていうなら、日本の経済大国化にもかかわらず、変化する国際環境への日本の対応は、基本的にはアメリカの世界戦略への依存という以前からの枠組みから抜け出るものではなかった。それどころか、日本の資産がますますドル資産の形で保有されるようになったことから、ドル体制を維持するために、アメリカの軍事的・経済的ヘゲモニーへの日本の協調と追随は従来以上に強まったとさえ言ってよい。

一九八〇年代前半における日本の対米輸出の急増と国際収支不均衡は、経済問題を超えてある種の政治問題化し、日米間に深刻な摩擦を生みだすことになった。これに対する日本の対応は、基本的には対米協調というより、むしろアメリカの要求に日本が従う方向でなされた。以下にみるように、八〇年代後半の日本政府の政策運営が「対外不均衡の是正」のための「内需拡大」と「金融緩和・金融自由化」に大きく傾斜し、バブルを生む金融経済情勢を醸成するにいたったことも、日米経済摩擦の調整がどのような枠組みと方向でなされたかを示唆している。

規制緩和と土地取引

一九八〇年代の世界経済は、新自由主義を唱え、自由市場と私企業に全幅の信頼をおく市場原理主義の立場から、民営化・規制緩和を求める政治思潮の台頭とともに幕を開けた。第二次大戦後、先進諸国においては「完全雇用政策」と呼ばれるケインズ主義的な財政政策が採用され、政府支出の拡大によって高水準の雇用と経済成長を達成することが目指された。また、それに呼応するように社会保障の拡充と福祉国家の建設が時代の流れとなった。しかし、第一次オイル・ショック後の世界的なスタグフレーションと財政危機を背景に、一九七〇年代末から八〇年代にかけて、新自由主義を標榜する反福祉国家の潮流が台頭し、ビジネスチャンスの拡大を求めて「小さな政府」と「規制緩和」を主張するようになってきた。有権者のあいだにも、官僚機構の肥大化や、公共部門の非効率や、租税負担の増大を嫌って、公共部門の縮小や労働組合の弱体化を唱える新自由主義に対する支持が拡がった。そして、イギリスのサッチャー（一九七九年～九〇年）、アメリカのレーガン（一九八〇年～八八年）、日本の中曽根（一九八二年～八七年）の各政権が誕生した。八〇年代末における旧ソ連、東欧における社会主義の崩壊とその後の市場経済への移行も、新自由主義の思想的勢いと政治的影響力を強める契機となった。これらのことにいまとくに注目するのは、日本のバブル経済とその後の不況は、政策的にはこうした新自由主義の流れと切り離しては説明しえないからである。

日本における規制緩和の流れは、中曽根内閣のもとでの一九八三年から八六年にかけての第一次行政改革推進審議会（行革審）に発している。ここから始まる規制緩和の流れのなかで、まずもって目につくのは土地取引あるいは土地利用の規制緩和である。土地利用の規制緩和に関して、経済企画庁五〇年史『戦後日本経済の軌跡』（一九九七年）の資料編から中曽根内閣発足後の政策をひろってみると、一九八三年四月の「経済対策閣僚会議」の決定には、「規制の緩和等による民間投資の促進」のために、以下の三項目を含む六項目が記されている。

一　都市中心部の高度利用のための第一種住宅専用地域の適切な見直し等。
二　宅地供給の円滑化のための適切な線引きの見直し等。
三　宅地開発指導要領の行き過ぎの是正等。

また、一九八三年一〇月の「総合経済対策」では、「公共事業分野への民間活力の導入の促進」のために、次の七項目が挙げられている。

一　国鉄用地等国公有用地の有効活用の一層の推進、推進本部の設置。
二　都市再開発の推進（民間活力導入の点から高度利用を図るべき地域地区見直し等）。
三　住宅・宅地供給の促進（適切な線引きの見直し等）。
四　公共的事業につき民間が主体的に事業を行うシステムの開発等の推進等。
五　民間活力の活用によるニューメディア振興等。
六　テクノポリス構想の推進（公共事業の重点的投資等）。
七　地域中小企業の活性化（ベンチャービジネスの振興等）。

規制緩和による民間企業主導の土地活用の推進は、中曽根行革の基本路線をなしていた。地価が上昇の度を強めていた一九八六年の春にも、市街地再開発の促進のための第一種住居専用地域の第二種への指定替えや、線引きのいっそうの見直しなどが進められ、八七年には後述するリゾート法の公布・施行があり、土地開発ブームに油を注いだ。中曽根内閣のもとで進められた日本電信電話公社の民営化（一九八五年NTT発足）や、国鉄の分割民営化（一九八七年JR発足）も、情報・通信や交通・運輸に対する規制緩和にとどまらず、土地利用の規制緩和の側面を有しているとみることができる。

中曽根内閣のもとでの「内需拡大」を中心とする構造調整政策は、土地政策に関しては、同内閣の「民活」（民間活力の活用）を謳い文句にした規制緩和路線と結びつくことによって、地価上昇の促進要因になったと考えられる。たとえば、「前川リポート」（「国際協調のための経済構造調整研究会報告書」）では、内需拡大策の第一に民間企業主体の住宅対策と都市再開発を掲げ、「線引きの見直し、地方公共団体による宅地開発要綱の緩和、用途地域・容積率等の見直し」を提言していた。(3)

「前川リポート」に代表されるように、内需拡大のための土地利用の活性化論議が活発になるなかで、金融機関の不動産融資や不動産会社による土地取引に火がつくようになった。またそれと軌を一にして、リゾート開発がある種のブームの観を呈してきた。電鉄会社、観光・旅行会社、商社、不動産会社などの従来からの開発業者だけでなく、構造不況から経営多角化に乗りだした鉄鋼会社や造船会社などもリゾート開発に名乗りをあげるようになった。都道府県自治体の多くも「地域振興」の名のもとに開発プランを策定し、開発主体となる民間企業の呼び込みや第三セクターの組織化に躍起になった。

こうした動きに弾みをつけるように、一九八七年五月には、いわゆるリゾート法（「総合保養地域整備法」）

が成立した。この法律は、リゾート開発を進める企業に対して、税制上の優遇措置、NTT株の売却資金の無利子融資、政府系金融機関による低利融資、地方債の特別措置、公共施設の整備、農地・国有林・港湾の利用に対する規制緩和などさまざまな助成・優遇措置を与え、レクリエーション、スポーツ、教養文化活動などのための総合的なリゾート基地を整備することを意図していた。リゾート法関連を含め、八〇年代後半のリゾート開発は、投機的な地価上昇期待の土地開発・土地取得に支えられていただけに、バブル崩壊後の開発業者の倒産や撤退により、関連自治体に巨額の負債を残して頓挫した計画が多い。

すでにみたように、バブルにいたる地価の上昇は一九八三年頃に東京都心の商業地から始まった。中曽根政権のもとでの土地利用の規制緩和も八三年に起点をもっていた。八三年はまた金融制度における規制緩和、すなわちとりわけ金融自由化にとっても、歴史的な転換点となった。

金融の自由化と日米協議

この時期の金融自由化は、一九八三年一一月にレーガン大統領が来日し、日本の金融市場・資本市場の開放を強く迫ったことによって動き出した。アメリカ側のねらいは、日本の先物為替管理における「実需原則」や「円転換規制」などを撤廃させ、日本への外国資本の流入と内外資本の交流を容易にして、ドル高とアメリカの経常収支の赤字拡大を是正することにあった。その結果として、投機を目的とした先物為替取引を制限してきた実需原則は八四年四月一日から撤廃された。その後、八四年二月から四月にかけて「日米円ドル委員会」が開催され、五月末には「日米円ドル委員会報告書」と「金融の自由化および円の国際化についての現状と展望」（大蔵省）が発表された。そして六月には、円転換規制が撤廃され、銀行がドルやユーロ円（日本以外で流通する円）などの外貨を取り入れることによって円資金を調達することが可能になった［宮崎 一九九二］。

表5-1にも示されているように、八〇年代半ばから後半にかけて金融・資本市場の自由化・国際化の推進のために、CD（譲渡性預金）発行条件の緩和、CDの証券会社取り扱い解禁、MMC（市場連動型預金）の導入、債権先物の導入、BA（円建銀行引受手形）の創設、大口預金金利の自由化、外国銀行の信託銀行業務への参入、外国証券会社による東京証券取引所会員権取得、ユーロ円債などの発行条件の弾力化など一連の措置が実施に移された。

こうした金融市場・資本市場の開放は、より一般的な市場開放と並行して進められた。そのことを最も端的に示しているのは、一九八五年に出た対外経済問題諮問委員会の答申である。中曽根内閣の対外経済政策になったこの答申は、経常収支不均衡に起因する日米経済摩擦の是正に向けて、いっそうの市場開放を進めるための一連の「アクション・プログラム」（行動計画）を提言している。そのなかには、①関税率の撤廃・引き下げ・見直し、②輸入制限の見直し、③輸入の基準・認証・プロセスの弾力化・簡素化・迅速化、④政府調達の契約制度・手続きの見直しおよび外国製品調達の拡大、⑤金融・資本市場の自由化促進、⑥外国人弁護士の顧問活動などサービスの自由化などが含まれている。これらの措置の目的は、日本の輸入、とりわけ製品輸入を促進すること、またそのために日本の貿易・市場にかかわる制限的な制度と慣行を改廃することにある。答申はまた、輸入の拡大のためには内需拡大の必要があることを強調し、「原則自由、例外制限」の見地から貿易以外の分野についても規制緩和の推進を謳い、公共事業分野についても民間活力の導入、土地利用規制・建設規制などの見直しを提言している［内閣官房特命事項担当室・経

表5-1　1980年代の日本の金融自由化と「外圧」

日　付	事　　　　　項
1983年頃	日本の経常収支大幅黒字，経済摩擦の深刻化
1983年10月	「総合経済対策」(内需拡大，市場開放・輸入促進，金融資本市場などの環境整備)→外国為替の実需原則見直し，BA市場創設を検討，等
1983年11月	レーガン大統領訪日にともなう日米蔵相共同発表→CD発行単位切り下げ(5億円から3億円へ)，居住者のユーロ円債発行に対する規制の緩和，等
1984年5月	日米円ドル委員会報告書→短期金融市場(TB，FB)の改善，CDの証券会社取り扱い解禁，債権先物などの導入，ユーロ円債発行規制の緩和，CD発行単位の引き下げ，BA市場の創設
1984年11月	円ドル委員会フォローアップ会議(第1回)→米銀の信託業務参入，ユーロ円債，ユーロ円CDの許可制，ユーロ円取引自由化，東京オフショア市場創設(1985年3月の外国為替審議会)
1985年6月	円ドル委員会フォローアップ会議(第2回)→大口定期預金金利の自由化約束(1987年までに)
1985年7月	「アクション・プログラム」によって債券先物市場創設，証券会社のBA取り扱い，東証会員定数増加，外銀の信託業務参入，一層の金利自由化
1985年12月	円ドル委員会フォローアップ会議(第3回)→短期国債の商品性改善，ユーロ円債発行規制の緩和
1986年9月	円ドル委員会フォローアップ会議(第4回)→大口定期預金金利など一層の金融自由化をアメリカ側が要望
1987年5月	円ドル委員会フォローアップ会議(第5回)→米銀系証券会社の日本市場への参入をアメリカ側が要望
1988年4月	外国証券会社の国債発行市場におけるシェア引き上げ，厚生年金基金の運用業務への参入自由化を要望

(出所)　堀内［1996年］。

済企画庁調整室［一九八五］。

G5プラザ合意後の内需拡大政策と金融緩和

バブル発生の外的環境をみるうえで見逃せないのは、一九八〇年代半ばの世界経済の転換である。一九八〇年代の前半は、石油も金利もドルもそろって高い水準にあったが、一九八五年から八六年にかけて、ドル安に移行し、高い利子率が是正され、原油価格が急落し、国際経済情勢は一変した。

ドル高のドル安への転換の場は、一九八五年九月のニューヨーク・プラザホテルにおけるＧ５（先進五ヵ国蔵相・中央銀行総裁会議）であった。この会議では、日本からいえば円安・ドル高を円高・ドル安に転換する合意がなされ、その後、円の対ドルレートは劇的に上昇し始めた。Ｇ５直前に一ドル二四〇円台であった円は、八ヵ月後の東京サミットが開かれた一九八六年五月には一ドル一五〇円台にまでなったほどである。

日本政府と財界は当時「円高激震」とまでいわれた急激な円高に直面して、「対外不均衡の是正」のための「内需拡大」に向けて、経済構造調整に取り組まざるをえなくなった。東京サミットを前にした一九八六年五月、中曽根首相は、レーガン大統領への手みやげに「前川リポート」を携えて訪米した。このリポートは、日本の経常収支不均衡（黒字）が「危機的状況」にあることを強調することに力点をおいて、日本経済の現状を冒頭でこう述べている(4)。

「戦後四〇年間に我が国経済は急速な発展を遂げ、今や国際社会において重要な地位を占めるに至った。

国際収支面では、経常収支黒字が一九八〇年代に入って傾向的に増大し、とくに一九八五年は、対GNP比が三・六%とかつてない水準まで大幅化している。

我が国の大幅な経常収支不均衡は我が国の経済運営においても、また、世界経済の調和ある発展という観点からも、危機的状況であると認識する必要がある。

今や我が国は、従来の経済政策及び国民生活のあり方を歴史的に転換させるべき時期を迎えている。かかる転換なくして我が国の発展はありえない。」〔国際協調のための経済構造調整研究会　一九八六〕

日米経済摩擦の原因の一半は、アメリカ側の財政膨張と活発な個人消費に支えられた高い国内需要にある。一九八〇年代には、連邦財政の歳出の増加は巨額の歳入不足をともない、赤字の規模は、一九八一年度を除き、毎年度一二〇〇億ドルから二二〇〇億ドルに達した。この赤字は、この時期にレーガン政権が企業および高額所得者に対する大規模な減税を行ったことがひとつの原因であり、税収減にもかかわらず軍事支出を拡大しつづけたことがもうひとつの原因である。財政赤字と軍事費の関連は、歳出に対する歳入不足の比率が二六％にのぼった一九八三年度に、歳出に占める軍事支出の比率も同じく二六％にのぼったことにも示されている。この一致は偶然ともいえるが、一九八四年度から一九八六年度にかけても、歳入不足率は二六％〜二七％、軍事支出率は二一％〜二二％に達し、軍事支出が連邦財政を大きく圧迫していることは否めない〔坂井 一九九一〕。

アメリカの貿易収支の赤字拡大は、政府支出の膨張だけによるものではない。貿易収支中の製品貿易収支の赤字拡大は、製造業の国際競争力が低下したことによるところが大きい。くわえて家計の貯蓄率が低く、消費性向が高いこともアメリカの製品輸入増を牽引する一因となっている。いずれにせよ、一九八〇年代におけるアメリカの輸入超過と経常収支の赤字拡大は、アメリカの国家財政をも含む経済構造にも原因があると考えられる。したがって、アメリカが日本に内需拡大を求めるのであれば、日本がアメリカに内需縮小、したがって、たとえば軍事費の削減を含む緊縮財政を求めてもおかしくはないのである。しかし、「前川リポート」は、日米経済摩擦の基本的要因はアメリカ側より日本側にあるという認識に立って、日本の「内需拡大」、「産業構造の転換」、「製品輸入の促進」、「金融の自由化と国際化」、「国際協力の推進」などをアメリカに対し約束したのである。

バブル発生の外的環境を考えるうえで、いまひとつ取り上げておくべきは円高への対応策および内需拡大策としてなされた金融緩和である。

一九八五年九月のＧ５プラザ合意ののち、円高が急激に進んだ局面では、日本経済を牽引する輸出産業が重大な打撃を受けるだろうという懸念から、「円高不況」が大きな問題になった。しかし、一九八五年秋からの日本経済の動きをみると、「円高不況」といわれて騒がれたわりには生産の落ち込みは小さく、完全失業率の上昇や新規求人数の減少からは景気悪化がみられたものの、一九八七年にはいるとあらゆる指標からみて好況に向かっている。

にもかかわらず、政府は産業界の要請に応えて、以前の不況にも増して大規模な不況対策を実施した。そして、好況に転じても、「対外不均衡の是正」のための「内需拡大」を錦の御旗にして、金融緩和と公共投資の拡大をテコに景気刺激政策をつづけたのである。

この時期の金融緩和を象徴しているのは公定歩合（現在では「基準割引率および基準貸付利率」と呼ぶ）の推移である。一九八三年一〇月以降五％であった公定歩合は、円高の影響による不況が懸念される状況のもとで、一九八六年一月に四・五％に引き下げられ、つづいて四月に三・五％、一一月に三％になり、一九八七年二月には景気が好況に転じていたにもかかわらず、当時としては史上最低水準の二・五％にまで下げられ、それが一九八九年五月まで据え置かれた。

金融緩和を受けて、マネーサプライ（現在の統計では「マネーストック」として作成・公表されている）も大きく伸びた。Ｍ２（現金通貨＋預金通貨＋準通貨）＋ＣＤ（譲渡性預金）の平均残高は、バブル崩壊直前までかなり高い率で増加をつづけた。この背景には金利低下のほかに、資産取引の活発化による投機的取引需要の増加や、景気の拡大にともなう実物取引需要の拡大があったと推定される。くわえて大口定期預金金利の自由化など、金融自由化も少なからず影響していると考えられる（一九八八年『経済白書』参考資料）。大銀行の貸出活動も活発になり、全国の銀行（都市銀行、地方銀行、信託銀行、長期信用銀行）の貸出金残高は一九八五年からバブルが崩壊した一九九一年までにおよそ二倍に増加した。バブル三業種といわれた不動産、建設、ノンバンクへの融資の伸びはこれよりさらに大きかった。

「不況対策」のための公共投資については、政府は、一九八六年九月に公共事業一兆四〇〇〇億円、道路公団一〇〇〇億円、地方単独事業八〇〇〇億円、住宅公庫七〇〇〇億円、計三兆円の公共投資を含む総額三兆六〇〇〇億円の総合経済対策を打ち出した。それだけでなく、一九八七年五月にも五兆円の事業規模の公共投資を含む、総額六兆円の緊急経済対策を発表した。その結果、補正後の実績値でみると、公共事業の規模は一九八六年度一四兆三一九五億円（対前年度比一一・三％増）、一九八七年度一六兆三五〇〇億円（一三・六％増）と急増し、その後も増えこそすれ減ることはなかった。公共投資のこうした増加がすでに拡大過程にあった景気をさらに刺激したことはいうまでもない。

いまから振り返ると、多くの論者が指摘しているように、政府が「円高不況」懸念に過剰反応し、金融引き締めのタイミングを見失ったことは明らかである。その理由のひとつは、一九八七年一〇月一九日のアメリカの株価暴落（ブラック・マンデー）であった。この日アメリカの株価はダウ三〇種平均で前日比二二・六％の低下率を記録した。これを受けて翌日の東京株式市場も、低下率一四・九％の暴落となった。株価の下落に連動して、一九八五年秋から下がりつづけてきたドル相場は一段と下落した。こういう情勢下での金利の引き上げは、株価のいっそうの低下と円のいっそうの上昇をもたらす恐れがあったことが、金融緩和政策の転換の時期を誤らせ、金融の過熱と暴走を誘発する一因をつくったことは否めない。

と同時に、一九八五年度に五五〇億ドルあった日本の経常収支黒字は、その後の円高の急進展にもかかわらず、一九八六年度九四一億ドル、一九八七年度八四四億ドル、一九八八年度七七二億ドルと、一九八五年水準を上回った。このことは経常収支の黒字縮小のための内需拡大政策が期待された効果を上げなかったことを意味する。そうであればあるほど、政府・財界は、日米協調体制の維持を至上命令として、対外不均衡の是正のために、内需拡大政策とそのための金融緩和政策を継続する政策選択をしたといってもよい。

日米関係に制約されて、日本政府の政策運営の弾力性が損なわれてきたのは金融政策だけではない。財政運営もまた、一九八〇年代後半から一九九〇年代にかけては対外不均衡の是正のための内需拡大という使命を背負わされてきた。その一例は、日米間の貿易と国際収支調整の構造的障壁を除去する目的で、一九八九年七月に発足した日米構造問題協議（Structural Impediments Initiative）にみることができる。日米間には日米安全保障条約第二条の「締約国は、その国際経済政策におけるくい違いを除くことに努め、また、両国の間の経済的協力を促進する」という定めにもとづいて、両国の政策協調のための定期的・臨時的協議機関がいくつも設置されてきたが、この協議では、従来のどの協議にも増して細かく、日本の商慣行や法制度の改廃問題に立ち入り、内需拡大のための公共投資の規模まで議論された。

そして、一九九〇年六月に発表された日本側最終報告では、一九九一年度から二〇〇〇年度の一〇年間に「おおむね四三〇兆円の公共投資を行う」［通商産業調査会 一九九〇］ことが明記された。これは公共投資の規模を向こう一〇年間に過去一〇年間の二倍に増やし、総財政支出の一割以上を公共投資に充当することを意味した。この日米構造協議が行われた一九八九年から一九九〇年は、日本経済はまさにバブルのピークにあった時期で、バブルを沈静させる必要からも、財政支出を圧縮する必要からも、むしろ公共投資の縮小が求められていた。それにもかかわらず、アメリカの要求に応じて公共投資をいっそう拡大するという政策選択がなされたのである。

第二節　バブルを生んだ銀行・企業行動と不良債権問題

銀行の不動産関連融資と大企業の財テク活動

第二次大戦後の日本の企業金融にあっては、長らく銀行を通じた短期資金の借入を主とする間接金融が中心的な位置を占め、資本市場ないし証券市場を通じた直接金融は副次的な位置しかもたなかった。とくに大企業は、特定の都市銀行をメインバンクとして、その銀行から安定的に資金供給を受け、銀行は他行がメインバンク関係にある企業に対しては相互に協調融資を行ってきた。しかし、オイル・ショック不況から日本経済が抜け出た一九七〇代後半以降、大企業は銀行からの借入比率を下げ、証券市場から株式発行などをとおして直接に低コストで資金調達ができるようになった。一九八〇年代に進んだ金融自由化や、情報・通信技術の発達に支えられた多様な金融商品の登場も、企業が国際金融市場を含め、非銀行系金融機関や証券市場からの資金調達を増やすことを可能にし、銀行の地盤沈下を招いた［堀内　一九九八］。

一九八〇年代の金融資本市場でとくに注目されるのは、株価高を背景にした時価発行増資、転換社債、ワラント債（新株予約権付社債）などによる資金調達である。これらは、企業の財務上は株主資本（エクイティ）の増加に結びつくので、エクイティ・ファイナンスと呼ばれている。一九八七～八九年度のわずか三ヵ年度間に、金融機関を含む国内企業が転換社債とワラント債中心のエクイティ・ファイナンスにより調達した資金の総額は五六兆円にのぼった〔宮崎　一九九二〕。ワラント債の大部分は海外で発行されたが、円高ドル安の時期であったために、円建てで計算すると、発行したワラント債に利子を払ってもお釣りがくる（マイナスの利子が付く）ことさえ少なくなかったと言われている〔伊東　一九八九〕。これは特別なケースとしても、一九八〇年代の後半に大企業がエクイティ・ファイナンスによって、銀行借入に比べてきわめて低いコストで大規模に資金調達ができたことが、大企業の銀行離れと銀行の事業機会の縮小に拍車をかけ、銀行が新たな営業領域を求めて、不動産関連融資に走った原因をつくったことは疑いない。

銀行の不動産関連融資の急増を需要側で促したのは、個人の住宅購入である以上に、不動産会社を含む法人部門における活発な不動産投資である。その需要に支えられて、銀行の不動産業への貸出は、一九八五年度から一九八九年度にかけて、総貸出の年平均伸び率九・二%を大幅に上回る年率一九・九%で伸びた〔館ほか　一九九三〕。一九八六〜八七年に限れば、全国銀行の貸出の伸び率は約一〇%であったが、不動産貸出の伸び率は約三〇%であった〔経済企画庁　一九九七〕。バブル三業種向けの融資残高も、一九八〇年代の後半に銀行の総貸出や名目GDPの伸びを大きく上回って増加しており、この時期の銀行融資の伸び自体がバブルにほかならなかったことを示している。

銀行から企業に目を転ずれば、大企業は一九八〇年代後半にはエクイティ・ファイナンスなどをとおして低コストで調達した過剰な資金を、設備投資だけでなく、キャピタルゲインの獲得に振り向け、金融資産の投機的な運用、いわゆる財テクに走った。高騰する株価に引き寄せられて、企業の財テク資金は、信託銀行のファンド・トラスト（指定金外信託）や証券会社の営業特金（一九九一年証券取引法改正で禁止）を通じて、証券市場に投入され、それが株価をいっそう高騰させる要因になった。そればかりか、大企業の多くがキャピタルゲインで営業外収益を稼ごうと財テク専門の金融子会社を設立し、バブル崩壊後のバランスシートの悪化と財テク倒産の一因をつくった。また、この過程では、法人だけでなく、大きな金融資産をもつ富裕な社会層を中心に個人のあいだでも財テクブームが起こり、株や、土地や、ゴルフ会員権や、絵画や、その他の投機的商品が買い漁られ、高級乗用車などの奢侈的消費が拡がった。

ここで誤解のないように付け加えておけば、一九八〇年代の後半には、不動産関連融資や株式投資を通じて金融が過熱しただけでなく、生産も鉱工業生産指数の急激な伸びに示されるように大きく拡大した。生産の拡大は設備投資の増加によっても確認できるが、それ以上に雄弁に生産の拡大、というよりむしろ過熱を示しているのは労働時間の動きである。総務庁「労働力調査」によれば、労働時間が週六〇時間以上におよぶ超長時間労働者は一九七五年には三二三万人であったが、一九八一年には五〇〇万人、一九八六年には六〇〇万人を超え、一九八八年と八九年は最大に達して七七七万人（うち男性六八五万人）を数えるまでになった。「週六〇時間以上」は、年間労働時間に換算すると、三一〇〇時間以上を意味するが、これは、この時期の所定労働時間が年間約一九〇〇時間であったことからすると、残業時間にして、年間一二〇〇時間以上、月一〇〇時間以上、週二五時間以上を意味する。男性だけでいえば、全男性労働者のほぼ二五％、実に四人に一人がこれだけの長い残業をしていたのである。一九八八年は過労死弁護団によって過労死一一〇番の全国ネットが開設されて、過労死の多発が一挙に社会問題化した年であることから考えても、この時期には、金融だけでなく生産も過熱状態にあったことがわかる。

第三節　バブルの崩壊と不良債権問題

前節で述べたように、一九八〇年代の後半には、円高不況が軽微に終わり、明らかに好況に転じたのちも、政府は、「対外不均衡の是正」のための「内需拡大」を錦の御旗にして、金融緩和と公共投資の拡大をテコに景気刺激政策をつづけた。地価と株価の異常な上昇を抑えるには、金融引き締めに転じる必要があった一九八七年の秋にも、ブラック・マンデーのあとの株価続落の懸念もあって、引き締めのタイミングを逸してしまった。

一九八九年五月にいたって、政府はようやく公定歩合の引き上げに踏み切った。それまで一九八六年一月四・五%、四月三・五%、一一月三%になり、一九八七年二月二・五%と下げられてきた公定歩合は、一九八九年五月三・二五%、一〇月三・七五%、一二月四・二五%、一九九〇年三月五・二五%、八月六%と五回にわたって引き上げられた。こうして金融環境が変わっても、一九八九年中は株価はなお上昇をつづけ、既述のように、日経平均株価は一九八九年一二月に三万八九一五円の最高値をつけた。

しかし、一九九〇年に入ると市場金利（長期金利）が上昇するなかで、株価は同年二月二一日の大幅な下落を皮切りに、四月までのあいだに数度の暴落が起きた。一九九一年七月以降、数次にわたって公定歩合が引き下げられたが、にもかかわらず景気が本格的な下降過程にはいっていたために株価の崩壊に歯止めをかけることはできなかった。一九九〇年の後半から九一年にかけて株価は概ね二万円台にあったが、一九九二年四月になると、地価下落による不良債権問題の表面化から銀行株が大幅に下落し、ついに二万円を割り込み、一九九二年八月には一万四三〇九円まで下げた。

地価は、株価から一年遅れて、一九九一年以降、大都市圏から本格的な下落に転じ、その後長期にわたって下げつづけた。地価の下落の重要な契機となったのは、一九九〇年三月の「総量規制」である。大蔵省通達のかたちでなされたこの規制では、地価抑制の緊急避難的措置として、不動産業向け融資の伸び率を融資全体の伸び率以下に抑えることが企図された。また、同じく一九九〇年三月には、同じ目的のために、バブル三業種に対する金融機関の融資の実行状況を大蔵省に報告させる「三業種規制」が実施された。ただし、総量規制の対象からは住宅金融専門会社（住専）が除外され、三業種規制の対象からは農林系金融機関が除外されたために、一般の金融機関が住専から資金を引き揚げる一方で、農林系金融機関が住専に貸し、住専が不動産業に貸すという資金の流れが生まれ、日本住宅金融（日住金）をはじめとする住専各社の不良債権をいたずらに大きくした。

一九八〇年代後半には、銀行は、本体の業務だけでなく、住専や系列ノンバンクをとおして、不動産関連分野に巨額の融資を行った。こうした銀行行動が、事業法人による土地投資と土地投機を助長したことはいうまでもない。いまではよく知られているように、この時期の金融機関による不動産融資は、融資先の事業計画や収益力や返済能力をまともに審査せず、担保となる土地資産の暴落のリスクもほとんど見込んでいなかった点で、多くがずさんな不動産担保融資であった。そのうえ、暴力団が絡んだ地上げや、融資にかかわる横領や詐欺の多発など、しばしば貸し手と借り手の双方とも金融的節度やモラルを欠いている事例がみられた。いくつかの大型倒産や経営破綻の例が示しているように、金融機関に限らずバブル期の大企業は、株式会社に求められる経営のチェックシステムを欠き、決算数値をはじめとする企業情報の開示も適切でなかったケースが見られ、のちに粉飾決算が明らかになったケースも少なくない［森岡 二〇〇〇］。大企業の銀行離れにともない、メインバンクによる融資先企業の経営に対する監視機能が働きにくくなったとする指摘もあるが、いわゆるメインバンク機能を果たしてきた都市銀行を含む銀行業界自体がガバナンスの機能不全をきたしたといわなければならない(5)。

不良債権問題は文字どおりの「バブル後遺症」といってよいが、「バブル後遺症の清算から自律回復へ」という言葉を使って、早計にも景気回復宣言をした一九九七年『経済白書』は、バブル後遺症に関連して、企業のバランス・シート、土地市場の動き、金融機関の不良債権問題の三つを検討していた。そこでは、企業の負債・資産のバランス・シートについて、不動産業の負債比率が著しく悪化していることや、大手建設業者（ゼネコン）の不動産業者などに対する保証債務残高に問題があることを指摘してはいるが、実体経済からみるかぎり、バランス・シート調整は進んでいるという判断をくだしている。金融機関の不良債権額については、預金取り扱い金融機関の合計として、一九九六年九月末現在で二九・二兆円（破綻先債権と延滞債権が二三兆八五二〇億円、金利減免等債権が五兆三七六〇億円）という数字を示し、「これらの不良債権には債権償却特別勘定のほか、担保カバー分や回収可能分が存在することから、大蔵省試算の要処理見込額は、七・三兆円まで減少しており、個別金融機関の経営状況は様々であるが、金融機関全体としては、不良債権問題を克服することは可能と考えられる」［経済企画庁 一九九七、一〇二ページ］という、能天気としか言いようのない見通しを表明している。

その後の事態の推移に照らせば、金融機関の不良債権の規模はここにあげられている数字よりはるかに大きいことは明らかである。一九九九年のＯＥＣＤ『日本経済レポート』は一九九八年時点の日本の不良債権総額を約一五〇兆円（GDPの三〇％）に達するというアナリストの推計を紹介している。とはいえ、不良債権の総額は、適切なディスクロジャーがなされていないことにくわえて、景況の悪化によっても増加しうるので、正確には知りようもない。

よく参考にされたのは、大蔵省が一九九八年一月に公表した七六・七兆円という数字である。これは各銀行が一九九七年三月末から九月末までに行った自己査定の額を集計したものだとされている。融資先のリスクの度合いからいうと、各銀行の与信額（融資残高）を、第Ⅰ分類（正常先債権）、第Ⅱ分類（要注意先債権）、第Ⅲ分類（破綻懸念先債権）、第Ⅳ分類（破綻債権）に区分したときの、Ⅰを除くⅡ、Ⅲ、Ⅳの合計額だとみなしてよい。(6) 一九九八年『経済白書』は、第Ⅱ分類には債権管理上注意を怠らなければ損失にはつながらない債権が多く含まれているとことわりを付したうえで、この数字をあげている。そのうえで図5-3を掲げて、バブル三業種向けの融資残高は、一九九七年三月末現在で一九一兆円にのぼっていると指摘し、次のように述べている。

「問題は不良債権の規模が大きいことに加えて、その実体が不透明なことである。金融機関の破たんによる新規の資金供給の圧縮ないし停止が、多くの与信先の不良債権化を促す点を勘案する必要はあるが、例えば、破たん後に不良債権額が公表されていた不良債権額の数倍になったケースもある。また銀行以外にも、多額の不動産関連融資を行っているノンバンクや、多額の債務保証を行っていたり完成工事未収金比率が高いゼネコン等で不良債権を抱えているとされている。しかし、その実態について的確かつ信頼性の高いデータが存在するとは言い難い。このように不良債権額が大きいことに加えて、実態が正確につかめないことが、不良債権問題の対応を難しくしている」［経済企画庁　一九九八、

第2部　日本経済と雇用・労働　206

図5–3　金融機関・ノンバンクからの建設業・不動産業への資金の流れ

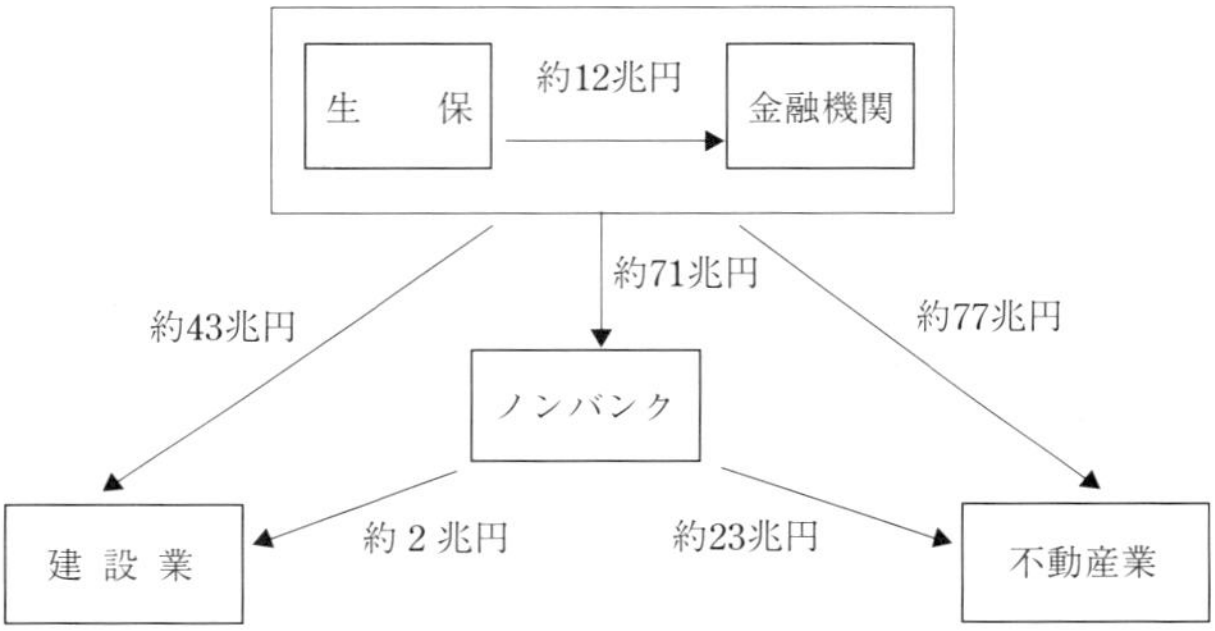

（出所）経済企画庁編［1998］。
（注）1. 日本銀行『経済統計月報』，全国信用金庫連合会「全国信用金庫統計」，全国信用組合中央協会「全国信用組合決算状況」，大蔵省「ノンバンクの貸付金の実態調査」等により作成。
2. 1996年度末のデータを用いた（ノンバンクの貸出金は1995年度末）。
3. ノンバンク全社ベースの業種別貸出金のデータがないため，大蔵省「ノンバンクの貸付金の実態調査」の業種別構成比（1996年度末）を用いて試算した。

二七九ページ」。

一九九七年『経済白書』に比べれば、この一九九八年『経済白書』の指摘のほうが不良債権問題の所在をはるかに的確に突いている。しかし、一九九八年『経済白書』も、金融機関などの不良債権について適正なディスクローズがなぜなされないのかは問題にしていない。しかも、不良債権処理を先送りさせ、不良債権隠しに自ら手を貸してきた大蔵省の責任は不問に付したままである。当時の橋本政権に対しては、多くの金融機関が巨額の不良債権に押し潰されそうになっているときに、海外金融機関の主導のもとに国内の銀行、証券、信託銀行、保険など金融諸機関の淘汰を促進する「金融制度改革」（いわゆる日本版ビッグバン）を始動させ、金融危機を深刻化させた責任が問われてよいが、そうした責任についてももちろん一九九八年『経済白書』はなんらふれていない(7)。

それでもなお、一九九八年『経済白書』に見所があるのは、一九九七年秋以降の拓銀と山一の経営破綻や、不良債権を抱えた金融機関の経営悪化を念頭において、「金融システムの動揺」あるいは「金融システムの安定性への不安」が銀行など金融機関の貸し渋りを強め、それが実体経済にマイナスの影響を与えていると指摘している点である。

ここにいう「貸し渋り」とは、銀行が不良債権処理のもたつきや株価の低迷のもとで、BIS規制と呼ばれる国際決済銀行の自己資本比率規制（国際基準採用行で八％、国内基準採用行で四％）をクリアしようと、新規貸出の抑制や貸付金の回収を強めることを意味する。(8)

自己資本比率は、総資産に占める自己資本の割合で示される。銀行の利益が十分に上がっていないもとで不良債権の償却を迫られる場合には、自己資本が減少し、八％基準を割り込む恐れがある。また、株価が下がり、株式含み益が減少する場合にも同様のことが生ずる可能性がある。さらに、銀行にとっては貸出の増加は資産の増加でもあるので、新規の貸出を増やせばそれだけ資産が増え、分母が膨らむことによって自己資本比率が低下し、八％基準を維持できなくなる可能性もある〔山口 一九九七〕。いずれにせよ、銀行は自己資本比率規制の制約があるかぎり、金融危機下では、新規の貸出に慎重になって貸出を渋るだけでなく、「貸し剝がし」と言われるように、従前の貸出まで新たな担保を求めるか、あるいは貸付金を引き揚げるようになる。そのために中小企業を中心に「貸し渋り倒産」・「資金繰り倒産」が増える。貸し渋りは貸出先の経営を悪化させ、あらたな不良債権発生の誘因ともなる。不良債権問題が不況悪化の原因となるのはこういう負の連鎖があるからである。

貸し渋りの影響は、銀行借入以外には資金調達のチャンネルのない中小企業においてとくに深刻である。

一九九八年『中小企業白書』によれば、企業の資金繰り判断ＤＩは規模を問わず一九九七年後半から悪化しているが、とくに規模が小さくなるほど悪化の度合いは大きくなっている。中小企業における資金繰り悪化企業の割合は、一九九七年一〇月～一二月期には三四・八％と一九八五年以降では最高となった。また、中小企業庁が一九九八年四月に発表した「法人企業動向調査」によれば、一九九八年一月～三月期の中小企業の景況指数は一九八〇年の調査開始以来過去最悪となった。

中小企業の場合は、不況による売上げ不振、売上げ単価の低下、納品単価の切り下げ、受注量の減少、受注の途絶、資金繰り悪化などの影響は、大企業以上に深刻である。また、中小企業は資金力が弱いだけに、短期の借入困難でも経営破綻に陥ることがあり、融資元や取引先の倒産から連鎖倒産になるケースも多い。巨額の負債を抱えて破産宣告を受けた金融会社「ニシキファイナンス」の倒産（一九九五年）では、顧客の手形の無断換金などから三〇〇社を超える連鎖倒産があった。これを例外としても、取引関係や信用関係から起こる連鎖倒産はその後も深刻な拡がりを示してきた。大阪では一九九五年以降、木津信用組合、大阪信用組合、阪和銀行などの経営破綻があり、地域の中小企業のための金融機関がまともに機能しない状態がつづいてきた。そのためもあって、都市銀行だけでなく地方銀行および第二地方銀行においても中小企業に対する貸し渋りが強まり、堅実な黒字企業でもわずかなつなぎ資金を融資してもらえずに倒産に追い込まれる事例も少なくない。

中小企業とともに、商工業の自営業も深刻な経営危機のなかにあり、長期不況のもとで年々多数の自営業主が廃業に追い込まれてきた。「労働力調査」によれば、農林業を除く自営業主の総数は、一九八八年から一九九七年までに七〇三万人から六一〇人へと九三万人減少した。また、同じ期間に非農林業家族従業者の総数は、三四三万人から二四七万人へと九六万人減少した。小売り商業では、流通大手のフランチャイズ方式によるコンビニエンス・ストアの急激な店舗展開が旧来型の零細小売商の経営を困難にしてきた事情も見逃せない。

第四節　不況のなかの生産・雇用・消費

企業倒産の増加と失業問題の深刻化

鉱工業生産指数でみると、一九九〇年代に入ってバブルが崩壊するとともに急激に落ち込んだ生産は、一九九三年末から九四年初めを谷としてその後ゆるやかに上向いてきたが、一九九八年に再び大きく落ち込んだ。アジア諸国では一九九七年七月のタイ・バーツの暴落をきっかけに通貨・金融危機が起きた。タイやインドネシアや韓国では危機はとくに深刻であった。一九九八年夏にはロシアでも金融危機が起こり、それが中南米にも波及した。国際的な金融投機で急成長してきたアメリカのヘッジファンドのロング・ターム・キャピタル・マネージメント（ＬＴＣＭ）社が巨額の損失を出したのもこの間のことである。日本において一九九七年から九八年に不況が悪化した背景としては、こうした国際的な通貨・金融危機も無視できない。

しかし、ＯＥＣＤの統計資料［OECD 1998］でみれば、日本は先進主要工業国では例外的に不況が深刻な国である。日本において不況回復が遅れ、一九九七年、九八年と二年連続マイナス成長になった理由としては、日本の一九八〇年代後半の生産拡大が際立って大きかったうえに、日本だけが当時のバブルから生まれた不良債権の処理が長引き、金融危機にともなう深刻な信用収縮が生じたという事情が考えられる。くわえて、政府が経済情勢の判断を誤り、金融危機が解消しない段階で金融機関に淘汰を迫る金融制度改革を急いだことや、一九九七年度にはいってからの消費税率の引き上げ、特別減税の打ち切り、および医療保険制度の改革による総額九兆円に達する国民負担増が、実質可処分所得の減少と消費マインドのいっそうの冷え込みをもたらしたことが考えられる。

一九九七年春からの不況の特徴のひとつは、企業の倒産が目立って増えていることである。帝国データバンクの調査によると、一九九七年の全国企業倒産は一万六三六五件（前年一万四五四四件）で、一九八六年以来一一年ぶりに一万六〇〇〇件を超える高水準を記録した。負債総額は一四兆二〇九億八八〇〇万円（前年七兆九九九四億九〇〇〇万円）にのぼり、戦後最悪となった。倒産件数中の不況型倒産の割合も過去最悪（一万七四八件、六五・七％）であった。

一九九七年の一一月には、都市銀行の北海道拓殖銀行につづき、四大証券の一角の山一証券が経営破綻に立ちいたった。さきの帝国データバンクの集計では、両社は経営破綻後の手続きの特殊性から「倒産」としては数えられていない。拓銀と山一を別としても、一九九七年には、持ち帰り寿司・レストランの京樽、ゼネコンの東海興業、多田建設、大都工業、スーパーのヤオハンジャパン、総合食品商社の東食、証券準大手の三洋証券など、上場企業の倒産が異常に多かった(9)。

倒産は一九九八年にはいっても高水準で推移した。同じく帝国データバンクによれば、同年の倒産件数は、一万九一七一件で戦後二番目の高水準となった。負債総額は一四兆三八一二億円に達し、前年につづき戦後最悪を更新した。倒産件数の七割は不況型倒産であった。

企業の倒産はそこに働く人々にとっては失業を意味する。さきのデータでは、倒産企業の従業員は一九九七年一三万八八六七人、一九九八年一六万九六一七人を数えた。失業は倒産による解雇だけでなく、生産の減少、販売不振、リストラ、その他の理由による人員削減や、採用抑制にともなう新規学卒者の就職難によっても増加しつづけた。総務庁「労働力調査」によれば、一九九七年三月以降伸び率を下げてきた就業者数は、一九九八年二月以降は絶対数でも減りつづけ、一九九八年一〇月現在では前年同月に比べ七一万人も減少している。就業者の減少以上に目につくのは失業者の増加であって、一九九九年七月は完全失業者数三二八万人、完全失業率四・八％となっており、一九五三年以降では過去最悪の水準を記録した。同じ「労働力調査」の一九九九年平均結果によって、年齢一〇歳階級別の完全失業率をみれば、一五～二四歳が九・一％で最も高く、若年層の失業と就職難がかつてなく深刻化していることがわかる。

失業者の増加とともに、雇用情勢の悪化を示す動きとして注目されるのは、職探しを諦めて労働市場から退出することにともなう非労働力人口の増加である。一九九八年一一月の「労働力調査」を見れば、求職活動断念者の増加を反映して、非労働力人口は前年同月に比して、男性で二三万人、女性で三六万人増加している。女性は労働力人口では男性の八〇％でありながら、労働市場退出者の数では男性の一・六倍にのぼっていることになる。このことは、不況のなかでも増加をつづけてきたパートタイム労働者がここにきて伸び率を大きく下げ、月次比較ではごく最近では減少さえ見られることと相まって、雇用の悪化が女性にとくに重くのしかかっていることを示している。

戦後日本の完全失業率は、一九九〇年代前半までは総じて一～二％台の低い水準にあった。しかし、一九九〇年代後半以降は三％台に達し、失業問題の深刻化が議論を呼ぶようになった。それが一九九八年にはいってさらに四％台にのぼり、大量失業時代の到来と言われるようになった。欧米は日本に比べて失業率が高いと言われてきたが、一九九八年一一月で比較すれば、アメリカ四・四％、イギリス四・六％、日本四・五％となって、ほとんど接近している。というより、一九九八年一二月の失業率は日本が四・四％、アメリカが四・三％であったことからみても、日米の失業率はこの時期に逆転したことになる。一九九九年には年率でも逆転した（二〇〇二年以降は再びアメリカの方が高くなっている）〔失業率の定義の国際比較については、岩井 一九九二、野村 一九九八〕。ただし、同じく「労働力調査」によれば、ドイツは一九九八年一一月一〇・六％、フランスは一九九八年一〇月一一・六％と、日本よりかなり高いレベルにある。

勤労者の家計収入と消費動向

労働省「賃金構造基本統計調査」によれば、一九九七年の民間企業の賃金上昇率は、実質で過去二番目に低い一・一％となり、三年連続で一％台にとどまった。一九九八年『労働白書』は、九七年の勤労者世帯の消費支出の増加率も実質で一・一％であったと試算している。とくに所定外給与（残業手当）の落ち込みが大きく、一九九八年一一月の「毎月勤労統計調査」の結果速報では同月の所定外給与は前年同月比九・二％の減少であった。同じ速報は、実質賃金について、「消費者物価の上昇率が拡大したこともあり（前年同月比）一・五％減とやや減少幅が拡大し、一六ヵ月連続で減少となった」と伝えている。

マクロ的には、勤労者の家計収入は、就業者数、就業時間数、賃金率の積で決定される。現在のように失業者が増え、就業時間が減り、賃金率が下がっている局面では、家計収入が減少するのは当然である。多くの場合、家計は収入が減ればそれに応じて消費支出も減らす。しかし、注意を要することに、一九九

図５-４　消費関連マインド指標の推移

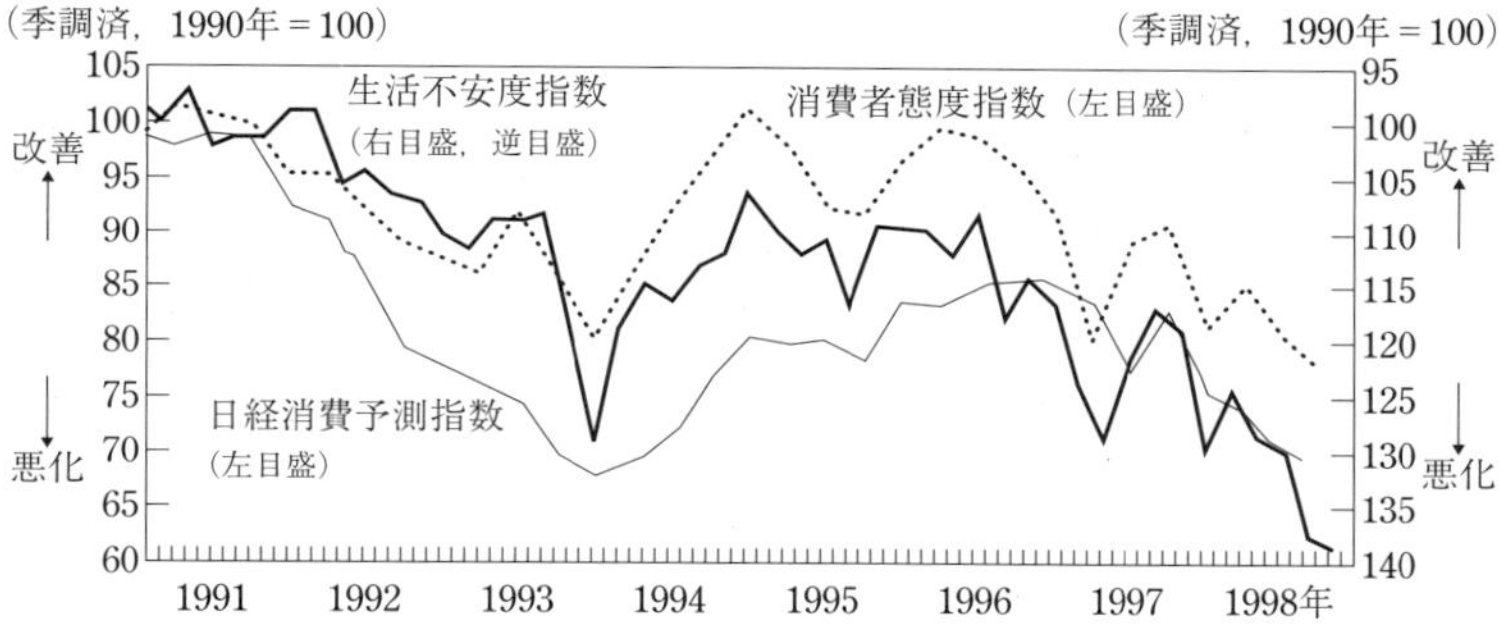

（出所）　日本銀行『金融経済月報』1998年12月。
（注）　1.　消費者態度指数，日経消費予測指数，生活不安度指数はいずれも消費者意識を尋ねたアンケート調査。
2.　生活不安度指数とそれ以外とでは調査月が異なるため，計数を各々の調査月にプロットした。
3.　消費者態度指数は経済計画庁，消費予測指数は日経産業消費研究所，生活不安度指数は日本リサーチ総合研究所，による調査。

○年代不況の下降局面では、個人消費は家計収入が減少した以上に減少している。それは、雇用や賃金や社会保障における勤労者の将来不安の増大が消費マインドを悪化させ、個人的な生活防衛のために、貯蓄を増やし、消費を切りつめる行動をとるからである。一九九八年の『経済白書』も、この点を問題にして、「将来所得に対する不確実性が高まると、家計は自らの将来所得をより割り引いて少な目に見積もって考えるようになり、その分だけ現在の消費を抑制し貯蓄を増やそうとする可能性がある」(二○ページ)と指摘している。一九九〇年代を通じての、また一九九七年から九八年にかけての消費マインドの悪化は、図5-4からも明らかである。

一九九八年にはいってからの消費の冷え込みは、戦後では過去に例をみないほどに深刻であった。日本銀行『金融経済月報』からとった表5-2に示されているように、百貨店やスーパーなどの売上げは、前年同期に消費税率の引き上げによる駆け込み的需

表5-2　各種消費動向指数

	98/1～3月	4～6月	7～9月	98/8月	9月	10月
消費水準指数（全世帯）	−4.7	−0.8	−1.9	−1.9	−1.0	p−0.6
全国百貨店売上高	−9.8	0.6	−4.5	−4.3	−5.4	p−4.7
チェーンストア売上高	−7.0	0.3	−2.5	−3.7	−2.3	−2.3
乗用車新車登録台数（除軽）	−21.5	−2.1	−1.8	−3.1	−2.5	−14.0
家電販売額（NEBAベース）	−14.1	3.6	8.2	6.3	10.6	13.6
旅行取扱額（主要50社）	−6.2	−2.8	−3.2	−3.2	−5.6	−10.5

（出所）　日本銀行『金融経済月報』1998年12月。
（注）　1.　pは速報値。
　　　　2.　チェーンストア売上高は，消費税を除くベース。
（資料）　総務庁「家計調査報告」，通商産業省「商業販売統計」，日本チェーンストア協会「チェーンストア販売統計」，日本電気専門大型店協会（NEBA）「商品別売上高」，日本自動車販売協会連合会「自動車国内販売」，運輸省「旅行取扱状況」。

要増があった一九九八年一～三月期だけでなく、その後においても減少傾向がつづいている。耐久消費財のなかでも最も大きな比重を占める乗用車の販売不振からみても、余暇需要を象徴する旅行社の旅行取扱い額からみても、個人消費の低迷は否定できない。

消費の低迷には家計の負債が大きな影を落としている。住宅ローンや消費者ローンなど家計が抱える負債は、バブルが進行しはじめる以前は、可処分所得の九〇％前後で比較的安定していたが、バブルの高進につれて、家計は企業と同様に、借入を増やして不動産や金融資産を購入する動きを強めた。しかし、バブルの崩壊後は、地価や株価の下落で資産が減ったほどには負債は減らず、家計のバランス・シートが悪化してきた。経済企画庁の「国民経済計算」によると、可処分所得を一〇〇としたときの家計の負債は、一九九七年末に一〇七・二となり、一九八七年以来、一一年連続で負債が可処分所得を上回る状態がつづき、消費の回復を遅らせている（『日本経済新聞』一九九九年一月一八日）。

こうした個人消費の落ち込みは、企業の販売不振と収益悪化をとおして、設備投資の減少を招くか、設備投資の回復を遅らせ、生産の停滞と失業の増大を長期化させる原因ともなる。個人消費と設備投資の両面で民間需要の縮小がつづくという事態を前に、政府は金融安定化のために総額六〇兆円（その後一〇兆円を上積み）の公的資金を投入する枠組みをつくった。それとは別に、社会資本整備（公共事業）を中心に総額二七兆円にのぼる「緊急経済対策」を発表した。しかし、それにもかかわらず、金融機関の貸し渋りは解消せず、個人消費や設備投資にも回復の兆しがほとんどみられなかった。

第五節　日本的経営システムの変容と二つの神話

日本的経営システムと「土地神話」

宮崎義一氏は、一九九〇年代不況をいち早く分析して、金融資産（ストック）の調整過程が先行し、それによって実質ＧＮＰ（フロー）のマイナス成長が誘発されるというかたちで、長期的不良債権処理と短期的在庫調整とが連動して進行する「複合不況」として説明した〔宮崎 一九九二〕。これに異を唱える立場から、侘美光彦氏は、アメリカの一九三〇年代の大恐慌の経過と対比し、日本の一九九〇年代不況を、生産の減少、失業の増大、利潤の減少という景気後退現象にとどまらず、銀行恐慌と物価水準の下落をともなっている点で「『大恐慌型』不況」として説明した〔侘美 一九九四、一九九八〕。侘美氏によるデフレ・スパイラルの考察は示唆に富むが、宮崎説と侘美説を対比するかぎりでは、筆者は、アメリカ主導の金融自由化の影響とともに、企業金融の変化にともなう不良債権問題に注目している点で、宮崎説を支持したい。(10)

と同時に、私自身は一九九〇年代不況を、日本的経営システムの自己破綻の所産であることを強調する意味で、「複合不況」と呼ぶよりは、「システム不況」と呼びたい。

一九九〇年代不況が日本的経営システムの破綻を告げていることは、一九九八年『経済白書』でも感知されている。同白書は第一章「景気停滞が長引く日本経済」につづく、第二章「成長力回復のための構造改革」において、「企業システムの改革」を取り上げ、つぎのように言う。

「戦後日本の産業社会においては、株式持合いやメインバンクに代表される日本的金融システム、長期継続的取引関係に代表される企業間関係、終身雇用・年功序列型賃金・企業別労働組合に代表される雇用慣行、の三つの要素が相互に影響し合う日本的経営システムの存在が指摘されてきた。」（二〇四ページ）

一九九八年『経済白書』がこのことをことさら問題にするのは、「九〇年代以降の日本経済の不況は企業に対するガバナンスのメカニズムの不適切さが招来したガバナンス不況だとする主張」があり、「日本的経営システムにいわゆる制度疲労が起こっているのではないかという見方が広がっている」からである（二〇五ページ）。同白書はこうした主張や見方が誰によって語られているかは明らかにしていないが、すでに本章で見てきたバブル期における一般企業の金融的収益を重視した投機的な資産運用への傾斜、金融機関によるずさんで無謀な不動産担保融資の膨張、ディスクロージャーのあるべき姿からはほど遠い銀行による不良債権額の自己査定、経営破綻企業における有価証券報告書の虚偽記載と粉飾決算などを直視するかぎり、誰であろうと、一九九〇年代の日本経済の不況が「企業に対するガバナンスのメカニズムの不適切さ」と密接に関係していることは認めないわけにはいかないだろう(11)。

一九九八年『経済白書』も示唆しているように、日本的株式会社のガバナンスの基礎には、企業の株式相互持合いの慣行がある。株式の安定多数は相互に持合い関係にある企業によって所有され、株主総会にさいしては、互いに株主である企業相互が、会社側議案に賛成する「包括委任状」(いわゆる白紙委任)を出し合う。この「株式相互持合い」の慣行こそが「日本的経営システム」の「日本的」特質をなすもので、株主総会がほとんどの場合、二〇～三〇分の「シャンシャン総会」で終わる、株主による経営のチェックが働かない、個人株主の地位が低い、「総会屋」が跋扈する、会計情報を隠したり騙したりすることが多い、といった日本企業の積年の病弊も、株式相互持合いと無関係ではないといってもよい。

日本的経営システムの破綻は価値意識の面では日本的経営にまつわるいくつかの神話の破壊でもあった。その第一は「土地神話」である。戦後日本では、高度成長が進むにつれて企業の商業用地や産業用地に対する土地需要が急激に増大し、また、大都市圏への人口集中にともない人々の住宅のための土地需要も「持ち家政策」の影響もあって一貫して増大してきた。土地の購入には大きな資金を要するが、それは直接、間接に銀行によって供給された。銀行は増えつづける土地需要を背景として、地価は値上がりしていくであろうという期待を前提に、土地の取得や取引に際し土地を担保とする融資を活発に行ってきた。その結果、地価は一九九一年にバブルが崩壊するまでおよそ四〇年にわたって上昇しつづけてきた。一九六〇年から九〇年までの三〇年間についていえば、地価は日本不動産研究所調べの全国市街地地価指数でみて約二〇倍に上がっている。この間の地価の上昇率は、賃金やその他の所得の上昇率より高かっただけでなく、あらゆる金融資産の利回りより高かった。だからこそ、『朝日新聞』の一九九五年三月二五日の社説がいうように「土地はもっとも有利な資産であり、持っていれば必ず値上がりする」という「土地神話」ができあがったのである。

この社説が「土地神話」が崩壊しようとしていると書いたのは、大都市圏を中心に地価が四年連続で下落したことが明らかになった時点であるが、それから一年後の一九九六年三月二三日には、「神話崩壊」後の土地政策を問題にして、「戦後の日本では、企業の経済活動から自治体の開発事業や人々のマイホーム計画まで、すべてが地価上昇を前提に作られてきた」と述べている。国語事典では「神話」は「現実の生活とそれをとりまく世界の事物の起源や存在論的意味を象徴的に説く説話」（『広辞苑』）とされているが、「土地神話」は、戦後日本の経済と社会のすべての秩序の説明原理としての意味を付与されてきた点で、まさしく「神話」と呼ぶにふさわしい。「神話」は生活世界の根源的な意味づけにおいて一般的承認を受けるやいなや、容易に諸悪の根源にもさせられる。地価の崩壊のあとで「土地神話」に与えられた役割もそうしたものであった。ある投稿者が新聞の声欄に「地価の値上がりを望む〝土地神話〟が日本経済の根源的な『がん』だったということです。地価をどんどん上げて、それを担保に〝ニセ金づくり〟をしてきた『地本主義』が経済構造をねじ曲げ、バブルを作ってきたのではないですか」（『朝日新聞』一九九七年一〇月一一日）と書いたときには、戦後日本の経済と社会の歪みが「土地神話」から説明されているのである。

ある秩序の形成を説明する原理としていったんできあがった「神話」は、その秩序の崩壊に対しても、その理由をもっともらしく説明して、問われるべき責任を他に転嫁する便利な原理となる。住専最大手の日住金（日本住宅金融）の経営者は、会社解散に先立つ最後の株主総会で、無謀な不動産融資によって巨額の不良債権を抱えて経営破綻にいたった責任を多数の個人株主に追及されて、「すべては土地本位制の崩壊の結果でございます」と繰り返した［森岡　一九九九］。この場合、「土地本位制」がなんであるかはまったく説明されなかったが、企業の経済活動も、金融機関の信用創造も、人々の生活設計もすべて地価が上がりつづけるという考えにもとづいていたことを意味するとすれば、それは「土地神話」の言い換えにすぎない。そうでありながら、すべては「土地本位制」の崩壊のせいだというのでは、「土地神話」を信じたのが間違いのもとだったというに等しい。

日本的経営と「終身雇用」

日本的経営システムの破綻によって崩壊したのは「土地神話」だけではなかった。これまで日本的経営の特徴とされてきた「終身雇用」も、崩壊した神話のひとつである。「終身雇用」はその崩壊がいわれるまえから「神話」として疑われてきた。野村正實氏は、そのことを念頭において、日本企業の雇用慣行について、学卒採用から定年まで会社は雇用を保障し、労働者は働きつづけるという「終身雇用」の観念が、実際は大企業の男性正社員に妥当したにすぎないにもかかわらず、社会的通念になるまで広まった理由を考察している。野村氏によれば、戦後日本の高度成長の過程では、会社は、急速に拡大しつつあった生産量・業務量に対応して大量の追加的労働力を必要とした。彼らの多くは企業の成長がつづくかぎり働きつづけ、やがて管理職等に昇進することができた。このような状況のもとで、大企業にはいった従業員は、明示的な契約や約束がなくても、定年までの雇用とある程度の昇進が安定的に保障されていると考えるようになり、会社も従業員がそうした考えをもつことを否定しなかった。このことが、アベグレンの著書の翻訳［アベグレン　一九五八］で「終身雇用」という言葉が登場して、またたくまに社会通念にまでなった最大の理由である［野村　一九九四、七九ページ］。

いまでは日本企業は、日本的長期雇用慣行のモデルとされてきた大企業においても、正社員の人数を減らし、派遣、パート、アルバイト、契約社員等の形態で、雇用期間の限られた非正規雇用の拡大を進めている。(12) 日経連は一九九五年に「新時代の『日本的経営』」を目指して、「長期蓄積能力活用型」と「高度専門能力活用型」と「雇用柔軟型」の三類型へ従業員を振り分ける戦略を打ち出した［日本経営者団体連合会一九九五、熊沢 一九九七］。この日経連の新しい雇用管理戦略が志向する雇用形態の多様化と労働市場の流動化は、失業問題が深刻化したもとで、日経連が意図した以上のスピードで進みつつある。

日経連の新しい雇用管理戦略は、それが効果を上げるほど、失業率を高め、労働者の間に雇用不安を広げずにはおかない。また、それは労働力利用の弾力性と流動性を高めて労働コストを削減しようとする経営側の意図が貫かれるかぎり、マクロ的には労働者の賃金所得を押し下げるか、より低い伸び率に抑えるにちがいない。このような意図された事態とは別に、一九九〇年代の不況においては、実質賃金の低下と就業者数の減少が手を携えて進行し、それらに雇用と所得に対する将来の不安が相乗して、労働者世帯の消費は実質所得の減少以上に冷え込み、それが不況の回復を遅らせる要因ともなった。日経連の新しい雇用管理戦略は、不況に内在するこうした傾向を助長するものではあっても、けっして雇用と所得の増加をもたらすものではない。

日本的経営において推奨されてきた労働者の会社人間的な働き方は、雇用が安定しており、ずっと働きつづけられる可能性があり、男性正社員には昇進の機会が広く開かれていることを前提条件にしていた。労働者がこういう条件を頼みにできなくなれば、日本的な全員参画経営はその重要な制度的・精神的支えを失うだろう。雇用不安の増大は――たとえ生き残るための競争に労働者を駆り立てる面があるとしても

――従来の日本的経営の長期雇用慣行が労働者の企業活動へのコミットメントを引き出すうえで果たした役割にとって代わることはできない。

おわりに

日本の一九九〇年代不況は、侘美氏の「大恐慌型」不況説に例を見るように、アメリカの一九二九年一〇月の株価暴落に端を発した一九三〇年代恐慌と比較されることがある。生産が最も落ち込んだ一九三二年に大統領に選出されたF・ルーズベルトは、「ニュー・ディール」として知られる失業救済と産業復興のための一連の政府政策を実施した。にもかかわらず、工業生産が本格的に拡大に向かい、失業者の大群が消えたのは、アメリカが第二次世界大戦に突入した一九四一年以降のことであった。一九二九年の恐慌勃発から八年後の一九三七年には工業生産が一九二九年レベルを超えるまでになったが、一九三七～三八年には財政赤字の削減による有効需要の減退をきっかけに再び激しい景気後退が生じた［柴田 一九九六］。日本の一九九〇代不況も暗い谷から抜け出るかに見えた一九九七年の春に、また崖を転がり落ちるように景気後退に直面した。しかもその主要な要因のひとつは財政赤字の削減の必要に迫られた消費税率の引き上げであった。こういう経過からみると、日本の一九九〇年代不況はアメリカの一九三〇年代恐慌に似ているといえなくはない。

アメリカでは一九三〇年代恐慌を境に、社会・経済生活における人々の価値意識に大きな変化が生じた。その変化は新しい時代の始まりを告げるほどのものであった。「現代」という時代区分は、日本では、第二次世界大戦とその敗北を画期としているが、アメリカでは、第二次世界大戦より、むしろ「暗い谷間の時代」といわれる恐慌の一九三〇年代が画期としてより重要な意味を持っている。ニュー・ディールは失業救済や産業復興にはこれという成果をあげなかったが、今日の社会保障制度や福祉国家の政策に通ずる政府機能の多くは一九三〇年代の歴史的経験に起点を持っている。「完全雇用のための政府計画のマグナカルタ」〔ハンセン　一九五九〕と評された一九四六年雇用法にしても、一九三〇年代における大量失業の国民的経験がなかったなら日の目を見ることもなかったであろう。今日、ケインズ主義がどれほど不評を買っているとしても、「消費性向と投資誘因との相互関係を調整しようとする仕事に伴う政府諸機能の拡張」〔ケインズ　一九九五〕が時代の流れとなったのは、一九三〇代恐慌をとおしてであった〔森岡　一九八二〕。

一九九〇年代にバブルと不況という過去に例をみない経済生活の激変を経験した日本では、今後、社会の価値として何が時代の流れになっていくのだろうか。ひとつの答えとして予想されるのは、一九七〇年代以降、世界的に勢いを得てきた新自由主義的な思潮に立つ規制緩和の流れである。一九七〇年代にはいって「産業の衰退」と「経済の停滞」がいわれるようになったアメリカではケインズ主義や福祉国家の思想とともに「完全雇用政策」が放棄され、一九九〇年代後半には一転して、「産業の復活」と「経済の繁栄」がいわれるようになったことから、第二次大戦直後とはまったく異なる状況下において、規制緩和の国アメリカを目指すべきモデルとすべきだという主張も現れた。その一例は橋本内閣のあとに登場した小渕内閣の肝いりで発足した「経済戦略会議」が「中間取りまとめ」として出した「日本経済再生への戦略」にみることができる。

この文書は日本経済再生の鍵を「小さな政府」と「競争社会」に見出して、次のように言う。

「一九八〇年代前半の米国経済も双子の赤字と貯蓄率の低下、企業の国際競争力の喪失等、様々な問題を抱えていた。しかし、小さな政府の実現と抜本的な規制緩和・撤廃、大幅な所得・法人税減税等を柱とするレーガノミックスに加えて、ミクロレベルでの株主利益重視の経営の徹底的追求とそれを容認する柔軟な社会システムをバックに、米国経済は九〇年央〔九〇年代半ば？〕には見事な蘇生を成し遂げた。最近でこそアングロ・アメリカン流の経済システムの影の部分も目立ってきているが、日本も従来の過度に公平や平等を重視する社会風土を『効率と公正』を機軸とした透明で納得性の高い社会に変えて行かねばならない」〔経済戦略会議　一九九八、二三ページ〕。

これによれば、日本の進むべき道は規制緩和のいっそうの推進にある。しかし、バブルと不況をはさむこの二〇年は、規制緩和の実験が人々の生活の豊かさや安定をもたらすどころか、バブルを誘発し、さらには不況を深刻にさせたことを証明しているのではなかろうか。日本人の働きすぎとともに、日本社会があまりに企業中心社会であることに社会的批判が巻き起こったのはつい一〇年余りまえであるが、「経済戦略会議」の指し示す道を進むならば、社会における企業の力はいよいよ強まり、働きすぎも企業中心社会も改まらないまま、今日のアメリカ社会のように社会が富裕層と貧困層とに引き裂かれ、両者の社会的溝が拡大していく可能性が高い〔森岡・仲野　一九九八〕。現在の日本においては不況からの脱出が渇望されていても、不況を超えてどのような社会が形成されるかはまだ判然としない。しかし、一九九〇年代末のイギリス、フランス、ドイツなどにおける社会民主主義の復権を思わせる政治選択の流れから考えても、アメリカ的競争社会に向かう流れだけが強まるとは思われない。福祉にたいする政府の役割を高め、環境に対する社会的規制を強め、雇用と労働における労働者の権利を擁護することは、効率原理と市場原理を社会生活のあらゆる領域に持ち込む規制緩和とは相容れない［内橋編、一九九七］。株価の高騰に興奮しその変動に揺れるアメリカにおいても、ひとたびバブルが崩壊すれば、規制緩和の熱病はいっぺんに冷めるだろう。(13)

注

（1）『経済白書』における経済情勢認識の遅れと誤りは、バブルの発生だけでなく、バブル崩壊後の不況についても指摘できる。一九九〇年夏には株価の大幅な下落が始まっていた。そうしたなかで出た一九九〇年『経済白書』は、その警告シグナルを見逃し、「少なくとも安定的ないわば巡航速度を維持しうる条件が整っているという意味で景気上昇の持続力は依然強いといえよう」と書いていた。すでに生産の減退が始まっていた一九九一年に出た『経済白書』は、日本経済は「長期の拡大過程をなお続けている」と述べていた。一九九二年『経済白書』は、人々の関心がバブル崩壊後の不況に集まり、宮崎義一氏の『複合不況』が話題を呼んでいたときに出たにもかかわらず、はしがきで「年度後半にかけて徐々に最終需要が伸びを高め、生産活動も上向いていく」という期待のもとに、「『バブル』の発生と崩壊の短期的な消費、投資等の需要面に及ぼす影響は限定的なものと考えられる」という判断をくだしていた。

（2）大蔵省財政金融研究所の『ファイナンシャル・レビュー』に掲載された、「資産価格変動のメカニズムとその経済効果」という研究会報告［一九九三］は、「バブル」という言葉を、「広範な人々を巻き込み、通常の経済運営に混乱をもたらすような規模の、資産価格の現実値と理論値の乖離」という意味で使っている。この定義は資産価格の上昇に主眼をおいているが、「バブル」を生産と消費を含む経済全般にまで押し広げて、「極端な金融緩和による信用と通貨の膨張に媒介され、証券、不動産市場に一般企業も関わる投機現象が顕著に現れ、資産価格が膨張し、これに媒介されて生産と消費が拡張した経済」と定義する見解もある［海野　一九九七］。

（3）「前川リポート」では土地利用の規制緩和策は「地価の上昇を抑制するための措置」とされている。しかし、実際には文言とは反対に地価の上昇を促進する措置であったことは、一九八三年頃から始まっていた地価上昇がこれらの措置の実施によって加速された経過からも明らかであろう。

（4）「前川リポート」に対しては、小宮隆太郎氏らから日本の経常収支黒字が大きいのは国内貯蓄が国内投資を上回っているからであって、経常収支黒字の縮小を中長期的な政策目標にするのは誤っているという批判が寄せられた［小宮 一九八八］。

（5）バブル期の経営者の暴走に歯止めをかけられなかった点では、労働組合も責めを負わなければならない。日本の労働争議件数は一九八〇年代にはいるとともに大きく減りはじめ、日本労働組合総評議会（総評）が解体して、全日本労働組合連合会（連合）と全国労働組合総連合（全労連）が発足した一九八九年には、日本はほとんどストライキのない国になった。一九八〇年代の後半は「人手不足」がいわれ労働需給関係から言えば大きな賃金引き上げがあってもおかしくない状況にあったが、実際には賃金は以前の他の時期以上に抑制され、賃金の上昇（あるいは労働時間の短縮）によって利潤が圧縮され、そこから資本蓄積にブレーキがかかるということはなかった［藤本 一九九〇、Morioka 1991］。

（6）金融監督庁の一九九九年一月二二日の発表によれば、全国銀行（都市銀行、長期信用銀行、信託銀行、地方銀行、第二地方銀行の計一四二行）の一九九八年九月末の問題債権の総額――第Ⅱ分類（要注意先債権、灰色債権）、第Ⅲ分類（破綻懸念先債権）、第Ⅳ分類（破綻債権）の合計――は七三兆二七〇億円であった。この額は全国銀行の総与信残高五九八兆七〇億円の一二・二％に当たる。

（7）一九九七年は総会屋・小池隆一への利益供与事件にからんで、野村證券元社長の酒巻英雄が逮捕されたのを皮切りに、第一勧業銀行、山一證券、日興證券、大和證券の元経営トップを含む新旧役員が次々に逮捕され、一九九八年にはいると、銀行や証券会社からの接待にかかわる収賄容疑などで、大蔵省天下りの公団理事や、大蔵省の金融証券業務を担う官僚が次々と逮捕された。もともと第一勧銀が総会屋小池に証券大手四社へ株主提案権を行使しうる株数（各三〇万株）を購入できるだけの資金を融資したのは、バブルのピークの一九八九年であった。そのことからわかるように、これらの不祥事はバブル経済を温床として発生したものである。

（8）国際決済銀行（BIS：Bank for International Settlement）が求めるルールでは、国際的な業務を行う銀行は自己資本を資産で除した比率が八％以上でなければならないとされている。この場合、自己資本はコアとなる自己資本――資本金（普通株）、準備金、優先株（非累積型）などと、補完的な自己資本――株式含み益の四五％、劣後債、劣後ローン（期限付型・永久型）、貸倒引当金などの二種類からなる。株式含み益（時価と取得価格の差）の四五％を自己資本扱いすることを認めているのは、もともと自己資本比率が低いうえに、株式保有が大きく、株式含み益が多かった日本の銀行の特殊事情を考慮してのことである〔高尾 一九九四、堀内 一九九八〕。

（9）帝国データバンクの集計にいう一九九七年の倒産件数は、「更正法」二四件、「商法整理」一〇件、「和議」二一五件、「破産」一九九〇件、「特別清算」八一件、「任意整理」一万四〇四五件の合計数である。拓銀の場合は「営業譲渡」、山一の場合は「自主廃業」とされたために、ここでの倒産件数や負債総額には含まれていない。なお、山一は、一九九八年の株主総会が定足数を満たさず、自主廃業の承認を得られなかったために、一九九九年六月一日に東京地裁に自己破産を申請し、翌日、同地裁より破産宣告を受けた。そのために、一九九九年になって同年の大型倒産企業のトップにリストアップされた。

（10）経済企画庁は一九九八年『経済白書』に先立って、金融・保険業を除く上場企業二一一七社を対象に、経営環境、雇用方針、企業組織、コーポレート・ガバナンスについて実施した調査の報告書を『日本的経営システムの再考』（大蔵省印刷局、一九九八年）と題して公表している。この調査結果は、企業が従業員数の引きつづく削減をはじめ日本的雇用慣行の修正を模索していることや、経営陣の内部昇進制など従来型のコーポレート・ガバナンスを維持しながらも株主への情報開示の充実を検討していることなどを知るうえで参考になる。

（11）伊藤誠氏は、日本の一九九〇年代不況を「大恐慌型」不況と規定する侘美説に対し、現在の日本の不況では、かつてのアメリカの恐慌のように、独占価格の維持とその生産調整が中心問題とはならず、通貨・金融危機の作用や様相も当時とは異なるところがあるとして疑問を投げかけている。そして、不況要因のフロー面を「短期的在庫調整」とみる宮崎説に対しては、現実資本の過剰な生産能力をめぐる実体経済面での不況圧力を軽視している点で不十分さを指摘している。この批判には筆者も同意する。

井村喜代子氏は、バブル破綻を膨大な不良債権と経営危機と金融不安を生んだ点で「九〇年代大不況」の重要な構成要因とみながらも、バブル破綻を九〇年代大不況の基本的原因とする見解を一面的誤りだと批判している。井村氏によれば、九〇年代大不況は、戦後の多年にわたるアメリカの世界戦略と日本の蓄積体制の展開過程を前史として、八〇年代から九〇年代にかけての、アメリカの優位性の再構築と、国際金融市場の投機性の拡大と、日本の輸出依存的成長の破綻によって引き起こされた。ここでは「システム」という言葉が使われているわけではないが、内容的には、筆者がいう意味よりはるかに広い意味で、「九〇年代大不況」が戦後の日本経済を規定してきたシステムの行き詰まりの所産としてとらえられている［井村 二〇〇〇］。

(12) 日経連（日本経営者団体連盟）は二〇〇二年五月に経団連（経済団体連盟）と統合し、日本経団連（日本経営団体連合会）が発足した。

(13) 筆者が旧稿でこう述べてから一〇年が経過した。いまでは新自由主義の規制緩和路線の破綻は、アメリカの住宅バブルの崩壊を引金とする世界金融危機、さらには二〇〇八年秋以降の世界恐慌によって明らかである。この事態に際して、各国政府は民間の銀行や企業の救済に乗り出さざるをえなくなった。また、世界の主要国は金融機関と金融市場に対する規制と監督の強化に乗り出さざるをえなくなった。これは経済への政府介入を否定してきた新自由主義の破局を告げるものである。

参考文献

J・C・アベグレン（一九五八）『日本の経営』占部都美監訳、ダイヤモンド社
伊東光晴（一九八九）『技術革命時代の日本』岩波書店
伊藤誠（一九九八）『日本経済を考え直す』岩波書店
井村喜代子（二〇〇〇）『現代日本経済論（新版）』有斐閣
岩井浩（一九九二）『労働力・雇用・失業統計の国際的展開』梓出版社
OECD (1998) *Main Economic Indicators*, December
OECD（一九九九）『日本経済レポート』経済企画庁調整局監訳、東洋経済新報社

内橋克人編（一九九七）『経済学は誰のためにあるのか』岩波書店
海野八尋（一九九七）『日本経済はどこへ行く』花伝社
経済企画庁（一九八八）『経済白書』大蔵省印刷局
経済企画庁（一九九一）『経済白書』大蔵省印刷局
経済企画庁（一九九二）『経済白書』大蔵省印刷局
経済企画庁（一九九三）『経済白書』大蔵省印刷局
経済企画庁（一九九七）『経済白書』大蔵省印刷局
経済企画庁（一九九八）『経済白書』大蔵省印刷局
経済企画庁（一九九七）『戦後日本経済の軌跡――経済企画庁五〇年史』大蔵省印刷局
経済企画庁総合計画局（一九八七）『金融の国際化・自由化』大蔵省印刷局
経済戦略会議（一九九八）「日本経済再生への戦略」（中間取りまとめ）
J・M・ケインズ（一九九五）『雇用・利子および貨幣の一般理論』塩野谷祐一訳、東洋経済新報社
熊沢誠（一九九七）『能力主義と企業社会』岩波書店
国際協調のための経済構造調整研究会（一九八六）「報告書」内閣官房内閣内政審議会
国土庁（一九九五）『土地白書』大蔵省印刷局
小宮隆太郎（一九八八）『現代日本経済』東京大学出版会
坂井昭夫（一九九一）『日米経済摩擦と政策協調』有斐閣
柴田徳太郎（一九九六）『大恐慌と現代資本主義』東洋経済新報社
関下稔（一九八九）『日米経済摩擦の新展開』大月書店
総務庁（一九九七）『規制緩和白書』大蔵省印刷局
総務庁（一九九八）『労働力調査年報』
総務庁（一九九九）『労働力調査月報』

高尾義一（一九九四）『平成金融恐慌』中央公論社
資産価格変動のメカニズムとその経済効果に関する研究会（一九九三）「資産価格変動のメカニズムとその経済効果」『ファイナンシャル・レビュー』一一月
侘美光彦（一九九四）『世界大恐慌――一九二九年恐慌の過程と原因』御茶の水書房
侘美光彦（一九九八）『「大恐慌型」不況』講談社
通商産業調査会（一九九〇）『日米構造問題協議最終報告――日米新時代のシナリオ』通商産業調査会
中小企業庁（一九九八）『中小企業白書』大蔵省印刷局
内閣官房特命事項担当室・経済企画庁調整室編（一九八五）『アクション・プログラム』
日本経営者団体連合会（一九九五）『新時代の「日本的経営」』
日本銀行（一九九八）『金融経済月報』一二月
野村正實（一九九四）『終身雇用』岩波書店、同時代ライブラリー
野村正實（一九九八）『雇用不安』岩波新書
A・ハンセン（一九五九）『アメリカの経済』小原敬士・伊東政吉訳、東洋経済新報社
福田慎一（一九九六）「日本経済と世界経済」『日本経済事典』日本経済新聞社
藤本武（一九九〇）『国際比較・日本の労働者』新日本出版社
堀内昭義（一九九六）「日本の金融規制・制度」『日本経済事典』日本経済新聞社
堀内昭義（一九九八）『金融システムの未来』岩波書店
松村文武（一九九三）『体制支持金融の世界』青木書店
宮崎義一（一九九二）『複合不況』中央公論社
森岡孝二（一九八二）『現代資本主義分析と独占理論』青木書店
森岡孝二（一九八九）「労働時間短縮と内需拡大論」関西大学経済・政治研究所〈研究双書〉第六九冊『経済摩擦と構造変化』

Morioka, Koji (1991) Structural Changes in Japanese Capitalism, *International Journal of Political Economy*, Vol. 21, No. 3, Fall

森岡孝二（一九九五）『企業中心社会の時間構造』青木書店

森岡孝二・仲野組子（一九九八）「米国における労働市場の規制緩和」経済理論学会年報第35集『経済学のフロンティア』青木書店

森岡孝二（一九九九）「企業活動の市民的監視」基礎経済科学研究所編『新世紀市民社会論』大月書店

森岡孝二（二〇〇〇）『粉飾決算』岩波ブックレット

山口義行（一九九七）『金融ビッグバンの幻想と現実』時事通信社

労働省（一九九八）『労働白書』日本労働研究機構

第六章　悪化する労働環境と企業の社会的責任

はじめに

二〇〇五年夏、筆者は『働きすぎの時代』（岩波新書）を著した。ちょうどその前後から、労働所得格差の拡大とホワイトカラー・エグゼンプションの導入をめぐる議論と重なって、「働き方」をめぐる議論が空前の規模で巻き起こってきた。この背景には中曽根政権（一九八二年一一月〜一九八七年一一月）以降の雇用・労働分野の規制緩和による労働環境の悪化が小泉政権（二〇〇一年四月〜二〇〇六年九月）のもとで臨界点に達し、安倍政権の発足（二〇〇六年九月）とともに、働きすぎと格差拡大が大きな社会問題、さらには政治問題になってきたという事情がある。

また筆者は、アメリカの貧困を抉ったデイヴィッド・K・シプラー『ワーキング・プア――アメリカの下層社会』（森岡孝二・川人博・肥田美佐子訳、岩波書店、二〇〇七年）の翻訳出版に加わった。原書の *The Working Poor: Invisible in America* が出たのは二〇〇四年二月であったが、当時、日本では「ワーキングプア」という言葉はまだほとんど使われていなかった。[1] しかし、その後、この言葉は、ほかならぬ日本の現実を表す外来語として広く知れわたるようになり、二〇〇六年にはＮＨＫスペシャルが二度にわたって

「ワーキングプア」の特報番組を放映し、大きな反響を引き起こした。(2)

働きすぎもワーキングプアも労働時間制度や最低賃金制度や社会保障制度にかかわるかぎりでは、労働組合が取り組むべき問題であるとともに、政治したがってまた政府が解決するべき問題である。しかし、それと同時に、それぞれの問題は企業の雇用と労働に起因している。その点で、なによりも問われているのは企業の責任である。

以上の課題意識から、本章では、近年言われるようになった「企業の社会的責任」（ＣＳＲ）にかかわる問題として、働きすぎとワーキングプアに関して何が問われているかを考えることにする。

第一節　見せかけの時短と働きすぎの実態

バブルの影響による経済の過熱で過労死が社会問題になった一九八八年、政府は一九九二年度中に達成すべき時短計画として「年間一八〇〇労働時間の実現」を掲げた。これは基準とされた一九八七年の「毎月勤労統計調査」（「毎勤」）の一人当たり年間労働時間、二一一一時間（規模三〇人以上）を約三〇〇時間短縮するという目標である。一日八時間で週休二日、祝日一六日、年休二〇日を完全取得したときの年間労働時間が一八〇〇時間であることを考えると、けっして根拠のない計画ではなかった。

しかし、この計画は目標年次までに達成されず、一九九二年に「時短促進法」が成立した。同法はその後数次の改定と延長が行われ、二〇〇五年にいたって廃止された。その理由のひとつは、「毎勤」の年間労働時間がほとんど一八〇〇時間にまで短縮されたことにある。なるほど、二〇〇五年の「毎勤」の一人

表6-1　男性労働者の年齢階級別・時間階級別分布　（単位：万人，時間，％）

年齢階級	就業者総数	35時間未満	35時間以上①	35〜42時間	43〜48時間	49〜59時間	60時間以上②	週平均時間	②/①（％）
全年齢	3730	468	3181	1023	801	748	609	46.3	19.1
15〜19	49	24	23	10	7	4	2	31.3	8.7
20〜24	241	55	181	68	49	39	25	41.5	13.8
25〜29	373	28	339	103	87	81	67	48.1	19.8
30〜34	**453**	**27**	**420**	**117**	**102**	**106**	**95**	**49.4**	**22.6**
35〜39	**430**	**23**	**399**	**104**	**93**	**106**	**95**	**49.9**	**23.8**
40〜44	**380**	**21**	**353**	**95**	**85**	**93**	**80**	**49.7**	**22.7**
45〜49	362	21	335	95	85	86	68	48.9	20.3
50〜54	390	27	355	117	94	83	62	47.7	17.5
55〜59	474	44	418	158	112	85	63	46.2	15.1
60〜64	263	67	188	80	47	33	28	41.4	14.9
65〜	316	130	170	74	39	32	25	36.0	14.7

（出所）「労働力調査」2006年平均結果。
（注）　就業者は全産業の男性就業者，休業者および就業時間不詳者を含む。

当たりの年間労働時間は、規模三〇人以上で一八二九時間、五人以上で一八〇二時間になった。

　しかし、この短縮は二つの理由でほとんど見かけにすぎない。第一にこの数字は、調査対象事業所が賃金台帳に記入した労働時間を集計していて、サービス残業（賃金支払残業）は含んでいない。第二にこの短縮は、バブル期と長期不況期をとおして週三五時間未満のパートタイム労働者が増えつづけてきた結果生じた平均の減少でしかない。この定義によるパートは一九八〇年から二〇〇五年のあいだに、三九〇万人から一二六六万人まで三・二倍に増加した。他方、パートを除く一般労働者の労働時間は、「毎勤」でみても、二〇〇八年恐慌による残業の減少が例外的に大きかった二〇〇九年を除けば、いまなお年間二〇〇〇時間をはるかに超えている。

　「労働力調査」（「労調」）の二〇〇六年平均結果をみると、パートタイムを含む非農林業全雇用者の一人当たり週平均労働時間は四一・九（年二一七九）時間で

図 6-1　週労働時間が50時間以上の労働者の割合

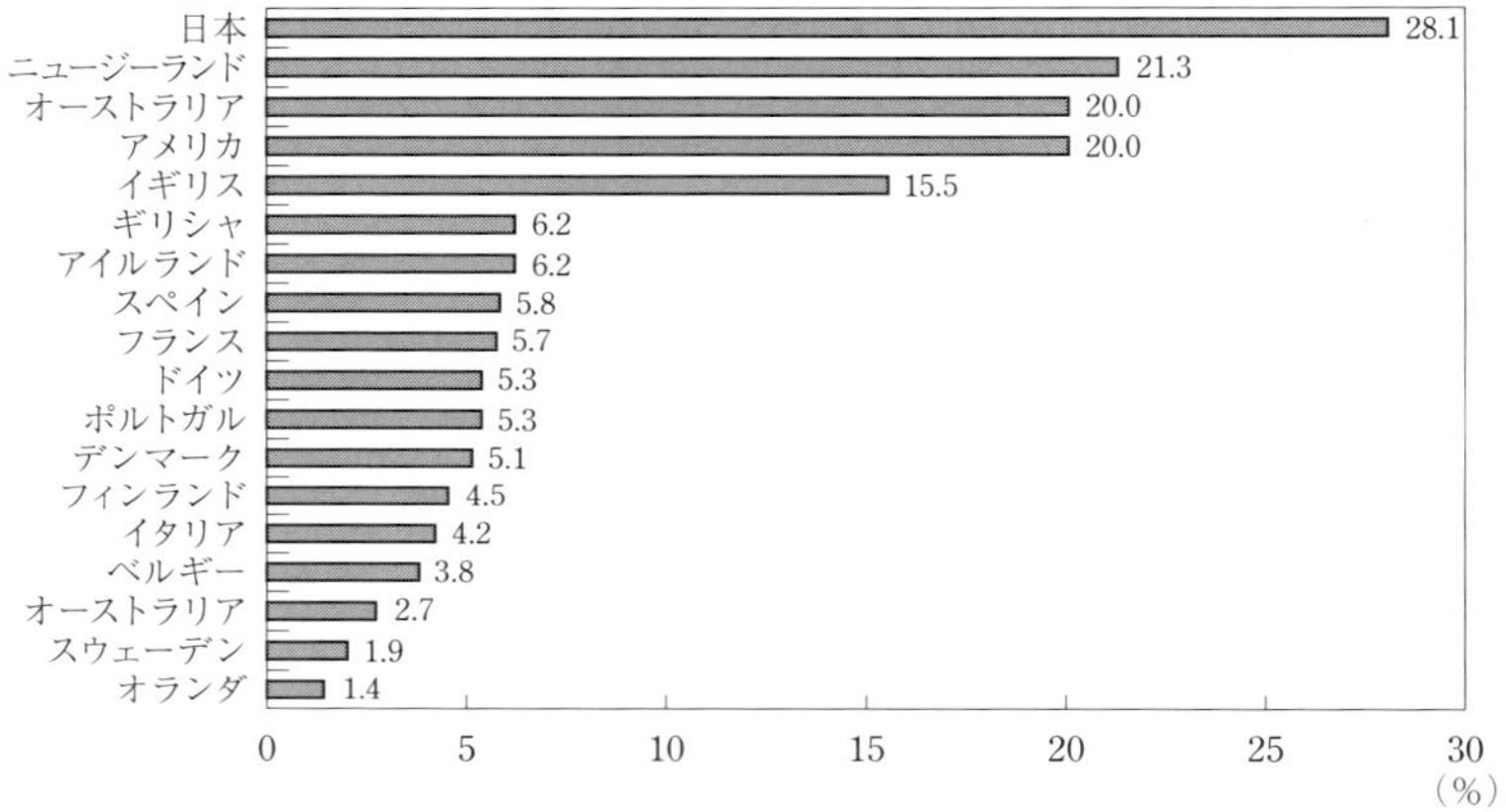

（出所）　2006年版『国民生活白書』，原資料は ILO，2004年。
（注）　各国のデータは2000年，アメリカは1998年。アメリカと日本は49時間以上働いた割合。

あった。しかし、フルタイム労働者にあたる一般常雇に限れば、週四四（年二二八八）時間、また男性一般常雇に限れば、週四七・八（年二四八六）時間働いている。さらに、表6-1によって、全産業における男性就業者の週平均労働時間を五歳刻みの年齢階級別にみると、三〇代前半で四九・四時間、三〇代後半で四九・九時間、四〇代前半で四九・七時間となっており、働き盛りの男性はほぼ週五〇（年二六〇〇）時間働いていることがわかる[3]。

この現実をどうみるべきか。玄田有史氏は『働く過剰』（NTT出版、二〇〇五年）という著書のなかで、「長すぎず、かといって短すぎず、たとえば週五〇時間程度の『ほどほど』に働くことが、三〇代男性サラリーマンにとって一番仕事の満足感を得やすかったり、適度な時間のなかで能力開発を促進する」（九五ページ）と述べている。ここには労働基準法の週四〇時間・一日八時間規制についての考慮はない。表6-1は、働き盛りの男性の週平均労働時間がほぼ五〇時間であること、また、働き盛りの男性フルタイム労働者の四～五人に一人は週六〇時間以上働いていることを示しているが、「週五〇時間程度がほどほど」という玄田氏の目には、週六〇時間以上働く労働者の存在ははいっていないように思われる。それというのも玄田氏は「働く過剰」を主題としながら「過労死」にはまったく触れていないからである。

二〇〇六年版『国民生活白書』は「五〇時間以上働く日本の労働者は欧米に比べて非常に多い」というタイトルを付して、ＩＬＯの国際比較統計から図６-１を示している。週五〇時間以上を長時間労働者（「労調」では四九時間以上）と呼べば、その比率は、先進国中、日本が三・五人に一人ときわだって高い。イギリスを除くヨーロッパ諸国は、長時間労働者比率は高い国でも二〇人に一人程度で、スウェーデンとオランダは五〇人に一人弱にすぎない。

「労調」では、週三五時間未満を短時間労働者、週四九時間以上を長時間労働者、週六〇時間以上を超長時間労働者と区分している。週六〇時間以上の労働時間は月八〇時間以上の残業をしていることを意味する。厚生労働省によれば、残業が二～六ヵ月平均で月八〇時間（単月で一〇〇時間）を超えると過労死・過労自殺を発症する恐れがある。この基準にしたがえば、週六〇時間以上、年間三〇〇〇時間以上は、過労死ラインの労働時間とみなすことができる。「労調」の二〇〇六年平均結果では、週六〇時間以上の超長時間労働者は五八三万人（自営業者と家族従業者を含めれば七二五万人）にのぼる。

労働基準法では一週四〇時間・一日八時間の法定労働時間を守らなければ、使用者は六ヵ月以下の懲役か三〇万円以下の罰金に処せられることになっている。ただし、使用者が労働者の過半数代表（労働組合またはそれに代わる組織）とのあいだに、時間外および休日の労働に関する協定（三六協定）を結び、労働基準監督署に届け出ている場合は、時間外および休日に何時間働かせても罰せられないという抜け道がある。とはいえ、実際には過半の企業が三六協定を結んでおらず[4]、また結んでいても、三六協定に定められた労働時間を超えて働かせたり、賃金不払残業をさせたりしている企業が実に多い。この点では、企業の法令遵守上の責任が問われなければならない。ましてや、労働者を過労死させる恐れがある超長時間労働に従事させている企業は、電通青年社員過労死事件の最高裁判決にいう労働者に対する健康配慮義務を果たしていない点で責任をまぬがれない。

週六〇時間以上働くということは、週休二日とすれば、毎日四時間以上の残業をしていることになる。この場合、所定労働時間を七時間一五分、定時を九時〜五時一五分とすれば、通勤時間を度外視しても、帰宅は夜九時以降になる。通勤を片道一時間とすれば帰宅は一〇時以降になる。労働調査協議会が二〇〇三年二月から二〇〇四年二月にかけて実施した調査では、共働き既婚者の帰宅時間が午後九時を過ぎる男性の割合は約五割（四九・二％）にのぼっている。全労働北海道支部の田原咲世氏は、午後九時一五分は未就学児童が就寝する時刻であって、未就学児を持つ男性の多くは子どもの「就寝までの育児にまったくノータッチである」と指摘し、そのことを出生率の低下の一因として重視している[5]。このように労働者に超長時間労働を強いている企業は、働く親の育児やその他の家事労働や家庭生活への参加を著しく困難にしている点でも、生活配慮上の責任が問われなければならない。

「毎勤」によって規模五〜二九人の労働時間を一〇〇として、五〜二九人、三〇〜九九人、一〇〇〜四九九人、五〇〇人以上の労働時間を比較すると、二〇〇六年には一〇〇対一〇三対一〇五対一〇七となっていて、規模が大きいほど労働時間が長い傾向がある。これは一九八七年には一〇〇対九八対九七対九六と規模が大きいほど労働時間が短かったことと比べれば、注目すべき変化である。中小企業に比べて大企業の労働時間が長い傾向は近年の「労調」からも確認できる。だとすれば、近年の長時間労働と働きすぎに関しては、中小企業以上に大企業の社会的責任が問われなければならない。

二〇〇六年の「労調」の産業・職業別データで、全産業（男女計）の週平均労働時間をみると、ブルーカラーにあたる生産工程・労務作業者は四二・一時間であるのに対して、ホワイトカラー労働者は、専門的・技術的職業従事者が四二・七時間、管理的職業従事者が四五・四時間、事務従事者が三九・一時間、販売従事者が四三・九時間働いており、女性パート比率が高い事務従事者を除けば、労働時間はブルーカラーよりホワイトカラーのほうが長い。製造業においてはブルーカラーとホワイトカラーの週労働時間の違いはもっと大きく、生産工程・労務作業者は四二・六時間であるのに比べて、専門的・技術的職業従事者四八・九時間、管理的職業従事者四七・四時間、事務従事者四六・八時間、販売従事者四九・八時間となっている(6)。

今日のホワイトカラーの労働時間が長いのは、サービス残業の横行によるところが大きい。サービス残業は、残業に対する賃金不払いと割増賃金の不払いの二重の違法行為であり、被害金額と被害人数から見れば日本における最大の企業犯罪であり、コンプライアンス違反である。「毎勤」と「労調」の二〇〇六年のデータをもとにした筆者の試算では、一人当たり年間不払残業時間は二四七時間（月二〇時間三五分）、一人当たり年不払残業賃金は約六〇万八〇〇〇円、一般常雇全体の年間不払残業賃金総額は約二六兆六〇〇〇億円、年間不払残業総時間数は約一〇五億八〇〇〇万時間にのぼる（表6-2）。

ホワイトカラーは、業務の性質上、労働時間の管理が曖昧なうえに、専門業務型および企画業務型の裁

表 6-2　残業不払賃金の試算（2006年）

A	年間実労働時間	2288時間	「労調」一般常雇・週労働時間×52週
B	年間賃金支払労働時間	2041時間	「毎勤」一般労働者週実労働時間×12月
C	年間所定内労働時間	1880時間	「毎勤」一般労働者所定×12月
D	年間実残業時間	408時間	A 年間実働時間－C 年所定内労働時間
E	年間賃金支払残業時間	161時間	「毎勤」週所定外労働時間×12月
F	年間賃金不払残業時間	247時間	D 年間実残業時間－E 年間支払残業時間
G	１時間当たり賃金	1970円	「毎勤」所定内給与／「毎勤」所定内時間
H	年間不払賃金	60万8238円	F 247時間×G 1970円×1.25
I	年間残業不払賃金総額	26兆569億円	H 608238×4284万人（一般常雇）
J	年間サービス残業総時間	105億8148万時間	F 247時間×4284万人（一般常雇）

（出所）「労働力調査」および「毎月勤労統計調査」の2006年平均結果から推計。
（注）１．実労働時間は「労調」の非農林業雇用者のうち役員を除く一般常雇のデータからとった。
２．賃金支払労働時間，所定内労働時間，賃金支払残業時間は「毎勤」の一般労働者（規模５人以上）のデータからとった。残業の割増賃金は25％増しで計算した。
３．一般常雇4284万人は「労働力調査」の非農林業常雇から役員を除いた人数。
４．A から H は１人当たりの時間。

量労働制（みなし労働時間制）の適用対象になっている割合が高い。それも一因となって、タイムカードなどで労働時間が記録されているブルーカラーに比べると、サービス残業をさせられている割合も高い。それと同時に、労働基準法における労働時間規制の適用除外の対象になっている「管理監督者」の取り扱いも、ホワイトカラーの労働時間を長くする一因となっている。本来は、経営者と一体的な立場にあり、出退勤について自由裁量の権限を有し、高い地位にふさわしい報酬を得ている者が労基法にいう管理監督者であるが、この本来の範囲を超えて、部長や課長はもちろん、係長や作業長をも管理監督者の名目で不当に労働時間規制の適用除外扱いにしているのが、多くの企業の現実である。[7]

このようにして、現状は、すでにサービ

ス残業の蔓延や、課長や係長まで不当に管理監督者にして残業賃金を支払わない慣行の横行によって、事実上「ホワイトカラー・エグゼンプション」を先取りした状態になっている。(8) しかし、現状では、そうした慣行は法律上認められておらず、司法の争いになると多くの場合、企業が負ける。そのために、企業としては制度を変えて現状を合法化し、法的にも企業の残業賃金支払い義務をホワイトカラーの広い範囲でなくしたい、というのが財界と政府が日本版エグゼンプションを導入しようとした理由である。

日本経団連などが導入しようと企図したホワイトカラー・エグゼンプション制度は、「残業代ゼロ法」と呼ばれて、不評を買った。この呼称は、この制度がその対象労働者に対する使用者の残業賃金支払い義務を免除する点で適切である。しかし、この制度は、現に労働者を死ぬほど働かせながら、使用者の労働者に対する労働時間管理義務と健康配慮義務を免除し、働きすぎにともなう健康障害の労災認定を困難にする恐れがある点では、「過労死促進法」と呼ぶべきであろう。また、雇用と労働の規制が緩和・撤廃されて、労働市場が流動化され自由に離転職ができるようになれば、長時間労働も過労死もかなりの程度解決されるという前提のもとで法案の制度設計がされている点で、「ホワイトカラー労働者使い捨て法」と呼ぶべきであろう。

ホワイトカラー・エグゼンプションの法案骨子を検討してきた労働政策審議会・労働条件分科会の使用者委員である人材派遣会社ザ・アール社長の奥谷禮子氏は、『週刊東洋経済』(二〇〇七年一月一三日号)で、過労死は「自己管理」の問題だと述べて働く人々の怒りを買った。日本版ホワイトカラー・エグゼンプションの呼称は法案検討過程で「自律的な労働時間制度」、「自由度の高い働き方にふさわしい制度」、「自己管理型労働制」と変わってきたが、その経緯を考えても、奥谷氏の「過労死は自己管理の問題」という発言は、ホワイトカラー・エグゼンプション制度の本質を言い当てている。彼女は、「二四時間三六五日、自主的に時間を管理して、自分の裁量で働く」「祝日はいっさいなくす」「労働基準監督署も不要」とも述べているが、市場個人主義に立つ労働時間規制の撤廃論をこれほどあけすけに語った言葉もめずらしい。彼女によれば、労働時間は労働市場における労働者の自由な選択と自己決定に委ねるのが望ましく、国家は介入するべきではない。労働時間の規制をなくして労働市場を流動的にすれば、評判の悪い企業から人が去り、評判の良い企業に人が集まるので、事態はおのずと改善されるという。これが市場個人主義の権化と思われる人物の認識である。

第二節　非正規雇用の増大と派遣労働者

非正規雇用には、パート、アルバイト、派遣、請負、契約社員、嘱託などの多様な形態がある。これらのなかで、近年急速に増えているのが労働者供給事業の現代版としての労働者派遣である。

戦後の職業安定法（一九四七年制定）は、使用者と労働者のあいだに中間業者が介在することにともなう強制労働、人身売買、ピンハネなどの悪質な行為を生じさせないために、労働者供給事業を行うことも、労働者供給業者から供給される労働者を自らの指揮命令のもとに労働させることも厳しく禁止した（第四四条）。

しかし、早くも一九六〇年代には業務処理請負を装って、アメリカの人材派遣会社の子会社であるマンパワー・ジャパンが設立された。その後、一九七三年にテンプスタッフ、一九七六年にパソナ、一九八一年にスタッフサービスが設立され、警備、事務処理、情報処理などの分野で、職業安定法では禁止されているはずの労働者供給（人材派遣）を営む企業が次々と登場してきた。一九八五年に制定（一九八六年施行）された労働者派遣法（「労働者派遣事業の適正な運営の確保及び派遣労働者の就業条件の整備等に関する法律」）は、こうして既成事実化してきた違法な労働者供給の横行を、「労働者派遣」として一定の規制のもとで許可し、それまで禁止されてきた労働者派遣事業を営利企業に開放したものである。

派遣をはじめとする、雇用と労働の分野における規制緩和の流れをみるうえで見すごせないのは、一九九五年に出た日経連の『新時代の「日本的経営」――挑戦すべき方向とその具体策』（新・日本的雇用システム等研究プロジェクト報告）である。この日経連報告は、労働力をA「長期蓄積能力活用型グループ」（長期雇用の正社員）、B「高度専門能力活用型グループ」（有期雇用の低年俸契約社員など）、C「雇用柔軟型グループ」（パート、アルバイト、派遣、請負など）の三類型に分け、Aグループを成果主義賃金管理のもとに置いて大幅に絞り込み、BグループとCグループを大幅に増やし、雇用の流動化と人件費の引き下げを推し進める戦略を打ち出した。

こうした日経連の雇用戦略に呼応して、一九九六年には労働者派遣法が大幅改定され、派遣の対象業務が、従来の一六業種から二六業種に拡大された。この拡大はまだ派遣許可業務を限定列挙するいわゆるポジティブリスト方式をとってはいたが、「派遣」という名の労働者供給事業の全面的な解禁が間近に迫っていた。

一九九九年に派遣法が抜本改正され、それまでの許可業務を列挙するポジティブリストから、禁止業務（製造現場、港湾運送、建設、警備、医療）以外は原則自由のネガティブリストに変わった。そして、二〇〇三年の派遣法の改定（二〇〇四年四月施行）にいたって、段階的に拡大してきた労働者供給事業がほぼ全面的に解禁されるにいたった。

派遣労働は英語ではテンポラリー・ワーク（temporary work）と言われ、本来臨時的な労働のはずである。しかし、二〇〇三年改定では、派遣受入期間が、従来一年に制限されてきた業務については労働者の過半数の代表の意見聴取などを条件に三年に延長された。それまで同一の派遣労働者について三年までとされてきた政令で定める「専門二六業務」（実際は単純労働が多い）については、この改定で期間の制限がなくなった。

よく知られているように、この改定によって二〇〇四年から製造業務の派遣も可能となり、すでに既成事実化していた工場の製造工程の現場作業などへの派遣が一挙に拡大することになった。また、実態は受入れ先が現場で指揮命令を行う派遣でありながら、請負契約を装って、派遣先企業が使用者責任や派遣受入れ可能期間終了後の直接雇用への移行義務をまぬがれるための「偽装請負」も急増した。

派遣労働者の人数に関する整備された統計はないが、派遣会社が厚生労働省に提出する「労働者派遣事業報告書」によれば、図6-2に示したように、派遣労働者数は、労働者派遣法が施行された一九八六年度の一四万人から二〇〇七年度の三八一万人に増大している。この図をみれば、派遣労働者数は、一九九〇年代末以降急激な増大傾向を示しているが、二〇〇四年度にはいったん減少している。この登録型の派遣労働者数の減少によって生じたもので、常用換算でみた派遣労働者は増えている。製造業務への派遣が解禁された年度に登録型労働者数が減少した理由は定かではない。また、二〇〇八年度には〇八年の一〇～一二月期から〇九年の一～三月期にかけて数十万人の規模にのぼる派遣切りがあったが、それにとも

図6-2　派遣労働者数の推移（1986～2007年度）

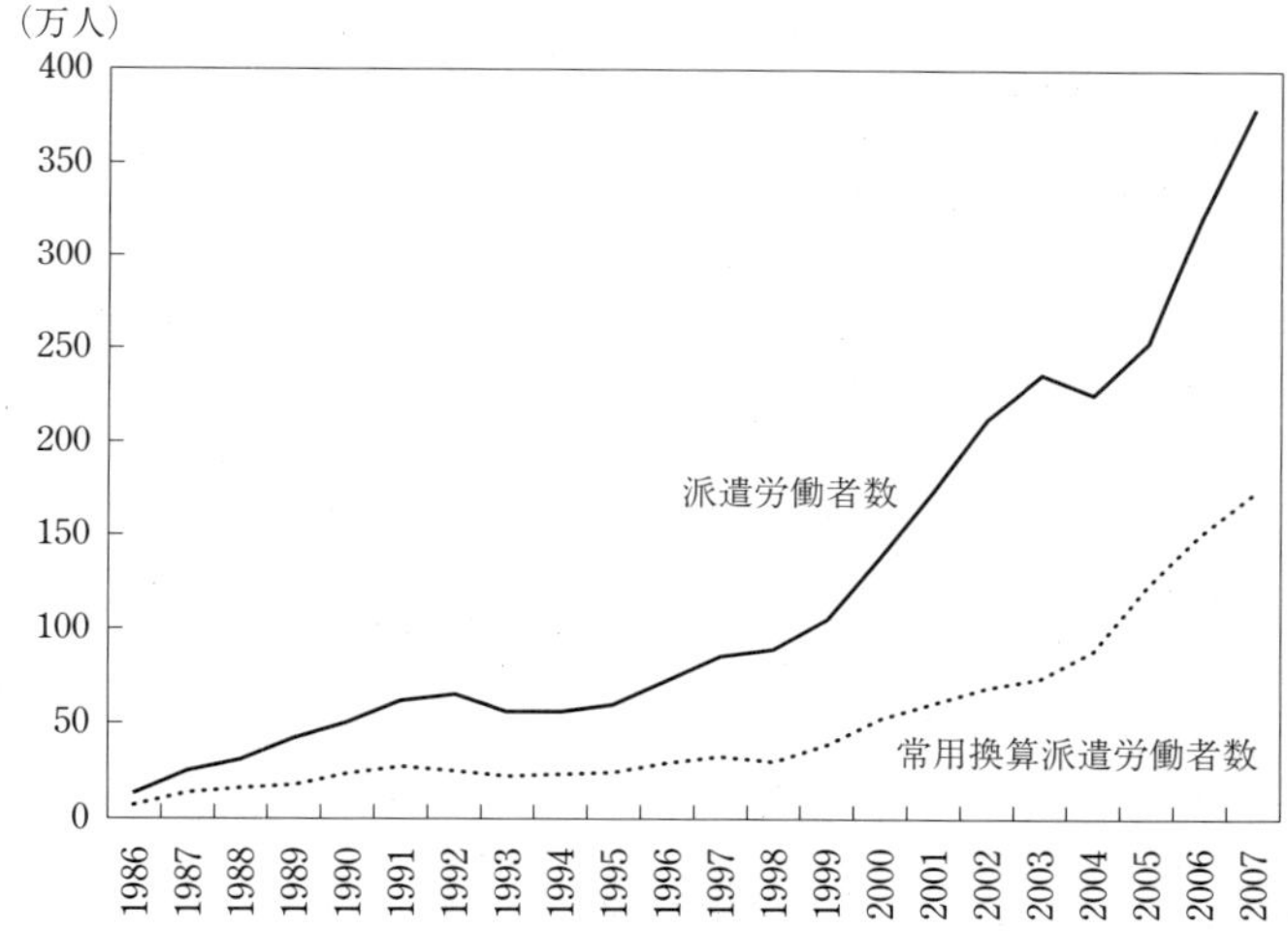

（出所）厚生労働省「労働者派遣事業報告集計結果」，高橋康二『労働者派遣事業の動向』労働新聞社，2006年，表Ⅱ－Ⅰに2005～2007年度のデータを追加。

なう派遣労働者の減少はこの図には反映されていない。

「労働力調査特別調査」（二〇〇一年まで）および「労働力調査詳細結果」（二〇〇二年以降）は、勤め先での呼称によって、雇用形態を「正規の職員・従業員」、「パート」、「アルバイト」、「労働者派遣事業所の派遣社員」、「契約社員・嘱託」、「その他」の六つに区分している。この区分から見て目を引くのは、二〇〇一年を境に、それ以前は非正規雇用者全体と、そのうちのパート・アルバイトがほぼ同じ傾向で増大しつづけてきたが、その後はパートの増加が鈍化して、アルバイトはほとんど横ばいになり、派遣と契約・嘱託が大幅に増加していることである（図6-3）。

この変化は二〇〇二年以降の質問票の変更と無関係ではない。しかし、そうだとしてもパート・アルバイト以外の形態の非正規労働者、と

図6-3　非正規労働者の増加傾向と内部構成の変化

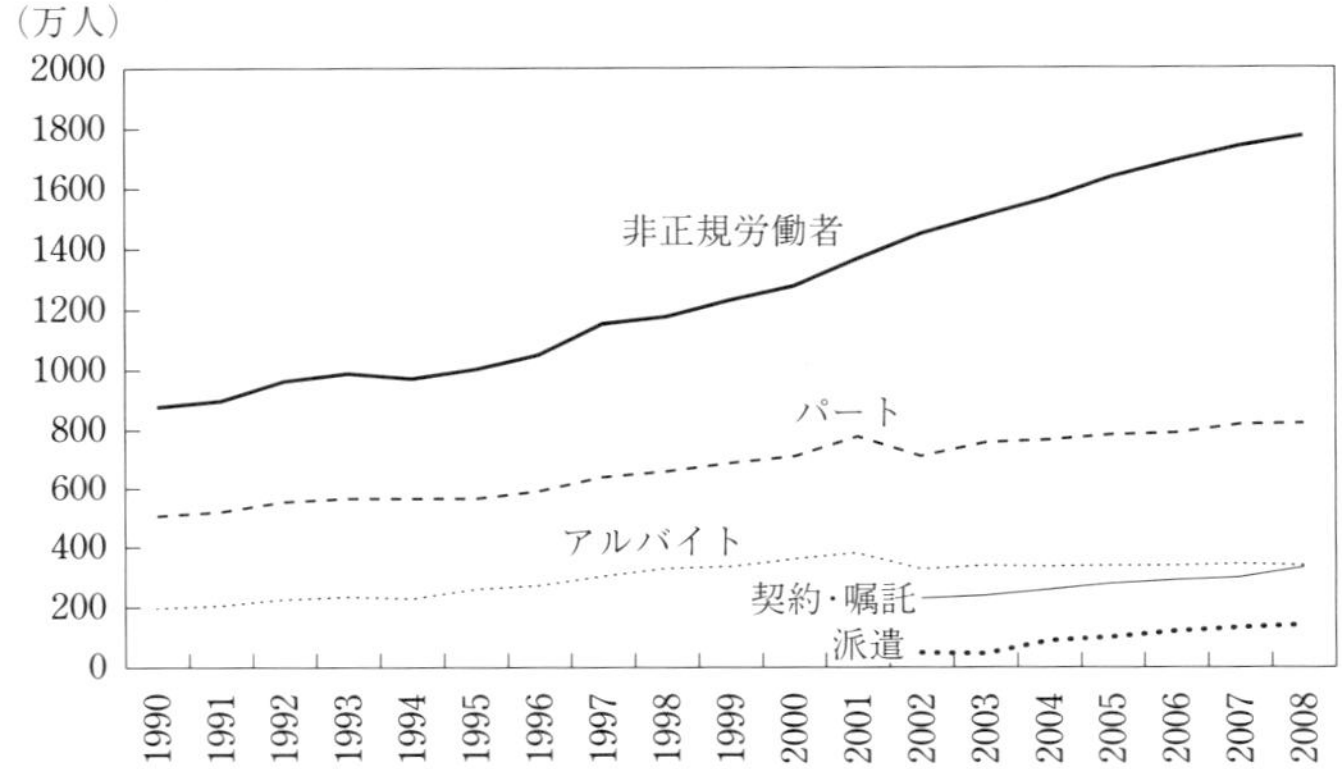

（出所）　総務省「労働力調査」（2001年以前）および「労働力調査詳細結果」（2002年以降）。

りわけ派遣が近年急激に増大していることは明らかである。これに関連して、二〇〇六年版『労働経済白書』は、近年の傾向として、「正規の職員・従業員が減少する一方で、派遣・契約・嘱託等の労働者が増加しており、特に週の就業時間が三五時間以上のフルタイムの労働者とほとんど変わらない働き方をする非正規の職員・従業員が増加している」ことを指摘している[9]。

それだけではない。中野麻美氏の『労働ダンピング——雇用の多様化の果てに』（岩波新書、二〇〇六年）によれば、派遣業界では、派遣労働者の賃金や労働条件は、派遣先と派遣元の「商取引」に委ねられているために、労働の買い叩きと投げ売りが凄まじい勢いで働き手を襲ってきた。かつては「残業がない」といわれた派遣も、いまでは、派遣による正社員の代替が進み、残業をしなければ仕事はない、残業をしても残業代を請求できない職場が増えている。それでいて「雇用」期間は一年→半年→三ヵ月→一ヵ月→一日と、細切れ化する傾向がある。また最近では、労働者派遣法の違反行為が頻発し、偽装

請負、二重派遣、禁止業務派遣、装備費その他の名目による賃金の不当天引きなどが世間の耳目を集めている。(10)

日本経団連会長の御手洗冨士夫氏は、自らがCEOを務めるキヤノンで偽装雇用を大規模に利用していたことが批判されると、法令遵守をいうより派遣受入れ制限期間をなくすための法改正を要求した。これは日本の代表的企業における雇用・労働分野のコンプライアンスの欠如を端的に示すものである。(11)

おわりにかえて——株価至上主義経営と企業の社会的責任

第二章でも述べたように、近年の大企業における人員削減と賃金および福利厚生の切り下げは、株主資本主義および株価至上主義の経営と無関係ではない。一九九〇年代にはアメリカにかぎらず日本でも、証券市場は企業が人減らしをすればコスト削減効果から短期的には株価が上がるので、ダウンサイジングやリストラクチャリングを歓迎するようになってきた。企業の側が、株価が上がることを見込んで大規模な雇用削減をともなうリストラ計画を発表することもめずらしくなくなった。

日本に関しては第四章でも触れたように、ロナルド・ドーア氏の『誰のための会社にするか』（岩波新書、二〇〇六年）が参考になる。彼は、過去一五年間を通じて日本において従業員集合体企業（準共同体企業）から株主所有物企業への傾斜が著しく進んだことに注目し、財務省の「法人企業統計」を用いて、一九八〇年代末から二〇〇〇年代初めにかけては、従業員の賃金は減少したのに、役員報酬と株主配当は顕著に増大したことを明らかにしている。

第一生命研究所研究員の松田茂樹氏によれば、二〇〇一年から二〇〇五年のあいだに、一人当たりの平均労働時間は九・五時間から一〇・二時間に増えたにもかかわらず、一人当たりの平均年収は六四五万円から六三五万円に減った。[12]これもドーア氏のいう株主所有物企業への傾斜と無関係ではない。この場合、問われなければならないのは株式会社の社会的責任である。

もともと企業の社会的責任（CSR）という言葉は、今日的な意味においては、巨大株式会社について、コーポレート・ガバナンス（企業統治）、トランスパレンシー（透明性）、ディスクロージャー（情報開示）、コンプライアンス（法令遵守）、アカウンタビリティ（説明責任）、ステークホルダー（利害関係者）等の言葉と関連して多用されるようになってきた。それはまた、アメリカにおいては、個人株主の株式保有比率が低下し、年金基金、投資信託会社、生命保険会社などの機関投資家（機関株主）のシェアが高まるなかで、問われるようになった概念である。この点ではCSRは機関投資家の受託者責任と関連して、株価至上主義経営が強まるなかで多用されるようになってきたことに留意しなければならない。

その一方で、CSRは、投資においてリターンの追求だけなく、環境や人権や企業倫理を重視した社会的責任投資（SRI）の流れが強まるなかで叫ばれるようになってきたことも事実である。しかし、社会問題について発言する株主運動や消費者運動が非常に弱い日本においては、CSRの概念は、世論の批判をかわすために、企業の側からきれいごととして唱えられており、雇用や労働に立ち入ったCSRはほとんど語られていないことも見ておく必要がある。そのことは、アメリカではグローバル企業の現地工場におけるスウェットショップ（搾取工場）的な働かせ方を批判する投資家や消費者の運動があるが、日本にはそうした運動がほとんどないことにも示されている。

河口真理子氏によれば、ＥＵでは労働問題がＣＳＲの最重要課題としてとらえられている。(13) 国連のグローバル・コンパクトは、企業に対して人権、労働基準、環境、腐敗防止の四分野一〇原則を尊重するように求めているが、そのうち、労働に関する原則は、原則３――組合結成の自由と団体交渉の権利を実効あるものにする、原則４――あらゆる形態の強制労働を排除する、原則５――児童労働を実効的に廃止する、原則６――雇用と職業に関する差別を撤廃する、という四つを数える。

河口氏も指摘しているように、日本では労働問題をＣＳＲのテーマとして取り組みはじめて日が浅く、労働組合の取り組みもきわめて弱い。とはいえ、まったく企業のなすがままというわけではない。二〇〇七年一月一六日、安倍首相はホワイトカラー・エグゼンプションの導入を盛り込んだ労働基準法改悪案の通常国会への提出を見送る考えを表明した。政府も財界も最終的に断念したわけではないが、労働問題が政治問題化し、労働界の総反発で政府・財界の企図をストップさせたことの意味は大きい。これをひとつの契機に労働分野における規制緩和の大合唱の時代は終焉のときを迎えた。

一方で、賃金は比較的高いかもしれないが、労働時間が非常に長く、家族や自分のための時間をほとんどもてない人々がいて、他方で、あまりに雇用が不安定で、賃金が著しく低いために、まともに生活を維持していくことさえできない人々がいる社会は、持続可能な社会ではありえない。社会がタイムプアとマネープアに引き裂かれた状態を改善していくためには、長すぎる労働時間の規制と、低すぎる最低賃金の引き上げが急務である。

注

（1）「ワーキングプア」（working poor）という言葉は、勤勉に働いているのに著しく賃金が低いために貧困な生活を余儀なくされている現代の労働者階級の下層を指して用いられている。これに対し「労働貧民」と訳されることが多い「レーバーリングプア」（labouring poor）という言葉は、古くから近代の資本主義社会に誕生した賃金労働者階級の総体を指す言葉として用いられてきた。

（2）日経goo で全国四紙（朝日、毎日、読売、産経）の二〇〇三年以降の「ワーキングプア」の使用頻度を検索をすると、二〇〇五年までは見あたらず、二〇〇六年に九〇件ヒットし、以降、二〇〇七年五六五件、二〇〇八年六五八件と増えている。また国会図書館の雑誌記事索引で「ワーキングプア」をキーワードに二〇〇一年以降を検索すると、二〇〇五年に『ポリティーク』第一〇号の収録論文五編（後藤道夫、伍賀一道、唐鎌直義、布川日佐史、木下武男）と拙稿「ワーキング・プア――アメリカの底辺を支える人々」（『大阪保険医雑誌』二〇〇五年六月号）の六点が見つかるが、本格的に増えるのはやはり二〇〇六年からである。なお、一九七九年に刊行された江口英一『現代の「低所得層」』（未来社、全三巻）の上巻で、ワーキングプアという用語が使用されていることを伍賀一道氏から教えられた。

（3）二〇〇七年「就業構造基本調査」によれば、年二五〇日以上就業する労働者は二〇一九万人にのぼり、その二六％は週六〇時間以上、また一三％は週六五時間以上働いている。三〇代に限れば、その比率はそれぞれ二九％および一五％に達する。

（4）二〇〇五年度「労働時間等総合実態調査」によれば、時間外・休日労働に関する労使協定（三六協定）の締結率は三七・二％にとどまる。他方、同協定の特別条項における「一週の特別延長時間」が二〇時間を超える事業場の割合は七三％に達する。これを単純に一ヵ月に換算すれば、七割の企業が過労死ラインを超える時間外労働（月八〇時間以上）を許容していることになる。ただし特別条項に一ヵ月八〇時間を超える特別延長時間を明示的に定めている事業場の割合は二二％である。いずれにしても、過労死ラインの時間外労働を三六協定に盛り込む使用者は、労働者に対する健康配慮義務違反を問われなければならない。

（5）田原咲世「『少子化』の構造と労働契約の背景」『季刊 労働行政研究』二〇〇七年冬号。

(6)　一九四一年に実施されたＮＨＫ「国民生活時間調査」(一九九〇年に大空社から復刻刊行)によれば、一日当たりの労働時間はホワイトカラーが七時間半、ブルーカラーが一〇時間で、ブルーカラーのほうがホワイトカラーより三時間長く働いていた(拙著『貧困化するホワイトカラー』ちくま新書、二〇〇九年、一〇二ページ)。

(7)　これが二〇〇七年一一月一七日のＮＨＫ「クローズアップ現代」とその後のＮＨＫ「スペシャル」で取り上げられ、二〇〇八年の流行語大賞トップテンに選ばれた「名ばかり管理職」である(ＮＨＫ「名ばかり管理職」取材班『名ばかり管理職』ＮＨＫ出版生活人新書、二〇〇八年)。

(8)　東京労働局が二〇〇〇年一〇月から一二月にかけて行った「いわゆる管理職に関する実態調査」の結果(二〇〇一年三月発表)によれば、「役職に就いていることをもって時間外労働等の割増賃金の支給対象とならない労働者」の従業員に対する割合は、本社では三八・六%、企業全体では二三・八%であった。また、大阪の市民団体「株主オンブズマン」が、二〇〇八年夏に上場企業の労務に関するコンプライアンス(法令順守)の実態を把握するためにアンケート調査を実施し、管理職に就いているという理由で残業代の支給対象とならない正社員の人数と割合について尋ねたところ、当該質問の回答企業六一社の平均で正社員の二四・三%は残業代の支給から除外されていることが判明した。

(9)　二〇〇八年版『労働経済白書』は、二〇〇七年に実施された厚生労働省「日雇い派遣労働者の実態に関する調査」から、短期派遣労働者の八四%は、日雇派遣労働者が占めているという。短期派遣労働者の一ヵ月当たりの平均就労日数は一四日、平均月収は一三・三万円となっている。「登録後、電話、携帯電話のメールなどで就労の指示を受け、倉庫、搬送、製造等の分野で就労している」(同書、三二ページ)という指摘もある。

(10)　よく知られた事件では、二〇〇七年八月、一七五万人が登録していた日雇派遣大手のフルキャストが、港湾業務への違法派遣をしたとして、同社の全国三一六ヵ所の事業所が最大二ヵ月の事業停止命令を受けた。二〇〇七年一二月には、労働者派遣が禁じられている港湾荷役業務に違法な二重派遣を行っていた日雇派遣最大手のグッドウイルに対して、厚生労働省が同社の全国七三七事業所を対象に四ヵ月から二ヵ月の事業停止命令を出す方針を固めたと伝えられた。また、二〇〇八年七月には、厚生労働省が同社の許可取消処分に踏み切る方針を固めたことを受けて、同社は有料職業紹介事業および一般労働者派遣事業を廃業した。

（11）株主オンブズマンは、株主の立場から企業の社会的責任を求めて活動しているＮＰＯ法人として、日本経団連の会長・副会長出身企業一六社の労務コンプライアンスの現状を把握するために、二〇〇八年一〇月に所轄の労働局に対して一六社の三六協定に関する届け出文書の情報公開請求を行った。その結果、一六社は、三社を除いて、すべて過労死ラインを超える特別延長時間を盛り込んだ三六協定を結んでいることが明らかになった。会長企業のキヤノンの最大延長時間は月九〇時間、年一〇八〇時間と驚くほど長い。同社の別の事業所では、最大で月八〇時間働かせることができる協定を結んでいるが、その場合の一日の延長することができる時間は一五時間である。これによれば通常の拘束九時間をさらに一五時間延長し、一日二四時間働かせることもできる。こういう三六協定を持つキヤノンの職場で実際に過労死や過労自殺が起きているのも不思議ではない（詳細は株主オンブズマンのホームページ http://kabuombu.sakura.ne.jp/2009/20090422.html を参照）。

（12）松田茂樹「延びる労働時間、抑え込まれる賃金」『週刊エコノミスト』二〇〇六年九月一九日号。

（13）河口真理子「労働分野におけるＣＳＲ」大和総研『経営戦略研究レポート』二〇〇四年一一月二五日号。

第七章　労務コンプライアンスとサービス残業

はじめに

ここ数年、企業のコンプライアンスがしきりに語られるようになってきた。企業経営や事業活動において法令、社会規範、企業倫理などを遵守することの重要性が叫ばれるようになってきた背景には、近年、企業犯罪ともいうべき企業不祥事が多発してきたという事情や、消費者や株主の間で企業の社会的責任（CSR）を問う気運が高まってきたという事情がある。そういうなかで株式投資においてリターンを追求するだけでなく、環境や人権や福祉を重視して投資判断を行う社会的責任投資（SRI）の流れが強まってきた。その結果、いまでは多くの企業が、消費者や投資家・株主に対して、ホームページや印刷物によって、自社のコンプライアンスとCSRの取り組みを広報している。

しかし、問題を労働分野に限れば、日本企業においてはコンプランアンスどころでない状況がある。その例は、女性賃金差別、障害者法定雇用率の未達成、時間外労働協定の未締結、安全配慮義務違反、サービス残業、過労死、偽装請負[1]、二重派遣[2]、セクシャルハラスメント、パワーハラスメント、賃金不払い、最低賃金法違反など、あげればきりがない。わけてもその拡がりにおいて大きいのは、早出、居残り、持ち帰り仕事、休日出勤などで所定労働時間外に働かされながら、賃金および割増賃金が一部または全部が支払われないサービス残業（賃金不払残業）である。本章では、日本企業における労務コンプライアンスの欠如を典型的に示すサービス残業に焦点を絞って明らかにし、その解消の道筋を示す。

第一節では総務省「労働力調査」と厚生労働省「毎月勤労統計調査」によって一九八〇年代以降の労働時間の推移を概観する。第二節では、両統計の労働時間の比較をもとにした推計と試算によって、全産業におけるサービス残業時間の時系列的な推移を示し、サービス残業がどれほど広範にみられるかを確認する。第三節では、サービス残業の多様なかたちを説明するなかで、残業およびサービス残業の把握が困難であることを踏まえて、いくつかのアンケート調査によるサービス残業の実態に迫る。第四節では、厚生労働省とそのもとでの都道府県の労働局と労働基準監督署による労働基準行政がサービス残業の是正と解消にどのように取り組んできたかを跡づけ、あわせて若干の裁判事例から、サービス残業についての司法判断を取り上げる。これらの考察によって、サービス残業は日本の職場に蔓延する年来の悪習であるということ、それにもかかわらずその解消は急務であり、かつ可能であることが示されるであろう。

第一節　一九八〇年代以降の労働時間の推移

日本の労働時間について時系列比較が可能な統計に、厚生労働省「毎月勤労統計」（以下「毎勤」）と総務省「労働力調査」（以下「労調」）がある。「毎勤」は賃金、労働時間および雇用について企業などの事業所を対象に毎月実施される調査で、労働時間に関しては、調査対象事業所が賃金を支払った毎月の実労働時

図7-1　労働時間の推移（1980～2007年）

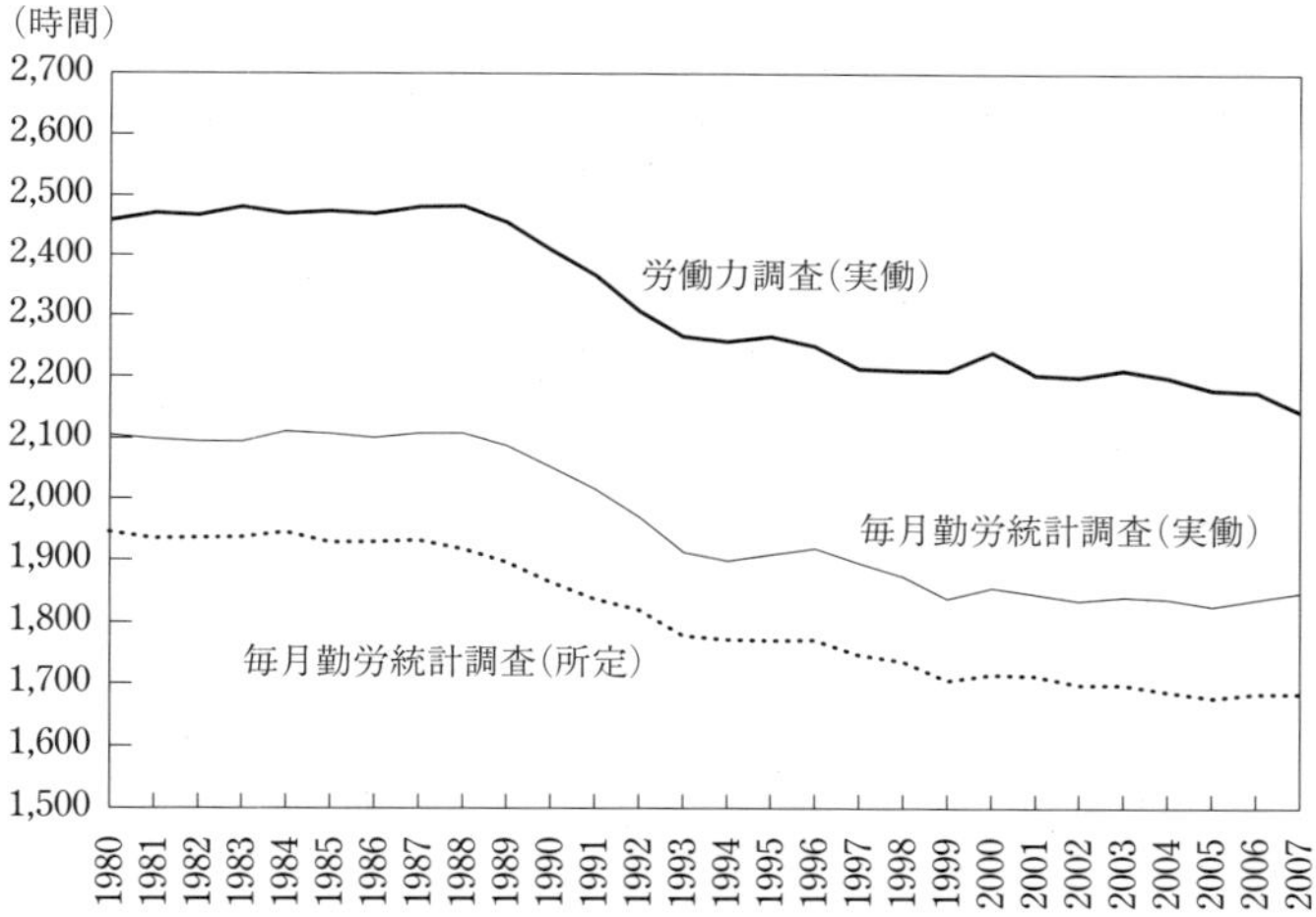

（出所）　労働省「毎月勤労統計調査」，総務庁『労働力調査年報』。
（注）　年間労働時間は「毎月勤労統計調査」の月労働時間を12倍，「労働力調査」の週労働時間を52倍した。「毎月勤労統計調査」の労働時間は所定，実働とも規模30人以上。

間、所定内時間、所定外時間、出勤日数などを集計している。したがって、その実労働時間は、時間外労働のうち賃金および割増賃金が支払われなかった部分であるサービス残業は含んでいない。他方、「労調」は、毎月の月末一週間（一二月は二〇～二六日）の就業状態――雇用・失業・労働時間――に関して労働者を対象に実施される調査で、労働時間（就業時間）に関しては、調査期間中に早出、居残りおよび副業を含め調査対象労働者が実際に仕事に従事した時間を集計している。したがって「労調」の雇用者の就業時間にはサービス残業も含まれていると考えてよい。

図7-1は、「労調」と「毎勤」を用いて一九八〇年から二〇〇七年のあいだの労働時間の推移を示したものである。この図には一部しか示されていないが、戦後日本の労働時間は、「毎勤」で見ると、一九五〇年代半ばに

高度成長が始まって最初の数年間は増加をつづけた。しかし、一九六〇年にピークに達してからは短縮に向かいはじめ、一九七〇年代の初めには最も長かった時期に比べ年間三〇〇時間ほど減少した。一九七三年秋に起こった石油危機を引金とする一九七四～七五年の不況は、工業生産の低下を招き、日本経済に戦後はじめてマイナス成長をもたらした。そのため、労働時間も一時的に急な落ち込みを記録した。

一九六〇年代初めから七〇年代半ばにかけて時短が進んだのとは対照的に、一九七〇年代後半から八〇年代にかけては、労働時間は横這いないし増大に転じた。一九八〇年代のバブルをともなった景気拡大は、金融と生産の過熱をもたらして、残業時間の延長に対する企業の衝動を強めずにはおかなかった。しかし、それも八〇年代末までのことで、九〇年代に入ると労働時間は顕著な減少を示し、その後、九〇年代末までに統計上は新たに三〇〇時間近く減少した。九〇年代のこの労働時間の減少は、政府の時短政策や労働組合の時短運動と無関係ではないが、戦後最大最長といわれた不況の圧力と、そのもとでの女性パートタイム労働者を主力とする非正規労働者の増加によるところが大きい。

ここで注意をすべきことが二つある。第一に、男女の差異の大きな分野では、男女計の単純な平均統計は現実を正しく映し出さない。年間二四〇〇時間働く男性フルタイム労働者と一二〇〇時間働く女性パートタイム労働者の平均は一八〇〇時間であるが、このような平均は子どものいる女性と子どものいない女性の平均育児時間と同様に、誰にも当てはまらない机上の時間にすぎない［森岡 二〇〇四、一一五ページ］。第二に、「毎勤」は上述した統計の制約から、サービス残業を含んでおらず、賃金が支払われた労働時間数だけを実労働時間とみなしている。これら二つの欠陥を補うには「労調」の労働時間が参照されなければならない。

図7-2　性別週労働時間の推移（1980～2007年）

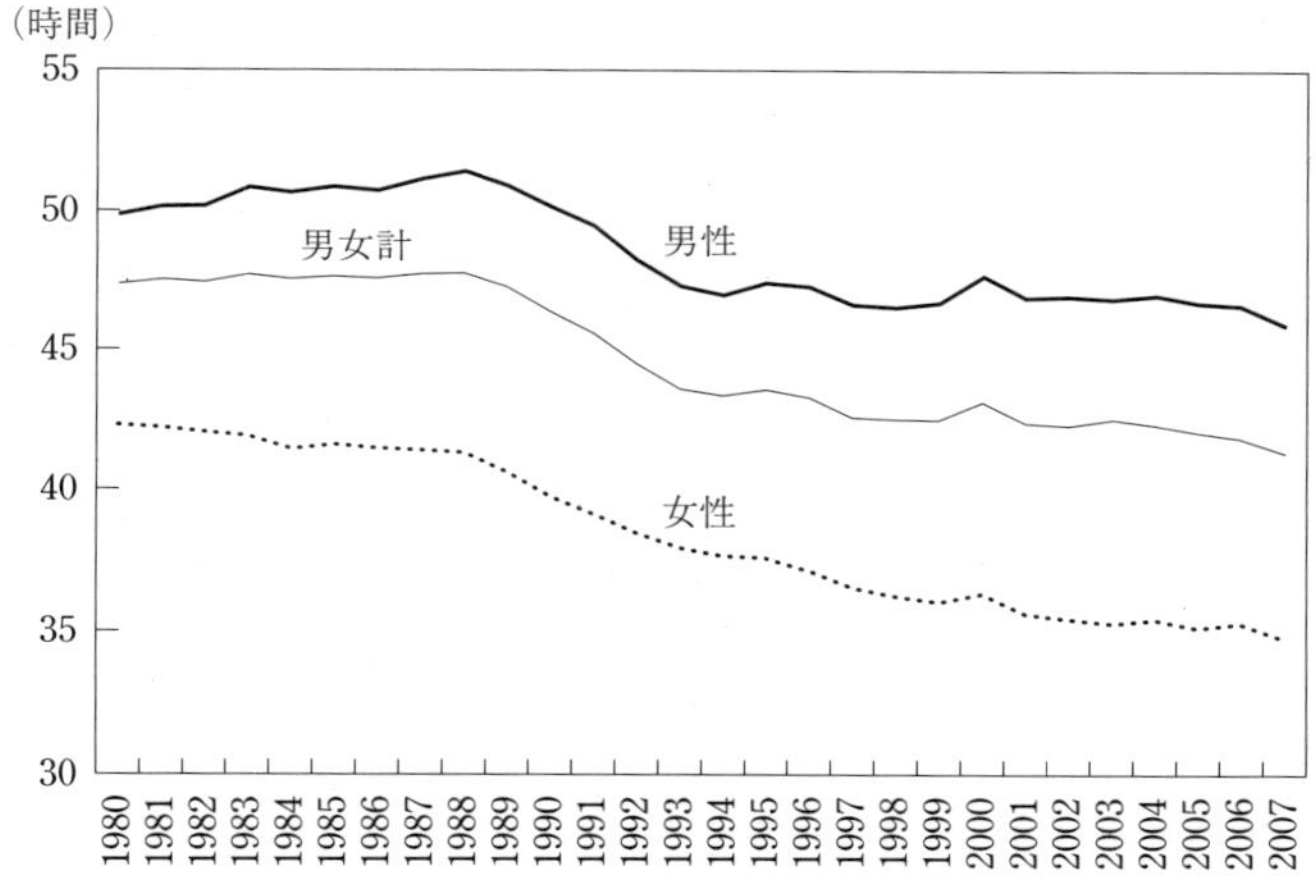

（出所）「労働力調査」。

そこであらためて「労調」から作成した図7-2によって一九八〇年代の労働時間の動きを見ると、男女計の週平均はほぼ横這いに推移したが、男性では増大し、女性では減少した。これはこの間に男性では長時間残業が拡がり、女性ではパートタイム労働者が急増したからである。ここに見られるのは、労働時間の性別分化をともなった二極分化にほかならない［森岡 一九九二］。労働時間の長短二極分化の傾向は最近でも見られるが、一九八〇年代に特徴的なことは、長時間労働者の割合が高まったのはもっぱら男性であり、短時間労働者の割合が高まったのはもっぱら女性であった、ということである。

女性のあいだのパートタイム労働者比率の増大は、一九八〇年代にとどまらず、最近でもつづいている。実数でいえば、女性の週三五時間未満のパートタイム労働者は、一九八〇年の二五六万人（一九・三％）から二〇〇七年の九三一万人（四一・七％）まで三・六倍に増大した。ただし、一九九〇年以降は若年と

図7-3　パートタイム労働者の増大傾向（1980〜2007年）

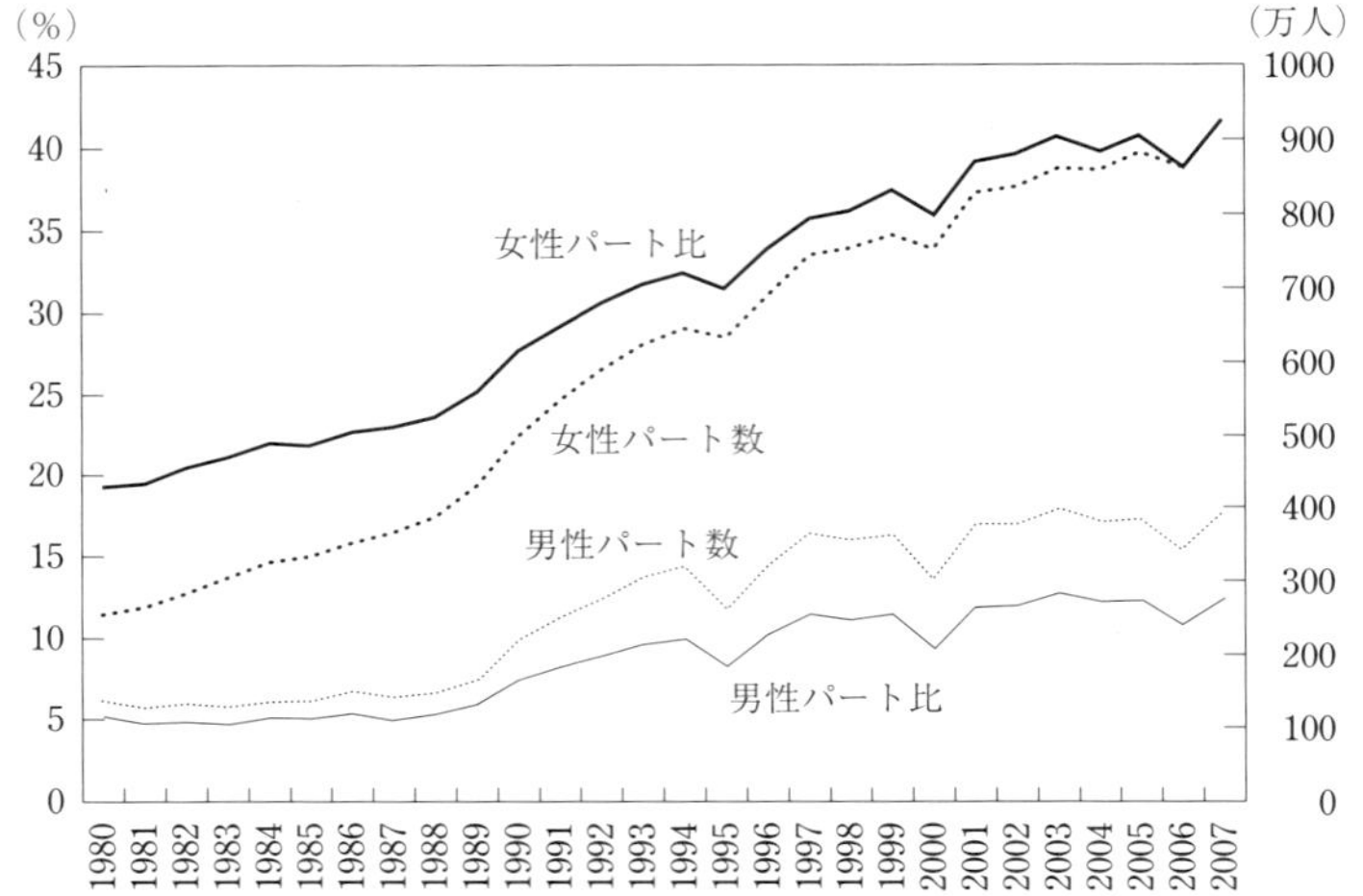

（出所）　図7-2に同じ。
（注）　パートタイム労働者は週労働時間が35時間未満の者を指す。「パート比」は男女それぞれの労働者総数中のパートタイム労働者数の比率。

六〇歳以上の年齢層では男性のあいだでもパートタイム比率が高まっており、パートの増大がもっぱら女性パートの増大であった時代は終わったといえる。

前述したように、一九八〇年代末以降、長期不況の圧力と短時間労働者の増大の影響で男女計の全労働者の平均労働時間が減少してきたことは事実であるが、性別・時間別・年齢階級別に比較すると、単純に男女計の平均を見た場合とは異なる映像が浮かび上がってくる。そのことを示すために作成したのが表7-1である。この表の男性の三〇歳から四四歳の行を見てほしい。太字で強調したこの年齢階級の男性（全男性労働者の三四％）は週平均約五〇時間働いている。これは男女計の平均より約八時間、男性の平均より約三時間、女性の平均より約一五時間長い。そのうえ驚くのは、週三五時間以上の労働者に限れ

表 7-1　性別・年齢階級別・時間階級別に見た労働時間の分布

	総数	35時間未満	35〜42時間	43〜48時間	49〜59時間	60時間以上	超長時間労働者比率	週平均時間
男女	5,996	1,499	1,732	1,019	959	750	16.8	41.9
15〜19歳	95	56	18	10	7	3	7.9	28.7
20〜24	473	128	148	86	67	40	11.7	39.9
25〜29	660	104	218	129	120	84	15.2	44.5
30〜34	721	123	212	131	135	115	19.4	45.0
35〜39	653	136	176	110	122	106	20.7	44.2
40〜44	633	149	170	105	111	95	19.8	43.1
45〜49	621	147	178	106	106	79	16.8	42.5
50〜54	676	163	202	120	109	79	15.5	42.1
55〜59	707	174	220	125	105	78	14.8	41.7
60〜64	400	149	109	57	44	39	15.6	38.2
65〜	358	169	81	40	34	31	16.6	34.5
男性	3,525	471	964	696	737	635	20.9	46.7
15〜19歳	48	25	10	6	5	3	13.0	31.5
20〜24	236	58	63	44	40	29	16.5	41.7
25〜29	375	35	104	79	84	70	20.7	48.0
30〜34	**449**	**31**	**112**	**91**	**108**	**103**	**24.9**	**49.9**
35〜39	**402**	**27**	**95**	**80**	**101**	**96**	**25.8**	**50.3**
40〜44	**369**	**25**	**92**	**74**	**90**	**85**	**24.9**	**49.8**
45〜49	354	25	98	75	84	69	21.1	48.9
50〜54	392	35	118	85	86	66	18.6	47.6
55〜59	426	48	140	91	82	62	16.5	46.3
60〜64	248	67	74	42	34	30	16.7	41.8
65〜	227	96	56	29	24	22	16.9	36.4
女性	2,471	1,029	769	323	223	115	8.0	35.1
15〜19歳	47	31	8	4	2	1	6.7	25.8
20〜24	237	70	85	41	27	11	6.7	38.0
25〜29	285	69	114	50	36	14	6.5	39.8
30〜34	273	92	100	40	27	11	6.1	36.9
35〜39	251	109	80	30	21	10	7.1	34.3
40〜44	264	123	78	30	21	10	7.2	33.7
45〜49	267	122	80	31	22	10	7.0	34.1
50〜54	284	128	84	35	23	12	7.7	34.6
55〜59	281	126	80	34	23	16	10.5	34.8
60〜64	152	82	35	15	10	9	13.0	32.4
65〜	131	74	25	11	11	10	17.5	31.3

（出所）『労働力調査年報』2005年，非農林業就業者。

（注）「超長時間労働者比率」は週35時間以上の労働者中の週60時間以上の労働者の割合。

表7-2　過労死・過労自殺などの労災認定状況

	年度	2000	2001	2002	2003	2004	2005	2006	2007	2008
過労死（脳心臓疾患）	請求件数	617	690	819	742	816	869	938	931	889
	認定件数	85	143	317	314	294	330	355	392	377
	うち死亡	45	58	160	158	150	157	147	142	158
過労自殺（精神疾患）	請求件数	212	265	341	447	524	656	819	952	927
	認定件数	36	70	100	108	130	127	205	268	269
	うち自殺	19	31	43	40	45	42	66	81	66

（出所）厚生労働省「脳・心臓疾患及び精神障害等に係る労災補償状況」各年。
（注）脳・心臓疾患，精神疾患とも業務により発症した事案。自殺は未遂を含む。

ば、この年齢階級の約二五％、四人に一人は週六〇時間以上働いていることである。

バブルがピークに達し、残業時間が異常に長くなり過労死が多発したのは一九八〇年代末であった。この時期、男性労働者は週平均五一時間働き、週三五時間以上働く全男性労働者の四人に一人は週六〇時間以上働いていた。最近ではパートなどの短時間労働者を含む男性の週平均労働時間は約四六時間になっているが、働き盛りの三〇歳から四四歳の男性に限れば、労働時間は二〇〇八年まではほとんど短縮していない。だからこそ、依然として過労死が多発しているのである。

働く人々の健康問題に取り組む弁護士グループが中心になって「過労死一一〇番」の全国ネットが発足したのは一九八八年であった。それから二〇年を経たが、過労死はいっこうに減っていない。それどころか、表7-2に示唆されているように、増えてさえいる。最近の過労死については、三〇代を中心に過労自殺が増えていることが知られている［川人一九九八、二〇〇六］。バブル崩壊後の長期不況は、リストラと失業率の動きで見れば、一九九八年から二〇〇二年のあいだが最も深刻な様相を示した。過労自殺が増えたのはこの時期であるが、その後「景気回復」がいわれるようになっても減る兆しはない。むしろ、人員が減らされたまま仕事が増えたことが、働きすぎをいっそう増悪させ、過労死、過労自殺を頻発させる要因になっている。

第二節　サービス残業時間の把握の困難とその推計

厚生労働省の「賃金不払残業総合対策要綱」（二〇〇三年五月二三日発表）は、賃金不払残業（サービス残業）を「所定労働時間外に労働時間の一部又は全部に対して所定の賃金又は割増賃金を支払うことなく労働を行わせること」と定義している。また、同省の二〇〇五年一一月の「賃金不払残業解消キャンペーン月間」の呼びかけ文は、賃金不払残業は「労働基準法に違反する、あってはならないものです。また長時間労働や過重労働の温床にもなり、その解消を図っていくことは、家族との触れ合いを含めた心豊かな生活を送っていく上で大変重要です」と述べている。

このようにサービス残業の蔓延は政府も認める公知の事実である。にもかかわらず、サービス残業の時間数やその不払賃金の金額を示す政府統計は存在しない。なぜなら企業（事業所）の申告にもとづく政府の唯一の包括的で連続的な労働時間統計である「毎勤」[3]は、所定内労働はもちろん、所定外労働についても、賃金または割増賃金を支払った時間のみを集計していて、労働基準法違反の賃金不払残業は存在しない建前になっているからである。

労働基準法では、使用者が労働者に命ずることのできる最長労働時間は一週四〇時間、一日八時間と定められている。これを超えて時間外および休日に労働をさせる場合には、使用者は同法の第三六条にしたがって、労働者の過半数を組織する労働組合または労働者の過半数を代表する者と時間外・休日労働に関する労使協定（いわゆる三六協定）を締結し、労働基準監督署に届け出なければならない。この規定に違反した場合は、法定労働時間外の残業に対する割増賃金不払いの場合と同様に、使用者は「六箇月以下の懲役又は三〇万円以下の罰金」に処せられることになっている。しかし、厚生労働省「平成一七年度労働時間等総合実態調査結果」によれば、三六協定を締結している事業場の割合は、全規模合計で二割（二七・二％）、三〇一人以上の企業で七割（六九・九％）にとどまる。

ヨーロッパの多くの国では、法律や労働協約によって、残業を一日二時間に制限するか、一日の労働時間を、残業を含め一〇時間に制限している。これと比べると、日本の残業の実態はあまりに野放しである。前述のとおり、三六協定の手続きさえ踏めば、使用者は時間外および休日にいくら働かせても罰せられない(4)。厚生労働省は、三六協定の野放し状態に対する批判を受けて、最近の一〇年は三六協定で認められる労働時間の延長の限度を、一週間一五時間、二週間二七時間、四週間四三時間、一ヵ月間四五時間、二ヵ月間八一時間、三ヵ月間一二〇時間、一年間三六〇時間としてきた（一九九八年告示一五四号）。しかし、これは三六協定の届出窓口である労働基準監督署の指導基準にすぎず、法的拘束力を欠いている。そのうえ、実際には、特別条項に特別延長時間を盛り込むことで、この限度基準に定める時間を超えて時間外労働を延長することを許しており、一ヵ月間一五〇時間、一年間一〇〇〇時間を超える延長を認めている例さえ見受けられる(5)。なお、前出の厚生労働省「平成一七年度労働時間等総合実態調査結果」によれば、規模三〇一人以上で特別条項付き三六協定を締結している事業場の割合は六六・七％に達する。

サービス残業で最もありふれているのは、賃金および割増賃金の支払われない早出や居残りや休日労働である。しかし、こうした最狭義のサービス残業だけでなく、休憩時間中の労働、仕事に付随した時間外のQC活動・研修・会議、仕事に付随した時間外の保守・清掃・着替え・朝礼・体操なども、賃金または割増賃金が支払われなければサービス残業になる。また、「風呂敷残業」や「フロッピー残業」と呼ばれてきた待ち帰り仕事も、賃金または割増賃金が支払われない以上はサービス残業である。短時間のパートやアルバイトでも所定内または所定外の労働の一部または全部に賃金が支払われなければ、サービス残業とみなすことができる。

これらに比べて少し複雑なのが、変形労働時間制、裁量労働制、および労働基準法第四一条第二項にいう「管理監督者」の適用対象となっている労働者の場合である。

変形労働時間制は、一週平均四〇時間以内の範囲で、割増賃金を支払うことなく、業務の繁閑や特殊性に応じて、法定労働時間を超えて労働させることができる制度をいう。もともと一九四七年の労働基準法制定時に四週単位の変形労働時間制が存在していたが、一九八七年の労働基準法改定によって新たに一週間単位、一ヵ月単位および三ヵ月単位の変形労働時間制が導入され、一九九二年の労働基準法の改定では、さらに一年単位の変形労働時間制が導入された。これは二月の一ヵ月（二八日）を例にとれば、最初の三週間が一週三五時間（一日七時間）であれば、あとの一週間は一週五五時間（一日一一時間）でも、期間を平均すれば一週四〇時間の範囲内にあるので、割増賃金を支払わなくてもよいとする制度で、サービス残業を合法化する面がある。

裁量労働制は、業務の性質上、使用者が時間配分に関し具体的な指示をすることが困難であるという理由で、労働時間の決定を労働者本人の裁量に任せる制度をいう。この制度には、専門業務型（労働基準法第三八条の三）と企画業務型（同法第三八条の四）の二類型がある。前者は研究開発業務、情報処理システムの分析・設計業務、取材・編集業務などの一九業務に携わる労働者に適用され、後者は企業の本社などにおいて企画、立案、調査および分析を行う労働者に適用される。いずれの場合も裁量労働制は労使が（前者は労使協定で、後者は労使委員会の決議で）定めた時間を働いたものとみなす点で、事業場外労働（外勤）の場合と同様の「みなし労働時間制」である。しかし、みなし労働時間が法定労働時間を超える場合には、三六協定を結ばなければならない。また、深夜労働および休日労働に対しては所定の手当を支給しなければならない。これらの法的要件がたとえ満たされていても、裁量労働制は、労働時間管理を形骸化させている点で、サービス残業を誘発する面がある。そのうえ、現実には一連の要件を満たさない擬似的な裁量労働制を労働者に押しつけて、サービス残業を強制しているケースが多い。

サービス残業を生みだす仕組みとしてより大きな問題は、「名ばかり管理職」あるいは「偽装管理職」と呼ばれる、管理職であることを名目とした残業代の不払いである。労働基準法第四一条二にいう管理監督者とは、判例と通達に照らせば、①労務管理において経営者と一体的な立場にある、②出退勤について自由裁量の権限を有する、③賃金などで高い地位にふさわしい待遇を受けている、という三要件を満たす者と解すべきである。しかし、多くの企業においては、課長級の中間管理職はいうまでもなく、しばしば係長や班長、あるいは店長や主任やチームリーダーなどの下級管理職までもが労働時間規制の適用除外とされ、時間外にいくら働いても、残業賃金を支払われていない現実がある。これらの職制に対して名ばかりの管理職手当を支給している企業もあるが、その場合も残業代を支払っていなければ、サービス残業であることには変わりはない。

さきに、サービス残業の時間数やその不払賃金の金額を示す政府統計は存在しないと指摘した。とはいえ政府統計からサービス残業を推計する方法がないわけではない。比較的よく知られているのは、労働者調査にもとづく「労調」の労働時間数から企業調査にもとづく「毎勤」の労働時間数を差し引き、サービス残業を含む時間と含まない時間の開差を求める方法である。

筆者は一九九〇年一二月に出版された日英対訳の過労死弁護団全国連絡会議編『KAROSHI［過労死］』（窓社）の第七章「日本の労働者の生活構造」で、以下のように述べた。

「『毎月勤労統計』の数値は、会社にたずねた情報から集計されたもので、……日本の会社に特有の『サービス残業』を含んでいない。同じ政府統計でも総務庁の『労働力調査』は、調査票を世帯に配布して直接個々の労働者から回答をえるという集計方法をとっているので、所定外の早出や居残りを含めて現実の労働時間をより正確に集計できる。この調査によれば、一九八七年に日本の男性および女性労働者は平均で約二四〇〇時間も働いた。これは労働省が国際比較のために用いる平均よりも約二五〇時間以上長い。」［過労死弁護団全国連絡会議編　一九九一、六一ページ］

これと同じ仕方によるサービス残業時間の推計は、その後、政府文書にも散見されるようになった。一九九一年一一月に発表された経済企画庁（現内閣府）の第一三次国民生活審議会総合政策部会・基本政策委員会の中間報告『個人生活優先社会をめざして』（大蔵省印刷局）は、本文とは別におかれた「参考資料」のなかで、「従業員が賃金を要求しない、もしくは要求できない残業をサービス残業という」として、「総務庁『労働力調査』（勤労者に対する調査）と労働省『毎月勤労統計調査』（雇用主に対する調査）の労働時間の差がサービス残業であるとすれば、一九八九年で年間三四〇時間のサービス残業が存在しているこ

表7-3　労働時間——労働者調査と企業調査（1992年）

	労働者調査	企業調査	差
産業計	2,309	1,972	337
鉱業	2,454	2,123	331
建設業	2,460	2,116	344
製造業	2,314	2,017	297
電気・ガス	2,174	1,949	225
運輸・通信	2,512	2,123	389
卸・小売	2,283	1,860	423
金融・保険・不動産	2,226	1,807	419
サービス	2,236	1,921	315

（出所）　企業調査の欄は「毎月勤労統計調査」の週平均労働時間を12倍，労働者調査の列は「労働力調査」の月平均労働時間を52倍した〔森岡 1992〕。

（注）　企業調査のカッコ内は「毎月勤労統計調査」による賃金の支払われた時間外労働。

とになる」〔経済企画庁国民生活局編 一九九二〕と指摘している。これと同様の方法による推計は、通商産業省〔現経済産業省〕産業政策局編『時短リストラの時代——バランスのとれた生活と国際協調を目指して』でも行われている。

筆者自身は、前出の拙稿〔過労死弁護団全国連絡会議編 一九九二〕のあと、「日本型企業社会と労働時間の二極化」〔森岡 一九九三〕で「毎勤」と「労調」の労働時間の差を比較した。そして、「サービス残業の経済学」〔本多・森岡 一九九三〕と、「サービス残業——奪われた自由時間」〔森岡 一九九五〕において、「毎勤」と「労調」の労働時間を産業部門別に比較検討し、たとえば一九九二年について表7-3を掲げた。この表は産業全体ではサービス残業と推定される労働者調査と企業調査の差は三三七時間であるが、産業別には電気・ガスの二二五時間、製造業の二九七時間と、卸・小売の四二三時間、金融・保険・不動産の四一九時間のあいだにかなりの隔たりがあることを示している。

労働時間の二極化傾向についての前述の筆者の分析を参考にして、「労調」と「毎勤」の労働時間の比較を一九五〇年まで遡って行った研究に、経済企画庁主任研究官であった徳永芳郎〔一九九四〕がある。『経済分析』第一三三号の全九一ページを充てたこの論文は、労働時間の実態把握にとどまらず、過労死の労災認定や労災保険財政を含む労災補償の制度と課題を検討し、過重労働に起因する勤労者のストレスと健康障害に説き及んでいて、たびたび注目されてきた。

労働時間に関しては、同論文は、一九五〇年代の半ばから年を経るごとに男女の時間数のギャップが大きくなり、一九七〇年代半ばから一九八〇年代末にかけては、男性では週六〇時間以上の超長時間労働者、女性では週三五時間未満の短時間労働者が増大し、男女の労働時間の格差が著しく大きくなったことを明らかにしている。そして、「労調」と「毎勤」の開差については、一九六〇年代には年間二四〇時間前後にまで縮小していたが、第一次石油危機（一九七三〜七四年）以降、年間三六〇時間前後に拡大していることを確認している［徳永　一九九四、二三ページ］。徳永によれば、こうした開差が生ずる最大の理由は、労働者調査である「労調」では早出、居残り、休日出勤を含む就業時間のすべてが把握されているが、企業調査である「毎勤」では賃金の支払われなかった時間が計上漏れになっていることにある［徳永　一九九四、二五ページ］。

徳永はサービス残業を、本来支給されるべき残業代が支払われない早出、居残り、休日出勤に限定しており、持ち帰り仕事（風呂敷残業）をサービス残業から除外している。また、管理監督者に該当しない中間管理職のただ働き残業も含めていない。筆者は、待ち帰り残業も中間管理職の残業も、時間外労働に残業代が支払われない点でサービス残業だと考えている。その点は徳永と筆者の見解は異なる。しかし、労働時間統計としては、「労調」のほうが「毎勤」よりも実態に近く、両統計の開差は、サービス残業の実態を近似的に反映していると考える点では、徳永は筆者と認識を共有している。

ところで「労調」の労働時間については、業務や職種によっては比較的繁忙なことが多い毎月の月末一週間（二一月は二〇～二六日）に就業した時間を集計しているために、通常の一週間の労働時間より長い、という指摘がされている。そうした判断のもとに、「労調」と「毎勤」の比較から実労働時間の推定を行った論考に小野旭［一九九一］がある。

小野は表7-4を示して、「非農林業や製造業のように、完全週休二日制の適用を受ける労働者が五〇％に達していない場合、繁忙な月末の一週間に二日の休日を取るのは、労働者の立場からみて難しいかもしれない」という［小野 一九九一、七六ページ］。そして、この点を考慮して、「労調」の一九六〇年六月の月末一週間の労働時間を月間労働時間に置き直した(1)欄を、(2)欄のように修正している。小野はこの表でも本文でも、煩雑さを避けるためか、修正値を求める計算式を示しておらず、説明もしていないが、(1)と(2)のあいだには、(1)－(2)＝(1)×7÷30÷5.5という関係が成り立つ。[8]「労調」から求めた一九九〇年六月の月労働時間（二〇二・三時間）とその修正値（一九三・七時間）を例にいえば、減数の修正値は、週五・五日労働（週休一日半）と仮定して求めた一日の労働時間（八・六時間）の分だけ、被減数の月労働時間より短くなっている。その結果、「毎勤」に対する修正後の「労調」の比率(5)は、修正前の労働時間を用いた比率(4)よりも低下する。結局、小野の言うには「おそらく真実は(4)欄と(5)欄の中間」、したがって非農林業でいえば一・一二と一・〇七の中間の一・一あたりにあるのではないか」ということになる。とすれば、日本の年間労働時間は「毎勤」統計の二一〇〇時間台ではなく、それを一・一倍した二三〇〇時間台であり、政府・労働省が国際比較に用いてきた「毎勤」統計より二〇〇時間多いという結論になる。

小野の推計は、控えめにみても日本の労働時間は公表数字よりはるかに長いことを示していて参考になる。しかし、その際に用いた修正値には疑問がある。小野は非農林業や製造業では「労調」の月末一週間

表 7-4　月間労働時間の「労調」「毎勤」間比較（1990年6月分）

		「労調」による労働時間 (1)	同左修正値 (2)	「毎勤」による労働時間 (3)	修正前比率 (1)/(3) (4)	修正後比率 (2)/(3) (5)
非農林業	男女計	202.3	193.7	180.7	1.12	1.07
	男	219.4	210.1	190.8	1.15	1.10
	女	174.0	166.6	164.2	1.06	1.01
製造業	男女計	203.6	195.0	186.7	1.09	1.04
	男	217.7	208.5	196.3	1.11	1.06
	女	178.7	171.1	170.0	1.05	1.01
金融・保険 不動産	男女計	198.0	—	162.9	1.22	—
	男	219.9	—	170.0	1.29	—
	女	175.7	—	154.5	1.14	—

（出所）「労働力調査」および「毎月勤労統計」（規模5人以上）。小野［1991］。
（注）(1)欄の月間労働時間は「労調」の平均週間就業時間数×30÷7。

の労働時間は普段の週より長いというが、その仮定には統計的根拠がない。小野は、「九〇％以上の労働者が完全週休二日制を享受している金融・保険業等については、この種の修正は不要である」［小野 一九九一、七七ページ］ともいう。しかし、サービス残業としての休日出勤の実情を考えると、公表された完全週休二日制の適用労働者数の割合から実際の休日日数を速断することはできない。六月に限ったことではないが、厚生労働省「平成一九年就労条件総合調査結果の概況」によれば、金融・保険業の年次有給休暇の取得率（四三・〇％）は、製造業（五三・一％）より低い。

「労調」の月末一週間の労働時間は、他の統計に示された調査対象期間の異なる労働時間と比較しても、長いとはいえない。たとえば、一九九〇年の「労調」の雇用者の週労働時間は四六・三時間であったが、一九九〇年一〇月一五日〜二八日を調査対象日として行われたNHK「国民生活時間調査」の「勤め人」の週労働時間も四六・三時間であった。一九九一年の「労調」の雇用者の週労働時間は四五・五時間であったが、一九九一年の一〇月に行われた総

図7-4　労働時間の区分

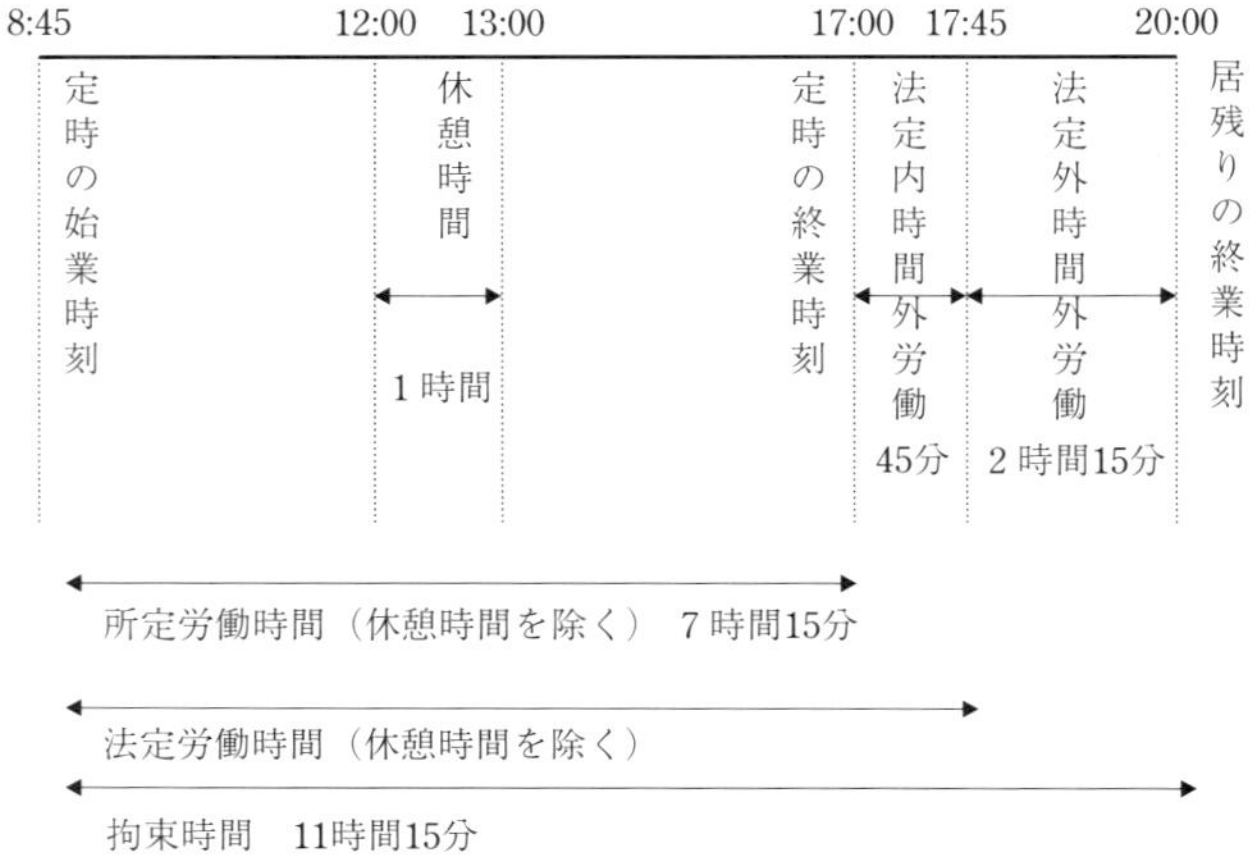

務庁の「社会生活基本調査」では、雇用者の週労働時間は四五・七時間であった。また、労働運動総合研究所（労働総研）が約三万人の労働者を対象に行った調査の結果報告『現代の労働者階級』〔労働運動総合研究所ほか編 一九九三〕によると、一九九一年六月一ヵ月の総実労働時間は一九六時間一九分であったが、これは週当たりでは四五・八時間になる。これらの比較は、「労調」の月末一週間の労働時間は通常の週の労働時間に比べて特別に長いわけではないことを例証している。

　時間外労働の不払いに起因するサービス残業時間を推計するうえでいまひとつ留意すべきは、図7-4に示したような、法定内時間外労働と法定外時間外労働の区別である。この図では所定労働時間が七時間一五分、所定外労働時間が三時間であるが、法定労働時間は八時間なので、所定外のうち、四五分は法定内、二時間一五分は法定外となる。企業にとって割増賃金の支払義務が生ずるのは法定外の部分であって、法定内については通常の率で計算された賃金を支払っても違法性を問われない。この点からみれば、同じくサービス残業といっても、所定外不払労働と法定外不払労働を区別する

図7-5　「毎月勤労統計調査」における一般労働者の実労働時間
（1993〜2007年）

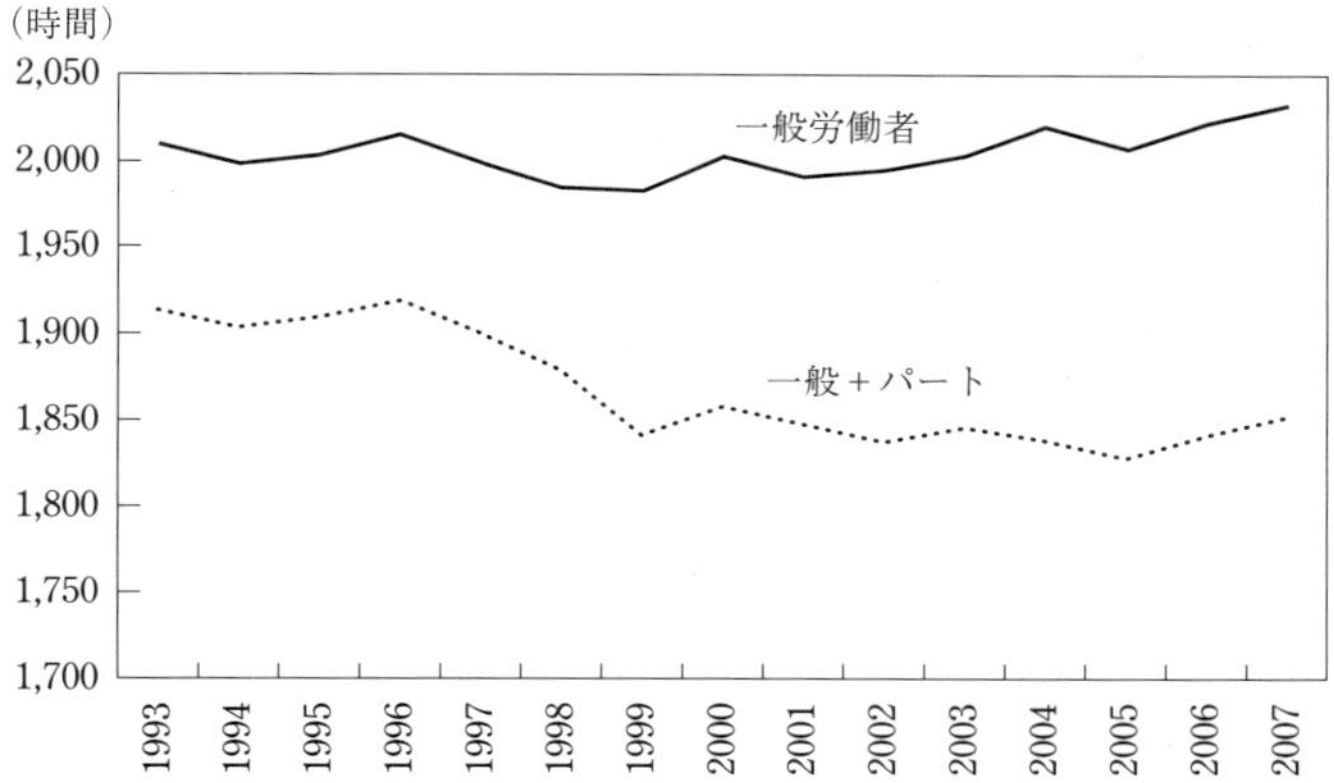

（出所）「毎月勤労統計調査」。
（注）一般労働者（パートを除く常用労働者）の労働時間は1993年から表示され始めた。

ことができる。

「毎勤」の所定労働時間は一九八〇年代前半の一九四〇時間前後からここ数年の一七〇〇時間前後まで二五〇時間余り短縮した。これは、一九八七年の労働基準法改定で、それまでの週四八時間制に代わり週四〇時間制が導入され、経過措置および猶予措置を経て一九九七年四月一日より一部の特例[9]を除きすべての事業場に適用されるようになったことや、一九八〇年代半以降、大企業を中心にいわゆる完全週休二日制が徐々に普及し、一ヵ月当たりの出勤日数が緩慢ながら減ってきたことが影響していると考えられる[10]。しかし、所定労働時間の減少は、フルタイム労働者の実労働時間の短縮には寄与しなかった。その証拠に、「毎勤」によれば、一般労働者（パートタイム労働者を除く常用労働者）の実労働時間は、統計が利用可能な一九九三年以降、ほとんど変化しておらず、九〇年代末以降は逓増傾向にある（図7-5参照）。

マルクスは『資本論』第一巻第八章「労働日」で工場主が労働者の食事時間や休憩時間を削り取ることを、工場監督官の表現を借りて、時間の「ちょろまかし」「ひったくり」「こそどろ」と呼んでいる。今日の日本ではこうした時間泥棒の手口は以下に例示するように実に多岐にわたる。①タイムカードがなく使用者が残業時間を把握していない。②基本給あるいは歩合給のみで残業代はつかない。③支給される時間や金額に上限があり、それを超過する部分はカットされる。④労働者の自主申告に任せ、残業の一部か全部が請求されないか、申告しても支給されない。⑥上司が認める範囲内しか残業代が出ない。⑦QC・研修・朝礼・ミーティング・清掃・着替えなどが業務外扱いをされる。⑧時間中の談笑・喫煙などの時間を「私的時間」として入力させカットする。[11] ⑨休憩時間（食事時間を含む）の一部が削られる。⑨一分単位で記録すべき残業時間を三〇分単位などにして端数を切り捨てる。⑩わずかな職務手当や営業手当が出るだけで残業代は支給されない。

第三節　サービス残業の実態と不払賃金総額

サービス残業の実態については、アンケート調査による把握も試みられてきた。すでに述べたように、サービス残業を把握するには、早出、居残り、休日出勤、休憩時間中の労働、持ち帰り仕事、法定時間内の所定外労働、研修・会議・QCサークルその他の職場活動などをすべて含めなければならない。これらを明示せずに調査する場合は、法定労働時間外の早出・居残りと休日出勤で賃金または割増賃金の支払いが一部または全部なかった場合だけがサービス残業とカウントされかねない。

前出の図4‐4を参考に考えてみよう。たとえば、所定労働時間（定時）は午前八時四五分始業から午後五時終業までの七時間一五分の会社で、ある従業員が一五分早出をして八時三〇分に出社し、昼の休憩時間中に一五分仕事をし、一七時四五分に退社するとしよう。この場合、彼／彼女は、毎日、朝一五分、昼一五分、夕四五分、合計一時間一五分のただ働きをしていても、残業は居残りの四五分だけで、八時四五分から一七時四五分までの八時間労働なので法定外残業はしていないと考えて、サービス残業に関するアンケート調査の質問に「サービス残業はしていない」と回答するかもしれない。しかし、この場合、当人は「していない」と思っていても、一日一・二五時間のサービス残業があり、年間では二四〇日の出勤日数で同じ状態がつづくと仮定すれば、三〇〇時間のサービス残業があることになる。企業によっては残業代の計算にあたって三〇分以内の残業は切り捨てるところがあるが、法的には一分単位で計算しなければならず、一五分でも切り捨てることは認められていない。また、法定内残業については、通常の賃金より安い別賃金を支払っている企業もあるが、労働が所定内と同様に継続している限り、時間数に応じて少なくとも通常の賃金は支払われなければならない。

使用者が労働者に残業代を支払わないために悪用しているのが労働基準法における管理監督者の規定である。前節で述べたように、多くの企業は、同法第四一条の「監督若しくは管理の地位にある者」（管理監督者）は、労働時間、休憩および休日に関する規定は適用されないという同法の規定を不当に拡大解釈して、部課長はいうまでもなく、係長、班長、主任、店長にいたる広範囲の職制の一部または全部に対して残業代を支払っていない。彼ら／彼女らには一定額の職務手当が支給されていることが多いが、その額は実際になされる長時間残業に見合うものとはなっていない。この場合、管理監督者の名において残業代が

表7-5　役職別時間外手当の請求・支給状況　（単位：%）

	一般	係長クラス	課長クラス	部長以上
働いた分だけ請求・支給	51.1	35.6	15.1	9.8
手当に上限カットあり	13.4	17.5	3.8	5.7
自主的にカット・サービス残業	13.6	22.6	12.4	5.7
時間外手当は請求しない	3.2	5.1	7.6	10.7
時間外手当はつかない	15.6	16.9	55.1	60.7
その他	2.2	—	4.3	5.7
無回答	0.7	2.3	1.6	1.6

（出所）大東京火災「東京・大阪・名古屋のサラリーマン1000人に聞く現代ビジネスマンの『ゆとりの実感』」，1994年4月実施。

つかないのは仕方がないと思わされてきた労働者は、実際はサービス残業を行っていても、アンケート調査には「サービス残業はしていない」と回答するかもしれない。

サービス残業が過労死との関連で社会問題として議論を呼び始めた一九九二年四月、大東京火災（二〇〇〇年に千代田火災と合併し、あいおい損保となる）の調査部が役職別の残業代の支給状況について興味深い調査を行っている。東京、名古屋、大阪の二〇歳から五九歳までのサラリーマン一〇〇〇人（管理職五五％、被管理職四五％、有効回答八八七）を対象に行われたこの調査によれば、「働いた分だけ請求し支給されている」は、三四・八％で、「手当に上限があり、カットされる」一一・二％、「自主的にほどほどのところでカットしたり、サービス残業をしてしまったりすることがある」一四・一％、「時間外手当は請求しない」五・五％、「時間外手当はつかない」三〇・三％となっている。なんらかのかたちでサービス残業を行っている者の割合は六六・一％にのぼり、そのうちまったく支払われていない者が半数強を占める。

表7-5によれば、役職別にみて、残業代がまともに支給されているのは、課長クラスでは一五・一％、部長以上では九・八％にとどまり、課長クラスの五五・一％、部長以上の六〇・七％はもともと「残業代は

図7-6　連合「生活アンケート」におけるサービス残業の有無

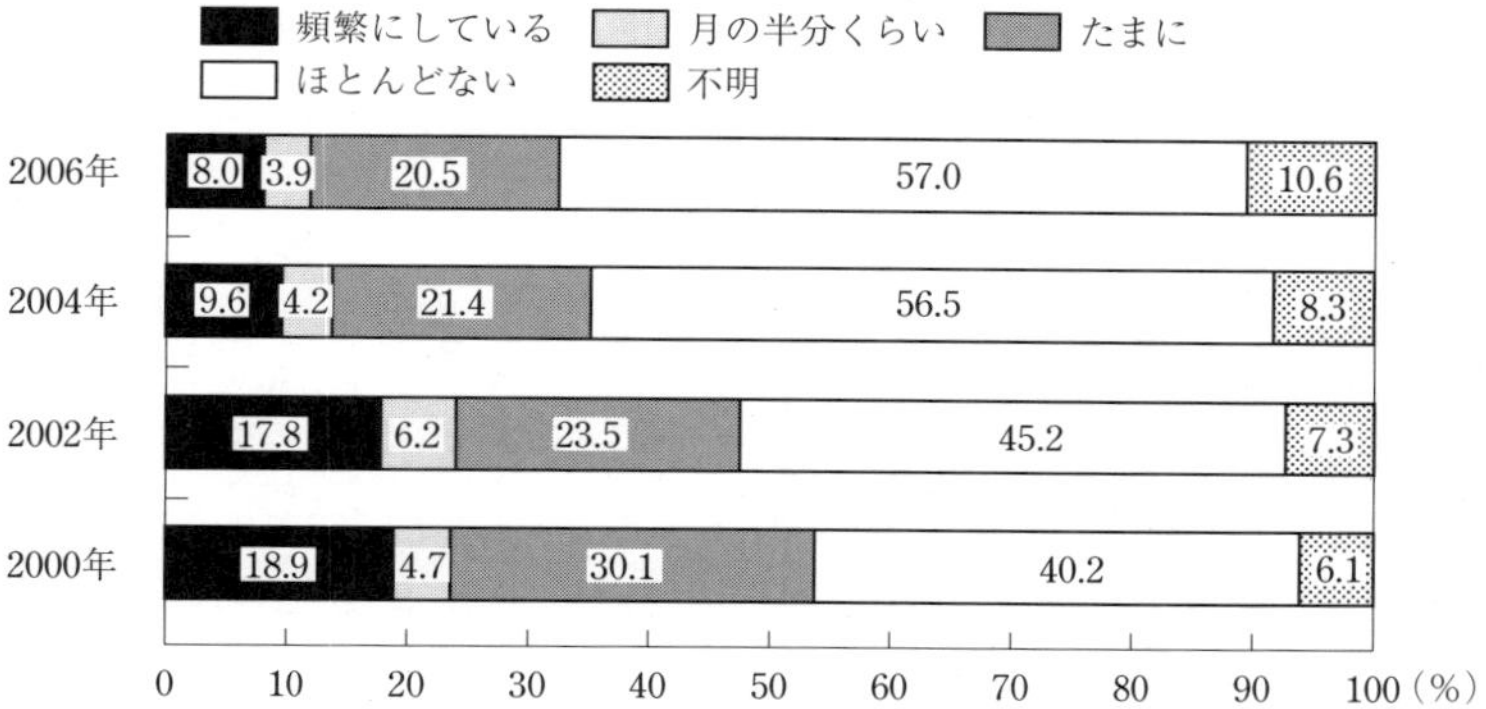

（出所）連合「2006年生活アンケート」調査結果。
（注）「不明」は「わからない」と「無回答」の合計。

つかない」と回答している。他方、一般職（非管理職）でも、働いた分だけ請求し支給されているのは全体の五一・一％にとどまり、四五・八％は、「残業代はつかない」（一五・六％）を含め、なんらかのかたちでサービス残業を行っている。

　労働組合の最大のナショナルセンターである連合もサービス残業（「不払残業」）の実態調査を行っている。それによるとサービス残業をしているという回答のうち、「頻繁にしている」、「月の半分くらい」、「たまに」を合計した比率は、図7-6のように、最近になるほど減少傾向にある。同調査によれば「二〇〇六年六月の一ヵ月間に組合員の八七％が残業をしていた。その平均は二三・三時間で、増加傾向にある」。このように一方で残業時間が増加しながら、他方でサービス残業が減少しているという調査結果には疑問がある。二〇〇六年アンケートでは一ヵ月の残業時間と「持ち帰り残業」の有無の関連を質問しているが、それにつづくサービス残業の有無の質問では「持ち帰り残業」をサービス残業から除外している。これでは「持ち帰り残

表7-6　男女別・業種別にみた不払労働時間

		TOTAL	0時間	1～19時間	20～39時間	40～99時間	100時間以上	無回答	平均（0時間を含む）	平均（0時間を除く）
男性	TOTAL	100 (2,103)	47.8	17.4	11.4	9.9	3.3	10.2	16.6	35.4
	農林漁業・鉱業	100 (6)	33.3	33.3	0.0	16.7	0.0	16.7	16.2	27.0
	建設業	100 (103)	36.9	13.6	16.5	17.5	2.9	12.6	21.9	38.0
	製造業	100 (411)	54.5	17.0	11.7	8.8	2.2	5.8	13.9	33.0
	電気・ガス	100 (49)	53.1	24.5	4.1	4.1	0.0	14.3	5.6	14.5
	運輸業	100 (96)	56.3	14.6	7.3	6.3	4.2	11.5	13.3	36.5
	通信業	100 (55)	63.6	7.3	14.5	9.1	1.8	3.6	12.6	37.2
	卸売・小売業	100 (116)	24.1	20.7	24.1	19.8	5.2	6.0	30.0	40.3
	飲食店	100 (6)	16.7	33.3	16.7	16.7	16.7	0.0	30.5	36.6
	金融・保険業	100 (57)	49.1	8.8	14.0	15.8	8.8	3.5	27.6	56.2
	サービス業	100 (208)	42.8	14.9	15.4	13.0	6.7	7.2	23.9	44.6
	公務	100 (141)	39.7	22.7	10.6	17.7	1.4	7.8	20.0	35.2
	その他	100 (88)	45.5	17.0	10.2	12.5	5.7	9.1	21.5	43.1
	無回答	— (1)	—	—	—	—	—	—	—	—
	合計	100 (1,337)	46.4	16.8	13.2	12.3	3.7	7.6	18.9	38.1
女	農林漁業・鉱業	100 (4)	25.0	25.0	0.0	0.0	0.0	0.0	1.5	3.0
	建設業	100 (34)	61.8	17.6	2.9	5.9	0.0	11.8	4.5	15.1
	製造業	100 (126)	60.3	15.9	5.6	3.2	1.6	13.5	6.5	21.6
	電気・ガス業	100 (14)	78.6	14.3	0.0	0.0	0.0	7.1	2.0	13.0
	運輸業	100 (14)	71.4	14.3	0.0	0.0	0.0	14.3	0.5	3.0
	通信業	100 (16)	60.0	13.3	6.7	13.3	0.0	6.7	8.3	23.2
	卸売・小売業	100 (103)	46.6	22.3	11.7	4.9	2.9	1.7	13.9	29.4

性	飲食店	100（　8）	12.5	62.5	0.0	0.0	0.0	25.0	5.7	6.8
	金融・保険業	100（ 78）	44.9	19.2	12.8	9.0	0.0	14.1	11.4	23.8
	サービス業	100（151）	49.0	18.5	9.9	4.0	4.0	14.6	13.8	32.3
	公務	100（ 72）	40.3	13.9	9.7	13.9	4.2	18.1	22.3	43.8
	その他	100（142）	46.5	17.6	7.0	6.3	3.5	19.0	14.8	34.8
	無回答	—（　5）	—	—	—	—	—	—	—	—
	合計	100（766）	50.3	18.3	8.2	5.9	2.0	14.9	12.1	29.4

（出所）小倉・藤本［2005, 72ページ］。
（注）電気・ガス業は水道・熱供給業を含む。金融・保険業は不動産業を含む。

業」をしていると答えた人——三人に一人——は、サービス残業をする頻度をそれだけ少なく回答した可能性がある。

くわえて、連合のサービス残業撲滅キャンペーンは「一日八時間、一週四〇時間の法定労働時間を超えて働いた場合や法定休日に働いた場合に、その時間に応じた割増を含んだ賃金が支払われないこと」を「サービス残業」とみなしており、「生活アンケート調査」もこの定義にしたがっていると考えられる。先述したように、これではサービス残業の定義としてはあまりに狭すぎて、実態を正確に把握することはできない。

残業およびサービス残業の実態調査で注目されるのは、労働政策研究・研修機構（JILPT）のレポート〔小倉・藤本 二〇〇五〕である。二〇〇四年六月の労働時間について全国三〇〇〇名を対象に実施したこの調査（回収数二五五七票、回収率八五・二％）では、労働者一人当たりの総労働時間の平均は一九八・九時間

（男性二〇五・四時間、女性一八五・七時間）であった。このうち、所定外労働時間の平均は三一・六時間（男性三六・九時間、女性二〇・八時間）であった。また、このうちさらに不払残業は、表7–6に見るように、ゼロ時間の人を含む平均で一六・六時間（男性一八・九時間、女性一二・一時間）、ゼロ時間の人を除いた平均で三五・四時間（男性三八・一時間、女性二九・四時間）であった。

同調査における不払残業についての数字は、休日出勤や自宅での作業時間を含んでいるが、課長クラス以上の管理職および課長未満の管理職の場合の「時間管理なし」を除外したものである。この点は注意を要する。一般に課長級の管理職は、労働基準法にいう管理監督者とはいえないにもかかわらず、管理監督者の名による残業代の適用除外の対象とされ、サービス残業を強いられてきた。これを考えると、この調査における管理職の取り扱いには問題が残る。しかし、全体としては、上記の調査レポートは、長時間の残業と不払残業の実態を性別、年齢階級別、職種別、地域別、規模別など分けて明らかにしていてきわめて有益である。(12) 男性のサービス残業時間（ゼロ時間を除く）の平均は、卸売・小売業では四〇・三時間、金融・保険・不動産業では五六・二時間にものぼることを特記しておこう。

「働き方の現状と意識」に関するもうひとつの調査レポート〔小倉・藤本 二〇〇六〕も参照に値する。これは二〇〇五年六月の一ヵ月間の労働時間について実施され、有効回答一五二八件のうち、一三七〇件から総労働時間を集計している。その内容については小倉一哉の『エンドレスワーカーズ』〔小倉 二〇〇七〕で詳細に知ることができる。

同書から数字を拾えば、日本の労働者は、月平均二〇〇（男性二〇六、女性一八四）時間働いている。男性の五人に一人強は月二四〇～三〇〇時間にも及ぶ。四〇時間×四週を基準にすれば月八〇～一四〇時間の残業をしていることを意味する。これは厚生労働省が過労死の発症との関連性が強いと認める残業時間の危険域にある。人間として生命を維持する「限界」を超えている点で、日本人の労働時間は、まさに表題にいうように「エンドレス」である。

なぜ残業をするのか。理由は多様と思われるかもしれない。しかし、同調査では約六割の人が「所定労働時間内では片づかない仕事量だから」、約四割の人が「自分の仕事をきちんと仕上げたいから」と答えている（いずれも複数回答）。どちらの回答とも所定時間内で片づかない・仕上げられない仕事量があるという点で共通している。「残業代や休日手当を増やしたいから」は五％、「楽しいから」は一％しかない。ストレスと労働時間の関係についての調査でも、多様な選択肢のなかで明確な関連が見られるのは、「働く時間が長い」と「仕事量が多い」の二つである。

近年は、いわゆる正社員だけでなく、パート、アルバイト、派遣、契約社員などの非正規労働者のあいだでも長時間働く人が増えている。しかも、最近は、パートでありながら残業をした人の割合も、残業時間も目立って増えている。小倉が紹介しているUIゼンセン同盟の調査によれば、女性独身パートの一割強が頻繁にサービス残業をしており、月平均サービス残業時間は一〇時間を超える［UIゼンセン同盟 二〇〇六］。

表7-7は小倉の前掲書［小倉 二〇〇七］から引用した一ヵ月間のサービス残業時間別分布である。調査対象一〇〇四人のサービス残業時間の平均は、ゼロ時間の人を除くと平均は二八・六時間となる。職種別の平均サービス残業時間の長さでは、営業・販売職の四〇・七時間が目につく。この表には示されていないが、男女計の業種別集計表をみると、月三〇時間を超えているのは卸・小売業の三四・一時間、金融・

表7-7　属性別にみた1ヵ月間のサービス残業時間別分布（2005年6月）

（単位：%）

		回答数	0時間	1～39時間	40～79時間	80時間以上	合　計	平均（0時間を含む）	平均（0時間を除く）
	全体	1,004	53.0	33.3	9.9	3.9	100.0	13.5	28.6
	男性	662	52.4	32.2	10.4	5.0	100.0	15.2	31.9
	女性	342	54.1	35.4	8.8	1.8	100.0	10.2	22.2
年齢階級	20歳代	139	56.8	28.8	10.1	4.3	100.0	13.2	30.5
	30歳代	417	51.3	34.1	10.1	4.6	100.0	14.6	30.0
	40歳代	328	51.8	33.2	11.3	3.7	100.0	13.5	28.1
	50歳代	120	57.5	35.8	5.0	1.7	100.0	9.7	22.8
職種	総務・人事・経理等	94	54.3	34.0	10.6	1.1	100.0	10.4	22.8
	一般事務・受付・秘書	125	61.6	35.2	2.4	0.8	100.0	6.9	17.9
	営業・販売	149	30.9	38.3	19.5	11.4	100.0	28.2	40.7
	接客サービス	49	69.4	24.5	4.1	2.0	100.0	6.9	22.5
	事務系専門職	15	46.7	40.0	13.3	0.0	100.0	13.5	25.4
	技術系専門職	127	59.1	32.3	5.5	3.1	100.0	10.6	26.0
	医療・教育関係の専門職	151	34.4	41.7	17.2	6.6	100.0	20.3	30.9
	現場管理・監督	52	53.8	34.6	9.6	1.9	100.0	13.6	29.4
	製造・生産・建設の作業	130	80.0	16.9	1.5	1.5	100.0	3.9	19.5
	輸送・運転	45	51.1	33.3	13.3	2.2	100.0	14.3	29.3
	警備・清掃	10	50.0	40.0	0.0	10.0	100.0	11.3	22.6
役職	一般社員	683	56.2	31.8	8.6	3.4	100.0	11.9	27.3
	係長・主任	321	46.1	36.4	12.5	5.0	100.0	16.7	31.0

（出所）　小倉［2007, 46ページ］。
（注）　事務系専門職は調査分析・特許法務などを，また技術系専門職は研究開発・設計・SEなどを指す。

保険・不動産業の三二・八時間、サービス業の三六時間である。なお、この二〇〇五年六月調査でも二〇〇四年四月調査と同様に、課長以上の管理職は除外されている。表7-7の最下段の役職者の欄に、係長・主任の三一時間しか示されていないのはそのためである。

表7-7では医療・教育関係の専門職のサービス残業のゼロ時間の人を除く平均は三〇・九時間となっている。しかし、彼ら/彼女らの残業時間はそれどころではないという調査結果がある。厚生労働省の調査[二〇〇六]によれば、宿直中の勤務が労働時間から除外され事実上のエグゼンプション状態に置かれている勤務医の週平均労働時間は六三・四時間であった。文部科学省の調査[二〇〇七]によれば、一九七一年に成立した「公立の義務教育諸学校等の教育職員の給与等に関する特別措置法」(給特法)によって、労働時間規制の適用除外になっている小中の公立学校の教員の週平均労働時間は六〇時間八分であった(いずれも持ち帰り仕事を含む)。週四〇時間の法定労働時間を基準にすれば勤務医と教員の残業時間は、平均からして過労死ラインといわれる月八〇時間を超えていることになる。しかも、それは制度的に賃金も割増賃金も支払われないサービス残業になっているのである。こうした人々の労働実態が物語るのは、世のため・人のための労働という面をもつ専門職の極端なまでの働きすぎと、専門職ゆえの労働時間規制の適用除外制度(ホワイトカラー・エグゼンプション)の先取りである。(13)

本節の最後にふれておくべきはサービス残業の不払額の推計である。小倉は表7-7に示された一人当たり二八・六時間というサービス残業を念頭に、「サービス残業が一時間でもあった人は月間で約二九時間分の残業手当が支給されていないことになる。単純に一二倍すれば年間では三四八時間となる。対象者が正社員であることから考えて一時間当たりの残業手当を二〇〇〇円と仮定すると、年間で六九万六〇〇〇円の残業代が支払われていないことになる」と試算している〔小倉 二〇〇七、四八ページ〕。

小倉の試算はサービス残業がゼロ時間だった人を除いた平均であるが、筆者が行った「労調」の一般常雇と「毎勤」の一般労働者（いずれもパートタイム労働者を除く常雇労働者であることからいわゆる正社員と考えてよい）の二〇〇六年データからの試算（本書第六章、表6-2参照）では、一人当たり年間賃金不払残業時間は二四七時間、一人当たり年間不払賃金は六〇万八二三八円になる（残業賃金は時間賃金一九七〇円×一・二五で計算）。この試算では、対象労働者総数は四二八四万人、年間残業不払賃金総額は二六兆五六九億円、サービス残業総時間は一〇五億八一四八万時間に達する。筆者がサービス残業を被害人口と被害金額から見て日本における最大の企業犯罪という理由もここにある。

第四節　労働基準行政とサービス残業

筆者は一九九三年に労働法学者の本多淳亮との連名でサービス残業についての啓蒙書〔本多・森岡編 一九九三〕を編集し、その「はしがき」に概略次のように書いた。

政府・労働省は、サービス残業の蔓延を承知しながら、ながらくその解消を労働政策の課題として取り上げなかった。『労働白書』（現『労働経済白書』）、『経済白書』（現『経済財政白書』）、『国民生活白書』などの政府刊行物がわが国の長すぎる労働時間を問題にし、その短縮の必要性を説きはじめたのは一九八六年からであるが、その後もしばらくの間は、サービス残業の解消を明言することはなかった。一九八八年五月に閣議決定された「経済運営五ヵ年計画——世界とともに生きる日本」は、年間総実労働時間「一八〇〇時間の実現」を政策目標に謳った。しかし、それにもとづいた労働省の「労働時間短縮推進計画」でも、サービス残業の解消は政策課題にはなっていなかった。しかし、一九九一年に転機がやってきた。同年三月に、労働省が連合総合生活開発研究所に委託して前年秋に実施した「所定外労働時間の削減に関する調査」の報告書が発表された。公的な調査でサービス残業が取り上げられたのはおそらくこれが最初であろう。(14)

労働省の文書に「サービス残業はなくす」という目標が掲げられたのは一九九一年八月に策定された「所定外労働削減要綱」〔労働省編　一九九二〕が最初ではなかろうか。この「要綱」は、①所定外労働時間を、当面（今後三年間程度）、毎年一〇％ずつ削減する、②サービス残業はなくす、③休日労働はなくす、という三つの目標を示すとともに、とくにホワイトカラーの残業の削減に関連して、「『サービス残業』の温床となるような安易な労働時間管理を見直し、労使とも自覚をもち、社会全体としても注意を払っていくべきである」〔森岡　一九九一、一二ページ〕と指摘していた。

同年の一一月に発表された国民生活審議会総合政策部会・基本政策委員会の中間報告『個人生活優先社会をめざして』〔経済企画庁　一九九一〕も、サービス残業問題にはじめて言及した政府文書のひとつに数えることができる。この報告は「参考資料」で「サービス残業は何故減らないのか」を問題にし、「ホワイトカラーを中心に我が国にサービス残業が存在する理由は、企業側の所定内労働時間や賃金が支払われる残業時間では到底こなすことの出来ない高いノルマ設定とコスト削減要求に労働者が無報酬で応える（自らの意志であるないにかかわらず）点にあると思われる」〔経済企画庁　一九九一、一三七ページ〕と指摘している。これは政府の審議会文書がサービス残業を日本の労働時間の解消されるべき問題として位置づけた点で注目に値する。これをうけて一九九二年六月に発表された国民生活審議会総合政策部会の第一次報告『個人の生活を重視する社会へ』〔経済企画庁 一九九二〕も、サービス残業について特別に言及して、「我が国にはいわゆるサービス残業という根の深い問題もあり、その解消も図らねばならない」とし、「企業は適正な労働時間管理を行うべきであり、行政としても労働基準監督署による監視強化などの的確な対応をとることが必要である」と提起している〔経済企画庁 一九九二、四〇ページ〕。

また、同じ時期に閣議決定された「生活大国五か年計画」も、政府の経済運営の基本計画ではじめてサービス残業問題を取り上げ、労働時間短縮に向けた条件整備の一環として、「いわゆるサービス残業等が発生しないよう、企業に対する指導を一層強化するなど労働時間管理の適正化に努める」〔経済企画庁 一九九二、九ページ〕と謳っている。

このときから二〇年近くが経過した。しかし、一九九〇年代までは言葉のうえでサービス残業の解消がいわれながら、労働行政の監督指導の強化においては、見るべきほどの変化はなかった。サービス残業の解消に向けての労働行政の新たな変化は、世紀の変わり目に生じた。ひとつのきっかけは二〇〇〇年一一月に出た中央労働基準審議会の報告「労働時間短縮のための対策について」である。それは、年間一八〇〇時間の実現を目標にした五年間の時限立法として一九九二年に制定された「時短促進法」が、二度にわたって延長され、二〇〇六年三月末に三度目の期限を迎えようとするなかで、時短対策の一環として、サービス残業の解消に向けての取り組みについて次のように建議していた。

「労働基準法に定める割増賃金の全部又は一部が支払われていないなどのいわゆるサービス残業は、解消に向けての積極的な取組が課題である。時間外・休日・深夜労働の割増賃金を含めた賃金を全額支払うなど労働基準法の規定に違反しないようにするため、使用者が始業、終業の時刻を把握し、労働時間を管理することを同法が当然の前提としていることから、この前提を改めて明確にし、始業、終業時刻の把握に関して、事業主が講ずべき措置を明らかにした上で適切な指導を行うなど、現行法の履行を確保する観点から所要の措置を講ずることが適当である。」［中央労働基準審議会 二〇〇〇］

これをうけて、厚生労働省は労働時間適正把握基準［厚生労働省 二〇〇一］を策定し、二〇〇一年四月に公表した。これは、使用者には労働基準法上、労働時間の管理を適切に行う責務があるが、一部の事業場において、労働時間の自己申告制の不適正な運用により、労働時間の把握が曖昧となり、その結果、割増賃金の未払いや過重な長時間労働の問題も生じているとして、サービス残業や過重労働の解消をはかる目的で、労働時間の適正な把握のために使用者が講ずべき措置と厳守すべき基準を明確にしたものである。

この「基準」によれば、使用者は、労働日ごとに、始業・終業時刻を確認・記録しなければならない。その方法としては、使用者が自ら現認することにより確認および記録するか、タイムカード、ICカード等（IDカード、パソコン入力等を含む）の客観的な記録を基礎として確認し、記録することが求められる。これらの方法によらず、労働者の自己申告制によって始業・終業時刻の確認・記録を行う場合は、その対象となる労働者に十分な説明を行う必要がある。また、自主申告で把握した労働時間が実際の労働時間と合致しているか実態調査を実施することが望ましく、また労働者や労働組合などから指摘があった場合は実施しなければならない。また、社内通達で残業代に上限を設けたりして労働者による労働時間の適正な申告を阻害してはならない。そのほか、この「基準」は、労働時間の記録に関する書類の保存、労働時間を管理する者の職務、労働時間短縮推進委員会等の活用などについても指示している［厚生労働省 二〇〇一］。

ただし、「基準」の適用範囲については、いわゆる管理監督者とみなし労働時間制が適用される労働者（事業場外労働だけでなく裁量労働制を含む）を除外している点で、労働時間の適正な把握を言いながらサービス残業の温存と隠蔽の余地を残している。

上述の労働時間適正把握基準を受けて、厚生労働省はサービス残業解消の具体的指針として、「賃金不払残業総合対策要綱」とその内容をなす「賃金不払残業の解消を図るために講ずべき措置等に関する指針」を策定し、二〇〇三年五月に公表した〔厚生労働省 二〇〇三〕。これは、サービス残業の解消に向けて労働局・労働基準監督署が企業に対する指導・是正を強化する画期となった行政文書と評価することができる。

「要綱」は、上記の「指針」を策定し、「賃金不払残業解消キャンペーン月間」の実施、都道府県レベルでの労使当事者の意識改革の推進、的確な監督指導等の実施と「賃金不払残業重点監督月間」の設定、賃金不払残業に係る事例の取りまとめ、などを都道府県の労働局に指示している。とくに注目されるのは、的確な監督指導等の実施に関して、「本省（厚生労働省）、都道府県労働局、労働基準監督署が一体となって労働時間適正把握基準の周知徹底を行うとともに、的確な監督指導を実施し、特に法違反が認められかつ重大悪質な事案については、司法処分を含め厳正に対処する」こと、および賃金不払残業に係る事例の取りまとめに関して、「賃金不払残業に係る今後の監督指導の状況を踏まえつつ、必要に応じて、賃金不払残業についての送検事例、是正事例等を収集・整理の上、取りまとめて公表する」ことの二点である。労働時間のコンプライアンスを確立するためのこうした対策と課題が打ち出されたことで、各都道府県労働局はある意味で競うようにサービス残業による不払賃金の是正に乗り出した。

その結果、労働基準監督署による賃金不払残業の一件一〇〇万円以上の是正は、表7－8の下段の合計欄に示されているように、「要綱」発出後の二〇〇三年四月から二〇〇七年三月までの四年間で、企業総数五八二四社、対象労働者総数七一万四二八三人、総金額九二四億九七六五万円に達した。これは一年当たりではそれぞれ一四五六社、一七万八五七一人、二三一億二四四一万円になる。「要綱」発出前の二〇〇一年一〇月から二〇〇三年三月までの間の一年当たり、それぞれ二六七社、四万二五八二人、四八億二五九九万円と比べると、「要綱」前と「要綱」後の変化は画然としている。

関連して、表7－9に労働基準監督署による監督指導の結果、サービス残業における未払賃金が支払われた主要事例を新聞報道などから拾って掲げておいた。

変化の背景として無視できないのは、労働基準法の申告制度を利用した

表7–8　賃金不払残業の是正結果
（2003年4月～2007年3月）

業　種	企業数	対象労働者数（人）	是正支払額（万円）
製造業	1,467	179,523	2,823,799
鉱業	4	56	963
建設業	410	31,819	448,069
運輸交通業	228	15,023	178,126
貨物取扱業	24	1,031	8,713
農林業	14	143	2,819
畜産・水産業	1	3	148
商業	1,632	185,889	1,978,602
金融・広告業	392	139,264	1,932,117
映画・演劇業	11	690	11,696
通信業	32	4,762	82,668
教育・研究業	178	25,315	381,483
保健衛生業	335	33,184	261,780
接客娯楽業	464	34,369	477,921
清掃・と畜業	63	4,785	30,101
官公署	0	0	0
その他の事業	569	58,427	630,760
合計	5,824	714,283	9,249,765
1企業平均額			1,588
1労働者平均額			13

（出所）　厚生労働省ホームページ。
（注）　対象事案は2003年4月から2007年3月までに，定期監督および申告処理において割増賃金の不払に係る指導の結果，合計100万円以上の割増賃金の是正支払がなされたケース。

表7-9　サービス残業における未払賃金の主要是正事例

発表時期	企業名	対象人数（約）	支払金額（約）
2001年9月	モンテローザ	2万人	21億円
2003年7月	武富士	5000人	35億円
2003年12月	中部電力	1万2000人	65億円
2005年2月	日本郵政公社	57000人	32億円
2005年3月	東京電力	2万5900人	69億円
2005年3月	大阪ガス	1800人	18億円
2005年4月	みずほ銀行	多数の従業員	20億～30億円
2005年6月	関西電力	1万1100人	23億円
2005年6月	スタッフサービス	4000人	53億円
2007年3月	コナカ	1100人	13億円
2007年10月	キーコーヒー	1000人	23億円
2007年12月	ミドリ電化	3400人	37億円

（注）　新聞などに報道された支払金額10億円以上の事例から筆者が作成。網羅的ではない。対象期間は支払期限の上限とされている過去2年以内。

労働者の内部告発の増大である(15)。食品不祥事が多発した二〇〇二年には、一般に内部告発が大きな議論を呼び、公益通報者保護法の制定が日程にのぼった（〇四年六月成立、〇六年四月施行）。そのなかで、違法な賃金不払いのサービス残業の告発も増えてきた。同年には全国の労働基準監督署へ労働者や家族からなされたサービス残業などの賃金の不払に関する告発が初めて三万件を超え、過去最多となった［毎日新聞 二〇〇三］。

もうひとつ見すごせないのは、過労死とサービス残業に対する数々の裁判の影響である。弁護士グループが支援する過労死の労災認定と予防を求める「過労死一一〇番」の全国ネットは一九八八年にスタートした。以来、過労死の企業責任を追及する民事訴訟と、過労死の労災認定における国の責任を追及する行政訴訟が数多く起こされ、判決や和解を通じて、使用者が労働者に負う健康配慮義務を認めさせるとともに、労働時間数の詳細な把握によって、長時間過密労働とサービス残業の実態を明らかにして、労働基準行政を突き動かしてきた。ここでは最近の裁判から二つの例を紹介しよう。

そのひとつは、トヨタ自動車堤工場（愛知県豊田市）に勤めていた内野健一（当時三〇歳）が二〇〇二年に急死したのを、過重労働による労災と認めなかったのは違法だとして、妻博子が原告となって豊田労働基準監督署長を相手取り処分取り消しを求めた訴訟である。その判決が二〇〇七年一一月三〇日、名古屋地方裁判所であった。争点はＱＣサークル活動（労働者の「自主活動」の名のもとに行われる品質管理と能率向上のための職場の小集団活動）の時間を業務と認めるかどうかにあった。

内野健一の行ったこうした小集団活動には、ＱＣサークル活動のほかに、創意くふう提案、ＥＸ会活動、交通安全活動があったが、判決はこれらの活動について次のように判断している。(16)

「創意くふう提案及びＱＣサークル活動は、本来事業主（トヨタ）の事業活動に直接役立つものであり、また、交通安全活動もその運営上の利点があるものとして、いずれも本件事業主が育成・支援するものと推認され、これにかかわる作業は、労災認定の業務起因性を判断する際には、使用者の支配下における業務であると判断するのが相当である。ＥＸ会の活動については、これも本件事業主の事業活動に資する面があり、……その組織が会社組織と複合する関係にあることなどを考慮すると、……その実施・運営に必要な準備を会社内で行う行為については上記と同様に業務であると判断するのが相当である。」〔名古屋地方裁判所　二〇〇七〕

判決は、こうした理由で、死亡直前の一ヵ月の残業を四五時間三五分とした労基署の判断を退け、ＱＣサークル活動などを「使用者の支配下における業務」と認めて、残業時間を一〇六時間四五分とし、彼の死を過重な業務に起因する死、つまり過労死と認定した。これまで業務とは認められなかった「自主活動」に名を借りたＱＣサークル活動など職場の小集団活動を業務の一部であると認めたこの判決は、企業時間外に労働者をＱＣサークル活動などの職場の小集団活動に携わらせながら、その時間数に応じて残業手当を支払わない場合は、違法な賃金不払残業となることを認めたに等しい。なお、この判決は国側が控訴を断念したので確定した。

もうひとつは日本マクドナルドの店長、高野広志（当時四六歳）が、「管理監督者」の名目で同社が残業賃金を支払わないのは違法だとして起こした訴訟である。その判決が東京地方裁判所で二〇〇八年一月二八日にあった。裁判では、原告側は、「店長」職は労働基準法で使用者の残業賃金支払義務が適用除外されている「管理監督者」にあたらず、提訴前二年間の月間平均七一時間に及ぶ長時間残業に対して未払残業代が支払われるべきであると主張した。会社側はこれを否認したが、判決は、管理監督者を「経営者と一体的な立場で活動することを要請されてもやむを得ない重要な職務と権限を付与されている立場にある」者とし、店長は、日本マクドナルドにおける「労務管理の一端を担っていることは否定できないものの、労務管理に関し、経営者と一体的な立場にあったとはいい難い」、「店長は店舗運営において重要な職責を負っていることは明らかだとしても、店長の職務・権限は店舗内の事項に限られる」と判断した〔東京地方裁判所　二〇〇八〕。

そのうえ、判決は、店長の勤務態様について、シフトマネージャーとしての「法定労働時間を超える長時間の時間外労働を余儀なくされ……労働時間に関する自由裁量性があったとは認められない」と述べている。また、賃金について、「店長の賃金は、労働基準法の労働時間等の規定の適用を排除される管理監督者に対する待遇としては十分であるとはいい難い」と指摘している。これらは要するに、これまでの判例で認められてきた「管理監督者」の三要件――①労務管理において経営者と一体的な立場にある、②出退勤について自由裁量の権限を有する、③賃金などで高い地位にふさわしい待遇を受けている――に店長

は該当しないというのである。(17)

この裁判の原告代理人であった堀浩介弁護士が作成した裁判資料によると、日本マクドナルド社は、二〇〇七年一月現在、全国に三八〇二店（うち直営店は二七八五店）、従業員総数四六九九人（うち店長以上の社員は一九三五人）、ほかにアルバイト従事者は全国で約一〇万人の企業である。そういう典型的なアルバイト依存の全国どこにでもあるファーストフード企業を相手に起こされた裁判であったことも、この判決への関心を大きくした。また、おりしも「名ばかり管理職」あるいは「偽装管理職」に対する関心と批判が高まっているなかで出た判決であっただけに、大きな反響を引き起こした。

この判決に先立ち、二〇〇七年一一月一九日に放送されたＮＨＫ「クローズアップ現代」で「名ばかり管理職」の問題が取り上げられた。筆者がスタジオでコメントすることになったこの番組では、アルバイト・パート比率のきわめて高いファーストフード、外食、コンビニエンス・ストア、衣料・家電量販店などで若い正社員が店長や売場主任をさせられ、長時間のただ働き残業を強いられている現場が取り上げられた。筆者はワーキングプアと過労死が併存するような不安定で過酷な働き方を問題にして、当事者が声を上げることの重要性を訴えた。

この放送によって「名ばかり管理職」という呼称が一挙に広まった。しかし、もともとはＮＨＫが使い始めた言葉ではない。『朝日新聞』は、二〇〇一年三月三〇日、ちょうどサービス残業の解消を厚生労働省が口にしはじめた時期に、次のように報じている。

「部下も権限も残業代もないのに遅刻すれば賃金カットはあり――。多くの会社で増えている名ばかり『管理職』の実態が二九日、東京・中央労働基準監督署の調べでわかった。管理職にされて年収が二〇〇万円近く減る人もいた。職権のある監督機関が企業の管理職について詳細な調査をしたのは初めて。本来『経営者と一体的な立場にある者』のはずの『管理監督者』が拡大解釈され、人件費の節約に利用されるなど、多くの会社員が『あいまい管理職』の悲哀を味わっていることが裏付けられた」。「調査のきっかけは、労働基準監督官が会社を抜き打ちで調べて残業代未払いを指摘しても、『この人は管理職なので』と言い逃れされる例が増えてきたことだという。背景には一九八八年に当時の労働省が『スタッフ職を管理監督者と同様に取り扱う』との通達を出したことがある。経営上の重要事項に関する企画立案者などに限る趣旨だったが、文言が不明瞭なため『名ばかり管理職』の増加を許す格好になった。」〔朝日新聞 二〇〇二〕

同記事によると、この調査は二〇〇〇年一〇月から一二月にかけて、東京の都心部に本社を置く四〇企業の人事労務担当者に面談し、賃金台帳を確認するなどの方法で、二八社から有効回答を得た。社員数は平均で約一四〇〇人だった。調査によると、本社の社員の平均四割が「管理職」と位置づけられ、残業や休日出勤の割増賃金の支給対象から外されていた(18)。

ここでいわれている「スタッフ職」がどんな職種あるいは職制を指すのかは判然としない。しかし、企業の中枢部で企画・立案・調査などに携わる者を「スタッフ職」というとすれば、この『朝日』報道は、労働基準法制定時に比して増えてきたそうしたスタッフ職を労働省が「管理監督者」と取り扱うことを認めたことが、「名ばかり管理職」の拡大の一因であると指摘していることになる。実際にはこれは新たに認めたというより、企業で既成事実化してきた過剰解釈を追認したと理解すべきであろう(19)。いずれにしても、「名ばかり管理職」問題は、企業が管理監督者の規定を濫用することによってつくりだされ、旧労働省と現厚生労働省によって容認されてきたものである。そうであればなおのこと、現在の厚生労働省には、サービス残業の解消に向けて取り組みを強めるなかで、「名ばかり管理職」の是正指導を強めることが求められている。

おわりに

さきにサービス残業の解消に向けての労働基準行政の前進の契機のひとつは、二〇〇〇年一一月に出た中央労働基準審議会の報告「労働時間短縮のための対策について」であったと述べた。しかし、この報告（建議）は同時に、労働基準行政を後退させる重大な弱点をはらんでいた。というのはこの報告は、「自律的、効率的に働くための弾力的な労働時間制度の導入等労働時間制度の改善」を謳い、「労働時間制度の多様化」と「弾力化」の名のもとに、労働基準法の各種規制の緩和と撤廃をよしとしていたからである［中央労働基準審議会 二〇〇〇］。

すでに第二節で述べたように、変形労働時間制や裁量労働制はサービス残業を誘発する側面がある。労働者派遣法の制定とたび重なる改定によって進められてきた間接雇用を含む非正規雇用の拡大は、偽装請負の横行に見られるように、従来から日本企業に見られた雇用・労働分野における法令遵守意識の希薄さを助長してきた。それはまたグローバリゼーションのもとでの労働コストの切り下げ圧力と相まって、サービス残業を温存させる環境をつくりだしてきた。

近年進められてきた労働時間制度の多様化や弾力化のゆくえを考えると、最近の厚生労働省によるサービス残業の解消に向けての取り組みを無条件で評価することはできない。しかし、サービス残業の解消に向けての行政の取り組みが強まったことは明らかである。本章では立ち入ることができなかったが、労働組合の取り組みも変わりはじめた。最も変わらないのは、日本経団連に代表される経済団体であって、日本経団連は一般的にはコンプライアンスの確立を言いながら、労務コンプライアンスについてはきわめて消極的であり、サービス残業に関してはあいかわらずノンコンプライアンスの状態にある。

サービス残業の強制と受容の仕組みは複雑であり、筆者も長年模索を重ねてきた［森岡 一九九五、二〇〇五、二〇〇九］。サービス残業の淵源は、ときどきの仕事量の増減や労働需給の変動に一時的に対応するための時間外労働が恒常化し長時間化してきたことにあるが、サービス残業は単なる長時間労働の問題ではなく、賃金不払いおよび割増賃金不払いの企業犯罪である。したがってその責任は、労働時間や賃金などの労働条件について労働基準法で定められた守るべき最低限の基準でさえ守らない企業と、その監督是正を怠ってきた行政にある。

他方で強調しておくべきは、サービス残業において人々が失っているのは賃金だけではないことである。サービス残業をなくしても、労働者の所得は直接にはなんの影響も受けない。サービス残業によって真に失われるのは、労働者とその家族の時間である。取り返せない貴重な時間が無償で奪われているという意識をもつことなしには、サービス残業を解消することはできない。

注

（1）実態は受入れ先が現場で指揮命令を行う労働者派遣でありながら、請負契約を装って、派遣先企業が使用者責任や派遣受入れ可能期間終了後の直接雇用への移行義務をまぬがれることを「偽装請負」という。二〇〇三年の労働者派遣法の改正（二〇〇四年施行）によって、製造現場への派遣が自由化されたことを契機に、従前からの「業務請負」という隠蔽されたかたちをとった労働者派遣が公然化し、かつ大量化したことが、偽装請負の違法性を表面化させた［高田 二〇〇七、九三〜九四ページ］。

（2）労働者派遣法では、他の会社からいったん派遣された労働者を、さらに他の会社（子会社、取引先など）の指揮命令下で労働させることは、「二重派遣」として職業安定法違反で禁止されている。

（3）通常の賃金に対する割増賃金率は、労働基準法の規定では、時間外労働割増賃金（一日八時間・一週四〇時間を超える法定時間外労働）は〇・二五倍以上、休日労働割増賃金（一週一日の法定休日労働）は〇・三五倍以上、深夜労働割増賃金（午後一〇時から翌日午前五時までの深夜労働）は〇・二五倍以上と定められている。

（4）筆者は、年間三六〇〇時間以上働かされて一九八八年に四八歳で過労死した椿本精工（現ナカジマ）の平岡悟の家族が起こした裁判を支援したことがある。彼が働いていた工場の三六協定は、「一日について延長することができる労働時間」を「男子五時間、女子二時間」として、「但し男子の場合は生産工程の都合、機械の修理、保全等により一五時間以内の時間外労働をさせることがある」とする三六協定を結んでいた［森岡 一九九五］。これにしたがえば、通常の拘束九時間（実働八時間、休憩一時間）に一五時間以内の残業をさせることがあるのだから、一日二四時間労働をさせることも可能である。ただし、現在では男女別に異なる延長時間を協定することは認められなくなっている。

（5）二〇〇三年二月に労働基準オンブズマンが大阪中央労基署に対し所轄企業の三六協定の公開を請求した結果、約六〇〇事業所の協定が社名を塗りつぶしたかたちで部分開示された。そのなかには、休日労働を除き、年間で一〇〇〇時間以上、なかには一八〇〇時間という長時間の延長を認める協定がなされている例が見られた。これらの事例は、年間三六〇時間という厚生労働省の緩やかな限度でさえ実効性を欠いていることを示している。なお、その後、同オンブズマンは、三六協定は労働者の生命、健康、生活を保護するため、当該企業名も含め公にされる必要があるとして、大阪労働局に対して訴えを起こし、大阪地方裁判所は、二〇〇五年三月、原告の訴えを認めて、企業（事業所）名の不開示を取り消す判決を出した。この判決は国側が控訴しなかったので確定した。

（6）　専門業務型裁量労働の対象とされているのは、①新商品または新技術の研究開発等の業務、②情報処理システムの分析または設計の業務、③新聞・出版・放送等の取材または編集の業務、④衣服・広告等の新たなデザインの考案の業務、⑤放送番組等のプロデューサーまたはディレクターの業務、⑥コピーライターの業務、⑦公認会計士の業務、⑧弁護士の業務、⑨一級建築士の業務、⑩不動産鑑定士の業務、⑪弁理士の業務、⑫システムコンサルタントの業務、⑬インテリアコーディネーターの業務、⑭ゲーム用ソフトウェアの創作の業務、⑮証券アナリストの業務、⑯金融工学等の知識を用いて行う金融商品の開発の業務、⑰二級建築士または木造建築士の業務、⑱税理士の業務、⑲中小企業診断士の業務である。

（7）　ここにいう「非農林業」は農業および林業を除く全産業のことで製造業を含む。

（8）　小倉・藤本［二〇〇五］はこの修正値の計算について次のように指摘する。すなわち「修正値を算出するための具体的な根拠は不明だが、修正するための係数は、非農林業・製造業（男女計、男性、女性）とも、労調のロー・データ×30/7×0.957となっている。つまり、最終週の繁忙期を考慮して単純に30/7倍した値から四・三％ほど低く見積もっている」［小倉・藤本 二〇〇五、二五ページ］と。しかし、この説明は正しくない。「労調」の月労働時間（労調のロー・データ×7）欄の各数字を〇・九五七倍すれば、一九三・六、二一〇・〇、一六六・五、一九四・八、二一八・三、一七一・〇となってそれぞれ微妙に修正値とは異なる。

（9）　商業（卸・小売業）、理・美容業、倉庫業、映画・演劇業、病院・診療所等の保健衛生業、社会福祉施設、接客・娯楽業、飲食店などで、常時使用する労働者（パート・アルバイトを含む）が一〇名未満の事業所は週四〇時間制が適用されず、週の法定労働時間は四四時間とされている。この特例においても一日の労働時間は八時間である。

（10）　「毎勤」によれば一ヵ月当たりの出勤日数は、一九八〇年の二一・九日から二〇〇六年の一九・四日へ一・五日（年間では一八日）減少した。厚生労働省「就労条件総合調査」（旧「賃金労働時間制度等総合調査」）によれば、一九九〇年から二〇〇六年のあいだに、「何らかの週休二日制」の実施企業の割合は、六六・九％から八九・四％に増大したが、そのうち「完全週休二日制」の実施企業の割合は、一一・五％から三九・六％に増大したにとどまる。

（11）　松浦章「『労働時間概念』をめぐって――損保産業の現場から」、経済理論学会第五六回大会報告、二〇〇八年一〇月。

(12) この調査では年齢階級別にみて最も長時間働いているのは三〇代である。三〇代は男女計でみても月二〇四・三時間（年間ベースでは約二四五〇時間）働いている。残業は月三七・七時間（年間ベースで約四五〇時間）に達する。

(13) ホワイトカラー・エグゼンプション制度の導入は一九九〇年代半ばに日経連（日本経営者団体連盟、二〇〇二年に日本経団連に統合）によって提起され、二〇〇五年から二〇〇六年に厚生労働省の労働法制審議会で検討されたが、世論の強い反対を受けて、二〇〇七年一月、安倍晋三首相（当時）は国会上程の見送りを表明した［森岡 二〇〇六a、二〇〇六b、二〇〇七］。

(14) 一九九一年には、全労働省労働組合によって、「労働基準法改定後の労働者の実態と問題点」に関する調査の一環として、サービス残業の実態調査が実施された。

(15) 労働基準法の第一〇四条は、監督機関に対する「申告」について、(一)「事業場に、この法律又はこの法律に基いて発する命令に違反する事実がある場合においては、労働者は、その事実を行政官庁又は労働基準監督官に申告することができる」。(二)「使用者は、前項の申告をしたことを理由として、労働者に対して解雇その他不利益な取扱をしてはならない」と規定している。これは二〇〇四年に制定された公益通報者保護法（二〇〇六年施行）とは別に、労働基準法に当初から設けられてきた内部告発の保護規定である。

(16) EXはエキスパートの略で、班長に相当する職制で、内野健一は死亡時にそれに昇格していた。EX会は、EXの職制にある者によって組織される団体で、研修会や懇親会などの行事を行っている。

(17) マクドナルド残業代訴訟の判決直前に、東京地方裁判所で時間外手当などの支払いを求め、元勤務先の技術情報会社を訴えていた原告男女一九人に対し、名ばかり管理職のもうひとつの判決が出ていた。判決は、部長、次長、課長、課長補佐について、労働時間が管理されていたことと経営者と一体と認められないことを理由に、残業代の支払いが不要な「管理監督者とはいえない」と判断した。各人に時間外手当の未払い分が認められ、別の未払賃金と合わせ会社に計約一六〇〇万円の支払いが命じられた［日本経済新聞 二〇〇八］。

(18) 株主オンブズマンが二〇〇八年四～六月に実施した労務コンプライアンス調査によれば、残業手当の支給対象とならない正社員の人数は、回答企業六一社の合計で八万三三五三人にのぼり、正社員全体に占める比率は二四・三％であった（株主オンブズマン http://kabuombu.sakura.ne.jp/2008/20080722.html）。

(19) 労働法学者の島田陽一は、管理監督者を労働時間規制の適用除外にしている労働基準法第四一条第二号について、「届け出も要らなければ、労使協定も要らないため、企業側が誰それを管理監督者として扱うとひとたび決めればそれで終わり、後は訴訟でも起こさぬ限りは管理監督者扱いのままになってしまう」［島田 二〇〇五、八ページ］と指摘している。

参考文献

朝日新聞（二〇〇一）「『名のみ管理職』の実態を伝える中央労働基準監督署調査」三月三〇日

ＮＨＫ（二〇〇〇）『国民生活時間調査』

ＮＨＫ（二〇〇七）「クローズ・アップ現代――悲鳴あげる〝名ばかり〟管理職」一一月一九日

小倉一哉（二〇〇七）『エンドレスワーカーズ――働き過ぎの日本人の実像』日本経済新聞社

小倉一哉・藤本隆史（二〇〇五）「日本の長時間労働・不払い労働時間の実態と実証分析」労働政策研究・研修機構『労働政策研究報告書』第二二号

小倉一哉・藤本隆史（二〇〇六）「働き方の現状と意識に関するアンケート調査結果」労働政策研究・研修機構『調査シリーズ』第二〇号

小野旭（一九九一）「統計より二〇〇時間多い日本の労働時間」『週刊エコノミスト』一二月一六日

株主オンブズマン「労務コンプライアンス・アンケート調査結果の概要」http://kabuombu.sakura.ne.jp/2008/20080722.html）

鴨田哲郎「『時短』の旗を降ろす時短促進法改正に反対する意見書」（http://homepage1.nifty.com/rouben/teigen05/gen050308.htm）

過労死弁護団全国連絡会議編（一九九〇）『KAROSHI［過労死］』窓社

川人博（一九九八）『過労自殺』岩波新書
川人博（二〇〇六）『過労自殺と企業の責任』旬報社
経済企画庁国民生活局編（一九九一）『個人生活優先社会をめざして』大蔵省印刷局
経済企画庁・国民生活審議会総合政策部会（一九九二）『個人の生活を重視する社会へ』大蔵省印刷局
経済企画庁編（一九九二）『生活大国五か年計画――地球社会との共存をめざして』大蔵省印刷局
厚生労働省（二〇〇一）「労働時間の適正な把握のために使用者が講ずべき措置に関する基準」四月
厚生労働省（二〇〇二）「過重労働による健康障害防止のための総合対策」二月
厚生労働省（二〇〇三）「賃金不払残業総合対策要綱」五月
厚生労働省（二〇〇六）「医師需給に係る医師の勤務状況調査」三月
厚生労働省（二〇〇八）「脳・心臓疾患及び精神障害等に係る労災補償状況」五月
島田陽一（二〇〇五）「ホワイトカラー・エグゼンプションについて考える――米国の労働時間法制の理念と現実」『ビジネス・レーバー・トレンド研究会報告』労働政策研究・研修機構
総務省（二〇〇一）「社会生活基本調査」
高田好章（二〇〇七）「雇用の外部化と製造業における派遣・請負」森岡孝二編（二〇〇七）第二章
中央労働基準審議会（二〇〇〇）「労働時間短縮のための対策について（報告）」一二月
東京地方裁判所（二〇〇八）「日本マクドナルド残業未払い賃金請求事件の判決」一月二八日
徳永芳郎（一九九四）「働き過ぎと健康障害――勤労者の立場からみた分析と提言」経済企画庁経済研究所編『経済分析』第一三三号
名古屋地方裁判所（二〇〇七）「トヨタ過労死・遺族補償年金等不支給処分取消請求事件の判決」一一月三〇日
日本経済新聞（二〇〇八）「名ばかり管理職　不満の渦」一月一日夕刊
日本経営者団体連盟（一九九五）『新時代の「日本的経営」』日本経営者団体連盟
日本労働組合総連合（二〇〇六）「『格差社会』のもとで二極化する所得と働き方の実態――二〇〇六年連合生活アンケー

ト調査結果」
本多淳亮・森岡孝二編（一九九二）『脱「サービス残業」社会』労働旬報社
毎日新聞（二〇〇三）「『サービス残業』被害申告三万件——昨年・過去最多、不況で深刻化」七月二八日夕刊
森岡孝二（一九九二）「日本型企業社会と労働時間の二極化——過労死問題へのアプローチ」『経済』三月
森岡孝二（一九九五）『企業中心社会の時間構造——生活摩擦の経済学』青木書店
森岡孝二（二〇〇〇）『日本経済の選択——企業のあり方を問う』桜井書店
森岡孝二（二〇〇四）「アメリカの労働時間論争と働きすぎの実態」『関西大学経済論集』第五四巻第三・四号、一一月
森岡孝二（二〇〇五）『働きすぎの時代』岩波新書
森岡孝二（二〇〇六a）「ホワイトカラー・エグゼンプション制度の導入は何をもたらすか」関西大学経済・政治研究所、〈研究双書〉第一四二冊『ビジネス・エシックスの諸相と課題』
森岡孝二（二〇〇六b）「ホワイトカラー・エグゼンプションの導入議論をめぐって——労働時間の規制外しは『終わりなき労働』の法認」『経済科学通信』第一一一号、九月
森岡孝二編（二〇〇七）『格差社会の構造——グローバル資本主義の断層』桜井書店
森岡孝二（二〇〇九）『貧困化するホワイトカラー』ちくま新書
労働運動総合研究所・全国労働組合総連合編／江口英一監修（一九九三）『現代の労働者階級』新日本出版社
文部科学省（二〇〇七）「教員勤務実態調査報告書」
労働省編（一九九一）『こうして減らす残業・休日労働——所定外労働削減要綱』大蔵省印刷局
UIゼンセン同盟（二〇〇六）「二〇〇六年組合員意識調査」

第八章　非正規労働者の増大と貧困の拡大

はじめに

近年、非正規労働者の増大とそれにともなう格差と貧困の拡大が大きな社会問題になってきた。日本における格差社会の進行が議論を呼び始めたのは、バブル崩壊後の不況が深刻化した一九九〇年代の後半である。[1] その後、事態は、小泉政権（二〇〇一年四月〜二〇〇六年九月）の新自由主義に徹した「聖域なき構造改革」によっていっそう悪化した。[2] 後継の安倍政権が発足するや、貧困問題が国会論戦の最大の争点になり、「ワーキングプア」が時代を映す現代用語として広まるまでになった。[3]

日本における近年の格差と貧困の拡大は、一九九〇年代初めのバブル崩壊以降の長期不況が生んだ一時的現象ではない。したがって景気回復が進めば解消する問題でもない。それは、以下に考察するように、主要には、リストラによる正社員の絞り込みと、雇用・労働分野の規制緩和をともなった非正規労働者の増大によってつくられたものであり、一九九〇年代の長期不況からの日本経済の「再生戦略」と、それにもとづく「構造改革」によって推進されたものである。

以下、本章では「就業構造基本調査」その他の労働統計にもとづいて、最近の一〇年余りのあいだにお

図８-１　OECD諸国の相対的貧困率　（単位：％）

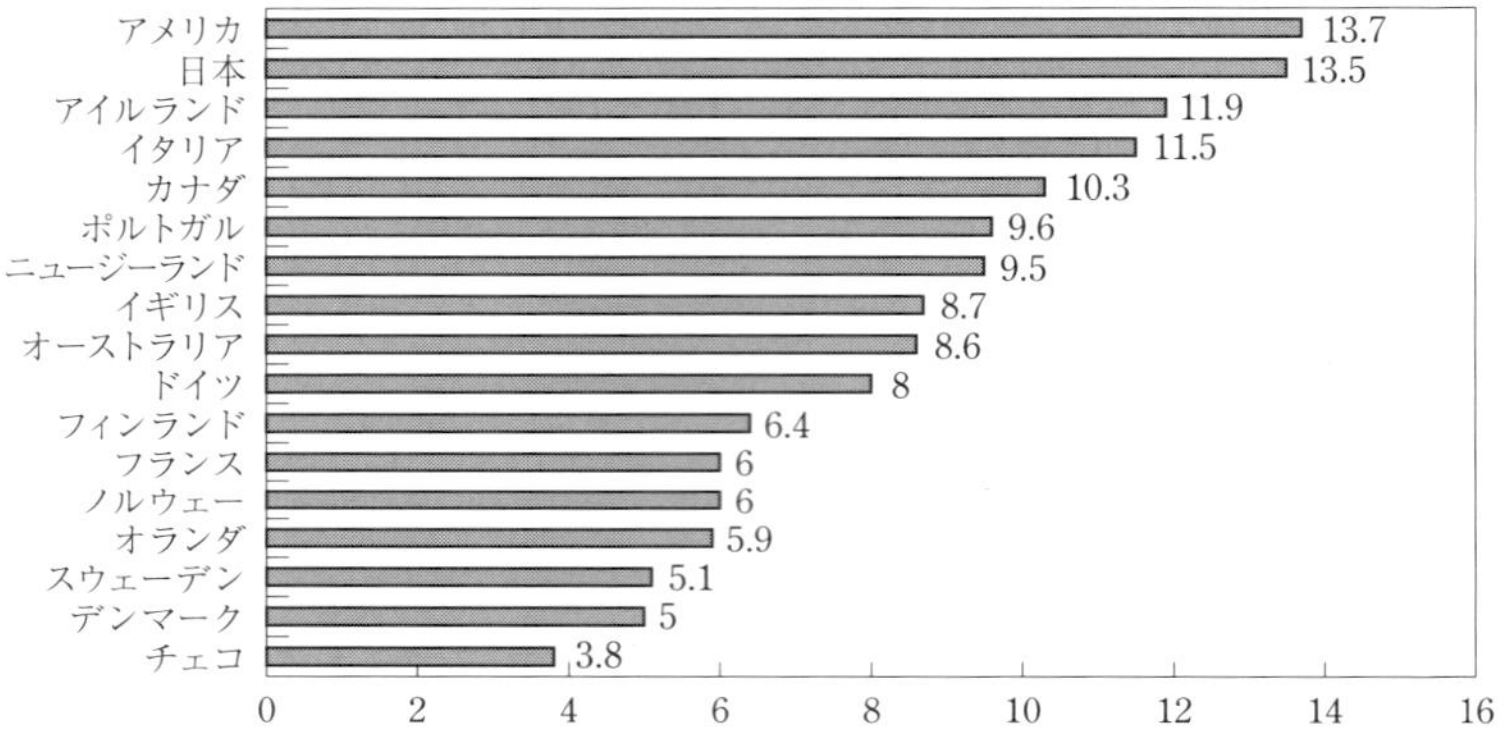

（出所）　OECD「対日経済審査報告」2006年。日本の数字は2000年の厚生労働省「国民生活基礎調査」のデータから計算。

ける非正規労働者の増大と、所得階級別分布の変化を確認し、ブルーカラーとホワイトカラーを対比しながら、それぞれの貧困化の実態に迫る。それとともに、細かな数字による分析の味気なさを補うためにも、米英におけるワーキングプアの現状と比較するためにも、二、三のルポルタージュを紹介する。

第一節　相対的貧困率ワースト２

二〇〇六年七月に発表された「OECD対日経済審査報告」[4]は、図８-１に見るように、一八歳から六五歳の生産年齢人口のデータから、日本は先進一七ヵ国中、アメリカに次いで相対的貧困率（世帯人員を勘案した等価可処分所得が中央値の半分の金額に満たない人口が全人口に占める割合）が高いことを明らかにし、貧困論議に一石を投じた。同報告は、高齢化が高い貧困率の一因になっているといいつつも、「主な要因は労働市場における二極化の拡大にある」と指摘している。それとともに、非正規労働者

図8-2　労働者の所得階級別分布の変化　　（単位：%）

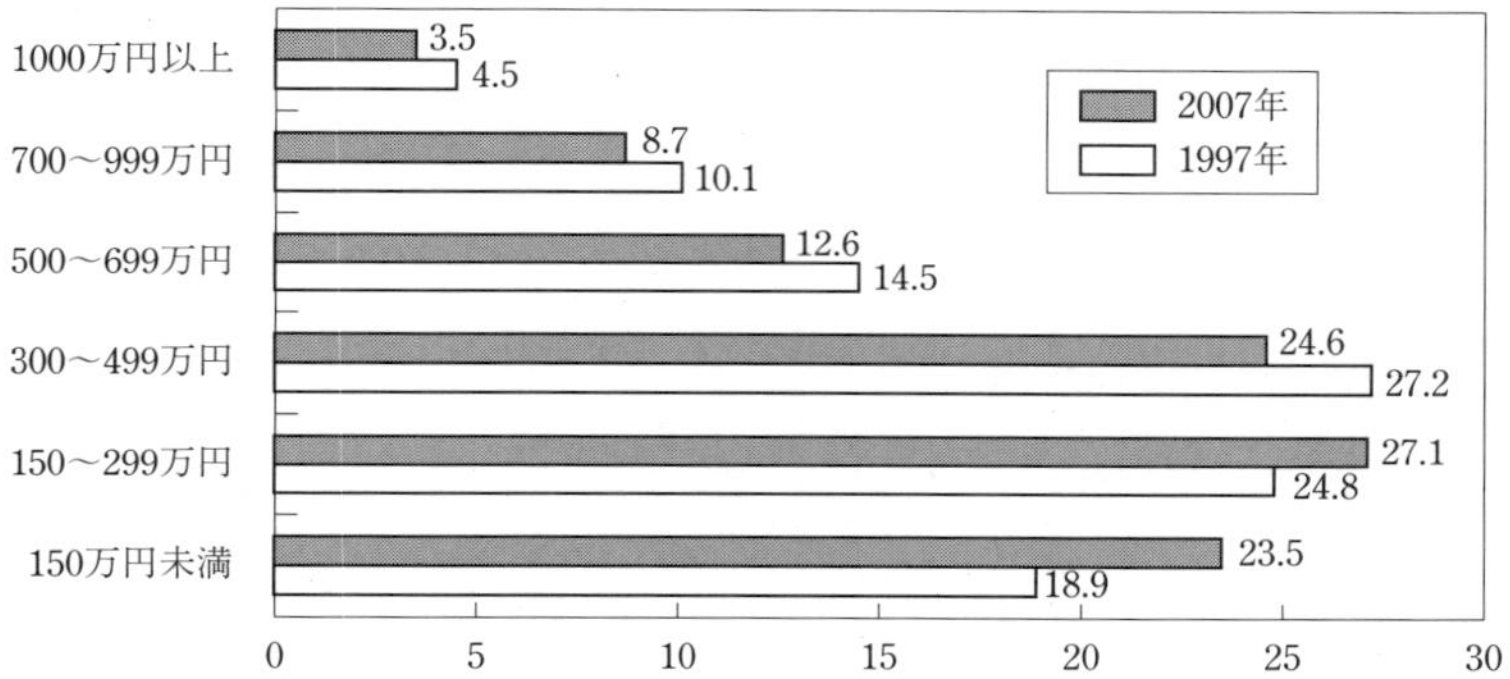

（出所）1997年および2007年「就業構造基本調査」。
（注）雇用者は役員を含み，在学者を除く。

の割合が一〇年間に全労働者の一九％から三〇％以上に増加したことや、パートタイム労働者の時間賃金はフルタイム労働者の四〇％にすぎないことに注目している。

さきのＯＥＣＤ報告における日本の相対的貧困率一三・五％は、二〇〇〇年のデータから算出されたが、厚生労働省は、二〇〇九年九月、ＯＥＣＤと同様の計算方法によって二〇〇六年の日本の相対的貧困率は一五・七％であると発表した。二〇〇八年世界恐慌によって日本経済が未曾有の打撃を受けた現在では事態はいっそう悪化していると考えられる。

五年ごとに実施される総務省統計局の「就業構造基本調査」は、約四五万世帯の一五歳以上の世帯員（平均世帯人員を二・五人とすれば約一一〇万人）を対象に行う大規模な統計調査である。この一九九七年調査と二〇〇七年調査によって、図8-2に最近一〇年間における雇用者の所得階級別分布の変化を示した。これによると、全雇用者（役員を含み在学者を除く）のうち、最下層の年収一五〇万円未満の層は、一〇年間に一八・九％から二三・五％へ、四・六

図8-3　非正規労働者比率の増大傾向（1985〜2009年）

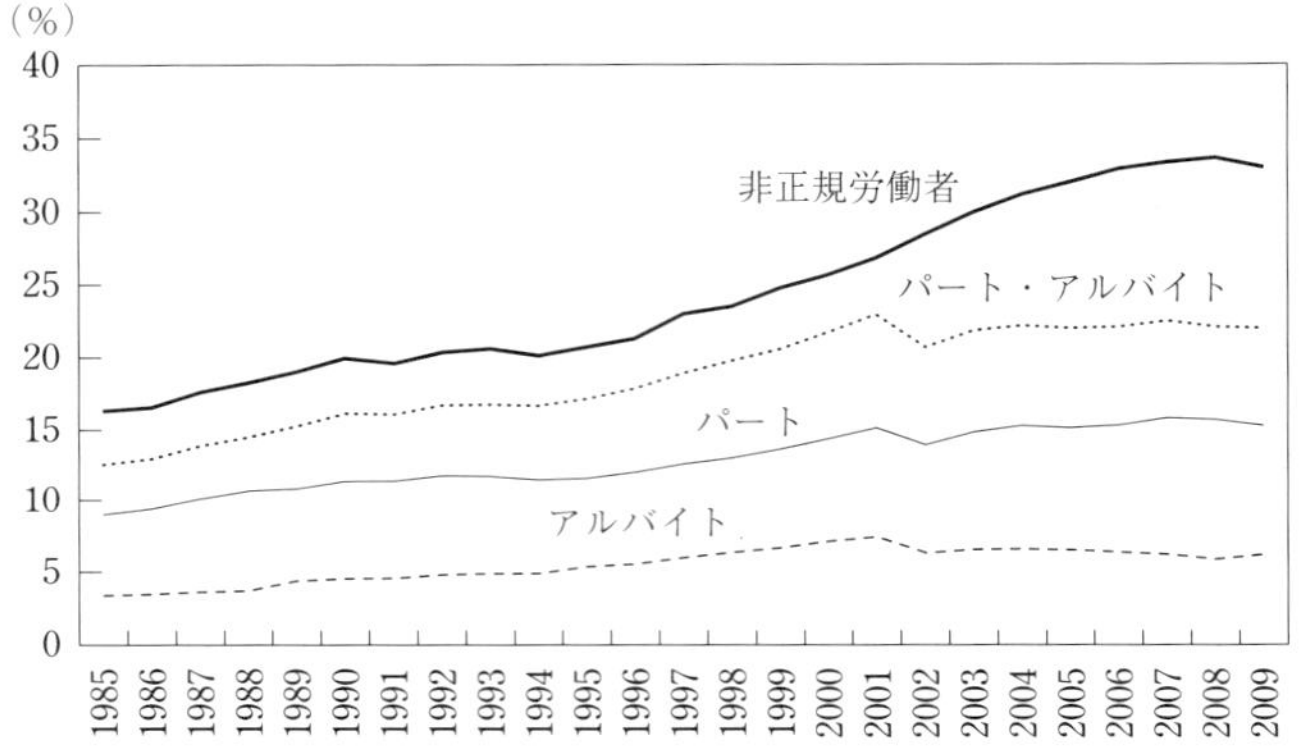

（出所）2001年以前は「労働力調査特別調査」2月，2002年以降は「労働力調査詳細集計」1〜3月平均。
（注）1. 非正規労働者比率は役員を除く全雇用者中の非正規労働者の割合。
2. パート・アルバイトは勤め先の呼称による区分。

ポイント増加している。また下層に属する年収一五〇万円〜二九九万円の層も二・三ポイント増加し、二四・八%から二七・一%になっている。結局、いまでは全雇用者の二人に一人（五〇・六%）は年収三〇〇万円未満である。

他方、同じ一〇年間に、年収三〇〇万円以上の層は一〇〇〇万円以上の層を含め減少している。図8-2には示されていないが、一五〇〇万円以上の層も〇・九%から〇・八%（実数では四九万人から四二万人）にわずかながら減少していることも無視できない。ついでに年収三〇〇万円を基準に下層と中上層の最近一〇年間の増減を実数でみれば、年収三〇〇万円未満の層は二三四一万人から二七四八万人に四〇七万人増加したのに対して、年収三〇〇万円以上の層は三〇一四万人から二六九〇万人に三二四万人減少していることが注目される。

雇用者のうちの低所得層の増大の主要な原因は、さきのOECD報告も指摘するように、非正規労働

図8-4　派遣労働者の推移（1998〜2007年度）

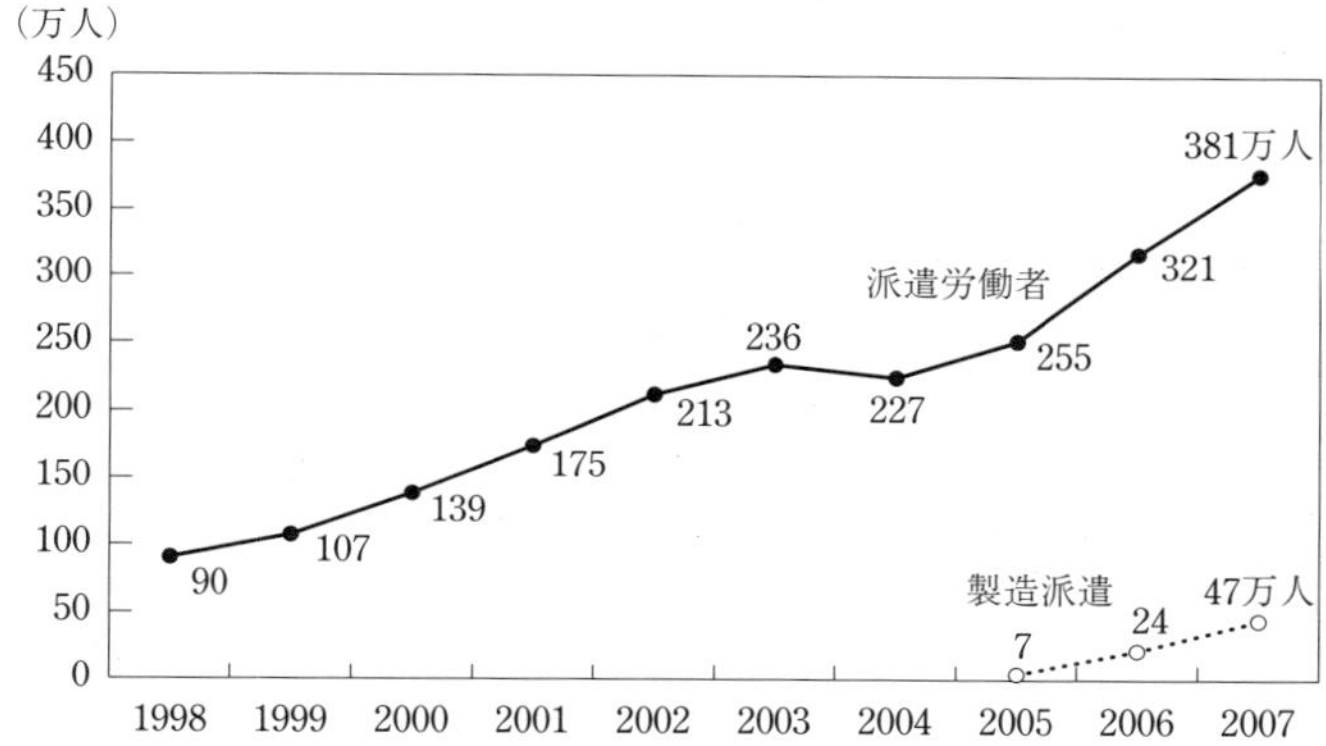

（出所）　厚生労働省「労働者派遣事業報告集計結果」。

者の増大である。「就業構造基本調査」によれば、役員を除く全雇用者中の非正規労働者の比率は、一九九七年から二〇〇七年のあいだに、二四・六％から三五・六％に高まっている。

総務省「労働力調査特別調査」および「労働力調査詳細集計」によって作成した図8-3によれば、非正規労働者は一九八〇年代の半ば以降、九〇年代前半の数年と、恐慌の影響で大量の非正規切りがあった二〇〇八〜二〇〇九年を除けば、急勾配で上昇しつづけてきた。

最近の非正規労働者の動きで注目されるのは、一九九〇年代の末までながらく増大しつづけてきたパート・アルバイトが二〇〇二年に減少し、それ以降、絶対数では増加しながら、比率では横這いに転じたことである。これには、失業率が高まった二〇〇二年にパート・アルバイトの雇用削減が大きかった影響や、二〇〇二年から「労働力調査」の調査票が変更された影響もあると考えられるが、いずれの影響より大きいのは近年における派遣労働者の急激な増加である。

表8-1　性別，就業形態別にみた就労状況

	性	総数	正社員	正社員以外の労働者	契約社員	嘱託社員	出向社員	派遣労働者	臨時的雇用者	パートタイム労働者	その他
2007年	男女計	100.0	62.2	37.8	2.8	1.8	1.2	4.7	0.6	22.5	4.3
	男性	100.0	76.0	24.0	2.3	2.3	1.6	3.9	0.4	10.2	3.3
	女性	100.0	42.6	57.4	3.6	1.0	0.5	5.8	0.8	40.0	5.7
2003年	男女計	100.0	65.4	34.6	2.3	1.4	1.5	2.0	0.8	23.0	3.4
	男性	100.0	80.0	20.0	1.9	1.8	2.2	1.0	0.9	9.6	2.6
	女性	100.0	44.4	55.6	2.9	0.9	0.6	3.4	0.8	42.5	4.6

（出所）　厚生労働省「就業形態の多様化に関する総合実態調査結果の概況」2007年版。

派遣会社の事業報告にもとづく厚生労働省の集計によれば、図8-4に見るように、一九九八年度に九〇万人いた派遣労働者は、二〇〇七年度には四倍以上の三八一万人に増大した。[5] その内訳は常用型が一〇一万人、登録型が二八〇万人である。厚生労働省の「就業形態の多様化に関する実態調査結果」によっても近年の派遣労働者の急増は明らかであって、一九九九年の同調査で全労働者の一・一%にすぎなかった派遣は、表8-1に見るように、二〇〇三年に二%になり、二〇〇七年には四倍以上の四・七%に急増している。

　ちなみにこの調査では、「調査対象事業所が労働者派遣事業を行っている場合、派遣労働者として雇用している労働者についてはその事業所での調査対象としない」ことになっている。したがって、いわゆる社内派遣の労働者を含めれば、派遣労働者の割合はもっと高くなると考えられる。

　非正規雇用のなかで最大の比率を占めるパートタイム労働者は、一日の所定労働時間、または一週の所定労働日数が正社員より短い労働者（時間パート）を指す場合と、労働時間に関係なく勤め先でパートタイム労働者と呼ばれている者（呼

図8–5　男性一般労働者に対する賃金格差：年間賞与その他特別給与を含む（1990～2007年）

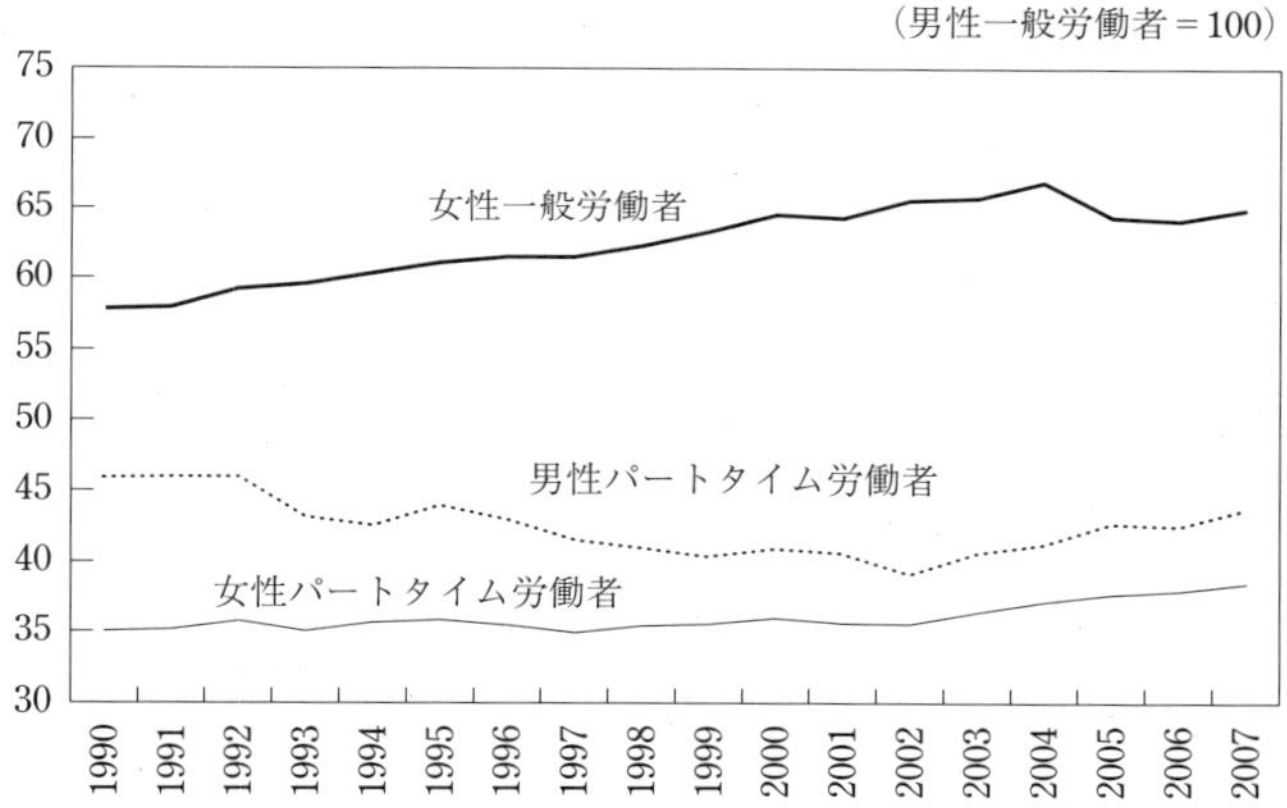

（出所）「賃金構造基本統計調査」。

称パート）を指す場合とがある。いずれの定義によっても、実態からみれば、パートの大部分は時間給で、昇進制から排除され、賞与や諸手当、社会保険その他の福利厚生もほとんどなく、年次有給休暇や出産・育児・介護休暇もほとんど与えられずに、低賃金で劣悪な労働条件の労働者として働いている。

「賃金構造基本統計調査」は、さきの時間パートを「パートタイム労働者」と呼び、それ以外の労働者を「一般労働者」と呼んでいる。図8–5はこの定義にしたがい、「年間賞与その他の特別給与」を考慮して、男性一般労働者の一時間当たり平均賃金額を一〇〇として、女性一般労働者、男性パート、女性パートのそれぞれの一時間当たり平均賃金額との格差を示したものである。これによれば男性一般労働者を一〇〇とした女性一般労働者の賃金は、一九九〇年から二〇〇四年まではわずかながら縮小してきたが、二〇〇五年以降再び低下して二〇〇七年現在では六五のレベルにある。男性一般を一〇〇とした男性パートの一時間当たり賃金は、一九九〇年代の初めには四六前後であったが、二〇〇二年には三九まで下がり、最近は少し戻したとはいえ四四にとどまっている。男性一般労働者と女性パートとの格差はもっと大きく、一九九〇年から二〇〇二年までは三五〜三六で地を這い、最近少し上がったが、それでも四〇を下回っている。(6)

二〇〇七年について各区分の時間賃金を比較すれば、男性一般二五五四円（一〇〇%）、女性一般一六六二円（六五・一%）、男性パート一一二一円（四三・九%）、女性パート九九一円（三八・八%）となっている。前出のOECD報告が「パートタイム労働者の時間当たり賃金は平均してフルタイム労働者の四〇%にすぎない。この格差は、生産性の差で説明するには大きすぎる」(7)と指摘しているのは、こうした事実を念頭においてのことであると思われる。性別および就業形態別でみた賃金格差が先進国で最も大きいのは日本だといわれるのももっともなことである。

これまでは年齢に関係なくみてきたが、近年の日本における非正規労働者の増大とそれにともなう労働所得格差の拡大は、若年層においてとくに著しい。太田清氏は、五年ごとに行われる「就業構造基本調査」の一九八七年、一九九二年、一九九七年、二〇〇二年のデータを用いて、年齢別のジニ係数（0と1との間で数値が大きいほど集団構成員間の所得格差が大きいことを示す指数）の推移を分析している。それによれば、一九九七年から二〇〇二年のあいだでは、二〇歳から五九歳までの五歳刻みの各年齢階級においてジニ係数の上昇が確認されるが、最も上昇が大きいのは、二〇歳から二四歳である。(8)

若年者における労働所得格差の拡大はすでに一九九〇年代に生じていた。そのことは、「就業構造基本調査」によって一九九二年と二〇〇二年における、二〇歳代の収入階級別雇用者割合の変化を見た図8-

図8-6　20歳代の所得階級別労働者構成の変化

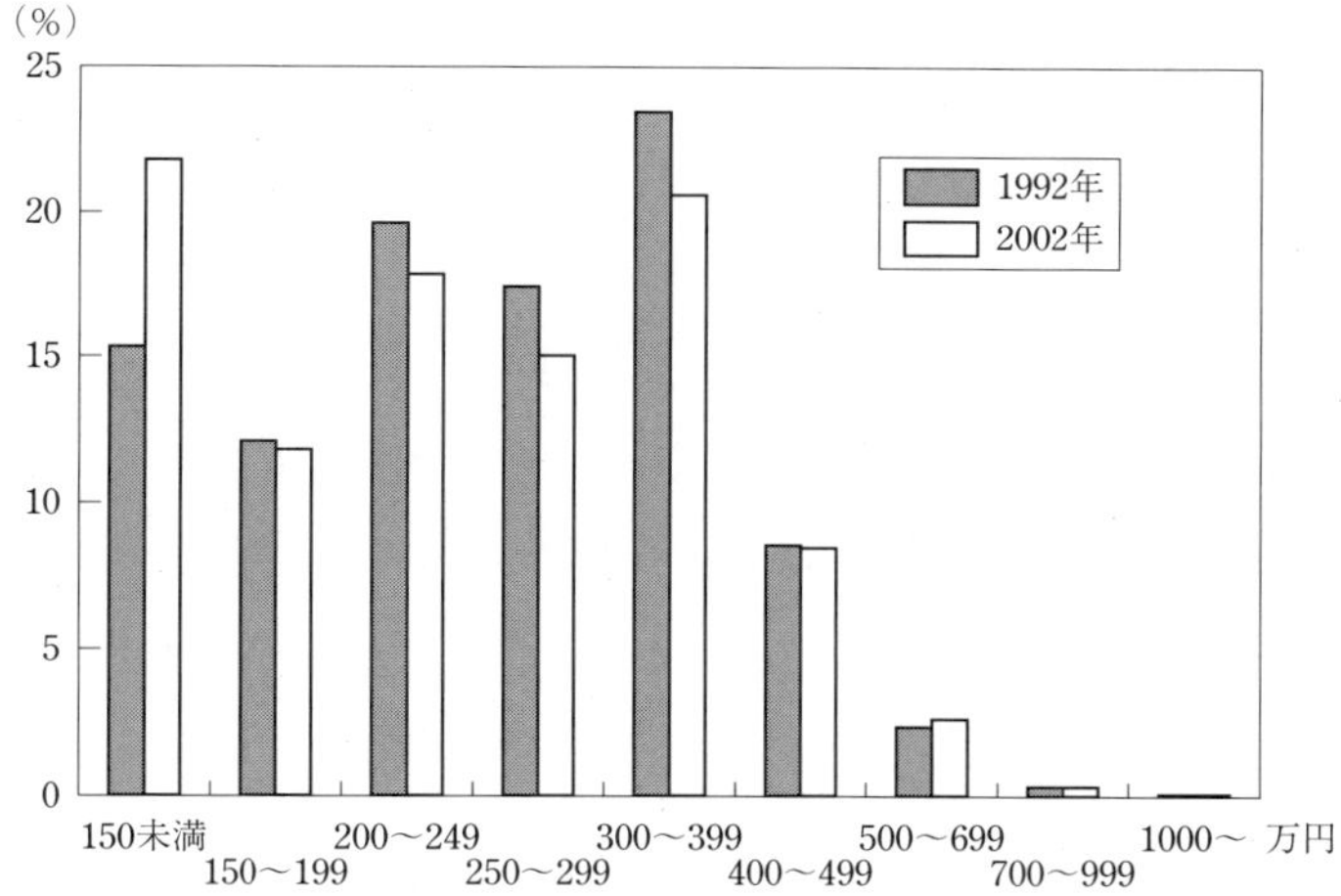

(出所)　1992年および2002年「就業構造基本調査」。

6からも確かめることができる。二〇〇六年版『労働経済白書』はこれをさらに遡って追跡し、一九八二年から二〇〇二年までのあいだに、「一五〇万円未満の収入の低い者の割合が増加するとともに、五〇〇万円以上の収入の高い者の割合も増加しており、収入格差の拡大の動きがみられる」こと、また「非正規雇用比率の上昇に伴う低収入層の割合の上昇は、他の年齢層と比べても、特に、二〇歳台で大きなものとなっている」[9]ことを指摘している。

年収一五〇万円に満たない賃金では、若者は親に依存せずに一人で暮らしていくことはできず、結婚することも容易ではない。稼ぎ手が一人で子どもがいる世帯では、年収三〇〇万円未満では、「健康で文化的な最低限度の生活」(憲法二五条)さえ覚束ない。いうまでもなく、年収は個人単位と世帯単位では大きく違う。二〇〇七年「就業構造基本調査」によると、世帯主が雇用者である世帯

図8-7　就業形態別，自分自身の収入で生活をまかなう労働者の割合

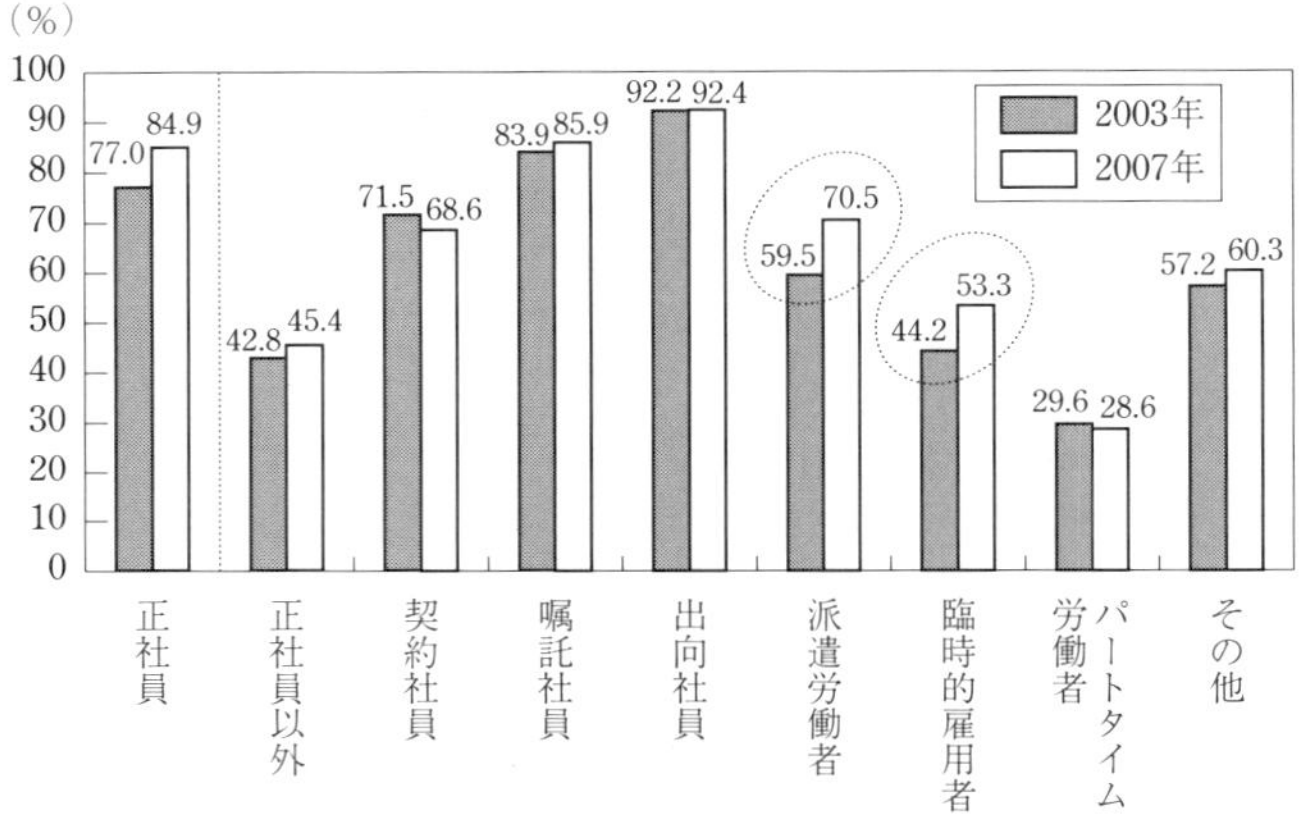

（出所）　2009年『厚生労働白書』，厚生労働省「就業形態の多様化に関する総合実態調査」。

では年収三〇〇万円未満の世帯は全体の二割（一九・七％）を占める。この比率は個人単位でみた年収三〇〇万円未満の雇用者の比率（五割強）と比べるとかなり低い。

とはいえ、図8-7に見るように、近年では正社員だけでなく、非正規労働者（正社員以外）のあいだでも自分自身の収入だけで生活をまかなう労働者の割合が上昇している。なかでも派遣労働者は上がり方が大きく、二〇〇三年調査の五九・五％から二〇〇七年調査の七〇・五％へ、四年間で一一ポイントも上昇している。このことはいわゆる主婦パートや学生アルバイトとちがって、一人で生計を立てている非正規労働者が増え、それだけ低賃金労働者の生活困難を増大させていると考えられる。

表8-2　ホワイトカラーとブルーカラーにおける正規雇用比率の変化

		1997年		2007年		1997年	2007年	97～07年
		総数（万人）	非正規（万人）	総数（万人）	非正規（万人）	非正規比率（%）	非正規比率（%）	変化（ポイント）
雇用者総数		5,115	1,261	5,326	1,894	24.7	35.6	10.9
ホワイトカラー	男女計	2,698	526	2,790	829	19.5	29.7	10.2
	男性	1,405	94	1,363	181	6.7	13.3	6.6
	女性	1,293	432	1,427	647	33.4	45.3	11.9
ブルーカラー	男女計	2,369	715	2,377	988	30.2	41.6	11.4
	男性	1,582	234	1,522	383	14.8	25.2	10.4
	女性	786	480	855	605	61.1	70.8	9.7

（出所）1997年および2007年「就業構造基本調査」。
（注）雇用者は役員を除いた数字。

第二節　ホワイトカラーの非正規労働者化と貧困化

低賃金労働者の最下層を形成している大量の非正規労働者の最近にいたるまでの増加は、格差と貧困の拡大に深刻な影響を及ぼしてきた。労働者階級の貧困化への非正規労働者の増大の影響は二重である。

第一に、非正規労働者の増大は低賃金労働者の増大をもたらすことによって下層労働者の貧困化を促す。第二に、非正規労働者の増大は正規労働者（正社員・正職員）の賃金を押し下げることによって、いわゆる中流階級の没落を引き起こし、その一部を低賃金労働者に押し下げる。そのことは、「就業構造基本調査」でホワイトカラーとブルーカラーの非正規労働者比率の変化と、所得階級別分布の変化を見ることによって確かめることができる。

なお、本章では、雇用・就労形態の区別にかかわらず、国勢調査などで用いられる職業大分類のうちの専門的・技術的職業従事者、管理的職業従事者、事務従事者、および販売従事者を

表8-3　ホワイトカラーの職業別非正規比率の変化　（単位：%）

	専門・技術		事務		販売		ホワイトカラー計	
	1997年	2007年	1997年	2007年	1997年	2007年	1997年	2007年
男女計	14.0	21.2	23.1	34.4	20.3	33.1	19.5	29.7
男性	7.2	11.8	8.1	14.1	5.2	14.8	6.7	13.3
女性	21.9	30.3	33.9	48.0	47.8	61.6	33.4	45.4

（出所）　1997年および2007年「就業構造基本調査」。
（注）　1．雇用者は役員を除いた数字。
　　　　2．管理的職業従事者は絶対数がきわめて少数なので除外した。ただし，ホワイトカラー計には管理的職業従事者も含めた。

ホワイトカラーと呼び、サービス職業従事者、保安職業従事者、農林漁業作業者、運輸・通信従事者、生産工程・労務作業者をブルーカラーと呼んでいる。

表8-2に見るように、役員を除く総雇用者中の非正規比率は、一九九七年から二〇〇七年の間に二四・七%から三五・六%に一〇・九ポイント増加した。同じ期間における変化をホワイトカラーとブルーカラーに分けてみると、ホワイトカラーでは一九・五%から二九・七%に一〇・二ポイント、ブルーカラーでは三〇・二%から四一・六%に一一・四ポイント増加している。このように非正規労働者の増加率はホワイトカラーよりブルーカラーのほうがいくぶん大きい。それにもかかわらず最近一〇年間のホワイトカラーにおける正規雇用の絞り込みは、ブルーカラーに劣らず進んだというべきである。二〇〇七年ではホワイトカラー全体の非正規率は約三割であるが、それは一〇年前のブルーカラー全体の非正規率に等しい。このことは非正規労働者の増大とそれにともなう貧困化という点で、近年のホワイトカラーはブルーカラーの後を追っていることを意味する。

こうした正社員の絞り込みと雇用の非正規化の動きのなかで注目するべきは、女性ホワイトカラーの非正規比率の高さとその増加幅の大

図8-8　ホワイトカラーの所得階級別分布の変化

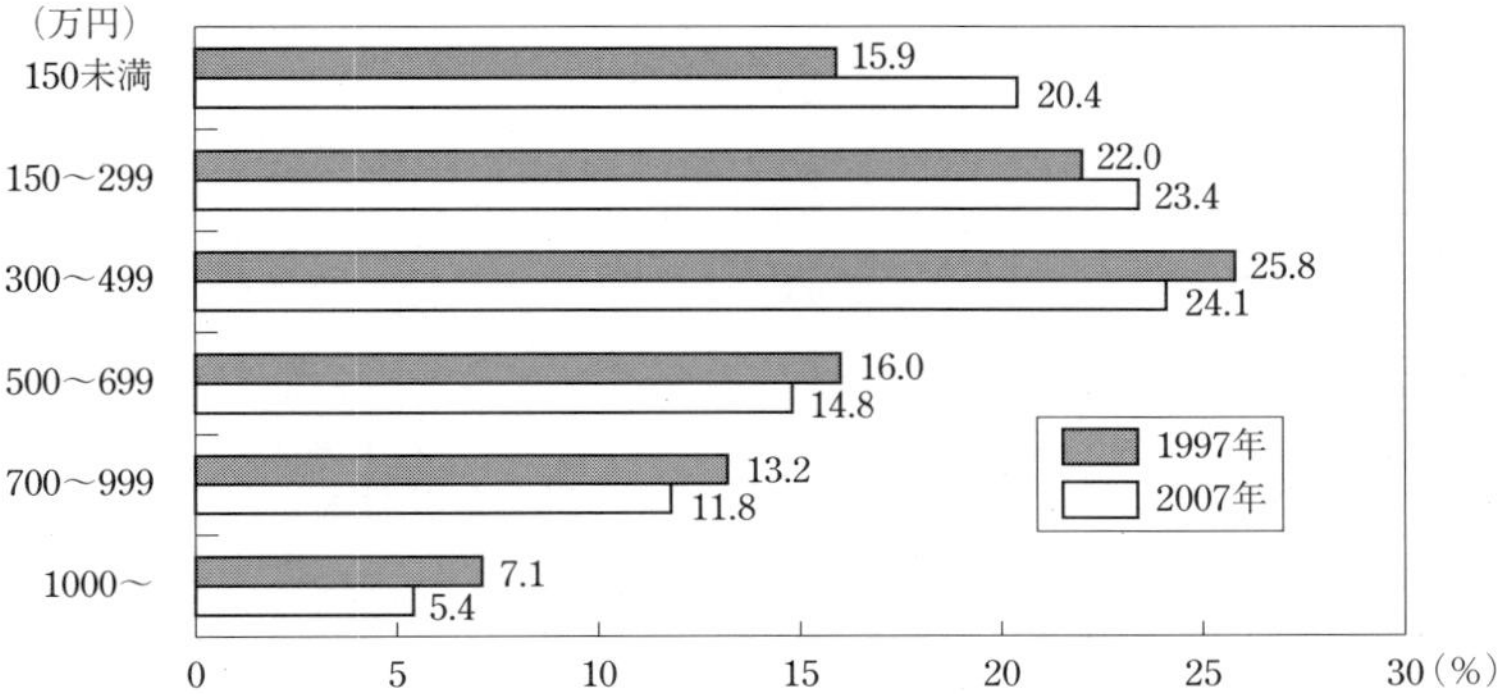

（出所）1997年および2007年「就業構造基本調査」。
（注）ホワイトカラーは専門的・技術的職業従事者，管理的職業従事者，事務従事者，販売従事者の合計。

きさである。表8-3に示したように、一九九七年から二〇〇七年の間にホワイトカラーの非正規比率は、男性では六・七%から一三・三%へ六・六ポイント増加しているのに対して、女性では三三・四%から四五・三%に、一一・九ポイント増加している。女性はいまでは事務職の五割弱（七四四万人中の三五七万人）、販売職の六割強（二六九万人中の一六六万人）が非正規である。専門・技術職も三割（四一二万人中の一二五万人）は非正規で占められるまでになった。

次に同じく「就業構造基本調査」によって一九九七年から二〇〇七年までのホワイトカラーの所得階級別分布の変化を見ると、図8-8に示したように、ホワイトカラーでは年収一五〇万円未満の最下層は一五・九%から二〇・四%に、また一五〇万円〜二九九万円の下層は二二%から二三・四%に増大している。他方、年収三〇〇万円以上の中上層は、年収一〇〇〇万円以上の層を含め、すべての所得階級で減少している。

ただしこの図には示していないが、年収一五〇〇万円以

図8-9　ブルーカラーの所得階級別分布の変化

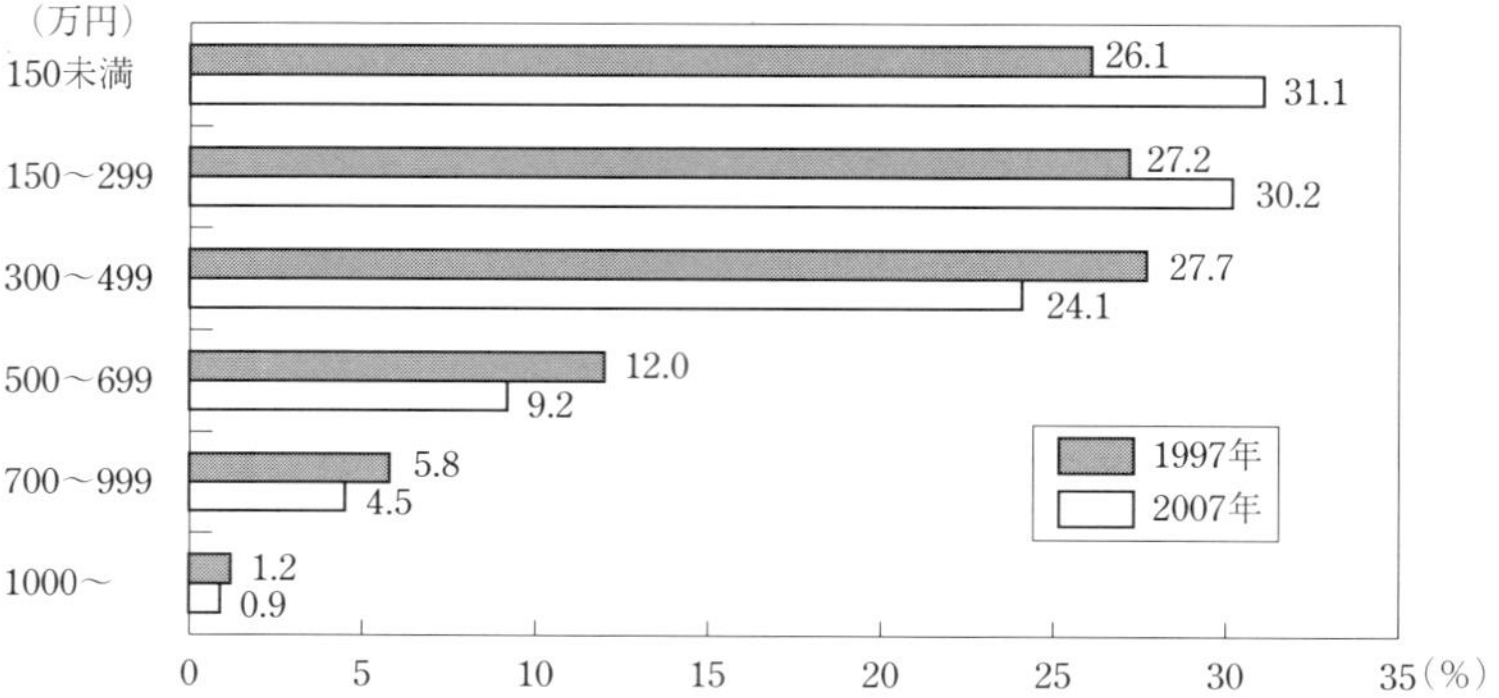

（出所）　1997年および2007年「就業構造基本調査」。
（注）　ブルーカラーはサービス職業従事者，保安職業従事者，農林漁業作業者，運輸・通信従事者，生産工程・労務作業者の合計。

上の層をとると、わずか〇・二ポイントの上昇にせよ、一・三％から一・五％に増えていることが注目される。一五〇〇万円以上層の増大はホワイトカラーにのみ見られることで、ブルーカラーを含む全労働者には当てはまらない。

二〇〇七年「就業構造基本調査」の結果で見れば、ホワイトカラーの四割強、ブルーカラーの六割強、全労働者の五割強は、年収三〇〇万円以下である。このことから貧困化はホワイトカラーよりむしろブルーカラーにより深刻に現れているといえる。一九九七年から二〇〇七年の変化を見ても、年収三〇〇万円未満の労働者はホワイトカラーでは三七・九％から四三・八％に五・九ポイント、ブルーカラーでは五三・三％から六一・三％に、八ポイント増加していて、最近一〇年の貧困化の進行は、ホワイトカラーよりブルーカラーにより深刻に現れていることがうかがわれる（図8-9）。

しかし、最近一〇年間の年収三〇〇万未満層の増加を実数で見れば、ホワイトカラーは一一三八万人から一三四五万人へ二〇七万人、ブルーカラーは一三〇五万人から一五一一万人へ二〇六万人増えていて、両者のあいだに大差はない。このことは最近の一〇年間では貧困化は、数のうえではホワイトカラーとブルーカラーでほぼ等しく進行したことを意味している。ホワイトカラーの年収三〇〇万円以上の層は一八五八万人（六二・一％）から一七二四万人（五六・一％）に一三四万人減少していることを考えれば、この間にホワイトカラーの中上層が目に見えて縮小してきたことは否定できない。

同じくホワイトカラーといっても、所得階級別分布は男女で大きく異なる。図表は割愛したが、男性では、一九九七年から二〇〇七年の間に、年収一五〇万円未満と一五〇万円〜二九九万円の低賃金労働者がともに増大している。しかし、女性では、増加が見られるのは一五〇万円未満の層だけである。ここに見られる女性ホワイトカラーにおける深刻な貧困化の現れは、さきに検討した女性の非正規労働者比率の増大と密接な関係がある。

働いても働いても賃金があまりに低いために貧困な生活を余儀なくされている個人や家族を最近では「ワーキングプア」と呼ぶことが多い。間接雇用の派遣を含む低賃金の非正規雇用が拡がると、当然、ワーキングプアが増える。貧困はデイビッド・シプラー氏[10]や岩田正美氏[11]が指摘しているように、低賃金や失業や高家賃のほかに、低学歴、離婚、債務、無貯蓄、病気、家族の崩壊、薬物への依存など多様な要因から生まれる。湯浅誠氏[12]が言うように、貧困は労働と生活に襲いかかる困難を和らげる「溜め」がない状態をも意味する。当座のお金がない、頼れる家族・親族・友人がいない、身元引受人や連帯保証人を引き受けてくれる人がいない、というように溜めがなければ、貧困から立ち直ることも難しい。

貧困は単一の基準では捉えられないが、よく引き合いにだされるのは生活保護基準である。岩田氏は、

表８−４　年収200万円未満の非正規労働者
（2007年）　（単位：万人，％）

	雇用者	非正規労働者
男女計	1,707（31.1）	1,359（79.6）
男性	421（13.3）	305（72.4）
女性	1,286（55.1）	1,054（82.0）

（出所）2007年「就業構造基本調査」。
（注）雇用者は在学者を除いた数字。

日本の生活保護基準をもとにした駒村康平氏の推計を援用して、二〇〇五年現在、日本では約三九〇万世帯が貧困だという。これは同年の国勢調査の世帯人員に直せば約一〇〇〇万人（総人口の約八％）にのぼる。これに関連して、便宜的にしばしば用いられるのは年収二〇〇万円という基準である。国税庁の「税務統計からみた民間給与の実態」によれば、年収二〇〇万円未満の人々は、二〇〇七年現在一〇三二万人で、一九九七年の八一四万人から二一八万人増えている。しかし、これは「一年を通じて勤務した民間の給与所得者」の給与統計であって、すべての給与所得者をカバーしたものではない。

ここでも比較のために「就業構造基本調査」を見ると、二〇〇七年調査の時点で、年収二〇〇万円未満の雇用者は在学生を除き一七〇七万人にのぼり、一九九七年調査の一三八三万人から三二四万人も増加している。参考までに表8-4に、二〇〇七年現在の年収二〇〇万円未満の雇用者の人数と比率、およびそのうちの非正規労働者の人数と比率を示した。これを見ると年収二〇〇万円未満の女性労働者の絶対数は男性の三倍にのぼるが、そのうちの非正規労働者の比率では男女とも七〜八割に達し、男女とも年収二〇〇万円を割るようなワーキングプアは大多数が非正規労働者であることがうかがえる。

第三節　ノンフィクションに見るワーキングプアの労働と生活

ワーキングプアの実態については、数字の平均や集計では語りえないところがある。ワーキングプアの実態を一人ひとりの労働と生活に即して理解するひとつの方法は、すぐれた体験ルポや密着取材に学ぶことである。そこで本節では視点を転じて、バーバラ・エーレンライク『ニッケル・アンド・ダイムド――アメリカ下流社会の現実』[13]とポリー・トインビー『ハードワーク――低賃金で働くということ』[14]にざっと目をとおしておく[15]、あわせて前出の『ワーキング・プア』の紹介もしておこう。

右の二冊の体験ルポは、一方はアメリカの、他方はイギリスのワーキングプアの実態についての体験ルポである。原書は『ニッケル・アンド・ダイムド』が二〇〇一年に出てミリオンセラーになり、それに影響されて『ハードワーク』が二〇〇三年に著わされた。

二〇〇一年にアメリカで出版された『ニッケル・アンド・ダイムド』の著者エーレンライクは、アメリカの著名なコラムニストである。いくつもの新聞や雑誌に寄稿する傍ら、多くの著作をものしている。彼女によれば、この本は「福祉改革によって労働市場に送り込まれようとしている四〇〇万人とも言われる女性たちは、時給六ドルや七ドルでどうやって生きていくのだろう」という疑問から始まった。そこから、最低賃金そこそこの低賃金で働き、ニッケル（五セント）やダイム（一〇セント）にも苦しむような貧困生活を自ら体験するという冒険に踏み出した。

ここにいう福祉改革とは、一九九六年に成立した「福祉から労働へ（Welfare to Work）」を政策理念とする「個人責任・就労機会調整法」のことである。同法によって、多くの生活保護受給者が働くことを義務づけられた結果、収入が少しあれば、福祉を打ち切られて、実際の収入は減り、以前にも増して深刻な貧困に追いやられてきた。

エーレンライクはこの福祉改革から二年後の一九九八年に、まずフロリダ州のレストランのウェートレスとして働くことから冒険を開始した。当時五〇代半ばの彼女は、そこで午後二時から一〇時まで、時給二ドル四三セントで働くことになった。別にチップの収入があるが、それを加えても平均時給は七ドル五〇セントにしかならない。一ヵ月ほどたって、彼女が引っ越すことにした住居は街はずれのトレーラーパークのトレーラーハウスであった。月収が一二〇〇ドルほどしかない彼女には家賃と敷金を合わせて一一〇〇ドル（家賃は半分前後）を払う余裕はなかった。そこで家賃を補うために、レストランの仕事と掛け持ちで、あるホテルの時給六ドル一〇セントの客室清掃係をやることになった。

しかし、彼女は最初の客室清掃係のシフトに入った日の夜、第一の職場のレストランを突然辞めてしまう。混雑した時間帯の客の注文と苦情で取り乱して切れてしまったのである。そのレストランには休憩室も、休憩時間もなく、仕事はほとんど立ち詰めで、六時間から八時間、トイレ以外は座わる人はいなかった。注によれば、アメリカには一九九八年四月まで、連邦政府によって法的に保護された「トイレ休憩の権利」はなかったという。その注には「ある工場労働者は、六時間も休憩を取ることを許されず、制服の内側にパッドを当てて、そこに排泄していた」という説明もある。

彼女は次いでメイン州の富裕層のあちこちの豪邸で掃除婦として働くことになる。個人で仕事をとれば稼ぎは一時間で一五ドルにもなるが、たいていの人は彼女のように派遣会社を経由して働いている。その場合は、会社は一時間当たり二五ドル受け取るのに、労働者には六ドル六五セントの時給しか払わない。この低賃金で一緒に働いていたワーキングプアの女性たちは全員が白人であった。これはメイン州が白人の州であることにもよるが、労働統計局の全国調査でもハウス・クリーニングに携わっている人たちの過半数は白人であるという。

最後に彼女はミネソタ州で世界最大級のスーパーマーケット・チェーンのウォルマートで働く。採用はいとも簡単で、求職者は雇用主と対面することもなく、求人に応募した次の瞬間にはもう採用が決まり、二、三日後には制服を与えられ、鼻ピアスをしないよう、商品を盗まないよう指示される。

ウォルマートは、勤務時間内に仕事以外のことをすることを「時間泥棒」として厳しく禁じている。それでいながら、従業員にはしばしば残業手当なしの残業をさせることがある。ミネソタ州とは別の四つの州のウォルマートでは、無給の残業を拒否した従業員に対して、会社は「評価を下げる、降格する、勤務時間を減らす、減給するなどと脅した」。これをめぐって、従業員が会社を訴えた裁判も起きている。(16)

エーレンライクが自ら体験して出した結論のひとつは、週七日休まずに働いても自分一人の生活を維持することさえ難しいほど賃金が低く、家賃が高いというのは、どこか間違っている、ということであった。彼女が指摘しているように、ワーキングプアの人々は、まともな住宅から排除されているだけでなく、ささやかな娯楽や、文化や、教育からも、そしてその助けを最も必要とする政治からも排除されている。これらの人々は社会に不可欠な仕事をしているにもかかわらず、「報われること」がないだけでなく、その役割が「認めらること」さえないのである。

アメリカで『ニッケル・アンド・ダイムド』が出た翌年の二〇〇二年春、トインビーはイギリス国教会の「貧困と闘う教会活動」という団体から、「四〇日間、時給四・一ポンド〔八二〇円〕という最低賃金で暮らしてみませんか」という手紙を受け取った。返事を迷っているうちに、彼女は『ニッケル・アンド・ダイムド』のイギリス版に序文を書くように依頼されたことで踏ん切りをつけ、エーレンライクと同じように五〇代半ばで、ゼロから宿探しと職探しを始める。(17)

低賃金の求人に応募するにしても、彼女には記者以外の職歴も経験もなかった。五〇歳を過ぎているという年齢の問題もあった。しかし、求人を見つけて連絡した人材派遣会社の仕事では、職歴や年齢など面倒なことはいっさい聞かれなかった。NHS〔国民医療サービス〕という国営医療機関で病棟雑役係として働く場合も、国家に直接雇用されるのではなく派遣会社から仕事が与えられる。わざわざ派遣会社経由の間接雇用にするのは、彼女が経験した公立学校の給食助手の場合も同様であって、「国としてはこんなひどい〔最低賃金かそれ以下の〕労働条件を押しつけるわけにはいかないが、民間企業なら大目にみられる」からである。

イギリスには、EUの週四八時間労働規制からの抜け道として、「オプトアウト」という制度があり、労働者が契約書に署名して同意すれば、四八時間以上働かされない権利を自主的に放棄することができる。派遣労働者の彼女はこれに署名するほかはなかった。そうしなければ、仕事がもらえないからである。

『ハードワーク』で描かれているイギリスは、公共部門の競争入札と賃金切り下げの行き着いた姿を示している。公共部門で外部委託と派遣の利用が進んだ結果、経費は依然として政府から出ていながら、雇用主は民間企業に取って代わられてきた。そのために、いまでは公共サービスの多くは、ワーキングプアと呼ぶしかない低賃金のパートや派遣によって担われている。民間契約の競争入札で賃金が大幅に引き下げられた公共部門の労働者の多くは女性、とりわけ母親である。その結果、男女の賃金格差は拡大している。

トインビーが体験した仕事は、病棟雑役係、給食助手、保育助手、電話セールス、掃除婦、ケーキの箱詰め作業、介護助手、老人ホームと多岐にわたる。時給は、ほとんどが四ポンド台〔七〇〇円～八〇〇円〕である。どれも仕事量が多すぎ賃金が安すぎる点でハードワークであるが、読んでこれはきついと思ったのは、電話セールスの仕事である。

トインビーが自ら経験して言うのは、電話セールスの現場は現代の奴隷船である。週五日、九時～五時の勤務で、無給の昼休みが一時間。時給は二・八五ポンド〔五七〇円〕強だから、最低賃金にもならない。アポを取れば七・五ポンド〔一五〇〇円〕のボーナスがつくが、彼女の経験では一日、一六三回電話して取れたのは一件だけであった。仕事は、清掃会社の売り込みの営業で、ロンドン中心部の企業に次々と電話してアポを取る。電話の向こうからは、意外に丁寧な対応もあるが、「断る」「間に合ってる」「おつなぎできません」「またかよ」「だめだめ」「うるさい」といった返事が返ってくる。電話をかけつづけることによって、抑うつ症や、大きな音に耐えられなくなる症状が現れる。この仕事を数時間やるだけで、誰でもうつになりそうだ、と彼女は言う。

『ハードワーク』を読んで強く印象に残っているのは、トインビーが外務省に新設された豪華な内装の、設備や遊具の整った保育所で働いていたときのささいなシーンである。その日は、彼女が取材の仕事でよく知っていた外務省の事務次官夫妻が、省内の保育所の見学に訪れた。彼女は夫妻に気づかれることを恐れていたが、夫妻は彼女のすぐ傍まで来ながら結局彼女に気づかなかった。地味な作業服の低賃金の派遣労働者であった彼女は「透明人間」だったのである。

この見えない（invisible）という性質は、ワーキングプアの共通の社会的属性である。エーレンライクも『ニッケル・アンド・ダイムド』でそのことを強調し、社会自体が「経済的に上位にある者の目には、貧しい人々の姿は映らない仕組みになっている」と指摘している。

この点は、原書では「アメリカの見えない人々」という副題の『ワーキング・プア』でも同様であって、著者のシプラーは序章で「この人々が見えるようになるのに本書が役立つことを望んでいる」と書いている。

世界で最も豊かな国アメリカは、貧困にあえぐ人々が先進国で最も多い国でもある。二〇〇五年現在、約三七〇〇万人（総人口の一三％）が、連邦政府が定めた貧困ライン――四人家族（夫婦と一八歳未満の子ども二人）で年収二万ドル（約二四〇万円）以下の生活を余儀なくされている。貧困者の多くは、しばしば連邦政府の最低賃金（時給五・一五ドル、二〇〇九年から七・二五ドル）を下回る低賃金で長時間働いている。公的な国民皆保険制度がないアメリカでは、労働者は企業をとおして民間の医療保険に加入しているが、まともな雇用と企業福祉から排除された貧困者は医療保険にはいることすらできない。そのために医療保険未加入者は二〇〇五年現在で約四六六〇万人（総人口の一六％）にものぼる。

『ワーキング・プア』にはこうした説明もなくはないが、各章で語られているのは、著者が一人ひとりの貧困者から執拗なまでの取材をとおして聞き取った労働と生活の実態である。序章は次のような描写で始まる。「洗車係の男性は自分の車を持っていない。銀行で支払い済み小切手をファイルする行員は自分の預金口座に二ドル二セントしかない。医学の教科書の原稿を整理する女性は一〇年このかた歯医者に行っていない」。

ここにはアメリカの労働社会の底辺で働く人々がいる。私たちは、そうと気づかないままこれらの労働者に出会っている。彼ら／彼女らは、人々にビッグマックを出し、人々がウォルマートで商品を買うのを手伝う。また人々の食糧を収穫し、オフィスを掃除し、衣服を縫っている。しかし、彼ら／彼女らの困窮状態は私たちの目に見えない。彼ら／彼女らの子どもたちのなかには、栄養失調の子もいる。なかには、性的虐待を受けた者もいる。崩れかけた住宅に住んでいる者もおり、そのために子どもは喘息になりやすく、学校を何日も休むことになる。

著者が言うように、貧困の要因は多様であり、社会的要因と個人的要因、過去の要因と現在の要因、物質的要因と精神的要因が複雑に絡み合っている。したがって、貧困の改善や解決のための課題は、雇用や賃金だけでなく、家族、育児、教育、職業訓練、医療、住宅、福祉制度、社会運動、政治制度から、個人の意志や能力にいたるまで多岐にわたっているということである。

ひとたび貧困に陥ると抜け出すのは容易ではない。貧困は悪循環をしやすく、一つの不運が予期しない連鎖反応を引き起こすことがある。「荒廃したアパートは子どもの喘息を悪化させ、救急車を呼ぶことにつながり、それによって支払いできない医療費が発生し、カード破産を招き、自動車ローンの利息を引き上げてしまう。そうして故障しやすい中古車を購入せざるをえなくなり、母親の職場の時間厳守を危うくし、その結果、彼女の昇進と稼得能力を制約し、粗末な住宅から出られなくなる」(18)。

そのうえ、アメリカのように豊かな国において貧困であることは、貧しい国の貧困にはない多くの困難をともなう。第一章の冒頭には、「ねえ、ママ、貧乏ってお金がかかるんでしょ」という一二歳の子どもの言葉が出てくる。働く貧困者には源泉徴収された税の還付制度と生活保護の給付制度があるが、こうした制度に与るためには、確定申告をしなければならず、多くの貧困者は手続きが煩瑣で面倒なために申告業者に代行してもらう。ところが、申告業者は、巧妙な手口で、低賃金労働者から還付金と給付金の手続きの手数料や「急速還付制度」という名の高利のローンによって、多くの金を剥ぎ取る。悪徳高利貸しの別名である消費者金融が窮迫した貧困者から暴利を貪るのはアメリカも日本も変わりがない。

アメリカでは貧困を個人の能力や品行のせいにする考えが他の国以上に根強い。数ある貧困の要因のなかで最も重要な要因は雇用と賃金であるが、アメリカでは（日本でも）低賃金であるのはその労働者のせいであると考える人が多い。そのために、貧困問題に熱心に取り組んでいるケースワーカーなどの福祉の専門家であっても、働く貧困者が抱える問題を解決するために雇用主に働きかける人はほとんどいない。しかし、雇用主に要請することによって、たとえば子育てに支障をきたす昼夜交替夜勤に従事してきたシングルマザーが同じ賃金のまま昼勤に替わることができれば、ずいぶん親子の助けになるだろう。

貧困の改善や解消に最も責任を負っているのは政治であり、したがって政府であり国家であるが、保守派は、「国家は自由を守るために存在する」と考えて、国家が貧困の救済と解消のために取り組むことに反対する。しかし、シプラーによれば、「国家は、ただ自由を守るためだけに存在しているのではない。国家は、弱者を守るためにも存在している。弱い者を強くし、力のない者に力を与え、正義を進めるために存在している」(19)。

おわりに

一九九〇年代後半から今日までのあいだに、日本の格差社会化が急速に進んだのは、政府が政策を誤ったからではない。むしろ、経済界の要求を受けた政府の政策が功を奏したからこそ格差社会化が進んだと考えられる。そのことを示唆しているのは、第四章および第五章でも触れた小渕内閣の経済戦略会議の答申「日本経済再生への戦略」（一九九九年二月）である。

同答申は、従前の日本を「行きすぎた平等社会」ととらえ、それを「小さな政府の実現と抜本的な規制緩和・撤廃」をとおして、アメリカ型の「株主利益重視の経営」と「競争社会」に変革することを求めて、次のように述べている。

「二一世紀の日本経済が活力を取り戻すためには、過度に結果の平等を重視する日本型の社会システムを変革し、個々人が創意工夫やチャレンジ精神を最大限に発揮できるような『健全で創造的な競争社会』に再構築する必要がある。」「日本人が本来持っている活力、意欲と革新能力を最大限に発揮させるため、いまこそ過度な規制・保護をベースとした行き過ぎた平等社会に決別し、個々人の自己責任と自助努力をベースとし、民間の自由な発想と活動を喚起することこそが極めて重要である。」(20)

「小さな政府」と「競争社会」をキーワードとするこの新自由主義の改革路線は、小渕内閣から森内閣（二〇〇〇年四月～二〇〇一年四月）を経て小泉内閣（二〇〇一年四月～二〇〇六年九月）に受け継がれた。そのことは小渕内閣の経済戦略会議のメンバーであった奥田碩氏（トヨタ自動車社長、会長を経て二〇〇二年五月から二〇〇六年五月まで日本経団連会長）と竹中平蔵氏（慶應大学教授、経済財政政策担当大臣などを歴任）が、経済財政諮問会議の中心メンバーとして、小泉改革の財界顧問および政策ブレインの役割を果たしてきたことからも推測することができる。

小泉内閣のもとでの経済財政諮問会議においては、経済戦略会議の答申にいう「行きすぎた平等」は、「平等主義」と名づけられ、「結果の平等主義」からの脱却と「機会の平等」の実現が強調されるようになった。二〇〇一年八月の第一六回経済財政諮問会議では、「過度の平等主義」を改める必要が遠山文部科学大臣から提起されている。これは直接には教育改革に関していわれているが、教育改革に限らず、規制改革を中心とする小泉改革全般が従来の日本の「平等主義」からの脱却とアメリカ的な「競争社会」への転換を志向してきたことについては、従来の日本社会がけっして平等社会ではなかったことと同様に、多言を要さない。

参考までにいえば、拙著『日本経済の選択』（桜井書店、二〇〇〇年）では、「日本経済再生への戦略」の文章を引いて、「経済戦略会議」の指し示す道を進むならば、日本社会は、「今日のアメリカ社会のように富裕層と貧困層とに引き裂かれ、両者の社会的溝が拡大していく可能性が高い」(21)と述べておいた。それがけっして杞憂でなかったことはすでに本章で見たとおりである。

本章では、今日の日本における労働者階級の貧困化はどこまで進んでいるのかを考察した。その際にとくに重視したのは、一九六〇年代から一貫して増大してきたパートタイム労働者と、一九八〇年代半ば以降の雇用・労働の規制緩和によって急速に増大してきた派遣労働者とを二大部隊とする非正規労働者である。

日本の女性労働者の六割近くは非正規労働者であり、その七割はパートタイム労働者である。そのことは日本の女性の多くが依然として結婚・出産後に継続して就業することが困難な状況に置かれていることを示している。結婚や出産を機にいったん離職した女性の多くはその後、何年かして大半はパート、派遣などの非正規労働者として再び収入労働に従事する。

ここには日本人の労働生活における性別分業が端的に表現されている。男性の正社員が能動的な生活時間のほとんどすべてを会社に捧げるような働き方を求められている現状では、育児を含む家事労働を背負わされた女性が男性の正社員並みに働くことは容易でない。企業はそれを制度的な前提に、女性をパートタイム労働者あるいは派遣労働者というかたちの使い捨て低賃金労働力として働かせるという雇用管理戦略を採用してきた。このように家族的責任をもっぱら女性に負わせ、男性は過労死するほど働くという労働スタイルを変えないかぎり、女性の低賃金と男性の長時間労働はなくならない(22)。

近年ではアルバイトを含む男性のパートタイム労働者や、派遣労働者が増えているが、彼らの賃金も、男性一般労働者の四割という女性パートタイム労働者の低い時間賃金に引き寄せられて、女性パートに近い水準にとどめられている。それゆえに、不公正な労働所得格差を是正するためには、男女の別を問わず、パートタイム労働者の時間賃金の引き上げと最低賃金の引き上げが急務である。

非正規雇用者のあいだで、勤勉に働きながらも基本的な生活の必要さえ満たせないワーキングプアが増えているのは、日本だけのことではない。日本と同様にアメリカやイギリスでも、一九八〇年代以降、新自由主義の政策イデオロギーが大きな影響力をもってきた結果、ワーキングプアが社会問題になってきた。日本においてもこの問題の解決に向けて議論を起こすための第一歩は、エーレンライクやトインビーやシプラーが異口同音に言うように、わたしたちの生活に欠かせない財やサービスを日々提供しているワーキングプアの人々がわたしたちに見えない存在から見える存在になり、社会の豊かさがその人々の低賃金労働に依存していることをわたしたちが理解することである。

注

（1）格差社会論としてよく読まれた文献には、橘木俊詔『日本の経済格差』（岩波新書、一九九八年）、山田昌弘『パラサイト・シングルの時代』（ちくま新書、一九九九年）、佐藤俊樹『不平等社会日本――さよなら総中流』（中公新書、二〇〇〇年）などがある。最近では、岩田正美『現代の貧困――ワーキングプア／ホームレス／生活保護』（ちくま新書、二〇〇七年）や湯浅誠『反貧困――「すべり台社会」からの脱出』（岩波新書、二〇〇八年）に例を見るように、主要な関心は格差社会論から貧困化論に移っている。

（2）二〇〇五年から二〇〇六年にかけて、『週刊エコノミスト』『週刊東洋経済』『日経ビジネス』『週刊ダイヤモンド』などの経済雑誌は「働きすぎ」と「格差社会」を二大テーマに労働問題に関する特集企画を再三組んできた。また新聞についても似たようなことがいえる。筆者の知るかぎりマスメディアがこれほど労働問題を大きく取り上げたことは久しくなかったように思う。

（3）日本において「ワーキングプア」という言葉がマスメディアで多用されるようになったのは二〇〇六年である。当時、まだ邦訳は出ていなかったが、その一つの触媒となったのは、David K. Shipler, *The Working Poor: Invisible in America*, Knopf, New York, 2004, ディヴィッド・K・シプラー『ワーキング・プア――アメリカの下層社会』（森岡孝二・川人博・肥田美佐子訳、岩波書店、二〇〇七年）である。

（4）「ＯＥＣＤ対日経済審査報告書二〇〇六年版」の要旨はＯＥＣＤ東京センターのＨＰで、また全文はＯＥＣＤ『日本経済白書２００７』（大来洋一監訳、中央経済社、二〇〇七年）で読むことができる。

（5）派遣労働には「登録型」と「常用型」の二種類がある。登録型では、労働者が派遣元会社に氏名や業務を登録し、仕事があるときだけ、派遣元会社と「雇用」契約を結び、派遣先会社で働く。常用型では、派遣元会社と、期間を定めない労働契約を結んで「雇用」されており、一定の派遣期間ごとにあちこちの派遣先に派遣されるが、派遣が中断中も、派遣元との労働契約は継続している（民主法律家協会派遣労働研究会HP）。脇田滋『派遣・契約社員　働き方のルール――これだけは知っておきたい労働法』（旬報社、二〇〇二年）。なお、派遣労働の特質については、伍賀一道「間接雇用は雇用と働き方をどう変えたか――不安定就業の今日的断面」（『季刊 経済理論』第四四巻、第三号、二〇〇七年一〇月）および森岡孝二「労働者派遣制度と雇用概念」（『彦根論叢』第三八〇号、二〇一〇年三月）を参照。

（6）二〇〇六年版『男女共同参画白書』は、国税庁「民間給与実態統計調査」（二〇〇四年度）から、一年間を通じて勤務した給与所得者のうちの「三〇〇万円以下の所得者の割合は、男性では二〇％であるのに対し、女性では六五・五％に達している。また、七〇〇万円以上の者は、男性では二一・七％となっているのに対し、女性では三・四％に過ぎない」と指摘している。

（7）OECD、前掲書、一三七ページ。

（8）太田清「フリーターの増加と労働所得格差の拡大」内閣府経済社会総合研究所、ESRI Discussion Paper Series No. 140.

（9）二〇〇六年版『労働経済白書』一八二ページ。

（10）シプラー、前掲書、序章。

（11）岩田、前掲書、第五章。

（12）湯浅、前掲書、第三章。

（13）B. Ehrenreich, *Nickel and Dimed: On* (*Not*) *Getting By in America*, Metropolitan Books, New York, 2001, B・エーレンライク『ニッケル・アンド・ダイムド――アメリカ下流社会の現実』（曽田和子訳、東洋経済新報社、二〇〇六年）。

（14）P. Toynbee, *Hard Work: Life in Low-pay Britain*, Bloomsbury Publishing PLC, London, 2003, P・トインビー『ハードワーク――低賃金で働くということ』（椋田直子訳、東洋経済新報社、二〇〇五年）。

(15) 以下の叙述は『日本労働研究雑誌』二〇〇七年二・三月号に筆者が寄稿した両書の書評がもとになっている。

(16) ウォルマートは、二〇〇七年一月二五日、過去五年間に残業賃金の不払いがあった約八万七〇〇〇人の労働者に対して、三三〇〇万ドル（約四〇億円）を支払うことで米労働省と和解した。この和解による残業賃金の支払いは、二〇〇二年二月一日から二〇〇七年一月一九日のあいだに同社で働いた現・元従業員八万六六八〇人に対してなされる（『しんぶん赤旗』二〇〇七年一月二八日）。同社は残業賃金の不払いだけでなく人種差別や性差別でも従業員から訴えられている。同社の女性労働者が賃金や昇進で男性労働者に比べて差別的な待遇を受けたとして損害賠償を求めている裁判は、裁判所の決定によって集団訴訟として扱われることになり、退職者を含む全従業員がかかわる史上最大の集団訴訟として進行中である。その規模は一八〇万人あるいは二〇〇万人にものぼると言われている。

(17) イギリスでは一九九九年のブレア政権発足時に、全国一律の最低賃金制が導入された。当初三・六〇ポンドであった時間当たりの最低賃金は数次の引き上げを経て、二〇〇七年一〇月には五・五二ポンドになっている。ポンドの対円レートは変動が激しいが、同時期の相場である一ポンド二四〇円で換算すると、イギリスの時間当たり最低賃金は他のヨーロッパ諸国並みに一三〇〇円台に引き上げられたことになる。なお、アメリカでは二〇〇七年五月に最低賃金を今後二年間で五・一五ドルから七・二五ドルに引き上げる法律が成立した。

(18) シプラー、前掲書、一六ページ。

(19) 同書、三七八ページ。

(20) 経済戦略会議の答申「日本経済再生への戦略」は次のサイトで読むことができる。http://www.geocities.co.jp/NatureLand/9205/a20-column/2010-keizai/

(21) 森岡孝二『日本経済の選択——企業のあり方を問う』（桜井書店、二〇〇〇年）四四ページ。

(22) この点は、熊沢誠『格差社会ニッポンで働くということ』（岩波書店、二〇〇七年）でも一貫して強調されているところである。

終章　新しい経済社会のあり方を求めて

はじめに

この三〇年余りのあいだに資本主義は大きく変化してきた。とくに新自由主義の政策イデオロギーが現実政治に浸透した国々では、金融と雇用の規制緩和が進み、それがアメリカ主導のグローバリゼーションと交錯して、ファンドマネーが世界を駆け巡る「株主資本主義」の時代が出現した。それとともに戦後、長らくつづいてきた安定的な雇用関係が崩壊し、労働者の状態はまるで一九世紀に逆戻りしたかのように悪化した。

序章ではこうして出現した時代を「強欲資本主義」と呼んだ。この名辞は便宜的なものであって、広く用いられている「グローバル資本主義」、あるいはロバート・ライシュのいう「超資本主義」(1)と言い換えてもよい。リチャード・セネットは、このような変化を念頭において、資本主義は包摂と安定を重視したかつての「社会資本主義」から雇用不安につきまとわれる「新資本主義」に移行したと述べている。(2)これもまた現代資本主義のひとつのネーミングである。

強欲資本主義の時代はそれが完成に近づいたと思われたときに、終焉のときを迎えた。その画期は、アメリカのバブル崩壊を引金とする二〇〇八年世界恐慌である。この恐慌は規制緩和の二大領域であった金融と雇用の崩壊であった点で、新自由主義の破局を意味している。また、アメリカのオバマ政権や、日本の鳩山政権の誕生は、ほぼ三〇年来の新自由主義の中心国における歴史的な政権交代である点で、世界的な政治潮流の転換を示唆している。

現在生じているのは金融と雇用の崩壊であるという事実から考えて、これから始まる新しい時代は、政府が金融市場を含む市場経済への介入を強め、雇用・労働分野における社会的な保護と規制を再建する方向に進まざるをえないだろう。とはいえ、資本主義のゆくえは、社会のなかの諸階級間および諸集団間の抗争と、人々の政治的選択に左右されるところが大きい。それゆえに資本主義のゆくえを考えようとすれば、将来の望ましい社会システムを展望した近未来の経済社会のあり方を問わなければならない。

第一節　ソ連型社会主義の崩壊からなにを学ぶか

社会システムとしての資本主義に対する批判は、マルクス以降はもちろん、マルクス以前においても、つねに社会主義の思想および運動と結びついてきた。その意味で、近未来の経済社会のあり方を問う場合にも、社会主義の思想的・歴史的検討を避けて通ることはできない。

思想としての社会主義は、体系的な資本主義批判の経済学をもたなかったマルクス以前の初期社会主義においても、富と貧困の対立、労働の疎外、恐慌、失業などの資本主義の諸矛盾は市場経済と生産手段の私有制に根ざしている、という考えを多かれ少なかれ共有していた。

マルクスはそこから進んで、一九世紀半ばのイギリスを舞台に資本主義の経済的運動法則を研究し、資本主義の発展はそれ自体のうちに資本主義の諸矛盾を解消する物質的・精神的諸条件を生みだすという認識を示した。マルクス、エンゲルスの説くところによれば、資本主義のもとでの資本の蓄積、生産と資本の集積・集中、労働の社会的結合、教育・保健・衛生・医療などのニーズの社会的充足、株式会社と協同組合の発展などの諸契機は、生産の社会化と経済の計画的運営の条件をつくりだす。また、資本主義のもとでの労働組合の発展、労働者政党の伸張、および労働時間の制限と短縮をはじめとする労働条件の改善は、社会関係を形成し変革する主体の発達を促し、普通選挙制度を通じた労働者階級による政権獲得を可能にする。

こうした展望は一九世紀後半におけるヨーロッパの社会主義運動を鼓舞したが、一九一七年のロシア革命後、社会主義が歴史的に勝利したと宣言されてからは、社会変革をめぐる思想状況は大きく変わった。ロシア革命から生まれたソ連邦の政治経済体制が社会主義と呼ばれるようになり、それが共産党独裁の国家社会主義の様相を濃くしてくると、資本主義諸国における社会主義の思想と運動は、ソ連型社会主義の成功によって鼓舞される以上に、その否定的現実によって深刻な困難に直面するようになった。そして、ソ連型のモデルを拒否する場合でさえ、社会主義の思想と運動は、自由と民主主義が著しく制約されたソ連邦・東欧、中国などの政治経済体制の現実がもたらす社会主義の否定的イメージによって、その影響力を大きく損なわれてきた。

にもかかわらず、ソ連型社会主義がロシア以外の地域にも拡がり、二〇世紀が「社会主義体制の勝利の時代」であるかのような状況がつくりだされたのは、二〇世紀が帝国主義の時代であるとともに、農民革命と民族革命の時代であったからである。二〇世紀においても、地球上の広い地域にわたって、資本主義の発達した国々ではすでに廃絶された封建的・半封建的諸関係が農業を中心に残存し、そのために多くの国々において、地主制の廃止と地主制に基礎をおいた専制権力の打倒を主要な内容とする農民革命が待望されていた。また、二〇世紀にはいると、帝国主義諸国間の経済的勢力圏の拡大と領土の再分割の争いが過熱化して世界戦争が避けられなくなるとともに、戦争の惨禍のなかで、植民地・半植民地状態からの民族的独立を求める闘争がひろがり、農民革命と民族革命がひとつに結びついて発展しはじめた。(3)

資本主義諸国における社会主義の思想と運動にとっての不幸は、社会主義といえば歴史的に実在したソ連・東欧・中国の「社会主義」を意味するようになり、思想および運動としての社会主義が語られることが少なくなってきたことである。その点で決定的影響を与えたのは、一九八九年一一月のベルリンの壁の崩壊から一九九一年一二月のソ連の消滅にいたる諸事件であった。それらは、一九一七年のロシア革命に始まる二〇世紀の社会主義にひとつの幕を降ろす世界史的事件であった。これにともない、社会主義がソ連邦・東欧・中国等の政治経済体制を指すというよりは、むしろ自国の体制変革の思想と運動であった資本主義諸国においても、社会主義について古い言葉を繰り返すだけではすまされなくなった。これまでソ連型社会主義に批判的であった人々や、それをそもそも社会主義とは認めなかった人々のあいだでも、ソ連邦の崩壊をきっかけに、「市場と計画」、「分権と集権」、「自由と平等」、「資本主義と社会主義」などについての新たな模索が行われるようになった。(4)

ソ連型社会主義が挫折したのは、理論は正しかったが実践が間違っていたからというわけではない。社会主義についての精緻な理論は、レーニンをはじめとするロシア革命の指導者の頭のなかだけでなく、マルクスやエンゲルスの著作のなかにもなかった。社会主義体制の骨格について二人のスケッチに繰り返し出てくるのは、生産手段の共同所有（国有化）のもとでの中央計画による社会的生産の意識的制御という構想であった。彼らがそうした計画経済構想に固執したのは、市場経済こそは、競争や搾取や不平等や貧困といった資本主義の諸矛盾の根源であり、生産手段の共同所有と計画経済なしには市場を廃止することはできないと考えていたからである。

このように述べたからといって、ソ連社会主義の指導者たちが市場の役割をすべて否定したというわけでもない。ロシア革命に関心のある者なら誰でも知っているように、レーニンはロシア革命直後の内戦期に、穀物割当徴発制度による農民の不満と経済的混乱に対処するために、NEP《ネップ》と呼ばれる新しい経済政策を発動し、一部農産物の市場での自由な売買を認めた。しかし、この措置は一時的なもので、ほどなく全面的な統制経済に移行した。その場合も固守されていたのは、生産手段の共同所有と計画経済を基本とする社会主義構想である。この構想は計画経済の困難を解決するためにいく度となく試みられた市場志向的な改革においても放棄されることなく、結局は計画経済の崩壊まで保持された。

資本主義的市場経済の発展は、良くも悪くも、商品としての財とサービスの種類のほとんど無限ともいえる多様化をもたらした。それほどに多様な商品に対する需要と供給を、市場と価格メカニズムを利用することなしに調整することはできない。特定の産業における限られた種類の財の生産であれば、中央計画による需給の計算と調整は可能であるかもしれないが、今日のように複雑かつ高度に発達した社会的分業を、私企業による分権的決定を排除して、社会成員の多様な欲求を制限することなく、集権的な計画経済によって制御・調整することは不可能である[5]。今日の高度に発達した情報技術体系をもってしても、この問題の根本的解決にはならない。

くわえて、社会全体の生産が巨大な国営企業のように組織された経済システムの基礎上では、民主主義を制限することなしに政治システムを維持することは困難である。たとえば、単一の国営出版社や国営印刷所しかなく、多数の中小出版社や印刷所が存在しない社会では、出版の自由さえ保障されないだろう。こういう体制のもとでは学問研究においても国家公認の理論と異なる理論は封殺される恐れがある。またそうした恐れがあると、独創的な研究や新奇な理論を発展させる余地は狭まり、産業活動においては企業の創意性やイノベーションが妨げられ、経済成長の活力が削がれることになろう。

実際、七〇余年のソ連邦の歴史は、出発点では男女平等や女性参政権や八時間労働制や失業・疾病の社会保険などの諸制度を一挙に実施に移した点で新しい地平を開きながら、結局は、政治の場においても、労働の場においても、民主主義の抑圧に帰結した。ソ連型社会主義においては、単一支配政党である共産党と融合した国家が社会の政治生活を一元的に統制してきた。その結果、計画経済の諸機構によって市場における競争が制限・排除されてきただけでなく、政治における多元主義が排除され、市民的・政治的自由が制限されてきた。政治結社の自由と政党選択の自由がない一党独裁のもとでは、たとえ普通選挙が実施されていても、国民は現存の体制に承認を与えるのでないかぎり、国家意思の形成に参加することを阻まれている。

現在の中国は、政治的には共産党一党支配のもとで、急激な資本主義的発展を遂げている。資本主義はつねに民主主義と親和的であるわけではなく、ある面では民主主義に対して抑制的でさえあるが、資本主義の発展は民主主義を希求する民衆の運動を不断に生みだすことによって、民主主義を定着させずにはおかない。とすれば、中国が現在の発展方向をたどれば、早晩、共産党一党支配は崩れるだろう。

このようにみてくると、私たちは展望可能な近未来の経済社会のあり方を、市場経済の役割を抜きに構想することはできない。ソ連型社会主義の崩壊の教訓から学ぶなら、私たちは、政治生活における民主主義を最大限に発揚させ、政府の役割と市場の役割をうまく組み合わせることに習熟するとともに、民間企業の創意性やイノベーションを妨げることなく市場と企業を社会的・合理的に規制することに習熟しなければならない。

その場合に問題になるのは、序章の冒頭に述べた現代の典型的コーポレーションである株式会社をどう改革するかである。(6)

第二節　株式会社をいかに改革するか

拙著『日本経済の選択――企業のあり方を問う』（桜井書店、二〇〇〇年）(7)でも述べたことであるが、従来の経済学は、資本主義批判を旨とするマルクス経済学であっても、企業改革論をほとんど欠いてきた。マルクス経済学に限っていえば、その理由は研究者が抱いてきた歴史観ないし社会認識に起因していると考えられる。

マルクス経済学者は、資本家階級と労働者階級とのあいだには非和解的な対立があり、資本主義体制の変革は、二つの階級の闘争を通じて労働者階級が資本家階級を打倒し国家権力を獲得することなしには成し遂げられない、というマルクス主義の伝統的歴史観を多かれ少なかれ共有してきた。筆者もかつてはそのように考えたことがあるが、企業改革論からみたこうした歴史観の問題点は、それが現実妥当性をもたないということにあるだけではない。より大きな問題は、こうした歴史観が資本主義の枠内で企業のあり方を問うという問題設定を許さないことにある。

マルクスは彼の労働時間論にみられるように、労働者階級の状態を改善するための社会改良を当時の誰よりも重視していた。マルクスの後でも、マルクス主義者は、労働条件の改善や、社会保障制度の充実や、民主主義の拡大を求める運動の積極的な推進者の役割を果たしてきた。にもかかわらず、マルクス主義者は、思想的には、そうした運動とその成果を、それが階級対立の止揚と搾取の廃絶に向かう反体制運動に呼応するかぎりで積極的に評価し、そうでない場合はその限界や欺瞞性を問題にしてきたきらいがある。(8)たとえば、ヨーロッパの社会民主主義政権によって拡充されてきた福祉国家に対して、いまでは影を潜めたにせよ、しばしばそうした態度をとってきた。

こうしたマルクス主義の旧来の思考態度も、マルクス経済学における企業改革論の不在と同じルーツをもっている。種々の形態の社会運動を労働運動に従属させ、労働運動を反体制運動に従属させる態度は、消費者運動、環境運動、平和運動、女性運動、住民運動、市民運動、株主運動などのさまざまな社会運動を軽視することにつながり、民主主義の前進を志向する勢力を狭くとらえ、ひいては民主主義勢力全体を分断することにつながる。企業改革の視点をもつことは、こうした傾向を克服するためにも重要である。

人々は企業がしばしば反社会的行為を犯すことを常識的に知っている。と同時に、人々は常識的反応として、あれこれの企業不祥事を聞くとそれを嘆き、あるいは怒り、企業はもっと倫理的行動をとるべきだと考える。マルクス主義者はともすればこうした常識とは違い、資本主義企業は利潤追求のためにはなんでもする、腐敗や不正や違法は資本主義企業につきものであると考えて、実際に生起する諸々の企業不祥事に対してあまり鋭敏な反応を示さないところがある。知識には驚きを鎮める働きがあり、自然現象と同様に社会現象でも原因や性質を知っている人は、知らない人に比べてより冷静な判断をくだすことができる。しかし、そうだとしても、マルクス主義者が、ある種の「企業悪論」に立って、企業に公正や正義を求めることに消極的であったことは否定できない。「信義誠実」（民法第一条）と「公序良俗」（同第九〇条）は市民社会の商道徳の基本である。会社法や金融商品取引法（旧証券取引法）は経営者の暴走や不正はありうるという前提に立って、それを制御するためのさまざまな企業ルールを定めている。マルクス主義は、資本主義のもとで制度化されてきたこれらの商道徳や企業ルールについて、その限界は論じても積極的意義はほとんど語ってこなかった。こう考えれば、伝統的マルクス主義が企業改革論を欠いてきたのは、それが内包する「企業悪論」の必然的な帰結であると言えなくもない。

経営倫理学者のリチャード・T・ディジョージは、著書『ビジネス・エシックス――グローバル経済の倫理的要請』（麗沢大学ビジネス・エシックス研究会訳、明石書店、一九九五年）を「ビジネスの非道徳性の神話」を問題にするところから始めている。彼によれば、企業と倫理は両立しない、企業はしばしば道徳に反した行動をとるという観念は、ある程度までは現実の反映であり、わかりやすい真理を含んでいる。だから人々はそれを神話として信じているのである。しかし、他方で人々は、現実は変わるべきであり、企業はもっと道徳的に行動すべきであると考えている。もし「ビジネスの非道徳性の神話」が完全な真実であるならば、環境保護運動も消費者運動も意味をもたないだろうし、企業に倫理的行動規範や社会的責任を求めることも無意味となるだろう（同書、第一章）。

ところで、株式会社にとって代わるべき企業形態として協同組合が一九世紀のはじめに創始され、今日では協同組合セクターが無視できない拡がりを示している。しかし、日本において発展してきたのは生活協同組合と呼ばれる消費者協同組合であって、生産者や労働者によって組織された協同組合の比重はきわめて小さい。また介護、医療、環境、まちづくり、社会教育などの分野ではNPO型の事業組織も生まれている。しかし、今後、協同組合やNPO型の事業組織が発展していくとしても、株式会社が社会の富の生産において現在果たしている役割にそれらが近い将来とって代わるとは考えられない。むしろ、企業形態が多様化していくなかで、株式会社の形態や役割も変化していくと考えるほうが現実的である。とすれば、人類は今後もかなり長期にわたって、株式会社と折り合っていく必要がある。その意味からも、企業改革論として株式会社のあり方を問わなければならない。

企業改革の第一の条件は、企業評価のための情報開示（ディスクロージャー）である。情報開示は、株主だけでなく、債権者、取引業者、従業員、労働組合、消費者、消費者団体、地域住民、環境保護団体などすべての利害関係者（ステークホルダー）に企業内容を知らせることに意義がある。公開会社（上場会社、店頭公開会社、株主数が一〇〇〇人以上の会社など）は、毎事業年度終了後三ヵ月以内に「有価証券報告書」を内閣総理大臣に提出しなければならない。というのも、株主および潜在株主にとっては、企業内容の適正かつ迅速な開示がなければ、企業評価や投資判断はできないからであり、また規制当局にとっては適切な監督指導ができないからである。

会社法は大会社が株主総会に提出する貸借対照表、損益計算書などの財務諸表について、信頼性を保証するために、監査法人による監査を義務づけている。また金融商品取引法は、粉飾決算その他不実の記載によって市場の参加者が損害を被った場合、当該会社の役員および監査証明をした公認会計士または監査法人に対して、損害賠償責任を課している。

こうしたルールはあるが、現行の有価証券報告書の開示情報は証券市場の参加者が企業評価を行うには十分ではない。たとえば、有価証券報告書の「従業員の状況」欄には、通常、従業員数、平均年齢、平均勤続年数、平均年間給与などは示されているが、性別構成は出ていない。男女雇用機会均等法や男女共同参画社会基本法の趣旨に照らせば、前記のそれぞれについて性別の内訳が示されるべきである。非正規従業員の総数についてはカッコ内に外数として示されているが、その場合も性別構成は記載されていない。

これは些細なことではない。筆者が所属する株主オンブズマンが東証一部上場の五〇〇社を対象に二〇〇一年に行った調査の結果では、回答企業三〇五社（回答率六一％）の従業員の女性比率は一七％であった。しかし、「労働力調査」によれば同年の雇用者の女性比率は四〇％であった。こうした誤差が生ずるのは、有価証券報告書の従業員は正社員に限定されているのに対し、「労働力調査」の雇用者は非正規労働者も含んでいるからである。この一点からみても、従業員中の正社員および非正社員の性別構成の開示はどうでもよいことではない。

企業情報への接近は、政府の監督官庁に対する情報公開請求をとおしても行うことができる。株主オンブズマンは、障害者雇用を促進するために、上場企業における障害者法定雇用率（民間企業は常用労働者数の一・八％）の達成状況の調査などに取り組むなかで、二〇〇一年四月、ＤＰＩ（障害者インターナショナル）日本会議と協力して、大阪と東京の各労働局長に対し、情報公開法にもとづいて企業の障害者雇用状況報告書の情報公開請求をした。しかし、その後、厚労省（労働局）から不開示通知があったために、オンブズマンが不服申し立てを行った。それを受けて厚労省がこれまた情報公開法の手続きにしたがって、情報公開審査会（現在は情報公開・個人情報保護審査会）に当該情報の公開の是非を問う諮問をした。その結果、審査会は、二〇〇二年一一月二二日、以下のような理由を付して、企業の障害者雇用に関する情報は公開されるべきだとする答申を出した。

「市場参加者の必要とする情報には商品の質、価格、証券発行会社の財務状況についての情報だけでなく、企業が、法規に合致して行動しているか、さらに、いわゆる社会的責任をどれだけ果たしているかについての情報も含まれる。この企業あるいは経営者の社会的責任は、環境汚染の防止、環境負担の軽減、男女共同の社会参画、障害者の自立への協力、その他メセナ活動などその範囲は広い。企業活動が我々個人の日常生活に及ぼす影響が大きい現在、企業がどのような行動をとっているかの情報は、我々が、例えば、商品の購入、投資決定など日常的な決定をしていく上で欠かせない……。企業の行動に関する情報が公開されることにより、市場により、あるいは、世論の力によって企業の行動が社会的に批判され、また、その批判によって企業が、社会的に責任のある行動をとるようになり、緩やかな社会の改革が可能になる。法は、情報の公開によって社会を緩やかに改革していくことを、暗黙裡に前提としている。(9)」

現在では、都道府県の労働局に情報公開請求をすれば、請求のあった企業の障害者雇用人数、雇用率、不足人数（法定雇用率未達成の場合）などが公表されようになっている。

その後、労働基準オンブズマンが、企業の長時間労働の制度的支柱になっている三六協定（労働基準法第三六条にもとづく時間外・休日労働協定）の情報公開を求めて、大阪労働局を相手どって大阪地裁に訴えを起こし勝訴し、国側が控訴しなかったので、公開を是とする地裁判決が確定した。いまでは、三六協定についても公開請求手続きを踏めば内容を知ることができる。

株主は、単位株しか所有していない場合でも、利益配当請求権とは別に、株主総会で質問する、書面質問をする、定款を見る、株主名簿を見る、株主総会の議事録を見る、取締役会議事録を見るなど、種々の情報アクセス権をもっている。

六ヵ月以上前から引きつづき株式を有する株主に認められている株主代表訴訟提起権も、会社の違法・不正を監視・是正するうえでの株主の大事な法的権利である。日本企業においては、経営者が法令に違反して会社に損害を生じさせたとしても、取締役会、監査役会などが責任追及の法的アクションを起こすことはめったにない。そういうなかで株主が会社に代わって真相を究明し取締役の責任を追及する手段が株主代表訴訟である。これを有効に活用すれば、企業の違法不正事件の責任追及、情報開示、真相究明、再発防止、企業改革などに役立てることができる。

単独株主権ではないが、六ヵ月以上前から株式総数の一〇〇分の一以上、または三〇〇単元以上の株を持つ株主であれば、株主総会に議案を提案することもできる。一般の個人株主が単独で株主提案を行うために必要な株数を所有していることは少ない。しかし、株主名簿閲覧権を行使して広く呼びかけ委任状を集めれば、共同で株主提案を行うことができる。

一例をあげれば、株主オンブズマンは二〇〇二年に雪印乳業の株主総会に対する株主提案を行った。同年一月に、同社の子会社の雪印食品で、ＢＳＥ対策の国産牛肉買い上げ事業を悪用した偽装・詐欺事件が発覚した。同社は、二〇〇〇年の牛乳集団食中毒事件につづくこの不祥事で、消費者の信頼を失い、会社存亡の危機に立たされた。そういうときに、株主オンブズマンは、雪印乳業に対して、食品の安全確保と会社再生を願う立場から、計三九名（一一〇万株）の株主の連名で「消費者団体の推薦を受けて安全担当の社外取締役を選任し、そのもとに安全監視委員会を設置する」という提案を行った。会社はこの提案を株主総会に先立って全面的に受け入れ、食品の安全・品質・表示問題に消費者の立場から一貫してかかわってきた全国消費者団体連絡会・前事務局長（当時）の日和佐信子氏を社外取締役に迎えることになった。その後、雪印乳業では、日和佐氏を責任者とする企業倫理委員会のもとで、法令遵守と食品の安全確保のための先進的取り組みを進め、企業の再生と消費者の信頼回復に努め、成果を上げてきた。株主団体が消費者代表を社外取締役に送り込むことに成功したのは日本ではこれが最初である。

最近の例では、株主オンブズマンは、二〇〇七年六月の大林組の定時株主総会を前に株主二六名（五八万株）の委任を受けて、同社定款に談合防止条文を新設する株主提案を行った。その後、同社はその株主提案を受け入れて株主総会で取締役会議案として提案することになり、同年六月の同社総会において定款第三条に「談合防止条項」を新設することが決定された(10)。

株主提案は諸刃の剣であって、投資ファンドなどが役員選任や利益処分などで投資先企業に圧力をかける手段としても利用されている。他方でそれは、一般の株主が会社に特定の行為や方針を中止させたり実行させたりする手段としても活用することができる。アメリカでは株主提案が近年広く行われるようになってきており、大小の市民運動的な株主団体があって、個別企業の枠を超えて環境や福祉や人権にかかわってあれこれの改善や改革を求める提案を行い、多数の株主の賛成を得て、採択されたり、会社の政策決定に取り入れられたりするケースが少なくない。

なお、日本の株主代表訴訟や株主提案の仕組みについては欠陥もある。株主代表訴訟は、本店所在地の裁判所でなければ提訴できないうえに、持株会社の一〇〇%子会社の役員の責任を問うことはできない。株主提案に関しては提案要件を満たす最低株数が多すぎるうえに、株券電子化にともない、提案手続きが従前に比べて著しく煩瑣になった。これらの制度的欠陥は一般株主の権利行使を容易にする方向で改められる必要がある。

本書の第一章で述べたように、近年の日本において株主資本主義の流れが強まった。一九八〇年代までは、メインバンク制のもとでの法人による株式所有と企業間の株式相互持合いが日本の株式会社制度の特徴とされ、奥村宏氏はそれがつくりだす「会社本位」の体系を法人資本主義と呼んだ[11]。その後、一九九〇年代の長期不況のもとで持合い崩れが進行した一方で、海外機関投資家と投資ファンドを中心とする外国人株主の株式取引が激増し、外国人の株式保有比率が高まった。今日では、株主資本主義が法人資本主義にとって代わった感がある。

株主資本主義（シェアーホルダー・キャピタリズム）という概念は、利害関係者資本主義（ステークホルダー・キャピタリズム）との対比でも用いられる。ロナルド・ドーア氏は『誰のための会社にするか』（岩波新書、二〇〇六年）において、日本の会社制度の変化を考察し、最近の一五年間に日本では従業員集合体企業（準共同体企業）から株主所有物企業への傾斜が著しく進んだことに注目している。ドーア氏はこの流れにブレーキをかけるために、M&Aにステークホルダーの声を反映させる企業買収審査会を設置する、ドイツの経営協議会を参考にして従業員の経営参加のために労使協議会を再編・強化する、有価証券報告書の内容に、損益計算書、配当、内部留保、役員賞与などの利益配分表だけでなく、株主、従業員、債権者および国家への還元を同時比較できる付加価値会計を盛り込む、などを提案している。これらは株主資本主義を利害関係者資本主義に改革することを提案したものと言ってもよい。

これに関連して注目されるのは、政権党となった民主党の「公開会社法」素案である。同党の政策集「INDEX 2009」の「公開会社法の制定」の項には、「株式を公開している会社等は、投資家、取引先や労働者、地域など様々なステークホルダー（利害関係者）への責任を果たすことが求められます。公開会社に適用される特別法として、情報開示や会計監査などを強化し、健全なガバナンス（企業統治）を担保する公開会社法の制定を検討します」とある。二〇〇九年九月一四日の『日本経済新聞』によれば、同党が鳩山新政権発足をまえにまとめた「公開会社法」素案は、ドイツの共同決定制度をモデルに、監査役に従業員代表を義務づける点や、親会社や主要な取引先銀行の出身者は社外と認めないなど、社外取締役の条件を厳格化する点に特徴がある。『日本経済新聞』の記事はこれを「株主を最優先とする米国型の企業統治モデル」から「欧州大陸型モデル」への転換を意図したものではないかと評している。

記事には従業員代表制は「連合の強い要望を受けて素案に盛りこまれた」とある。そこで連合の掲げる政策を見ると、「産業政策」の要求項目のなかに、以下のように出ている。

（1）政府は、企業のCSR（企業の社会的責任）への取り組みを強化させるとともに、地域や消費者も含めたすべてのステークホルダーに対して情報を公開させる。なお、取り組みにあたっては、雇用・労働・人権・環境分野を重視するとともに、重要なステークホルダーである労働組合や従業員の意見反映や利益確保が十分に行われるものとする。

（2）企業の不祥事や法令違反を抑止するために、監査役・監査委員会の構成員に労働組合代表あるいは従業員代表を含める等、監査の機能および権限の強化をはかる。

民主党の素案にせよ、連合の要求にせよ、これだけでは株主資本主義にブレーキをかけるには不十分である。というよりいずれの政策にも株主資本主義を生んだ金融制度改革と企業制度改革を抜本的に見直すという観点は見出せない。

緊急対策ならともかく、長期的な見通しをもった制度改革を実行しようとするなら、一九九〇年代後半の金融ビッグバン以降の一連の金融制度改革と、アメリカ型のガバナンスをモデルにした会社制度改革を全面的に見直す作業を急がなければならない。それにはもちろん、宮内義彦氏や竹中平蔵氏らが旗振り役となって進めた金融制度と会社制度にかかわる一連の規制改革も含まれる。

麻生内閣のもとで、二〇〇九年四月に金融商品規制法の改正案が可決成立したが、これには自民党と公明党だけでなく民主党も賛成した。共産党の佐々木憲昭議員は採決に先立つ反対討論で、同法案が、金融商品取引所と商品取引所の相互乗り入れに道を開くものであることを問題にして「相互乗り入れが可能になれば、事実上、金融資本市場と商品先物市場の垣根はなくなる」と指摘し、「商品先物市場に大量の投機マネーが流入しやすくなり、原油や穀物価格が多大な影響を受けることが懸念される」、「ヘッジファンドなど内外の機関投資家らにとって、投機的活動を広げることになる」、「投機マネーの規制強化を促進する国際的な潮流にも反する」と主張した。

株主資本主義に閂《かんぬき》をかけるには、経営者の高額で不透明な報酬構造にも手をつける必要がある。アメリカでは大手企業のＣＥＯの平均年間報酬は約二〇〇〇万ドル（二〇億円）と言われている。二〇〇八年一〇月六日の公聴会では、金融機関のＣＥＯの高額報酬問題が取り上げられ、破綻したリーマン・ブラザーズ社のCEOが手にした報酬は、二〇〇一年の就任から七年間で四億八〇〇〇万ドル、年平均約七〇〇〇万ドル（七〇億円）であったことが明らかにされた(12)。

アメリカの役員報酬に比べると日本は低いといわれる。それは事実であるが、一部のCEOについてはそうではない。たとえば、ソニーのハワード・ストリンガー会長は、二〇〇八年には五億円の報酬を受けたと推測される。派遣業界の発展に貢献してパソナ会長（代表権はない）に就任した竹中平蔵氏は「年俸一億円の独り勝ち」と報じられている。

アメリカでは、経営者の巨額報酬に対する批判がかつてなく高まっている。二〇〇八年一〇月に成立した金融安定化法には、今回の金融危機で公的資金による資本注入を受けた金融機関に対して、役員報酬を制限し、経営陣への巨額退職金の支給を禁止するという規定が盛り込まれた。なお、アメリカでは役員報酬上位五人の個別開示が義務づけられているが、日本でも、金融庁は、先頃、上場企業に対し、年額一億円以上の役員報酬の個別開示を義務づける内閣府令の改正案を発表した。

序章でもふれた二〇〇九年九月のG20ピッツバーグサミットにおける首脳声明は、金融安定化支援のための報酬慣行の改革について、「金融セクターの過度な報酬が、過度なリスク・テイクを反映し、また助長してきた。報酬政策と慣行の改革は、金融の安定を向上させるための我々の努力にとって必須な部分である」として、銀行その他金融機関を短期の業績拡大に走らせる過大な役員報酬を厳しく規制し、「金融機関の報酬政策及び体系を、開示義務を課すことによって透明化する」ことを申し合わせた。

企業は法律と政治によって制度化されている点で企業改革は政治改革と不可分である。この見地からみて、避けて通れないのは日本で長らく慣行になってきた企業による政治献金である。日本経団連が二〇〇八年九月に発表した経団連会員企業の二〇〇七年の政治献金額は二九億九〇〇〇万円で、そのうち二九億一〇〇〇万円は自民党に献金された。個別企業ではトヨタ自動車が六四〇〇万円でトップであった。(13)

そもそも憲法上、個人にのみ与えられた参政権とそれにともなう政治活動の自由を法人である企業に認めることは、民主主義の本旨に反する。株主オンブズマンは、二〇〇一年八月に、銀行から数千億円にのぼる債権放棄を受けざるをえないような経営危機にあって、政治献金をつづけてきたゼネコンの熊谷組の役員に対して、政治献金の違法性を問う株主代表訴訟を福井地裁に提起した。その結果、福井地裁は二〇〇六年八月三〇日の判決で、熊谷組の政治献金の一部を違法と認定し、次のように警告した。

「企業による政治資金の寄附が政党に及ぼす影響力は、企業の有する経済力のゆえに、個々の国民による政治資金の寄附に比して遥かに大きい。したがって、企業による政治資金の寄附は、その規模の如何によっては、国民の参政権を実質的に侵害する恐れがある。また企業献金が特定の政党に集中するときは、国の政策にも決定的な影響力を及ぼすこととなって、過去に幾度となく繰り返された政界と産業界との不正常な癒着を招く温床ともなりかねない。」

この裁判は、高裁および最高裁を経て原告敗訴に終わったが、ここに引いた地裁判決のくだりは企業による政治献金の有害性を言い当てている。ここには言われていないが、政治献金の本質的矛盾は、それが利益を生まないなら利潤追求という企業の事業目的に反し、またそれが利益を生むなら賄賂のための支出（贈賄）としての性格をもつことである。

日本経団連の前身の経団連は、一九九三年に「企業献金に関する考え方」という文書を発表し、会員企業に対する企業献金の斡旋を中止して、企業や業界団体の自主的判断に委ねるようにした。それはリクルート事件、ゼネコン事件、東京佐川急便事件などで「企業献金は政治腐敗の温床」という批判が高まってきたことに応えたものであった。その後、一九九五年には政党助成法が施行されて、企業献金をなくしクリーンな政治を実現するという含みもあって、財政から国民一人当たり二五〇円、総額三〇〇億円を超える政党助成金が共産党を除く各政党に交付されるようになった。

ところが、日本経団連は、二〇〇四年以降、各党の政策を自らの「優先政策事項」にもとづいて評価し、献金額の目安を定め、献金を促すというかたちで、企業献金の斡旋を再開し、実行してきた。しかし、民主党を中心とする政権が誕生したいまでは、自民党に企業献金をつづける理由はなくなった。民主党はマニフェストで「政治資金規正法を改正し、その三年後から企業団体の献金及びパーティー券購入を禁止する」と公約している。その民主党に献金を増やすというのも、「政策評価」によって献金の金額や配分を決めるというこれまでの手法からみて筋が通らない(14)。

小泉内閣をはじめとする近年の自公政権においては、経済財政諮問会議、規制改革・民間開放推進会議、財政制度等審議会、産業構造審議会などの財界代表を主要メンバーとする各種審議会が政策決定に重要な影響力をもってきた。二〇〇九年九月二八日の『日本経済新聞』は、政権交代を受けて「政府の審議会、『休眠』相次ぐ」と伝えている。これらの会議体の改廃にあたっては、単にメンバーを入れ替えるだけでなく、議会政治を空洞化させる審議会政治と官僚政治から脱却することが望まれる。

第三節　人間らしく働くために

日本の労働者の状態は実に酷いことになっている。「労働力調査」によれば、二〇〇九年七月の完全失業率は五・七％に達し、過去最悪を記録した。厚生労働省の「一般職業紹介状況」についての発表によれば、同月の有効求人倍率は〇・四二倍（正社員は〇・二四倍）となって過去最低を更新した。完全失業率も有効求人倍率もその後やや持ち直しているが、二〇〇九年一一月の「労働力調査」では就業者数は二二ヵ月連続で減少している。

日本経団連は二〇〇九年一二月一八日、大手企業の冬のボーナス（賞与・一時金）妥結額の最終集計を発表した。それによると、平均妥結額は前年比一五・〇一％減の七五万五六二八円となり、一九五九年の統計開始以来最大の落ち込みとなった。二〇一〇年二月一五日に内閣府が発表したGDP速報によれば、「勤労者報酬」（年間の賃金とボーナスに退職一時金および社会保険の使用者負担分を加えた額）は、二〇〇九年一月から一二月までの一年間に二六三兆九六一四億円から二五三兆三一九八億円へ、一〇・六兆円も下がっている。賃金でとくに減少しているのは残業手当と賞与である。

二〇〇九年六月二日の『朝日新聞』朝刊は、「賃下げショック」シリーズの第一回目に、「時間外ゼロ、手取り激減」の見出しを掲げ、残業がなくなって、手取りがいつもの半分以下の約一二万円に激減した労働者の例を取り上げている。ここに描かれているのは、普段は過労死しかねないほど長時間働いて残業代で低賃金を補っていた労働者が、恐慌で残業がなくなりたちまち窮迫してワーキングプアに陥るという悲劇である。

参考までに国税庁「民間給与実態統計調査」によると、労働者（給与所得者）の年間平均賃金（給与）は、一九九八年から二〇〇七年のあいだに四一八万円から三六七万円になり、五一万円減っている。そのうえに、二〇〇八年恐慌の影響で二〇〇九年にはいると普通の月で三％前後、ボーナス月で七％も給与が下がっているのである。これでは景気は悪化すれこそ回復するはずがない。

その一方、こういう経済情勢のもとでも、ホワイトカラーの多くは相変わらず猛烈に長時間働いている。筆者の指導するゼミナールの学生が持っていた金融業界の二〇一〇年版会社紹介冊子を見て驚いた。ある大手生命保険会社では、所定労働時間は九時～一七時となっていながら、そこで推奨されている模範社員（入社一五年目、業務推進部長）のH氏は、七時三〇分に出社し二〇時に退社する。彼は出社からは五時間後の一二時三〇分に昼食をとるが、三〇分後の一三時には早くも仕事を再開し、そのまま夕食もとらずに勤務をつづけ二〇時に退社するので、実働一二時間である。これでは休日労働を度外視しても、過労死ラインの月八〇時間の残業を行っていることになる。ここには所定労働時間の縛りも、労働基準法の縛りもない。

そところが同じ冊子によれば、この会社には、八時四五分に出社して一七時に退社している人もいる。その人はコース別雇用管理の一般職にあたる「アソシエイト職」の女性である。この会社の募集要綱には、二〇〇九年四月現在の大卒初任給（月額）として総合職二〇万五〇〇〇円、一般職一七万五〇〇〇円と書かれている。試みに前述のモデル時間どおり総合職は実働一二時間、一般職は実働七時間一五分、どちらも週休二日で月の出勤日数二二日、残業代ゼロとして計算すると、大卒新入社員の時給は総合職が七七七円、一般職が一〇九七円になる。

ここで例示した総合職の大卒新入社員の仮定では、残業は所定外で月一一〇時間、法定外で月八八時間にのぼる。一日五時間の残業のうち一時間の法定内残業を通常の時給（205000円÷22日÷7時間＝1331円）で、一日四時間の法定外残業を通常の時給の一・二五倍の割増賃金で計算すれば、一ヵ月のサービス残業の不払賃金は、一四万六四一〇円に達する。

前述のケースでは新卒総合職の正社員の時給は七七七円であった。これは一日五時間もただ働きをする特別な事例だとしても、非正規労働者のパートやアルバイトでは、八〇〇円を割る職場も少なくない。二〇〇六年に実施された厚生労働省「パートタイム労働者総合実態調査」の結果によれば、同年におけるパート労働者（アルバイトを含む週労働時間が正社員より短い労働者）の平均賃金額は九一五・六円、時給別分布でみると、三三・一％は八〇〇円未満であった。いまでは二〇〇八年恐慌の影響を受けて八〇〇円未満の比率はさらに高まっていると考えられる。

派遣の時給は、パート・アルバイトより高めに推移してきたが、大量の派遣切りがあった後、派遣会社のダンピングが強まった結果、いまでは極端なまでに下がっている。二〇〇九年八月の総選挙では派遣労働の規制がひとつの争点になったにもかかわらず、全国の自治体では、選挙補助業務に大量の日雇派遣が利用された。NHKニュースでも伝えられたが、ネット上の派遣求人情報サイトの広告の例では六時三〇分から一三時三〇分までの勤務時間で時給七八〇円であった。

以上に述べたような正社員と非正規労働者の非人間的な働き方をまともな働き方に変えないかぎり、本格的な経済回復も雇用情勢の改善も期待しえない。解決の鍵は、前著『貧困化するホワイト・カラー』（ちくま新書、二〇〇九年）でも述べたことだが、ＩＬＯが提唱する「ディーセントワーク」（decent work）の実現にある。日本政府はＩＬＯが提唱するディーセントワークを「働きがいのある人間らしい仕事」と訳している。立派な訳ではあるが、これまでの自公政権のもとでは、政府はディーセントワークを実現するための施策よりも破壊する施策に力を入れてきた。

「ディーセント」という言葉には、「見苦しくない」「恥ずかしくない」「礼儀正しい」「人間らしい」「まともな」「人並みの」といった意味があって、一つの日本語では表現しにくい。アダム・スミスの『国富論』は、「日雇い労働者にせよ、まともな人なら、亜麻布のシャツをつけずに人前に出るのは恥ずかしいと思うであろう」と述べ、必需品を「生活を維持するために必要不可欠の財貨だけではなく、最下層の人々でも、それがなければまともな人間として見苦しいもの」と定義している。(15) この場合、スミスは、「ディーセント」ないし「ディーセンシー」を、社会的規準からみて見苦しくない状態ととらえていたと考えられる。(16)

あえてスミスを引いたのは、ディーセントワークはなにも高尚なものではなく、それを身につけていなければ人間として恥ずかしいシャツのように誰にも必要なものだということを強調するためである。そういう趣旨から、筆者は、わかりやすさを重視して、「ディーセントワーク」を「まともな仕事」、あるいは「まともな働き方」と訳すべきだと考えている。そして、「まともな仕事」は「まともな雇用」「まともな賃金」「まともな労働時間」という三つの要素の統一としてとらえなければならないと言いたい。

「まともな雇用」とは、働く権利が保障されて、安定していて、社会保険などの給付が受けられる雇用である。この観点からみても、派遣は「まともな雇用」とはとうてい言えない。非正規労働で最大の割合を占めるパートタイム労働は不可欠な制度ではあるが、それは八時間で得る収入が一万六〇〇〇円だとすると、五時間で得る収入は一万円になるという、時間に応じた平等があってはじめてまともな雇用となる。

しかも、その人の生活事情と自由意思によって、正社員からパートへ、またパートから正社員へと転換できることが必要である。そうなれば、パートタイム労働は、女性の職場進出と男性の家事参加を可能にするであろう。それはまた男性中心の働き方を変えていくことに寄与するだろう。またそうなれば、パートタイム労働者と短時間正社員の違いはほとんどなくなるだろう。

「まともな賃金」とは、男女平等の、時間に応じて公平な、最低賃金（法定の最低基準額）を下回らない生活できる賃金である。いま、時給八五〇円のパート、アルバイトでは年間二〇〇〇時間働いても、年収は税込みで一七〇万円にしかならず、ワーキングプアから抜けだすことはできない。いまでは非正規労働者のなかには最低賃金にも届かない賃金しか得ていない労働者が増えている。たとえ最低賃金が保障されても、東京七九一円、大阪七六二円、宮崎・沖縄六二九円といった最低賃金ではまともな生活はとうていできない。幸いにも、連合も全労連も時給一〇〇〇円（全国平均）に引き上げることで一致している。できれば遠くない将来にEU並みの一時間一三〇〇円まで段階的に引き上げることが望ましい。年齢や家族構成にもよるが、筆者の計算では一三〇〇円ぐらいなければ自立した生活が営める賃金とはいえない。

「まともな労働時間」とは、ILOの定義によれば、「健康的で、家庭に配慮し、男女平等を推進し、生産性を向上させ、労働者が自分の働く時間を選択できる労働時間」[17]である。これに照らせば、過労死を生むような労働時間はとうていまともとはいえない。政府の「労働力調査」や「国勢調査」などの労働時間の記入欄は二マスしかなく、最高で週九九時間しか書けない。しかし、現実には週一〇〇時間を超えて働いている例もある。これではもちろん過労死は防げない。

近年目立つのは三〇代のホワイトカラーの過労死・過労自殺である。過労自殺までいかなくても過重労働によるうつ病が職場に拡がっている。教員はとくにうつ病などの精神疾患が多いというデータもある。これではとうていまともな働き方とは言えない。ではどうしたらいいか。まず残業を坑内労働の制限に準じて一日二時間までに制限する法改正を行い、一日の労働時間は最大でも法定の八時間プラス二時間で一〇時間を超えないようにする。そのためには先決条件としてサービス残業を解消する。現状では、民間企業は労働基準法の第三六条の定めにしたがって、労使で三六協定（時間外労働協定）を結び、労働基準監督署に届け出れば、時間外および休日にどれほど労働を命じても使用者は罰せられないことになっている。法律によって残業の上限規制を行うからには、当然この三六協定制度は廃止される。

まともな働き方を実現していくうえでは労働組合が大きな役割を担っている。厚労省の「労働組合基礎調査」によれば労働組合の組織率は全労働者の二割を切って一八％すれすれまで下がってきたが、二〇〇九年は前年比〇・四ポイント増の一八・五％となった。パートタイム労働者の組織率は二〇〇五年の三・三％から二〇〇九年の五・三％にわずかながら上昇している。これは希望である。労働組合の組織率の反転に希望をつなぎ、正規労働者と非正規労働者が手をつないで、労働組合がまともな働き方を実現していく運動に合流していく。そういう展望をもった労働組合運動が期待されている。

労働者が企業などに対して労働条件の改善のために行う闘争を経済闘争といい、政府などに対して政治課題を掲げて行う闘争を政治闘争という。この区別に従えば、派遣労働の規制も、最低賃金の引き上げも、残業削減の労基法改正も、すべて政治課題である。本書では立ち入ることができなかったが、税制や社会保障制度を所得再分配とセーフティーネットの拡充のために変えていくことも政治課題である。すでに述べた、企業改革の課題もそれが法の改変をともなうかぎりでは政治課題である。近未来の望ましい経済社会は、一方における経済課題の実現と他方における政治課題の実現が手を携えて、万人のために人間らしい労働と生活の実現を推進していくなかで切り開かれるであろう。

おわりに

序章では、本書執筆中の二〇〇九年九月に開催された二つのサミットに触れた。ひとつはアメリカのピッツバーグにおける二〇ヵ国・地域の首脳による金融サミットである。いまひとつはニューヨークの国連本部における気候変動サミットである。

金融サミットでは、行きすぎた金融の規制緩和が世界的金融危機を招いた反省から、金融規制の強化と雇用の維持・創出を盛り込んだ声明が採択された。他方、気候変動サミットでは、地球温暖化対策の国際的枠組みの構築が共通の課題となった。このことは、私たちの前に、金融危機と雇用崩壊に象徴される世界の経済危機にいかに対応するかという課題と、地球温暖化問題に象徴されるエコシステムの危機にいかに対応するかという課題が同時に提起されていることを意味する。

この点に関連して、終章の最後に、先述した「まともな働き方」の実現に向けた取り組みは、現在進行している地球環境の悪化にブレーキをかけ、持続可能な労働環境と地球環境を創出していくために不可欠なステップであることを確認しておこう。

近年、企業の社会的責任（CSR）が問われるなかで、大企業ほど「地球にやさしい企業」を標榜するようになってきた。それとともに、市場には環境（Environment）と地球（Earth）の「e」を記号化した「エコマーク」を表示した製品が目につくようになってきた。それほどに今日の企業経営や経済活動は環境への配慮と切り離せなくなっていると言ってよい。政府は経済危機対策として二〇〇九年五月に「エコポイントによるグリーン家電普及促進事業」（対象期間は当初の二〇一〇年三月三一日から、同年一二月三一日まで延長）を導入した。この制度は「地球温暖化対策の推進」と「経済の活性化」を結びつけた販売戦略から発想されたものである。いうまでもないことだが、電力消費量や二酸化炭素排出量の大きい大型家電は、エコポイントに釣られて買い急ぐより、できるだけ買わないほうが地球にやさしい。その点は、エコカーへの買い替えに二五万円を限度とした補助金が出る制度にしても同様である。

大企業の多くは、地球にやさしいと唱えているが、エコビジネスには熱心であっても、二酸化炭素排出量規制に対しては消極的であり、真に地球にやさしいかどうか疑わしい。ましてや、企業で働く人間にやさしいかどうかはもっと疑わしい。

「反貧困ネットワーク」事務局長の湯浅誠氏は、「年越し派遣村」が開設される直前の二〇〇八年一二月二三日放送のＮＨＫ「視点・論点」で、大きな社会問題になった突然の乱暴な「派遣切り」を取り上げて、仕事を失うと同時に住居も失う恐れのある人々を、冬本番を迎える時期に路上に放り出すのは、「人の命を危険にさらす行為」だと警告して、次のように語っている。

「何千万もある自分の役員報酬を削って、せめてこの年末年始だけでも、次の仕事が見つかるまでの間だけでも、非正規の雇用と住居を守ると宣言する経営者はいないのでしょうか。好景気のときに溜め込んだ内部留保を一部でも放出しようと考える経営者はいないのでしょうか。派遣切りを行なっている大企業の中には、減ったとはいえ利益を出し、株主配当を行なっている会社もあります。余剰があるなら、人々の命を支えようとは考えないのでしょうか。企業の社会的責任は存在しないのでしょうか。どの企業も環境保護を訴え、それが企業の社会的責任だと言っています。環境は大切だけど、人の命はどうでもいいと、言うんでしょうか。『地球を大切にしています』などといった欺瞞的な広告は即刻止め、『私たちの企業は非正規労働者の命などなんとも思っていません。そんな私たちですが、よければ商品を買ってください』と正直に言ったらどうでしょうか。[18]」

企業、とりわけ大企業がやさしくないのは、非正規労働者に対してだけではない。本書で繰り返し述べ、拙著『貧困化するホワイトカラー』でも特別に章を設けて論じたように、日本の職場では、過重労働による極度の疲労やストレスからもたらされる過労死・過労自殺が跡を絶たない。[19]これこそは人間にやさしくない働き方／働かせ方の極限であって、その犠牲になっている人々の多くは男性正社員である。

過労死・過労自殺をなくすことは、環境にやさしい働き方を実現することに通じている。労働時間の短縮が進めば、人々のあいだに、所得よりも自由時間を、物質的豊かさよりも生活の質や自己実現を追求する志向が拡がっていくだろう。それとともに家族の触れ合いや、住民の交流や、近隣同士の助け合いが促進され、[20]地域環境や自然環境に配慮したライフスタイルの実現を願い、そのために活動する人々が増えていくだろう。働きすぎ大国の日本でも近年は、早すぎる定年や失業や年収の減少などに直面して、それまでの働く一方の生活から減速生活に転換する人々が増えている。

ジュリエット・B・ショアは、自著の『浪費するアメリカ人』のなかで、アメリカで増えているそうした人々を「ダウンシフター」（減速生活者）と呼んでいる。[21]同書の第五章「隣のダウンシフター」の扉にはダウンシフターのモデルとおぼしき女性のイラストがある。野菜を抱えたその女性は「有機食品を買う」

だけでなく、「リサイクルの紙袋を再利用する」。手にはハンマーを握っているが、それは「買うよりも修理する」という考え方を表わす。スニーカーを履いているのは、「スポーツジムの会員をやめて夕方パートナーと歩く」からである。これらが意味するのは労働時間の短縮に対応した収入の減少と消費の節約にとどまらない。ここに示唆されているのは、消費される商品の量を尺度とする豊かさから、享受できる自由時間の量を尺度とする豊かさへの転換であり、さらにいえば、地球環境を悪化させるライフスタイルから、地球環境の再生を志向するライフスタイルへの転換である。

労働時間を短縮して人々のあいだで仕事を分かち合い、雇用を増やすことをワークシェアリングと言う。日本においてワークシェアリングを実現するための先決条件は「サービス残業の解消」である。労働時間の短縮がさしあたりサービス残業の解消であるかぎり、賃金の減少をともなうことなく、雇用を大規模に創出することができる。本書の第六章でおこなった二〇〇六年のデータを用いたサービス残業の試算では、労働者一人当たり年間サービス残業は二四七時間、一般常雇労働者四二四八万人の総サービス残業時間は、一〇五億八一四八万時間であった。これをサービス残業を除いた一人当たりの年間労働時間二〇四一時間で割れば、年間約五一八万人分の雇用に相当する。(22)実際には、労働時間短縮の雇用創出効果はこれほど単純ではないが、鳩山内閣が二〇〇九年一二月二九日の臨時閣議で決定した二〇二〇年度までの一〇年間の「経済成長戦略」に盛り込んだ、環境・エネルギー分野の新規雇用創出目標一四〇万人より、サービス残業解消の雇用創出効果のほうが大きいことは疑いない。

このことからサービス残業解消型のワークシェアリングは、大量失業とワーキングプアと過労死と環境悪化の四悪を同時解決する特効薬であるといえる。もちろん、これを実現させるには、サービス残業による超過利潤を見込んだ企業のこれまでの高い期待利潤率（企業が生産や設備投資に踏み切る利潤率）を相応に押し下げることができなければならない。これは二酸化炭素排出量を二〇二〇年までに一九九〇年比で二五％（二〇〇五年比で三三・三％）削減して、地球温暖化を防止するという政府目標についても同様であって、これまでの低水準の温暖化防止費用を前提にした高い期待利潤率を抑制することができなければ、企業に応分の温暖化防止費用を負担させることはできない。

以上要するに、この国にとっての近未来の望ましい社会経済システムは、ワーキングプアと過労死と環境悪化が併存する高利潤・高蓄積の生産様式から脱却することなしには切り開かれない。とすれば、それはポスト新自由主義を超えて、ポスト資本主義に踏み出す可能性を秘めていると言えよう。

注

（1）R・ライシュの近著の原題は ***Supercapitalism***（『超資本主義』）であるが、邦訳は『暴走する資本主義』となっている（雨宮寛・今井章子訳、東洋経済新報社、二〇〇八年）。

（2）R・セネット『不安な経済／漂流する個人――新しい資本主義の労働・消費文化』森田典正訳、大月書店、二〇〇八年。

（3）ロシア革命の農民革命および民族革命としての性格については和田春樹「国家社会主義の成立と終焉」和田春樹・小森田秋夫・近藤邦康編『〈社会主義〉それぞれの苦悩と模索』日本評論社、一九九二年を参照。

（4）経済理論学会の全国大会は、一九八〇年代末から九〇年代初めにかけて「社会主義の理念と現実」（一九八七年）、「資本主義と社会主義」（一九九〇年）、「市場と計画」（一九九一年）を共通論題に取り上げた。

（5）これらの諸点については、G・M・ホジソン『経済学とユートピア――社会経済システムの制度主義分析』若森章孝・小池渺・森岡孝二訳、ミネルヴァ書房、二〇〇四年の第二章「社会主義とイノベーションの限界」から多くを学んでいる。

（6）本節の考察の前半部分は、森岡孝二「社会システムの変革と民主主義」基礎経済科学研究所編『人間発達の政治経済学』青木書店、一九九四年によっている。

（7）森岡孝二『日本経済の選択――企業のあり方を問う』桜井書店、二〇〇〇年の第七章「市民の目で企業改革を考える」を参照。

（8）森岡真史「ロシア革命と全体主義」小野堅・岡本武・溝端佐登史編著『ロシア経済』世界思想社、一九九八年。

（9）答申全文は http://www8.cao.go.jp/jyouhou/tousin/008-h14/344.pdf で読むことができる。あわせて株主オンブズマンHP「障害者雇用に関する情報公開の経過と意義」http://kabuombu.sakura.ne.jp/archives/021213.htm を参照。

（10）新設された大林組の定款第三条は「当会社においては、役職員一人一人が、法令を遵守するとともに、企業活動において高い倫理観を持って良識ある行動を実践する。特に建設工事の受注においては、刑法及び独占禁止法（私的独占の禁止及び公正取引の確保に関する法律）に違反する行為など、入札の公正、公平を阻害する行為を一切行わない」となっている。

（11）奥村宏『法人資本主義――「会社本位」の体系』朝日新聞社、一九九一年。

（12）J・スティグリッツ『人間が幸福になる経済とは何か』鈴木主税訳、徳間書店、二〇〇三年。

（13）『産経新聞』二〇〇八年九月一三日。

（14）株主オンブズマンは、民主党を中心とする三党連立政権がスタートしたことを受けて、日本経団連に企業政治献金の斡旋と実行を廃止することを求める要望書を送付した。要望書は http://kabuombu.sakura.ne.jp/2009/20090913.html に掲載している。

（15）A・スミス『国富論』大河内一男監訳、中公文庫、第三分冊、二九八～三二九ページ。

（16）筆者はこのことをジュリエット・ショアの『浪費するアメリカ人――なぜ要らないものまで欲しがるか』（森岡孝二監訳、岩波書店、一九九三年）を翻訳するなかで知った。森岡孝二「『資本論』とディーセントワーク」『季論21』第五号（二〇〇九年七月）を参照。

(17) J. Boulin, M. Lallement, C. Messenger, *Decent Working Time: New Trends, New Issues*, ILO, 2006.

(18) 森岡孝二「働き方ネット大阪」連続講座第三八回、二〇〇八年一二月二七日。http://hatarakikata.net/modules/morioka/details.php?bid=49

(19) 労働者を死ぬほど働かせる今日の日本の状況は、マルクスが『資本論』第一巻第一三章「機械と大工業」の末尾で「資本主義的生産は、すべての富の源泉である土地と労働者を破壊することによってのみ、社会的生産過程の技術と結合とを発展させる」(全集版『資本論』第一巻、六五七ページ)と述べていたことを想起させる。

(20) 労働時間の短縮がルーラル・アメニティ(農村地域の多様な景観のよさ)への人々の関心を高め、環境の再生・保全運動への参加を促すことについては、植田和弘『環境経済学への招待』(丸善ライブラリー、一九九八年)を参照。また地域の多様性と固有価値に着目した文化経済学の展開については、池上惇『文化と固有価値の経済学』(岩波書店、二〇〇三年)を参照。

(21) ジュリエット・B・ショア『浪費するアメリカ人――なぜ要らないものまで欲しがるか』森岡孝二監訳、岩波書店、二〇〇〇年。

(22) 労働運動総合研究所(労働総研)は、二〇〇七年のデータからサービス残業による雇用増を一一八・八万人と推計している(http://www.yuiyuidori.net/soken/ape/2008/data/081104-01.pdf)。これはサービス残業を含む年間労働時間については、「労働力調査」(「労調」)から週三五時間未満の短時間労働者を含む全労働者の平均をとって二一五三・五時間とし、また賃金を支払った年間労働時間については、「毎月勤労統計調査」(「毎勤」)から規模三〇人以上の一般労働者の平均をとって二〇三二・八時間として、その差一二〇・七時間をサービス残業時間とみなしたうえで、規模三〇人以上の事業所に働く二〇〇〇・三万人の総サービス残業時間を二四億一四三六時間として、それをさきの一般労働者の年間労働時間で除して算出された雇用数である。二〇〇六年のデータを用いた本書第六章における筆者の試算は、「労調」の週三五時間未満の短時間労働者を除く一般常雇労働者の労働時間と「毎勤」の規模五人以上の一般労働者の労働時間の差からサービス残業時間を計算した、また「毎勤」の規模三〇人以上の一般労働者総数ではなく「労調」の一般常雇労働者総数を用いた、という二点で労働総研の試算とは大きく異なる。

あとがき

本書は現代資本主義と日本経済について書きためた拙稿に手を入れ、序章と終章を書き下ろしてまとめたものである。

すでに本論に目を通した読者には不要だが、あらためて構成を紹介しておけば、全体は第一部「現代資本主義の全体像と時代相」と第二部「日本経済と雇用・労働」からなる。序章「現代とはどんな時代なのか」の後、第一部には、第一章「現代資本主義論争によせて」、第二章「現代資本主義の現代性と多面性」、第三章「雇用関係の変容と市場個人主義」、第四章「株主資本主義と派遣切り」の四つの章を置いた。第二部には、第五章「バブルの発生・崩壊と一九九〇年代不況」、第六章「悪化する労働環境と企業の社会的責任」、第七章「労務コンプライアンスとサービス残業」、第八章「非正規労働者の増大と貧困の拡大」を収め、終章「新しい経済社会のあり方を求めて」で締めくくった。

本書の出版を本気で考えはじめたのは二〇〇八年の年の瀬であった。私は正月二日のＮＨＫラジオ第一放送「日本のカルテ　希望の国への処方箋」第二夜「揺れる雇用　働き方」の収録のために、渋谷のホテルに一泊した。その夜、本書の出版を手がけていただいた桜井書店の桜井香氏にお会いした際に焚きつけられたからだろう。翌日、帰阪して夜遅く桜井氏に「現代資本主義の変容と〇八恐慌」という本書の元になったプランを書き送った。

当時は小著『貧困化するホワイトカラー』（ちくま新書、二〇〇九年五月）の原稿の直しで四苦八苦していたので、新しい本の準備を口にするような状況ではなかった。にもかかわらず、無謀な計画を立てたのは、折しも始まった二〇〇八年世界恐慌が、一九九〇年代半ば以降の現代資本主義と日本経済についての私の研究に一区切りをつけることを迫っているように思われたからであった。

さきの新書を出して、〇八恐慌に対する思いを込めて最初に書いたのが、本書の第四章に収めた「株主資本主義と派遣切り」であった。『経済』二〇〇九年七月号に寄稿したこの拙稿には数名の読者から好意的な感想と励ましをいただいた。

それから四号後の同誌の「筆者からひと言」欄に書いたように、私の経済学研究の最初のまとまった仕事は『独占資本主義の解明——予備的研究』（新評論、一九七九年、増補新版、一九八七年）である。同書では、レーニン『帝国主義論』の独占概念を検討するとともに、ヒルファディング『金融資本論』の株式会社論を俎上に載せ、その創業者利得論を批判した。

当時は現代資本主義論の名のもとに独占資本主義論や国家独占資本主義論が盛んに議論されていた。私自身も『現代資本主義分析と独占理論』（青木書店、一九八二年）で、国家独占資本主義論の理論と方法に基本的な疑問を提起することによって、当時の現代資本主義論争に参加した。しかし、その後は独占資本主義論からも国家独占資本主義論からも次第に離れていった。

私の経済学研究のもうひとつの関心は、「アメリカにおける一九四六年雇用法の成立過程」をテーマに修士論文を書いたときから雇用・労働分野にあった。その関心は、私が大学院生であった頃に設立された基礎経済科学研究所で、マルクス『資本論』第一巻の「労働日」章や「機械と大工業」章における工場法の意義づけについて議論するなかで温められていき、一九八八年にスタートした過労死一一〇番運動に参加した機会に、労働時間と過重労働の研究に入り込んでいった。その一つの到達点が『企業中心社会の時間構造――生活摩擦の経済学』（青木書店、一九九五年）である。

その後、反過労死運動で知り合った松丸正弁護士に誘われて、一九九〇年代の半ばには企業監視の市民団体である株主オンブズマンの代表を引き受けた。それがきっかけとなって株式会社への関心が甦った。とはいえ株式会社の理論研究に戻ったのではなく、主要な関心は法人企業としての株式会社制度のあり方にあった。そういう問題意識からまとめたのが『日本経済の選択――企業のあり方を問う』（桜井書店、二〇〇〇年）であった。

他方、労働時間への関心はいまもつづいていて、気がつけば、現代資本主義論も労働時間論をベースに考える自分がいた。それと同時に、世界に拡がる働きすぎの背景を考えるには、グローバル資本主義、情報資本主義、消費資本主義、フリーター資本主義、株主資本主義といった多面的な相貌を、一九八〇年代以降、世界を席巻してきた新自由主義の政策イデオロギーとの関連で考察しなければならないという思いを深くするようになった。そうした思いから概説した私流の現代資本主義論が、予想外に多くの読者を得た『働きすぎの時代』（岩波新書、二〇〇五年）である。

また私は、一九九〇年代の初めから、ジュリエット・B・ショア『働きすぎのアメリカ人――予期せぬ余暇の減少』（森岡孝二・成瀬龍夫・青木圭介・川人博訳、窓社、一九九三年）、同『浪費するアメリカ人――なぜ要らないものまで欲しがるか』（森岡孝二監訳、岩波書店、二〇〇〇年）、ジル・A・フレイザー『窒息するオフィス　仕事に強迫されるアメリカ人』（森岡孝二監訳、岩波書店、二〇〇三年）、デイビッド・K・シプラー

『ワーキング・プア――アメリカの下層社会』（森岡孝二・川人博・肥田美佐子訳、岩波書店、二〇〇七年）などの翻訳に参加してきた。

アメリカにおける労働者の状態を描いたこれらの文献は、株主資本主義の台頭と隆盛こそが現代における労働環境の悪化と貧困の拡大の元凶であることを理解するうえで貴重な情報と視点を与えてくれた。これらの文献に接しなければ、私の年来の研究テーマである株式会社論と労働論を本書において橋渡しすることはできなかったかもしれない。

ここで本書の各章の元になった旧稿を示しておこう。

第一章「現代資本主義をどう視るか――北原・伊藤・山田論争によせて」関西大学『経済論集』第四七巻第五号、一九九七年一二月

第二章「「現代資本主義の現代性と多面性をどうとらえるか」『政経研究』第八七号、二〇〇六年一一月

第三章「現代資本主義における雇用関係の変容と市場個人主義」『季刊 経済理論』第四二巻第一号、二〇〇五年四月

第四章「株主資本主義と派遣切り」『経済』一六六号、二〇〇九年七月号

第五章「バブルの発生・崩壊と一九九〇年代不況」関西大学経済・政治研究所『研究双書』第一〇九冊、一九九九年三月

第六章「悪化する労働環境と企業の社会的責任」『労務理論学会誌』第一七号、二〇〇八年八月

第七章「労働時間のコンプライアンス実態とサービス残業」関西大学経済・政治研究所『研究双書』第一四七冊、二〇〇八年三月

第八章「こうして拡大した格差と貧困」森岡孝二編著『格差社会の構造――グローバル資本主義の断層』序章、二〇〇七年

今回一冊にまとめるに際しては、どの章も細かく手を入れたが、本書第三章の第四節は、第二章との内容の重複を避けるために丸ごと新しい原稿に差し替えた。また第六章と第八章は大幅にというより、かなり全面的に書き換えた。ただし、第五章については、旧稿は二〇〇〇年に出した前述の拙著『日本経済の選択』の最初の二つの章に分割・改稿のうえ収録したものであるが、一九八〇年代以降を一続きの時代としてとらえる本書には欠かせないと考えて、むしろほぼ原型どおり再掲した。

本書は多くの方々の協力と励ましの産物である。私の研究と教育を多様なかたちで支えてくださった関西大学の教職員の方々には深く感謝している。わけても政治経済学の理論関係の科目を共同で担当してきた経済学部の若森章孝先生と小池渺先生には厚くお礼を言いたい。本書における新自由主義と市場個人主義に対する批判は、お二人が中心になって翻訳し、私が手伝ったジェフリー・M・ホジソン『経済学とユートピア――社会経済システムの制度主義分析』（ミネルヴァ書房、二〇〇四年）に多くを負っている。また本書のなかには関西大学大学院経済学研究科の社会人を含む大学院生の修士論文やゼミナールにおける討論が血肉になっている部分もある。

学会関係では、経済理論学会と独占研究会の会員の方々に対して、たびたび研究報告と討論の機会を与えていただいたことにお礼を申し上げる。

二〇〇八年に創立四〇周年を迎えた基礎経済科学研究所の所員の方々からも、多くのことを教えられた。出版社を定年退職された所員の高橋邦太郎氏には本書の校正で格別のご苦労をおかけした。株主オンブズマンの会員の方々、大阪過労死問題連絡会の弁護士の方々、過労死家族の会の方々、働き方ネット大阪の事務局の方々にもなにかとお世話になった。

香川大学経済学部の恩師である山﨑怜先生と、京都大学大学院経済学研究科の恩師である池上惇先生には、二年前に体調を崩してご心配をおかけしながら、なんとか元気で本書をまとめることができたことを報告したい。

桜井書店の桜井氏には本書の企画から編集まで言葉では言えないほどのご尽力をいただいた。桜井氏が青木書店から独立しほどなく出版していただいたのが前述の『日本経済の選択』であった。それから一〇年を経て、厳しい出版情勢のなかで再び単著の刊行にこぎつけることができたのは、ひとえに桜井氏の励ましと献身のおかげである。

最後に私事ながら、索引作りを助けてくれた森岡洋史をはじめ、なにくれとなく力になってくれた子どもたちにも感謝している。わが家は、昨年秋、本書を仕上げている最中に三五年ぶりに転居したが、その前後も原稿に没頭したお詫びの気持を込めて、これまで一度も名前を出すことを許してくれなかった妻清に本書を捧げたい。

二〇一〇年二月二三日

森岡孝二

事項索引

こ

さ

し

す

せ

そ

た

ち

て

と

な

に

ねの

は

ひ

やゆ

らり

れ

ろ

わ

人名索引

た行

な行

は行

ま行

やらわ行

参考文献

アグリエッタ，M.（1989）『資本主義のレギュラシオン理論――政治経済学の革新』若森章孝・山田鋭夫・大田一廣・海老塚明訳，大村書店
アベグレン，J. C.（1958）『日本の経営』占部都美監訳，ダイヤモンド社
有井行夫（1997）「現代マルクス経済学の基礎づけ問題――一般理論と段階理論の非両立性」経済理論学会年報第34集『アジア工業化と世界資本主義』青木書店
五十嵐仁（2008）『労働再規制――反転の構図を読みとく』ちくま新書
池上惇（2003）『文化と固有価値の経済学』岩波書店
伊藤誠（1990）『逆流する資本主義――世界経済危機と日本』東洋経済新報社
――（1995）『日本資本主義の岐路』青木書店
――（1998）『日本経済を考え直す』岩波書店
伊藤正晴（2005）「持ち合いの解消続くが反転の兆しも」『大和総研レポート』12月14日
伊東光晴（1989）『技術革命時代の日本』岩波書店
井村喜代子（2000）『現代日本経済論（新版）』有斐閣
――（2006）「『現代資本主義の変質』とアメリカ主導の規制緩和・競争市場原理」『政経研究』第86号，11月
岩井浩（1992）『労働力・雇用・失業統計の国際的展開』梓出版社
岩田正美（2007）『現代の貧困――ワーキングプア／ホームレス／生活保護』ちくま新書
植田和弘（1998）『環境経済学への招待』丸善ライブラリー
内橋克人編（1997）『経済学は誰のためにあるのか』岩波書店
宇野弘蔵（1962）『経済学方法論』東京大学出版会
――（1971）『経済政策論』弘文堂
宇野弘蔵・梅本克己（1966）「《対談》社会科学と弁証法」『思想』第499号1月
海野八尋（1997）『日本経済はどこへ行く』花伝社
エーレンライク，B.（2006）『ニッケル・アンド・ダイムド――アメリカ下流社会の現実』曽田和子訳，東洋経済新報社
江口英一（1979–80）『現代の「低所得層」――「貧困」研究の方法』上・中・下，未来社
NHK（1941）「国民生活時間調査」（1990年に大空社から復刻刊行）
――「名ばかり管理職」取材班（2008）『名ばかり管理職』NHK出版生活人新書
OECD（1999）『日本経済レポート』経済企画庁調整局監訳，東洋経済新報社
――（2007）『日本経済白書 2007』大来洋一監訳，中央経済社

大内力（1970）『国家独占資本主義』東京大学出版会
大谷俊介（2003）「研究・教育のサッチャリズム」日本学術会議『学術の動向』2月
太田清（2005）「フリーターの増加と労働所得格差の拡大」内閣府経済社会総合研究所，ESRI Discussion Paper Series No. 140
小倉一哉・藤本隆史（2005）「日本の長時間労働・不払い労働時間の実態と実証分析」労働政策研究・研修機構『労働政策研究報告書』第22号
———（2006）「働き方の現状と意識に関するアンケート調査結果」労働政策研究・研修機構『調査シリーズ』第20号
小倉一哉（2007）『エンドレスワーカーズ——働き過ぎの日本人の実像』日本経済新聞社
オスターマン，P. ほか（2004）『ワーキング・イン・アメリカ——新しい労働市場と次世代型組合』伊藤健市・中川誠士・堀龍二訳，ミネルヴァ書房
小野旭（1991）「統計より200時間多い日本の労働時間」『週刊エコノミスト』12月
小幡道昭（2003）「グローバル資本主義と原理論」SGCIME 編〈マルクス経済学の現代的課題〉第Ⅱ集〈現代資本主義の変容と経済学〉第1巻『資本主義原理像の再構築』御茶の水書房
過労死弁護団全国連絡会議編（1990）『KAROSHI［過労死］国際版』窓社
河口真理子（2004）「労働分野における CSR」大和総研『経営戦略研究レポート』11月25日
川人博（1998）『過労自殺』岩波新書
———（2006）『過労自殺と企業の責任』旬報社
ガルブレイス，J. K.（1958）『ゆたかな社会』鈴木啓太郎訳，岩波書店
北原勇（1977）『独占資本主義の理論』有斐閣
———（1984）『現代資本主義における所有と決定』岩波書店
———（1994）「20世紀末の資本主義」『三田学会雑誌』第87巻第2号，7月
北原勇・鶴田満彦・本間要一郎編（2001）『現代資本主義』（富塚良三・服部文男・本間要一郎編『資本論体系』第10巻）有斐閣
北村洋基（2003）『情報資本主義論』大月書店
———（2005）「情報資本主義とはどういう資本主義か」『経済科学通信』第107号，4月
熊沢誠（1997）『能力主義と企業社会』岩波書店
———（2007）『格差社会ニッポンで働くということ——雇用と労働のゆくえをみつめて』岩波書店
クラーク，S.（1996）「F の付くものはどれもフォーディズムか」N. ギルバート／R. バローズ／A. ポラート編『フォーディズムとフレキシビリティ——イギリスの検証』丸山惠也監訳，新評論
グラムシ，A.（1962）「アメリカニズムとフォード主義」『グラムシ選集』第3巻，

山崎功監修，合同出版
経済企画庁編（1992）『生活大国五か年計画――地球社会との共存をめざして』大蔵省印刷局
―――（1997）『戦後日本経済の軌跡――経済企画庁50年史』大蔵省印刷局
経済企画庁国民生活局編（1991）『個人生活優先社会をめざして』大蔵省印刷局
経済企画庁国民生活審議会総合政策部会（1992）『個人の生活を重視する社会へ』大蔵省印刷局
経済戦略会議（1998）「日本経済再生への戦略」http://www.geocities.co.jp/NatureLand/9205/a20-column/2010-keizai/
ケインズ，J. M.（1995）『雇用・利子および貨幣の一般理論』塩野谷祐一訳，東洋経済新報社
小宮隆太郎（1988）『現代日本経済』東京大学出版会
伍賀一道（2007）「間接雇用は雇用と働き方をどう変えたか――不安定就業の今日的断面」『季刊 経済理論』第44巻第3号，10月
坂井昭夫（1991）『日米経済摩擦と政策協調』有斐閣
佐藤金三郎（1968）『「資本論」と宇野経済学』新評論
佐藤俊樹（2000）『不平等社会日本――さよなら総中流』中公新書
重田澄男（1975）『マルクス経済学方法論』有斐閣
柴垣和夫（2006）「グローバル資本主義とは何か」『季刊 経済理論』第43巻第2号，7月
柴田德太郎（1996）『大恐慌と現代資本主義』東洋経済新報社
シプラー，D. K.（2007）『ワーキング・プア――アメリカの下層社会』森岡孝二・川人博・肥田美佐子訳，岩波書店
島田陽一（2005）「ホワイトカラー・エグゼンプションについて考える――米国の労働時間法制の理念と現実」『ビジネス・レーバー・トレンド研究会報告』労働政策研究・研修機構
ショア，J. B.（1993）『働きすぎのアメリカ人――予期せぬ余暇の減少』森岡孝二・青木圭介・成瀬龍夫・川人博訳，窓社
―――（2000）『浪費するアメリカ人――なぜ要らないものまで欲しがるか』森岡孝二監訳，岩波書店
スティーガー，M. B.（2005）『グローバリゼーション』櫻井公人・櫻井純理・高嶋正晴訳，岩波書店
スティグリッツ，J.（2003）『人間が幸福になる経済とは何か』鈴木主悦訳，徳間書店
ストレイチー，J.（1958）『現代の資本主義』関嘉彦・三宅正也訳，東洋経済新報社
スミス，A.（1978）『国富論』大河内一男監訳，中公文庫
関下稔（1989）『日米経済摩擦の新展開』大月書店
セネット，R.（2008）『不安な経済／漂流する個人――新しい資本主義の労働・消

費文化』森田典正訳，大月書店
高尾義一（1994）『平成金融恐慌』中央公論社
高須賀義博編（1978）『独占資本主義論の展望』東洋経済新報社
高田好章（2007）「雇用の外部化と製造業における派遣・請負」森岡孝二編（2007）
侘美光彦（1994）『世界大恐慌――1929年恐慌の過程と原因』御茶の水書房
―――（1998）『「大恐慌型」不況』講談社
橘木俊詔（1998）『日本の経済格差』岩波新書
資産価格変動のメカニズムとその経済効果に関する研究会（1993）「資産価格変動のメカニズムとその経済効果」『ファイナンシャル・レビュー』11月
田原咲世（2007）「『少子化』の構造と労働契約の背景」『季刊 労働行政研究』冬
チョムスキー，N.（1994）『アメリカが本当に望んでいること』益岡賢訳，現代企画社
通商産業調査会（1990）『日米構造問題協議最終報告――日米新時代のシナリオ』通商産業調査会
都留重人編（1959）『現代資本主義の再検討』岩波書店
鶴田満彦（2009）『グローバル資本主義と日本経済』桜井書店
トインビー，P.（2005）『ハードワーク――低賃金で働くということ』椋田直子訳，東洋経済新報社
徳永芳郎（1994）「働き過ぎと健康障害――勤労者の立場からみた分析と提言」経済企画庁経済研究所編『経済分析』第133号
鳥畑与一（2009）『略奪的金融の暴走――金融版新自由主義がもたらしたもの』学習の友社
内閣官房特命事項担当室・経済企画庁調整室編（1985）『アクション・プログラム』
中谷巌（2008）『資本主義はなぜ自壊したか――「日本」再生への提言』集英社インターナショナル
仲野組子（2000）『アメリカにおける非正規雇用――リストラ先進国の労働実態』桜井書店
長洲一二編（1957）『現代資本主義とマルクス経済学』大月書店
二宮厚美（2009）『新自由主義の破局と決着――格差社会から21世紀恐慌へ』新日本出版社
日本経営者団体連盟（1995）『新時代の「日本的経営」――挑戦すべき方向とその具体策』日本経営者団体連盟
日本労働組合総連合（2006）「『格差社会』のもとで二極化する所得と働き方の実態――2006年連合生活アンケート調査結果」
野村正實（1986）「福祉国家の危機と“マルクス主義”――私的覚書」『岡山大学経済学雑誌』第18巻第１号（野村正實『熟練と分業』御茶の水書房，1993年，所収）
―――（1994）『終身雇用』岩波書店，同時代ライブラリー

——— (1998)『雇用不安』岩波新書
浜矩子 (2009)『グローバル恐慌——金融暴走時代の果てに』岩波新書
ハンセン, A. (1959)『アメリカの経済』小原敬士・伊東政吉訳, 東洋経済新報社
バラクラフ, G. (1971)『現代史序説』中村英勝・中村妙子訳, 岩波書店
ヒルシュ, J. (1997)『資本主義にオルタナティブはないのか?——レギュラシオン理論と批判的社会理論』木原滋哉・中村健吾訳, ミネルヴァ書房
廣直東 (2007)「現代資本主義における欲望主体の原理」『季刊 経済理論』第41巻第1号, 4月
藤本武 (1990)『国際比較・日本の労働者』新日本出版社
フレイザー, J. A. (2003)『窒息するオフィス 仕事に強迫されるアメリカ人』森岡孝二監訳, 岩波書店
ブレイヴァマン, H. (1978)『労働と独占資本——20世紀における労働の衰退』富沢賢治訳, 岩波書店
ベイカン, J. (2004)『ザ・コーポレーション——私たちの社会は企業に支配されている』酒井泰介訳, 早川書房
ホジソン, G. M. (2004)『経済学とユートピア——社会経済システムの制度主義分析』若森章孝・小池渺・森岡孝二訳, ミネルヴァ書房
堀内昭義 (1998)『金融システムの未来』岩波書店
本多淳亮・森岡孝二編 (1993)『「脱サービス残業」社会』労働旬報社
ボワイエ, R. (1990)『レギュラシオン理論』山田鋭夫訳, 藤原書店
ポーリン, R. (2008)『失墜するアメリカ経済——ネオリベラル政策とその代替策』佐藤良一・芳賀健一訳, 日本経済評論社
マーグリン, S./ショア, J. B. (1993)『資本主義の黄金時代——マルクスとケインズを超えて』磯谷明徳・植村博恭・海老塚明監訳, 東洋経済新報社
松田茂樹 (2006)「延びる労働時間, 抑え込まれる賃金」『週刊 エコノミスト』9月19日
松村勝弘 (2008)「日本におけるコーポレート・ガバナンス論流行の問題点」『信用論研究』第26号, 12月
松村文武 (1993)『体制支持金融の世界』青木書店
マディソン, A. (1990)『20世紀の世界経済』金森久雄監訳, 東洋経済新報社
マルクス, K. (1967)『資本論』大月書店全集版
見田宗介 (1996)『現代社会の理論——情報化・消費化社会の現在と未来』岩波新書
宮内義彦 (2001)『経営論』東洋経済新報社
宮崎義一 (1992)『複合不況——ポスト・バブルの処方箋を求めて』中央公論社
森岡孝二 (1979)『独占資本主義の解明——予備的研究』新評論 (増補新版1986年)
——— (1982)『現代資本主義分析と独占理論』青木書店
——— (1987)「構造転換分析と経済理論」基礎経済科学研究所編『講座・構造転

換』第4巻「経済学の新展開」青木書店
―――（1988a）「現代資本主義分析の諸前提」『経済』1月
―――（1988b）「いま，なぜ，労働過程研究か」『経済科学通信』第56号，7月
―――（1988c）「現代資本主義論の反省課題」『経済科学通信』第58号，12月
―――（1992）「日本型企業社会と労働時間の二極化――過労死問題へのアプローチ」『経済』3月
―――（1994）「社会システムの変革と民主主義」基礎経済科学研究所編『人間発達の政治経済学』青木書店
―――（1995）『企業中心社会の時間構造――生活摩擦の経済学』青木書店
―――（1997）「日本的生産システムと作業長――ある工場技術者の過労死から」関西大学経済・政治研究所〈研究双書〉第103冊『経済システムと価値意識』3月
―――（1997b）「現代資本主義をどう視るか――北原・伊藤・山田論争によせて」関西大学『経済論集』第47巻第5号，12月
―――（2000a）『粉飾決算』岩波ブックレット
―――（2000b）『日本経済の選択――企業のあり方を問う』桜井書店
―――（2004a）「過労死・過労自殺をめぐる日米比較」『労働の科学』6月
―――（2004b）「アメリカの労働時間論争と働きすぎの実態」『関西大学経済論集』第54巻第3・4号，11月
―――（2005a）「ワーキング・プア――アメリカの底辺を支える人々」『大阪保険医雑誌』6月
―――（2005b）『働きすぎの時代』岩波新書
―――（2006）「ホワイトカラー・エグゼンプション制度の導入は何をもたらすか」関西大学経済・政治研究所〈研究双書〉第142冊『ビジネス・エシックスの諸相と課題』3月
―――編（2007）『格差社会の構造――グローバル資本主義の断層』桜井書店
―――（2009a）「『資本論』とディーセントワーク」『季論21』第5号，7月
―――（2009b）「ホワイトカラーの非正規労働者化と貧困化――『就業構造基本調査』の分析を中心に」『貧困研究』10月
―――（2010）「労働者派遣制度と雇用概念」『彦根論叢』第382号，1月
森岡孝二・仲野組子（1998）「米国における労働市場の規制緩和」経済理論学会年報第35集『経済学のフロンティア』青木書店
森岡真史（1998）「ロシア革命と全体主義」小野堅・岡本武・溝端佐登史編著『ロシア経済』世界思想社
―――（2005）「資本主義の多様性と経済理論」『季刊 経済理論』第42巻第3号，10月
森田成也（1997）『資本主義と性差別――ジェンダー的公正をめざして』青木書店
八代尚宏（1999）『雇用改革の時代』中央公論社

山口義行（1997）『金融ビッグバンの幻想と現実』時事通信社
山田鋭夫（1993）『レギュラシオン理論――経済学の再生』講談社
――― （1994）『20世紀資本主義――レギュラシオンで読む』有斐閣
――― （2006）「現代資本主義の多様性と『社会的』調整」『季刊 経済理論』第43巻第1号，4月
山田昌弘（1999）『パラサイト・シングルの時代』ちくま新書
湯浅誠（2008）『反貧困――「すべり台社会」からの脱出』岩波新書
ライシュ，R.（2002）『勝者の代償――ニューエコノミーの深淵と未来』清家篤訳，東洋経済新報社
――― （2008）『暴走する資本主義』雨宮寛・今井章子訳，東洋経済新報社
労働運動総合研究所編・江口英一監修（1993）『現代の労働者階級――「過重労働」体制下の労働と生活』新日本出版社
若森章孝（1996）『レギュラシオンの政治経済学――21世紀を拓く社会＝歴史認識』晃洋書房
――― （2007）「資本主義の多様性と制度補完性――資本主義対資本主義の時代」若森章孝・小池渺・森岡孝二『入門 政治経済学』ミネルヴァ書房
脇田滋（2002）『派遣・契約社員　働き方のルール――これだけは知っておきたい労働法』旬報社
和田春樹（1992）「国家社会主義の成立と終焉」和田春樹・小森田秋夫・近藤邦康編『〈社会主義〉それぞれの苦悩と模索』日本評論社

Boulin, J., M. Lallement and J. C. Messenger（2006）*Decent Working Time: New Trends, New Issues*, ILO.
Bowles, B. and R. Edwards（1993）*Understanding Capitalism*, New York: Harper & Row Publishers.
Bowles, S. and Y. Park（2001）“Emulation, Inequality and Work Hours: Was Thorstein Veblen Right?”, Amherst UMass. Working Paper.
Current Population Survey（2001）“Contingent and Alternative Employment Arrangements,” Table 5.
DTI（2002）“UK Workers Struggle to Balance and Quality of Life as Long Hours and Stress Take Hold”.
Dore, R.（2004）“New Forms and Meanings of Work in an Increasingly Globalized World”, ILO Social Policy Lectures, held in Tokyo, Japan, December.
Eisele, A.（2002）HILL “PROFILE: George F. Kennan, At 98, veteran diplomat declares Congress must take lead on war with Iraq”, *The Hill*, 25 September 2002.
Epstein, C. F. and A. L. Kalleberg eds.（2004）*Fighting for Time: Shifting Boundaries of Work and Social Life*, New York: Russell Sage Foundation.

Evans, J. M., D. C. Lippoldt and M. Pascal (2001) "Trends in Working Hours in OECD Countries", Labour Market and Social Policy: Occasional Papers, No. 45.

Hazards (2003) "Drop Dead" HAZARDS MAGAZINE, 5 August. http://www.hazards.org/workedtodeath/workedtodeath2.htm

ILO (2009) "Despite continued rise in unemployment, measures taken by G20 governments will save up to 11 million jobs in 2009", 18 September.

——— (1999) "Americans work longest hours among industrialized countries, Japanese second longest", *ILO News*, 6 September.

Jacobs, J. A. and K. Gerson (2004) *The Time Divide: Work, Family, and Gender Inequality*, Cambridge, Massachusetts: Harvard University Press.

Jacobs, J. A. and K. Gerson (2004) "Understanding Changes in American Working Time: A Synthesis", in Epstein and Kalleberg eds. (2004).

Messenger, J. C. (2004) *Working Time and Workers' Preferences in Industrialized Countries: Finding the Balance*, London and New York: Routledge.

Morioka, K. (1991) "Structural Changes in Japanese Capitalism", *International Journal of Political Economy*, Vol. 21, No. 3, Fall.

——— (2000) "Causes and Consequences of the Japanese Depression of the 1990s," *International Journal of Political Economy*, Vol. 29, No. 1.

——— (2004) "Work Till You Drop," *New Labor Forum*, Vol. 13, March.

Oliver, N. and B. Wilkinson (1992) *The Japanization of British Industry: New Development in the 1990s*, Oxford: Blackwell.

Reiss, M. (2002) "American Karoshi," *New Internationalist*, March.

Schor J. B. (2004) *Born to Buy: The Commercialized Child and the New Consumer Culture*, Scribner.

Smith, R. (1985) "Crisis Theory", in Z. D. Baranski and J. R. Short eds., *Developing Contemporary Marxism*, Macmiallan.

United Nations Development Programme (2001) *Human Development Report: Making New Technologies Work for Human Development.*, New York: Oxford University Press.

森《もり》岡《おか》孝《こう》二《じ》

1944年，大分県に生まれる。

香川大学経済学部を卒業後，京都大学大学院経済学研究科に進む。

同博士課程を中退し，大阪外国語大学助手，講師を経て，

現在：関西大学経済学部教授，経済学博士(京都大学)。

株式オンブズマン代表，大阪過労死問題連絡会会長。

著　書『独占資本主義の解明——予備的研究』新評論，1979年（増補新版1987年）

『現代資本主義分析と独占理論』青木書店，1982年

『企業中心社会の時間構造——生活摩擦の経済学』青木書店，1995年

『日本経済の選択——企業のあり方を問う』桜井書店，2000年

『働きすぎの時代』岩波新書，2005年

『貧困化するホワイトカラー』ちくま新書，2009年

共訳書 J. B. ショア『働きすぎのアメリカ人——予期せぬ余暇の減少』窓社，1993年

J. B. ショア『浪費するアメリカ人——なぜ要らないものまで欲しがるのか』岩波書店，2000年

J. A. フレーザー『窒息するオフィス 仕事に脅迫されるアメリカ人』岩波書店，2003年

J. M. ホジソン『経済学とユートピア——社会経済システムの制度主義分析』ミネルヴァ書房，2004年

D. K. シプラー『ワーキング・プア——アメリカの下層社会』岩波書店，2007年

強欲資本主義の時代とその終焉

2010年4月15日　初　版
2011年6月15日　第2刷

著　者　森岡孝二
装幀者　加藤昌子
発行者　桜井　香
発行所　株式会社 桜井書店
東京都文京区本郷1丁目5-17　三洋ビル16
〒113-0033
電話（03)5803-7353
Fax　(03)5803-7356
http://www.sakurai-shoten.com/
印刷所　株式会社 ミツワ
製本所　誠製本 株式会社

ISBN978-4-921190-64-4　Printed in Japan